安徽大学徽学研究中心 ／主办

周晓光 ／主编

JOURNAL OF
HUI STUDIES
No.10

徽學

第十辑

社会科学文献出版社
SOCIAL SCIENCES ACADEMIC PRESS (CHINA)

本刊编委会

主　编　周晓光

委　员　（按姓氏笔画排列）

　　　　王世华　安徽师范大学

　　　　王振忠　复旦大学

　　　　卞　利　南开大学

　　　　中岛乐章　日本九州大学

　　　　臼井佐知子　日本东京外国语大学

　　　　朴元熇　韩国高丽大学

　　　　米盖拉（Michela Bussotti）　法国远东学院

　　　　仲伟民　清华大学

　　　　朱万曙　中国人民大学

　　　　刘伯山　安徽大学

　　　　劳格文（John Lagerwey）　香港中文大学

　　　　陈春声　中山大学

　　　　阿　风　中国社会科学院

　　　　范金民　南京大学

　　　　周绍明（Joseph P. McDermott）　英国剑桥大学

　　　　周晓光　安徽大学

　　　　唐力行　上海师范大学

　　　　常建华　南开大学

　　　　熊远报　日本早稻田大学

目 录

· 宗族与社会 ·

晚清黟县胥吏眼中的徽州社会
　　——未刊稿本《扫愁帚笔谈》研究 ……………………… 王振忠 / 1
始迁祖历史形象的建构与塑造
　　——以徽州程氏家族始迁祖程元谭为例 ……………… 马勇虎 / 35
明清至民国徽州与安庆之间人口迁移及影响 ………………… 梁诸英 / 49
元明之际王克恭抚理徽州考 …………………………………… 王　浩 / 64
清末民国徽州地方公共教育经费筹措问题探析 ……………… 刘芳正 / 75

· 徽商与经济 ·

清至民国时期徽州商人会馆的发展概况 ………… 张小坡　刘曼曼 / 87
环境、空间、商业
　　——以明代以前的祁门县为例 ………………………… 董乾坤 / 118
清代旅粤婺源商人的地域构成与社会活动 …………………… 黄忠鑫 / 134
《鲍氏义田记》
　　——清代徽州商人社会的真实写照 …………………… 王昌宜 / 150

· 学术与文化 ·

论清中期官方对"重考据"学风的营造及其实质 …………… 王献松 / 162
戴震气一元论之宇宙论 ………………………………………… 高在旭 / 180
明清南京贡院研究 ……………………………………………… 孟义昭 / 195

1

·文书与文献·

明代契尾所引官文书的结构、流程与标点 …………………… 申　斌 / 212

《黄山图经》纂辑再考 …………………………………… 刘　猛 / 226

徽州碑刻辑录 …………………………………………… 邵宝振 / 239

·理论与综述·

徽州诉讼研究二十年回顾与展望 ………………………… 郑小春 / 267

Contents ………………………………………………………… 285

稿　约 …………………………………………………………… 287

·宗族与社会·

晚清黟县胥吏眼中的徽州社会[*]
——未刊稿本《扫愁帚笔谈》研究

王振忠

内容提要 本文聚焦于徽州未刊稿本《扫愁帚笔谈》，对晚清黟县胥吏潘国顺眼中的徽州社会做一较为细致的研究。论文探讨《扫愁帚笔谈》的成书过程，分析了作者的生平经历及其精神状态，并透过书中讲述的各类故事，细致地展示晚清时期徽州社会的民情、风俗。《扫愁帚笔谈》一书，从其自序、创作手法及部分故事情节来看，皆在刻意模仿蒲松龄的《聊斋志异》。但在徽州，《聊斋志异》"一直被模仿，从未被超越"，二者存在着诸多根本性的差异：除了作品写作的时代、作者生活的地域大不相同之外，相对而言，《扫愁帚笔谈》的记录更具写实性，半生沦落的作者缺乏蒲松龄时常流露出的浪漫情怀。在他笔下，更多的细节皆在反映重商背景下大、小徽州社会的阴暗面，折射出科举时代一个读书人的苦闷与绝望。

关键词 胥吏 徽州 黟县 徽商 《扫愁帚笔谈》

蒲松龄创作的《聊斋志异》是清代著名的志怪小说，这部名著有着相当广泛的影响。之所以如此，大概是因为作者系仅具初级功名的读书人，之后则屡试未第，此类下层文人在中国社会人数极为可观，他的所思所想最能引发广泛的共鸣。另外，《聊斋志异》系短篇小说集，它与笔记、随笔的写法颇有相通之处，其主要的特点是在形式上可长可短，只要有点见闻，再加上个人即兴的一些看法，便可敷衍成篇，所以最容易被人模仿。

---

[*] 本文系作者主持的2014年国家社科基金重大项目"明清以来徽州会馆文献整理与研究"（14ZDB034）之阶段性成果。

在徽州,《聊斋志异》亦颇受关注,为许多文人商贾所追捧,① 现存的一些笔记也有明显模仿《聊斋志异》的痕迹。譬如,嘉道年间活跃在浙西的婺源士商江南春就曾数度阅读《聊斋志异》,其人"喜其叙事详明,笔亦大雅不群",认为该书是"真勘破人情者"。江氏后来撰成的《静寄轩见闻随笔 静寄轩杂录》等,也有模仿《聊斋志异》的痕迹。②

本文聚焦的黟县胥吏潘国顺之《扫愁帚笔谈》,更是一部模仿《聊斋志异》的作品。③

一 《扫愁帚笔谈》及其作者

《扫愁帚笔谈》稿本1册,封面题作"初编",卷首有"贻笑集初草""倚南窗贻笑随笔"等名称,而内里正式的书名则作"扫愁帚笔谈"或"扫愁志笔谈"。之所以会有如此之多的题名,似乎反映出作者急于发泄个人情绪,表达其人生活态度的不同层面,故借各异之书名,或排忧解愁,或故作潇洒。为行文方便起见,以下统一以《扫愁帚笔谈》为该书之正式名称。

(一)作者潘国顺的生平与心理

《扫愁帚笔谈》的作者潘国顺,又称潘梅仙,自号"倚南窗主人""了俗山人""黟山布衣了俗氏"等。"倚南窗"为其斗室之名,亦作"读来世书屋"。该书封二即画有一图,上题"读来世书屋",窗右并挂有一副对联"有时完读书,无事似静坐"。这副对联并不雅驯,潘氏据此想表达的是其人酷爱读书,并注意时时反躬自省。另外,在该幅画面上,屋内窗前桌边坐一公人模样者,旁有书籍;屋后有一株柳树,而屋之右则见竹篱及点缀其间的数丛杂树。因潘国顺的身份是黟县胥吏,又喜欢舞文弄墨,附庸风雅,故该幅图像应当就是潘国顺的自画像。从其自号"了俗氏""了俗山

---

① 清乾嘉年间歙县人江绍莲有《聊斋志异摘抄》一书。与此差相同时,在歙县教书的浙江淳安人方舒岩亦曾著《聊斋志异方舒岩批本》4卷。该书对《聊斋志异》做了评点,并将类似的徽州故事附于相关的篇什之下。安徽省博物馆所藏清抄本《聊斋志异方舒岩批本》4卷,参见汪庆元、陈迪光《方评〈聊斋志异〉评语辑录》,《蒲松龄研究》2000年第1、2期;汪庆元《徽学研究要籍叙录》,《徽学》第2卷,2002,第376~377页。
② 参见王振忠《徽州与衢州:江南城乡的片断记忆——稿本〈静寄轩见闻随笔、静寄轩杂录〉初探》,《社会科学》2011年第3期。
③ 《扫愁帚笔谈》中有多处提及《聊斋》,如"樟溪叟"条末有:"余阅《聊斋》云:呜呼!若窨金而以为富,则大帑数千万,不可指为我有哉。愚已,可为此叟斯媪叹之也可。"

人"来看，其人颇有尘寰中超凡脱俗之想。"倚南窗"的典故显然来自陶渊明的《归去来辞》。黟县素有"桃花源里人家"之说，"倚南窗以寄傲，审容膝之易安"，斜倚着南窗，寄托个人的傲世情怀，住房虽然狭窄、简陋，却容易得到安适。

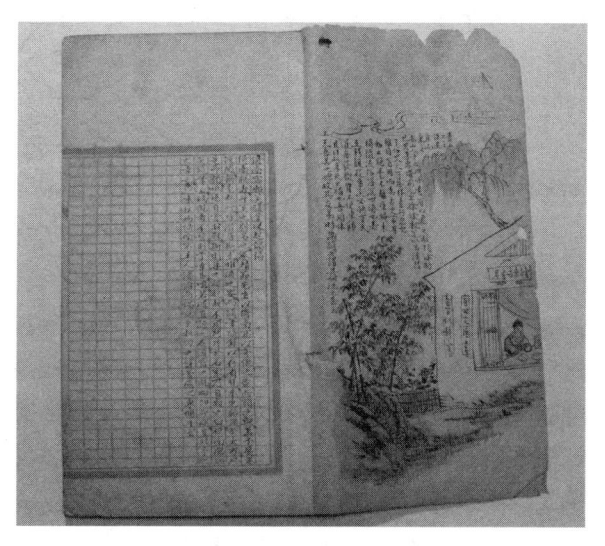

《扫愁帚笔谈》书影

作者出生于太平天国运动之后，当时"四海平靖，五谷丰稔，国顺家兴"，故取名为"潘国顺"。① 关于这一点，书中的《自述俚言随笔》就与其生平经历有关。

> 顺也幼失怙（余五龄时，已不省所怙矣），成童为饥驱（年十四即废读，从族父行外贸于芝），寄芝才十载（身寄饶州，历越将十年），常喜清夜吟（每夜读常漏三下），依人力不胜（服贾米业，力不胜任），自知栖有虞（自知不能素餐也），鬻字昌江上（既愧于尸位，即当改弦更辙，而又苦无长伎［技］可以自谋，惟三余力学，祗有书画而已，遂鼓棹昌江，插标卖字），合伙友面腴（不幸而合伙，又遇友人面厚不端，交非余友，恨无辜而折本也），半年分别去（秋七月，分首而归），穷谷托钵盂（渝［逾］年训童蒙于邑之九都山中），山深人意少（近山之人良多玩梗，甚难化导云），解馆就浙趋（后竟解馆东下，游浙之

---

① 《扫愁帚笔谈·名兆》。

杭、湖、海昌等木行、盐舍，不售），奔驰都遍矣（亲友投尽矣，竟无一栖枳［枝］处，可叹可愧！）谋食遽忘躯（每至一处，偶有所嘱作，如书画、禀牒等事，虽疾病困苦，不敢少违人意，故曰忘身），年矢每催至（岁暮，兄劝仍归侍亲），饥寒急迫俱（当此岁暮之际，百孔千疮，弥补无术，不禁急火中烧），赋闲家食久（又家居二寒暑矣，仍然蹉跎如斯，吁！）短叹并长吁（终日幽居斗室，侍奉慈闱，悒闷惆怅之余，惟有长吁短叹，辄唤奈何而已），承蒙友人劝（猥承邑友谆谆劝诫），邑署充吏胥（补充邑刑科），办公恐招愆（刑科乃干系之事，若罪犯不真，恐招天谴），因循惧不力（因循天理，惧责不力），欲辞尘埃去（欲超几［凡］避俗，入山修养），完念老娘亲（回念母老，不能即去），在家如出家（身寄尘寰之中，心超出世之表），立志踞德隅（观孔子之学，惟有德行之科可以力为，而身实心行，踞之一隅可也），秉灯追往事（时于斗室灯前兀坐，而默思往事，恍如梦寐云），握管纪绳枢（随忆随纪，故无准绳），倘遇铁石人（虽铁石心肠者，偶一观之），睹此应嘘唏（观此人之淹蹇半生，想彼亦应为之嘘唏流涕者哉）……

上揭这段文字是对他个人一生的概述，其中提到他五岁时父亲就已去世，14岁就跟从族父前往饶州一带经商。徽州俗谚有"前世不修，生在徽州，十三四岁，往外一丢"的说法，而潘国顺正是在14岁时外出经商。据他自述，在饶州的十年间，从商之余，自己每晚读书都要读到三更。由于志不在此，所以他在米业中从商颇感吃力。后来，潘国顺自觉不能尸位素餐，于是只能改弦易辙。做什么呢？他觉得自己身无长技，只有书画还有点专长，所以就在昌江（亦即景德镇）一带"插标卖字"。① 所谓插标，原指在物品或人身上插草，作为出卖的标志，这里是以自贬的口吻自降身价，不得已溷迹于俗世。当时，潘国顺一度与朋友合伙经商，但他认为自己所遇匪人，故以折本告终。半年之后，只得返乡，在黟县九都的山中做塾师。黟县九都即今屏山一带，地处丘陵地区，根据潘国顺的观感，当地人相当固执，难以教化，故而他在一年多以后便辞去塾师的行当，经新安江前往浙江的杭州、湖州、海昌（海盐）一带游历，先后到过当地的木行、盐栈②求职，结果都没有成功。当时，黟县的商人遍布长江三角洲各地，外出求

---

① 在《扫愁帚笔谈》中，作者有"被骗""灾数""该死"等条，涉及他在景德镇的所见所闻。
② 《扫愁帚笔谈·烈禽》曰："舅氏言其父遗盐号于海昌。"

职的徽商往往循着乡族的脉络前往投亲觅友，潘国顺自然也不例外。不过，他找遍了熟识的亲朋好友，结果却没有一个地方可以容纳自己，这让他感慨良深，也颇为惭愧。潘国顺说，在求职过程中，自己相当努力。每到一个地方，只要有人想要他的书画，或者请他代写禀帖、牒文的，他都是有求必应，即便是生病时也不敢怠慢，所以说是"谋食遽忘躯"。尽管如此，他还是未能如愿。到了年终，哥哥来函催他回家伺候母亲，考虑到自己在外穷困潦倒，所以也只能回到黟县家中。此后，在家中赋闲了两年，整天幽居斗室，长吁短叹。后来才在一位朋友的劝说下，到县衙门充当了刑科胥吏。

在清代，徽州人对于从事胥吏有着特殊的看法。譬如，乾嘉时代歙县人江绍莲就指出："书吏操纵之弊，是处皆然，徽俗则否。充是役者，大都钜姓旧家，借蔽风雨，计其上下之期，裹粮而往，惴惴焉以误公为惧。大憨巨猾，绝未之闻。间有作慝者，乡党共耳目之，奸诡不行焉。则非其人尽善良也，良由聚族而居，公论有所不容耳。里仁为美，不信然哉！"① 因此，在徽州充当胥吏总是让人如履薄冰。在这种背景下，潘国顺亦觉得此一职役颇为尴尬，随波逐流恐遭天谴，但倘若凭着良心办事，则又会被县里斥责为办事不力。据说，他很想辞去此一职役，但一想到母亲还得有人抚养，暂时无法脱身，故只能抱着"在家如出家，立志踞德隅"的态度，也就是说力图超然物外，立身纯正。这当然只是他的一面之词，其间是否有涂饰个人不堪经历之处，实难确知。不过，从其"欲辞尘埃去"的表态，以及"了俗氏""了俗山人"的自号来看，至少他是摆出了一副超凡脱俗的姿态。

根据潘国顺的自述，这部书是他默思往事而诉诸笔端，也就是所谓的"秉灯追往事，握管纪绳枢"。除了上述的《自述俚言随笔》之外，《扫愁帚笔谈》中还有一篇潘国顺的自传，其中提到他生于同治戊辰十月二十二日（1868年12月5日）。在他出生的前一天晚上，母亲梦见自己前往一观音堂，抬头瞻望，看到观音大士坐在莲座上，其下有数十个衣红穿绿的婴孩，各执旗幡，嬉戏其间。既而梦醒，则腹中疼痛，随即生下了潘国顺。这当然是民间"观音送子"信仰的老套路，以此证明自己之出身不凡。另外，根据他的自传：

---

① 许承尧：《歙事闲谭》卷18《歙风俗礼教考》，黄山书社，2001，第602页。

顺一兄一弟,皆壮伟,惟顺即疾病频仍,娇如处子,然性极聪慧,闻此识彼,且孝友弥笃,廉隅慎重,恒择地而蹈。爱读书,工翰苑,不善作生人活业。幼失怙,家贫,喜独居,好雅洁。年方而立,参透炎凉,遂寄情烟酒,托意篇章。每奉《阴骘文》,勤恳劝世,尝语人曰:人如白驹过隙,一旦殂谢,都埋荒丘。家虽贫窭,亦可尽其心之所能到,徐修德业,未为弗可。若富者拥赀巨万,不知为善,所衣所食,无非温饱,其与贫者何异?……常欲脱颖而作出岫之云。因母年老多病,兄与弟皆贪利远游,嫂等均愚忤,故潜居侍养,宁金尽床头,不敢须臾离也。

这个自传当然出自潘国顺之手,从中可见此公是位相当自怜的人物。他对《阴骘文》有感而发,其中加了一段评论,说:"真达人之言也!仁人之言!其利甚薄,此之谓欤!"这些是以貌似公正的笔调评价自己,实际上则是他的自我夸饰之语。在前引的《自述俚言随笔》中,他对自己的营商经历曾有过两句概述:"合伙友面腴,半年分别去。"对此,潘国顺的解释是:自己与人合伙,但合伙人外表忠厚,实际上却品行不端,结果导致自己无辜而折本。对于这样的一面之词,吾辈读者只能将信将疑。不过,倘若结合此处的自传,我们或许不难看出,明明是他治生乏术,在外经商处处碰壁,但他却说一兄一弟都是"贪利远游",家中的嫂子等都是愚蠢忤逆之人。而只有自己才是孝思可嘉,宁可金尽床头,也不愿离开年老多病的母亲一步。[①] 这真是相当有趣的自我辩解!文中所谓的"常欲脱颖而作出岫之云",意在表明自己原本心存高远,唯因母老多病,故只能屈居乡间碌碌无为,这也是在为自己的蹭蹬困窘寻求开脱。

透过这些夸饰之词,我们还是可以清晰地看出潘国顺的生活处境。譬如,在《剖白》条中他曾说过:"吾兄之枭,吾弟之狂,吾身之惰,吾嫂之妒,吾室之呆,吾侄之懦,吾女之好,吾弟妇之巧且刁,吾侄女之悍且诡。"在这段话中,他对其周遭的所有亲人都一一作了点评。从中可见,除了将自己的女儿视若掌珍,潘国顺与家庭中其他成员的关系皆极为恶劣。关于这一点,他在《扫愁帚笔谈》中的不少部分多次透露出相关的讯息。例如,《私肥》条曾讲述黟县碧山查叟兄弟友爱的事迹,讲完这个故事,潘

[①] 《扫愁帚笔谈·倚南窗贻笑随笔缘起偶稿》末署"桃源护萱庐之东侧斗室","桃源"即黟县之别称,而"萱"也就是"萱堂",指母亲的居室,亦指母亲。

国顺触类旁通，谈及自己的身世。

予因是始得其颠末，兹为兄故，触感于中，爰笔而随记之云：
余兄弟三人，幼孤，家中赀，惟予则雁行居二，兄长十岁，幼从父游，父死于客，所遗资物，即兄独有之。值祖逝，弟与予又都外出矣，所贻衣物，兄归，择贵重者私秘之，以为己有，知两弟不之识也。弟失业，母嘱寻觅，即坚辞以不能。予家食，托为安布，即诳诱资助，谓可恃慈怙，予痴听之，则一毛不拔。幸弟有栖枳，时有馈遗。又函致购方书，答以后邮，则终三年亦绝无信息。求代买物，在他人及弟，都必应之，惟兄即置若妄［罔］闻。擘一妻，甚悍妒，尝忤姑，姑怒成疾，兄反以母不慈。姑因娶媳，值家裕，衣饰丰美，俾作体面。予与弟授室时，家已中落，母偶有所赐，当不能如昔三之一，嫂犹刺言不休。当时嫂嫔婚，祖正饶裕，因嫂家贫薄奁，外观不壮，祖出资备木器均全，少二小凳。后予室人家，议过门后，亦备之，扣聘金在。诓婚后母病，不果办。弟娶妻十都，因途远，运奁费钜，母嘱媒委商之，言木器除金自置，校之嫂，祖不扣所资，为之备办者，增两凳耶。嫂尚尝与邻媪谈，即其中凑聘金、不凑礼仪之委曲，人故不知焉，惟予室所议，则里党皆知，母之寒言也，媪以此对，嫂惟语塞而已。其他之妒迹多端，不暇殚述，姑拣一二以志之。而兄寡情，嫂善妒，皆家门之不幸，言之酸心，不能汇其端绪云。

在上述这段文字中，潘国顺对其兄、嫂口诛笔伐，说祖、父辈去世时，哥哥将家里的好东西都私自留下了。平日里完全不顾手足之情，对弟弟请托的事情不闻不问。嫂嫂更是一位泼妇，悍妒无比。为坐实这些指控，他喋喋不休地列举出家庭内部鸡毛蒜皮的一些琐事，实际上却反映出身为男子汉的潘国顺本人处处斤斤计较，心胸极为狭窄。从中可见，其人治生乏术，人际交往、家庭关系处理得一塌糊涂，却又无力改变现状。关于这一点，书中的《毕少白》一则也花了很长的篇幅谈及他人的家庭矛盾，某种程度上也是他的夫子自道。

毕少白，字告白，坎坷人。少敏能文，父早丧，兄弟各一，家贫母老，娶后析炊。弟因聘未婚，而妻已夭逝。值家陵夷，母姑置之，不与复论婚。弟亦运舛，奔驰无宁岁，白挽同居妪婉劝母，典产为弟授室。及配偶讫，欲析炊，白谏止之。于是白弟妇依母而炊，嫂与白皆另爨。妇一归宁，尝不回，白妻则奉事服劳。嫂有悍妒性，时忤逆姑。白每劝不悛，反诅诟之。白好读，不善掺衣食业，故饔飧不给。嫂及侄等，咸白眼之。兄诡而诈，贾尝裕，白趋求推毂，即蹙额皱眉辞之，难啻登天。劝使归，宁甘资助，且代函寄弟，嘱同周恤之。禀母书，亦如之。适书至，值族中轻薄子在，传览之，语涉讥刺，白惭，于是，遐迩皆知白兄弟助家需，白亦感慰。年余，惟弟则少赠之，自言者置若漠然耳。白亦狷洁自好，妻尤重，能躬耕佐助夫，并无怨尤。嫂年底腌亥十余斤，豚蹄一只。白家度岁，只肉一方，才二三斤而已。母收息资，腌一蹄，以备不时之需。不知者见，问嫂：此蹄汝家否？嫂答曰：我有此蹄，人若叫我不应矣。母知语侵，不敢怒，忍之而已。弟妇食方讫，母加以□少许，嫂即辞色诮讪，不可堪。母不获已，怒诟之，嫂与对，母声言要打汝，嫂即敢，挽母去祠前打。白心亟，厉声呵止。嫂即迁怒，詈骂白，云：不干汝事。白曰：恐有事，必要干我事。嫂即厉声怒诟骂白：要剁汝头。一切恶谑，白姑忍之，恐见笑于族雠也。嫂诟数日，无一敢应者，犹尝时自逞，挟威作态。兄归时，每夜喋喋，兄故偏听，从教妇言，恝情骨肉，至失天伦之谊，皆遵闺内之规，多所不义之迹。虽少白之告白，正亦不能毕其词，而志其万一尔。草草脱稿，不情之事，神人共愤。执笔者，于妒妇玩梗，宁不心旌摇摇，文无端绪焉者几希！

毕少白也是一位读书人，亦同样有兄弟。与潘国顺的家庭状况相似，在潘氏笔下，毕嫂也是极为悍泼，而哥哥则听从枕边风，毫不顾念兄弟之情。此处提及的家庭纠纷与冲突，特别是妇姑勃谿，极为琐屑，反映了民间日常生活的实态。此外，他在《妒妇》条中提及：

有或者，兄呼弟同食，嫂即横目裂眦，答以毋矣，其实有之也。每有肴酒，呼弟共，嫂即出言不逊，弟亦婉曲以辞之。弟有帽边稍损，见嫂为子缝纫之，弟因购料请制，即冷语对以不能。偶或烘炒茶食、果子等物，即匿走避置，惟恐人见，其形状殆不可观。每妯娌间闲谈，语多讥诮，妒垢生性。此数事，审之不须详言，其琐屑，则可想见妇之为人已。

在《扫愁帚笔谈》一书中，潘国顺一再提及叔嫂之间的紧张关系，这些事例实际上折射出作为商贾之乡的徽州社会生活之实态。徽州是个重商的社会，男子十三四岁以后绝大多数都要外出务工经商。在这种背景下，那些留在故土、读书又屡试不第的成年男子往往为他人所轻视。而在家庭中，兄弟、叔嫂之间的矛盾与冲突也就在所难免。也正因为这一原因，潘国顺的家庭关系处理得极为糟糕。对此，他在《神签》中指出：

> 予因困顿不偶，伯兄诡施慈祥，方欲挈外，母心怀疑，遂命荆人诣城，虔祈张康神王灵签，以定举止。签词云：名为君子实匪人，多诈无情莫与亲，言在东头心在北，不如更变得良因。云云。予素知伯仲，情无鹡鸰之亲。虽承随外，恐惶不已，惟怯伯之施谲也，得签始定。噫！以匪人之心施于骨肉，令人弗信，况阴行于同胞乎？真千古之匪徒耳。非神明示，几令陡穷人而愈以困苦之，罹其荼毒，无以自明，神其灵感云……

文中提及的"鹡鸰"，原指一种鸟，晋葛洪《抱朴子》中有"鸱鹏戾赤霄以高翔，鹡鸰傲蓬林以鼓翼"之句，后以"鹡鸰"比喻兄弟。这段文字是说自己的伯兄毫无兄弟之情，潘国顺因落魄家居，伯兄大概是出于好心，想带他出门务工经商。据说，其母对伯兄的动机颇感怀疑，让潘国顺的妻子到县城"张康神王"那里去求个签。所谓"张康神王"亦即张康菩萨，是黟县极为重要的地方神明。据嘉庆《黟县志》记载，当地"俗多联会赛神，汪公华、张公巡、许公远，昔以防御有功德于民，关圣、周宣灵王以忠孝为民所奉，康王深则自山右，与张公巡为黟人迎归者，并称张康菩萨，最灵显"。[1] 关于张康菩萨，形成于清末的《黟县风俗之习惯》中仍有记载，[2] 可见此一信仰在当地经久不衰。从潘国顺的为人处世来看，其人疑神疑鬼，对周围人的所有举措皆有猜忌，故而只能求诸神明。从中可见，其人的精神处于极为压抑的状态。

---

[1] 收入《中国地方志集成》安徽府县志辑第56册，江苏古籍出版社，1998，第59页。
[2] 刘汝骥：《陶甓公牍》卷12《法制科·黟县风俗之习惯》，"神道"条，《官箴书集成》第10册，黄山书社，1997，第609页。

(二)《扫愁帚笔谈》之写作

关于《扫愁帚笔谈》的写作，该书卷首有乙未年（即光绪二十一年，1895年）所作的《〈扫愁帚笔谈丛录〉自叙》，自叙以"答客问"的形式，阐述了撰写此书的缘由。

> 或有问于予曰：君无恒产，家徒壁立，无以糊其口，使习贾于四方，稍沾升斗，为衣食生活之计，而君志不然，改弦易辙，奋发苦攻，手不释卷，皆博古鉴今，入林惟恐不深，愤恬帖［帖括］谓无用之物，绝意进取，终老蓬蒿，殊不念今之科名阶梯者，非帖恬［括］之外，竟无所进步，君又不之学者，何哉？
>
> 余应之曰：否也，宣圣之功，德配天地，声名垂宇宙，千百年来，宗其教而昭著于世者，非岂一人之下，万人之上，是可以厕身于儒林之列乎？

从封二图画之上的题字可知，该书似乎成稿于光绪二十五年（1899），不过书中有戊申（1908）的内容。卷首的"答客问"是模拟第三者的口吻询问，并由自己做出回答，以此来表述个人的情绪和思想。在这里，潘国顺说自己虽然并不致力于科举考试，但却也崇奉孔子的儒教。他认为自己的所作所为是相当崇高的经世之业。接着，虚拟的客人再次问及：

> 然则君之何为而著笔谈，而名"扫愁帚"者，意亦有说乎？

对此，潘国顺回答说：

> 余自近年来，落落寡合，与世为仇，初则研究歧［岐］黄，继则涉猎经史，旁及风鉴家言，癖而成痴，不复知有人情矣。始致正业日微，饔飧不继，犹坦然以书为命，咿唔不绝。甚而室人交谪，儿女号啼，尚稍稍不安于家，以文会友，渐而寄情诗酒，涉冀吹烟，将成痼癖，良友箴规，则亦为乡邻之所讥，下流之所议，而倾心不之为也。俄而东游江、浙，落拓湖山，每因为友书绘，厚报烟酒，然为身寄异域，遭逢不偶，致五中之瞀乱，悦一榻以横陈。伴侣言合，犹恨千言

之少；醇醪频酌，不嫌一罋之多。酒阑烟进，适慰鄙怀；灯前谈异，恰符斯志。无何，凤癖复萌，穷愁益甚。悲生辰之不偶，恨际遇之无由。偃蹇念余年，只为饥来驱我，困苦百千，计自憎壮而为吏。悒郁长愁，绝无生人乐趣；夜长日永，惟借酒兵烟香。三余之际，一管涂抹，中书君假我扫愁，楮先生拱予雅谑，故数十年来，所见所闻、可惊可愕之事，嘿［默］坐沉思，随笔记之，少不修饰耶，聊以自娱云尔。固无论异说奇闻，亦乐听之，是以越历目指于已往，而供搜罗纪传于今日。祇惟有关夫风教，不择袭摹于雷同，乃不敢擘空结构，亦无能作文求工。自鸣天籁，何拣好音？若合人心，岂嫌鬼怪！自惭以蠡测海，断难聚米为山，熟［孰］知积久竟成卷帙矣，始信"集千狐之腋，可以成裘"之语而不谬也。维时雨晦灯昏，风萧夜静，醉浊醪之余趣，喜萤灯之口口。濡笔抽笺，直书则奇奇怪怪；吮烟酣茗，暝搜则人人物物。盖此中之景味，实吾人之解忧，只堪为知我者道也。

这段文字是说自己为人性格孤僻，与社会人情格格不入，先后研习过医道，涉猎经史，旁及风鉴。因不务正业，生活相当困窘。但即便如此，他还是嗜书如命。文中用了不少典故，如秦始皇封蒙恬于管城，并累拜中书，后人遂别称曰"管城子"或"中书君"。潘国顺指出，尽管时常与妻子发生纠纷，家中的儿女也哭闹不休，但自己还是热衷于以文会友、寄情山水。虽然一度东游江浙一带，最后还是不得不到县署衙门充当吏胥。这一营生让人颇感痛苦，只能以嗜烟如命、借酒浇愁消磨时光。碌碌无为之际，遂在空闲时间握管涂抹，将数十年来的奇闻异说逐一记录下来。

此外，书中的《剖白》对该书写作的宗旨做了进一步的阐述。

若我者之集是录也，岂敢凭空结遘［构］，泄自己之忿尤，借事为题，快情词之丽藻？如影含沙，欲身藏墨而已。诸若如此，固心之所难安，亦世之所可疑。间有风流薄倖，雅邪纪录，故亦不敢甘守绳墨，宁处迂阔而为择言，曲写其状貌，□描其雅致。然又不能兴诸荒唐之言，造作无稽之事。宣古诗之寓记，假儿女之怀思，恣意讥嘲、妄为播扬，必使将来而可信，犹资后人之有征，我不为也。虽然寄兴空斋，寂寞无聊。传录时事，不妨贻笑于琐屑；触目发意，何嫌随笔而就便。志鬼神怪异，非见即闻；山川奇胜，弗历亦考。至于时风旋变，物类超群，固求古而鉴今。亲目视而手指，惟随所忆，亦值闲居，即缀录而成本，不别分门，偶濡毫而便登。岂曰著作，惟是弁言，以辟群惑，特书简端，而剖白衷曲云。

潘国顺对于自己的这部著作似乎相当在意，从抄本目前的状况来看，他对此书做过系统的整理。该书的卷首有全书的目录，书前的《贻笑集初草自叙》曰："凄凄切切之文，寒寒酸酸之作，颠颠琐琐之志，牢牢骚骚之笔，原不在文章词坛所共论也。未撰之前，不禁自笑，既撰以后，未免贻笑。"而在《〈扫愁帚笔谈丛录〉自叙》中，他还借客人之语，对自己的这部著作做了评价。

或曰：噫嘻！君固雅士，自得风流，世逢才子，必加月旦。凡事尽报应之关节，立言登圣贤之门阈，虽云《扫愁帚笔谈》，不让《聊斋志异》。知君者，其谅之诸……

这是以虚拟的第三者口吻来赞扬自己以及该书。显然，在潘国顺的自我感觉中，该书的价值较之蒲松龄的《聊斋志异》亦不遑多让。对此，《〈扫愁帚笔谈丛录〉自叙》接着说："余闻惭汗，浃背不堪，或之恶谑也，嗣以后而弗索序于士大夫已，故自略述其颠末，而志其梗概云。"话虽然是这么说，但他借虚拟之客人口吻，还是说出了该书在自己心目中的定位。书中的《剖白》一则提到"千秋而下，阅斯乃释"，自命不凡的作者，显然亦视此书为个人的经世伟业。

二　从《扫愁帚笔谈》看晚清时期的徽商与徽州社会

《扫愁帚笔谈》全书共75则，每则皆讲明出处。例如《霹雳打》三则之一，讲河南河口某铺户主人因徒弟误弃婴孩而遭雷击，"从此如醉如痴"。潘国顺在讲完这则故事后记道："友人叶君某者，游遨于此，经目射之。叶某者，同邑五都人也，主人是其同族。予寓昌江，亦曾见之。某者指之，如痴如呆者某人也，为予言其始末，盖彼由此而过而归其家云。"此种标榜每一故事皆有出处的写法，显然意在增加故事的真实性，而这一点也与《聊斋志异》的叙述手法颇相类似。

从潘国顺的生平事迹来看，其人酷嗜读书，经过商，教过书，还在衙门里充当胥吏，可谓见多识广。正是因为如此，《扫愁帚笔谈》涉及的内容极为丰富，以下即就该书所述，归类加以分析。

（一）商人故事

徽州是明清时代著名的商贾之乡，但一府六县的情况并不完全相同。与歙县、休宁等县自明代中叶起徽商就已相当活跃的情形不同，黟县的经商风气从清代前期开始才日益浓厚。在这种背景下，《扫愁帚笔谈》中讲述了不少人群流动与水路交通的故事，如《撑篙某》。

> 予东游江浙，附舟而下，有舡翁言前年间南海一僧，募化金钱，至海阳河埠，赁棹反。值一船主客俱不在，只撑篙者独坐艧首。僧登舟，议力资讫，泄以包裹，然后蹑泊如厕，并购须些。方临原泊处，即身挂帆去远矣，樯楫如林，无从稽讯，气愤填胸，孑然一身而已，遂经死。盖择篙者，稔知袱内，秘匿己橐，乌有知者？越数月，返棹海阳，出资创业，建造房舍，居然出色，不复理其生涯矣，而人亦不知其财之所自也。渝［逾］年遭回禄，房舍焚尽，一无所存，而身亦死于灰烬中，报亦惨哉！先是，某见火起，急趋出，然后再入，抱一包，冲焰而走。刚至门，即铿然一声，门枋崩塌，触脑而死，所抱物犹在握。火息后，邻人见包内一缘簿，暨神旛、金洋等，研诘其妻，群始知委曲也。妻无依，后为倚门卖笑，以赚衣食，即今在某处第几门便是云。

"海阳"即徽州府休宁县，境内的溪口、万安、屯溪等，皆是重要的水运码头。横江从黟县东南流，经休宁县至屯溪汇率水后为浙江，潘国顺显然就是由此东下，经新安江前往江浙一带。在清代，徽州人外出务工经商，有很多经验之谈，如商人书《江湖备要》中就有："到码头写船，不可无埠头，切要行家经手，……倘悾小，希省牙用，船无埠头，小人乘奸为盗，……或至财劫命休也，皆因贪小而失其大也，切宜戒之！"上述的那位南海僧，显然就是因为缺乏旅行经验而致财产损失，最后羞愤自尽。《江湖备要》亦称《江湖十二则》，其中涉及的内容有不少是如何防范车匪路霸、保障自身安全的经验。在这方面，显然有太多惨痛的教训。例如，潘国顺在《迁善》

一则中就指出：

> 城南某，偕二三友人，登名山游玩，仪容翩翩，衣裳楚楚，真与公子王孙无异。将入兰若，小沙弥恭迓献茗，具请息憩。惟某即置弗诸顾，独无坐位，亦无杯茶。某欲怒，即见一僧捧碗水至，某骤怒之，云：人皆饮茗，惟我饮水，何欺我之甚!？僧曰：尔饮水一碗，便言欺尔；人吃水一江，即是尔之欺人也。奚怒为？某惊愕失色，嘿然舌寒。徐即结伴，兴索而归。后遂独自潜往，叩问僧能解禳否。僧云：惟善可矣。盖某少壮时，曾谋□者财，且推置江中，虽妻、子弗知也。故闻僧言，大骇，中心懦懦，于是归货所有，仅存可活，余即造桥修路，行诸善事。时尚虚宗似[嗣]，至四十余犹生一子，家亦小康，善病而卒，遗嘱子继其志，子克从之，余谓迁善之报也。

这个故事是说，某人少壮时曾在水路上谋财害命，后经僧人点破，改恶迁善，最后得以善终。上述两则虽然说的都是因果报应的故事，但从中亦可折射出其时水路旅行之不测风险。

当时，徽州地处万山之中，人们外出除了沿着山间鸟道艰难跋涉之外，主要利用的就是新安江和阊江两条水路。明清以来，水路上设有诸多关卡，令过往客商苦不堪言。《某卡员》条就记录了厘卡胥吏与徽商的故事。

> ……一卡员某，鄙贪无似，士商苦之，苛虐于泛宅者，即无所不要。有一客，泊舟报纳，如例抽厘外，另赠员以黑须药。值员正谋此，欲购诸洋，得此，作鸲鹆笑，并挽客饮，意下交之。客辞去，解缆北渡。员如法掺须，天明共视，即凝结成块，濯之亦不散，如庙中所塑木偶，就颐颔以刻雕之状。员大怒，拘客，客舟已不知所之矣。

"鸲鹆笑"是比喻自鸣得意的一种奸笑，此一形容反映了徽商对厘卡员弁的仇视。徽州人徐云松曾吟诗曰："税关厘卡真难当，倚官仗势开笼箱，两块花边买抖手，有钱容易通商量。不买抖手真痴呆，误了东风借不来，别人趁风往前去，我被扣留船难开。船难开，事犹小，赶不上帮真不了，孤舟野岸夜须停，防贼不眠盼天晓。"这首《徽河苦》虽然作于1925年，但其中所述厘卡之各种潜规则早在明清时期就已存在。1908年1月25日的《申报》上曾刊登过"徽商来函",其中提及新安江上有"零货捐"的名目,这是针对商人回乡携带的日用物品之征税。后因徽州同乡的反对,改名为"杂货捐",但其"留难阻滞"一仍旧贯。当月初旬,收带金、衢、严三府徽州人银信的信客宋三禄、王春喜等人,因被浙江严东关厘卡多方留滞,驶至马目埠,天色已晚,遭盗匪多人登舟抢劫,结果失去洋信千余封,银洋多至六千元左右。因类似的事情反复发生,① 不少徽州人显然吃够了这样的苦头,故而才会有上文提及的贾客以黑须药报复卡员的做法。

潘国顺早年到过江西、浙江各地,虽然经商一事无成,但他在商海浮沉多年,耳闻目睹了不少徽商的事迹行止。如《义犬》条:

> 城北金姓者,贸贩为业,设肆江右。蓄一犬,质白黑章。金偶挟重赀,往诸异埠,欲置货以居奇,犬尾从之。金驱叱使回,遂斜行而去。金疑已返,亦不之顾。约走六七里,急入林如厕,泻赀道旁,事毕,结袴而去,已忘所遗。至检行装,悉失赀,即欲返搜寻,则意南北冲衢,行人如蚁,当不能还珠合浦,懊恼自憎而已。越旬日,干事已讫,束装而旋,至旧如厕处,即睹一犬卧草丛间,审之,毛色如所蓄犬,蹴之不动,始知犬已毙。大骇,疑有故,拨之,即露裹赀袱,执视,则己物也,数不差毫厘。遂悟犬从己,预知金有丧赀之遭,偏令使返,恐违主意,故迁道而为金守遗赀。久俟不至,即以死殉,知主人见必触目,而能报故主矣。金甚德犬,出资以建义犬亭,行旅往来,皆嘉叹之。金之子字梦祥者,乃余师宝铎夫子之妹夫也。每归诣塾,与夫子言之历历。义犬亭,犹在饶之安仁乡间云。

潘国顺在讲述这个故事的末尾,也说出了此一故事的来历。不过,类

---

① 安徽省黄山市中国徽州文化博物馆收藏有一册《徽河零货捐小史》(1922年刊本),其中提及咸丰四年(1854),新安江(即徽河)各局卡以"徽零货"的名目要求到卡船只报捐货物,如无大宗货物,即以各搭客名下之零星货物估本报捐。为此,途经新安江往来之徽商随身行李皆被当作零货抽捐,成为一大负担。光绪二十一年(1895),徽商群起抗争,迫使官方作了退让。光绪二十三年(1897),浙江全省牙厘总局颁布告示,将货物抽捐正常化,明确规定对行李不得抽捐。及至1922年夏,因某司员私人承包了浙江威坪厘局黄家潭分卡,对过境徽商船只勒索盖印费,其他局卡亦复效尤。徽商被迫再次群起抗争,此一抗争声势浩大。关于"零货捐",亦见徽州文书抄本《便抄·又阅一则抄录于后》。

15

似的"义犬"故事在清代的笔记小说中颇有所见。① 在清代，许多黟县人前往江西经商。上述一则说的就是义犬为主死守遗赀的故事，而主人所建的"义犬亭"即位于江西饶州府的安仁县（今江西余江县东北）。②

徽州人外出务工经商，与妻儿长久分居，时常演绎出各种离奇的悲喜剧。如《霹雳打（三则）》：

> 余往十都观演剧，大雨倾注，雷电并作，渝［逾］二日始能归。至北庄地方，才知偪近一妇，被雷击死。值妇家供木工修屋，将炊午飱，正在烹豆腐时，雷已迅作。妇意仓皇朵［躲］避，而雷电已临头矣。二木工惊窜，不敢仰视，直至云收雨霁，且敢抱头而望，睹之，即见妇被发跪地下，锅覆灶上，出喊，邻人共集，验试锅底上，有字横斜，云：金镯凿下死，豆腐化成泥。咸皆弗解其故。妇固无子，且寡，只一女。女来舍敛，又发之，击至数次，始敢厝，然或亦未知妇之缘何而此［死］也。越半月，有休邑男子来访妇，闻伏天诛，仰首欢叹而去。人有讯知其故者，盖休来男子之妻某氏，独居家中。夫外贸，寄有金镯。妇因货干豆腐于休，尝寓氏居，稔知氏镯。归造伪镯，潜易之，氏亦不知。至夫归，查出细别，以是知伪。研诘氏，而氏固不解，夫疑氏有私，故作此狡猾也。氏不伏，愤投缳死。夫亦怒氏不洁，姑负气槅敛而粗瘗之。检氏所藏，蓄有番洋百尊，乃夫给之家需，俭得而余之也。夫悉详之，意氏不当存洋而挥之镯，此定当枉杀己妻欤！恼悔不已，出述于邻，并问邻：有人与吾妻交者乎？邻有知妇之每年寄寓事告夫，夫始悟，遂束装来黟，欲讼之妇。故不远而来，穷究妇之里居、姓名，以好词白。讵刚将研问，即知妇被雷诛，是以愤消而太息以去也。众始悉。

黟县的十都，也就是现在著名的宏村一带。这个故事说的是，商人妇因所

---

① 嘉庆年间王有光所撰的《吴下谚联》就有"犬有义而可养"条，也说了类似的义犬故事，只是主人公是侨业浙江之徽商，而所修的"义犬亭"则在新安江畔的富阳。此外，更早的故事则亦见于《聊斋志异》。只是故事发生的背景是在潞安（今山西长治一带），主人最后所建者不是"义犬亭"，而只是一个"义犬冢"而已。
② 《扫愁帚笔谈》一书中有不少各类动物的故事，而关于商人与狗的故事，书中还有："族人某，言江右某肆，冬夜烘爆衣物，偶失检点，众已酣睡。有一犬嗥吠甚厉，朴［扑］地作滚，振骇众醒。怪起而觇之，即见火星四布，烈焰直冲，急集扑灭，即犬遍身焦灼矣。"

藏金镯为他人偷换，而遭丈夫猜忌，并愤然自尽。故事颇具戏剧色彩，偷换金镯者结果被雷电所击身亡，从而让事实真相水落石出，这当然又是因果报应的一个例子。

关于商人妇的故事，书中还有《妇无情》一则：

> 明太祖有言：男儿都是负[妇]人生，天下妇人皆可杀。真恨极之词也！同居叟为予言，休邑一人，某姓者，素为典商，颇有蓄积，盖职司头柜也。年念[廿]余，未娶，少失怙恃，家无他人，惟族亲乡邻而已。每年归，聘娶某氏为室。越两月，计将外出。氏留之，且云：吾乃新来，尔家事、祀祖绝不知，多停几月，我可谙之。庶尔去，亦无挂念矣。某听之。越明年，春三月，又将往，氏又婉辞以止之，以为偕指祭扫，理亦极正。迨届午节，欲束装，氏又云：佳节伊迩，节后去，未为迟也。某又是之。无何，炎暄侵人，氏益可以置词。直至中秋，凉风辄至，某坚意欲往，即典东函来告辞矣。时虽失业，尚有供用，渐而床头金尽，典质衣饰，苟且度日。氏即潜藏簪钾，冷语相侵，动辄诟诅，常负气归宁，久久不家。某遂饔飧时虞，衣如鹑结，欲奋志他出，奈形类丐人，时望氏回相商，竟连月累日，绝无踪影。偶一见之，便诮讪不堪。某愤甚，贷以薄资，迤逦至海阳，意欲附舟东下，又囊无一钱，腹中辘辘，饥火上焚，踱躞河干，计无所出。顾忆频受氏侵，势难再回，不如俟人影依稀、月光初上时，投河而死。刚伏水中，见水天二月，忽自慰解：莫非吾有焕然否？吁嗟太息！适一巨富子，独赁一舟，无人闲语，命舟子登泊，问：尔亦东下者乎？某颔之。舟子云：盍不附我舟而去？正可与公子闲叙，消寂寞耳。某直告之，身无资。舟子返命，邀登舟，所需用度，我为尔使之。某喜，殷勤为公子动作，备极承迎，公子亦乐与之俱。迨抵虎林，问所业，即以典对。公子固杭之典主人也，遂偕至，嘱总管者为之位置耶。某本典中出色，偶为妇愚，备尝艰苦，至此益抖擞精神，经营得利，且诸获同人喜。渝[逾]六、七年，绝无信归。若问之，即以家无一人对。氏闻夫外出，不知去向，意其已填沟渠矣，喜之不胜。倩媒欲再适，访之者，咸弗敢纳，知其素行也。初惟母家暂住，久亦为兄嫂所僭[谮]。居家即衣食又无所出，则向时潜匿查物，均已易去矣。某之昔时情状，氏于此日亦尝之。傍徨无策，只得遍访良人，幸近村人与

17

某同事，知其梗概，归时为氏述之。氏恳为转达，某卒不应，且云：吾素未成家，君其误矣！氏望之音耗全无，徒投往雁，绝不见来鳞，心甚怨悔，并闻夫校［较］昔时，景况倍胜之，心更恼闷。归与母商，同东下投夫。至典询问，并无其人。转寻邻人，托代声致之。某坚不承认，邻人亦无术，邀集同袍，挽某游春，假以息憩，氏出见之。某即返身自回，留之不可。甚而同人苦劝，始言其曩年事，氏觉惭汗，俯仰若有所难容，求给衣食。不可，再三哀请，同人为之附和，才应以番饼三百元俾之，且即嘱归，勿想吾与尔夫妻也。既毕返典，拔存辛金足三千余，皆十多年积聚之物，束装辞去，后竟不知所终。

上文说的是徽州休宁商人的故事。在清代，休宁人以典当经营闻名遐迩，而故事的主人公也是一名"头柜朝奉"。娶亲之初，因妻子舍不得他远离，再三挽留在家，最终导致失业。此后，经济逐渐拮据，结果夫妻反目，朝奉穷困潦倒，一度想投河轻生。后来遇一富家子，遂发愤努力，终至重整旗鼓。相形之下，其妻则每况愈下，故通过各种方式，欲求破镜重圆却终遭拒绝。这其实是汉代朱买臣马前泼水休妻的清代版，反映的是商业气氛浓厚的徽州社会之一幕悲剧。

自明代中叶以来，随着徽商的崛起，徽州社会产生了重要的变化，"金令司天，钱神卓地"，① 金钱的力量使得嫌贫爱富成了社会的风尚。潘国顺在《浇俗》一则中还指出：

风俗不古，人情浇漓，天下皆是，惟黟尤甚，特山川之气象然也。乞人汪某者，不知其名字，以其每正月间装扮魁星，曲求乡里，或故以"魁星汉"呼之。当丐时，卧诸门檐，其曲如虾，人咸讥之云：穷骨头，睡相都不同，踡曲如狗。后有阴德，随商人渐贾致富，甲第云连，奴婢肆佣以成群，子孙科第，称缙绅焉。后其下人，冀远近有知之者，见其睡，皆互相以赞之，言其富贵，即此相也。其踡曲如初，未尝更变，人皆谓其睡式类元宝云。同一人也，共一睡也，以贵贱故，遂有如狗、如锭之讥而赞之，两形高下，大相径庭矣。

---

① 万历《歙志考》卷5《风土》。

关于乞人汪某，书中另有《魁星汉》一则，其中提及此人是潘国顺之舅氏的族人，该族后来"侨居江浙，世为盐商，而家称巨有。年甫不惑，即子孙林立，婢仆成群"。①《扫愁帚笔谈》中涉及汪氏的三则，反映了人们对一位乞丐发迹变泰前后不同的观感，而这种观感之嬗变，显然与清代徽州商业兴盛所营造的社会氛围密切相关。

（二）黟县乡间的社会生活

潘国顺除了一度外出经商外，绝大部分时间是在黟县当地生活。因此，《扫愁帚笔谈》一书中的主要内容多侧面地反映了黟县乡间的社会生活。

1. 鬼怪故事背后的观念取向

书中讲述了不少鬼怪故事，其中有不少曲折地反映了民间社会的观念意识和价值取向。如《鬼怜孝》：

> 邑北某子，贾于休，闻母病，星驰而归，方至官山，此地系义冢处也，时交更余，跄踉乘月而奔，撇［瞥］见一年少女郎，盈盈独走，其意深夜荒凉，借随为侣。女郎行且速，喘汗跟之，始能及，亦不交言。某一心见母，故无意与之拔谈。相行六七里，女止不前，掉首问曰：子亦大胆哉！且曰：子乃笃孝之人，不然听之。某闻之怯，诘所谓，曰：尔瞻侧径，簇拥飞驰者，谁耶？乃当方山神也。子若昧进，恐将不利。某念母心切，恨不能飞，虽闻利害，固所漠然，而亦应之。行将近，遽闻前驱云：圣母当道。似舆中人言，迂路而过。某见之，蜂拥威严，不觉毛发俱悚，心疑女郎何赫濯如此，拜谢之，且询居里，容当报之。女郎即云，吾乃经鬼也，子勿怯，宜早归，行当无事已。语毕，倏忽不见。

这是说上吊而死的女鬼，因见行人是位孝子，故不仅不加害于他，而且还一路护送他返归故里。另有一则《阴阳眼》：

> 予客饶州时，曾晤同乡四都人，谈其族某甲者，据老辈传，大率乾隆间人也，白昼能睹鬼物。或见之士庶，得志时，即邂逅相值，鬼

---

① 《扫愁帚笔谈·汪某》。

19

必先避；失志时，偶然相撞，鬼必不自退。人遇之，遂觉毛骨悚栗，归即沾恙，药之不应，祷禳即已，盖时之衰使然耳。又言祥旺之家，则鬼物更多，长不甚修，大不甚巨，状如婴儿，庭除嬉戏，若见人，就匿诸颡并门背，而亦未尝作祟也。衰败将亡之家，则室中鬼渐散去，稀稀甚且亡矣。一日，甲过牌坊，见上有狰狞鬼，手执白杖。有一新婚妇，意于归未满月，亦将过之。鬼跃下当头击之，妇顶红光，焕然四射，鬼惶骇而奔。甲疑妇命必贵，访诸夫家，固贫窭贾人，碌碌无奇节，怪之。月余，始闻夫死，妇操柏舟节，而终不为贫移焉。予谓节烈贞女，朝廷闻之，则旌表其门闾。皇天嘉之，亦昌佑其子孙。何方鬼物，能不悚然而逃哉？

这是说鬼物也是欺软怕硬，士庶志得意满时，则鬼亦退避三舍；一旦运衰失志，则鬼物必加欺凌。根据嘉庆《黟县志》的记载，四都比较古老的村落有陈闾、古筑、黄村街、黄石墩、鲍村、后闸、官麓下、泉山岭等，这些都是自明代中叶即存在的古村落。据说，当地有个人能于白昼看见鬼物。有一次，一新婚妇人路过某牌坊，遭狰狞恶鬼突然袭击却岿然不动。该妇夫家虽然也是贫窭贾人，也没有什么突出的事迹，但因其坚守贞节，故而也让鬼物望风奔逃。此一情节，反映出徽州民间对于妇女节烈的景仰与表彰。

《扫愁帚笔谈》中讲述的诸多故事，除了对细节的描绘之外，其主旨还在于扬善隐恶。《屠警》条曰：

  昌浦某屠肆，庚寅冬十月间，将曙秉烛，宰豕一头，燖去毛鬛，烛遽灭，再火照之，即一裸女子也，刃中项际，骇绝，阴购材而殓埋之矣。翌旦，宰如昨，刳豕腹，内抒一掌，指爪历历，不敢告人，而肆夥已外扬，通市皆悉其事已。邻党月旦，皆云某肆开张，甫贻四世，且生意蒸蒸，屠宰牲口不胜计数，当时隆旺，甚于曩日。固冥冥之中，现诸祸警，以惩彼承业者之悛恶，以舍凶利哉。

从明代开始，徽州的佛教日益昌盛，善男信女对于民间的杀生颇有忌讳。在一些地方，屠夫死后要戴上红手套，据说是因为他们的双手沾染过太多的鲜血，去世后过阎王殿时会被斩掉双手。为此，人们想到了讨巧的办法，戴上红手套，以示他们的双手已被斩掉，从而得以全尸入殓。①"昌浦"似乎也就是昌江，亦即景德镇。上述一则是说光绪十六年（1890）十月，当地有位屠夫秉烛杀猪，去毛之后，蜡烛忽然熄灭，等他再找来火烛时，却发现地上躺的是一具裸体女子，杀猪刀正插在她的脖子上。屠夫遂大惊失色，急忙偷偷买了一副棺材将她埋了。等到第二天，他又像前一天一样杀猪，剖开肚子后，却找到一个人的手掌，五个手指清清楚楚，他不敢告诉旁人。不过，发生在屠宰场的怪事已被伙计外传，整个市场都传得沸沸扬扬。周围的邻居评论说，这一家屠肆已开了四代，生意蒸蒸日上，屠宰的牲口不计其数，此时的兴旺程度要超过以往。所以冥冥之中现出诸多征兆，希望此一屠夫能有所收敛。

另外，《扫愁帚笔谈》中的《城隍联》，说同治十二年（1873）正月，有位余姓之人一夕梦游黟县城隍庙，"见城隍神高坐讯事，鬼犯受刑，号哭之声，惨不忍闻"。其间，他清晰地记得城隍庙两廊的对联、匾额。匾额为"好善恶恶"四个大字，而对联则是："善者前来，论善直赏，欣欣欢欢，转发阳世，长享荣华富贵，福寿康安，儿孙昌盛，何等快乐；恶人到此，计恶严罚，拷拷打打，押解地狱，永受刀山油锅，剉烧碓磨，剁刷剥抽，真觉可怜。"又有："问尔生平，所干何事？欺人懦，诈人财，奸淫人妇女，强占人田地，影本相随，慎无孽由自作；来我这里，垂佑无私，与尔家，益尔产，烦［繁］衍尔子孙，延增尔寿算，赏原不僭，须知德宜亟修。"这些显然都是因果报应、劝人为善的警世之言。

2. 光怪陆离的民间万象

清乾隆时人施源有《黟山竹枝词》："广安兰若北城隅，佛诞斋筵妇女趋。覃耜懿筐排满路，分明农具绘豳图。""兰若"即阿兰若之省称，意为寺庙。"覃耜"一词，源自《诗经·小雅·甫田之什》，意思是长的耒耜。而"懿筐"一词则来自《诗经·国风·豳风》，亦即深筐。这是说黟县城北有广安寺，每当佛诞斋筵，当地的妇女纷至沓来，特别是那些下层的农妇更是颇为踊跃，因她们的到来，寺庙门前的路面上摆满了长耜深筐。显然，对于佛教的信仰，在黟县有着相当广泛的群众基础。于是，不法之徒就利用民众的盲目崇拜心理，上下其手，作奸犯科，以达到自己的邪恶目的。《阎王婆》一则指出：

---

① 吴正芳：《白杨源》，劳格文、王振忠主编《徽州传统社会丛书》，复旦大学出版社，2011，第246页。

>邑北有秀里梵宫，司香火者皆用僧侣。初因住持无赖，地方驱逐，即收自黄山来者，意是高僧，以居之。年余，秽乱始肆，殊无顾忌。

秀里原名四岭，位于黟县县城以北。该则随笔说的是寺庙僧侣淫人妻女之事：当地有某人的小妾，系外乡人，曾经与和尚私通，她放出风声说："阎王婆能夜至冥间，偕同阎王判断死者，又能引死者之家人前来，以相慰藉。"此一消息迅速传播，远近皆知。于是，"通邑之妻痛其夫者、母悲其子者、姐悼其妹者，咸来烦引"。届时，由小妾出来预审，凡是长得丑的、干粗活的，其手必粗，就对她们说："汝性乱，魂魄不清，不能去。"谢绝此类人，让她们回家去。但碰到稍有姿色的，就留在寺内睡觉，"谓同睡酣时，即携而往矣"。半年之内，很多女人都纷至沓来。邑西有某女子，未婚夫去世，她为之守贞。听闻此说，也想前去看看未婚夫。到了寺庙，小妾见其颇有姿色，年纪又轻，于是留之到了晚上，嘱咐她要裸身而卧，即使是裹足帛也都要脱去，"言阴间步，不能少涉阳世物也"。于是就睡，覆以纸被，"才下三漏，即诡起小遗，灯犹闪烁，了了可辨。少顷，见一巨甓内，出二人，秃首赤身，登床逼合，氏迫从之"。天亮以后，庙中不让她回家，她只得借口说家中还有两百两银子，要全部带来，与和尚白头偕老。和尚信以为真，就放她回家去了。此人回家后，"冤愤充塞，投环而死"。后来，经当地绅士举报，府、县下令逮捕二人。"僧桔械囚禁，备极刑苦，供白沾玷，不暇自记矣。年余，死于狱。妇命隶锁其项，牵游六门暨十二都云。"潘国顺说，这是"庚寅年四月间事也"，他曾目睹。"庚寅"也就是光绪十六年（1890），①而此一故事中的情节与《儒林外史》讲述的沈琼枝"吃仙丹"之故事颇相类似。

关于佛门的诈伪，《乾禾〔干和〕尚》条的记载更是触目惊心。潘国顺曾侨寓饶州，他听说鄱之莲湖山"有一坐化僧，乡人装以金，冠以盒，且服以衣，祷之者，香烟不绝"。多年之后，他从新安江返归故里，经过歙县小南海，曾见当地的寺庙中有一干和尚，"皆金饰之，目无神，披黄绸衣，

---

① 民国《黟县四志》卷1《纪事表》将此系于光绪十七年辛卯："秀里九莲山寺僧妖言惑众，邑令拿获，毙之狱。"其具体的情节与潘国顺所述大同小异："该僧无恶不作，并有村妇自称阎王婆者同恶相济。邑令孙履材拿获，毙僧于狱。该恶妇枷责，游行四乡，以示与众共弃云。"收入《中国地方志集成》安徽府县志辑第58册，第16页。

盘膝坐座上"。回到家后，潘国顺与当地的一位名士"抵足夜谈"，后者也谈到他所听到的肉身成佛不坏金身故事。

> 和悦洲亦有一僧，……僧将死，制铁条如许长，强探后庭而入，直贯顶，虽腐烂秽汁，从后窍滴流，表如蝉蜕。众僧饰以金，装以衣，声言僧道行高，白身登天，灵应如响，以惑愚夫妇，借以为取资计，故遐迩闻之，咸来上香，而弗知僧未成仙，登极乐境，且受此至惨之刑，永无自在，众僧忍乎哉！僧其愚矣，博浮名而雁实苦。千古以来，未闻有以坐肉行尸，而不脱凡，可以为真佛者。今之僧，可谓世之称肉身拔升，吾亦几为所惑云。

和悦洲一作"荷叶洲"，在安徽省铜陵县西南四十里的大通镇夹江口，清咸丰以还因商贾麇集遂成巨镇。当地以盐务为大宗，客民分为八帮，其中之一就是新安帮（亦即徽州帮）。① 晚清时期，活跃在当地的黟县徽商尤为众多。此处提及，所谓肉身成佛，是和尚造出愚弄民众的一个把戏，其过程实际上相当残酷。这一做法，颇像当代作家莫言笔下的"檀香刑"。类似的骗局，以往亦不乏其例。袁枚《续子不语》有《凡肉身仙佛俱非真体》一条，其中提及顺治年间有邢秀才读书村寺中，黄昏出门小步，闻有人哀号云："我不愿作佛！"邢爬上树窃窥之，见众僧环向一僧，合掌作礼，祝其早生西天。旁置一铁条，长三四尺许，邢不解其故。闻郡中喧传，"某日活佛升天，请大众烧香礼拜"。"来者万余人。邢往观之，升天者，即口呼'不愿作佛'之僧也，业已扛上香台，将焚化矣。急告官相验，则僧已死，莲花座上血涔涔滴满，谷道中有铁钉一条，直贯其顶。官拘拿恶僧讯问，云：'烧此僧以取香火钱财，非用铁钉，则临死头歪，不能端直故也。'乃尽置诸法。而一时烧香许愿者，方大悔走散。"② 看来，肉身成佛、不坏金身的背后，有着血淋淋的悲惨现实。

此外，《扫愁帚笔谈》还记录了不少19世纪中国农村光怪陆离的社会现象。譬如，书中有《奸鸡》条：

---

① 胡朴安：《中华风俗志》下篇卷5《鹊江风俗志》，上海文艺出版社，1988年影印本，第27～29页。
② 袁枚：《子不语全集》，河北人民出版社，1997，第537～538页。

> 予馆于农家于壬辰岁,系深山僻壤,岑寂异常。每宵无聊,懒坐荒斋。邻村有鳏者,独居一室,素吸洋烟,遂信步至之,横卧相陪,闲谈荒语,必待倦而后返。一夕,云其僚辈故业木工,同事三十余,各畜鸡雌。有某者,年将而立,甚好狎邪,频死畜鸡,咸所弗解,惟某即持去烹食之。一日,或有见其抱鸡厕中,就于袴间弄之,须臾鸡死。

"壬辰"亦即光绪十八年(1892),其时潘国顺在深山农家处馆,听邻村一位鳏夫提及当地牲畜和鸡经常死亡,后来有人在厕所中看到了真实的一幕。显然,当时的一些徽州农村社会因相当贫困,导致有偶率较低,故而出现了个别原始欲望与伦理道德的激烈冲突。

相较于男性的极端变态,《妙法置妇》条则反映了更为残酷的事实。

> 丙申夏六月,闻市人谈邑六都,新婚未几,郎年舞勺,妇年十八九,偶持剪断郎阴,寻毙。族人遣婢往报妇家,言妇无故自尽。妇家怒,纠集多人,乘舆踵门,要验妇尸。入房,见妇如豕,缚捆于地,不知何因,研诘之,始执烛照床上,遂告以故,才悉妇夫之死,而杀亲夫也。人皆汗惭,请郎族为何治,鼠窜而回。族议备大材,材头留隙,将妇活置材底,以郎尸叠于其上,坟不葬,而厝于野。二三日,人多有闻棺内声嘶者。或拟妇之苦,有过于凌迟割剥耶!时值炎暑,尸必腐化,汁流蛆生,在所不免,欲死又不即死,欲生不即生,妇之烦恼惨死,可知矣!

"丙申"亦即光绪二十二年(1896),黟县的六都也就是现在的西递一带。这是一桩因琴瑟失调而酿成惨剧:郎年舞勺,是指新郎还是儿童,而新妇则已十八九岁,后者显然是童养媳。因新娘偶然将新郎生殖器剪断,造成后者的死亡。族人先是派奴婢前往娘家报信,说新娘无故自杀。碰到这种情况,娘家一定会兴师动众地前来问罪。果然,娘家人勃然大怒,纠集多人气势汹汹地乘轿而来,要求查验新娘的尸身。结果一进门,就看见新娘像猪一样地被绑着躺在地上,不知什么原因。娘家人大惑不解,赶紧问是怎么回事。夫家这时才拿着蜡烛照床上,道出事情的缘由。听罢,娘家人只能任由夫家处理,一行人灰溜溜地离开。夫家接着开祠聚议,准备了一副大棺材，棺材的前面留有空隙，将新娘活生生地放入棺材底部，再让新郎尸体叠在她的上面。棺材并不下葬，而只是放在野地里。当时，过往的行人多有听到棺材内声嘶力竭的叫喊声。有人拟想新娘的痛苦，认为这样的处置恐怕要超过凌迟割剥。因为其时正值溽暑炎蒸，上面的尸体必然已高度腐化，尸汁下流，蛆虫生长，这些都在所难免。新妇求生不得，求死不能，最后是在痛苦中凄惨地死去，这是可以想见的。

除了这些沉重的故事之外，两性生活亦是潘国顺津津乐道的话题。此类话题千奇百怪，成为穷居无聊的人们茶余饭后之谈资。例如，《白湖新续》条是潘国顺在光绪六年（1880）前往景德镇时听到的故事。这则故事说黟县三都白湖村人王某，五十多岁时托媒远聘，找了二十多岁的新娘，新婚之夜"久旱甘霖，备极狎亵"，结果一命呜呼。当夜，新娘因不胜其扰，且羞于言诘，未曾发现王某的异状，遂抽身侧睡，直到天亮时方才发现情况不妙。在众人的威逼下，可怜的新娘只得在众人面前一五一十地供述前夜在床上的诸多细节，以期自证清白。尽管如此，她还是被怀疑与他人有奸情并加害于夫君而差点吃了官司。又如，《广东老》条说，当时开设洋烟店的主人"广东老"，包养了一小家碧玉，两人要好得如同伉俪一对。妇人的饮食、衣服，全都由广东老提供，而后者亦乐此不疲。"一夜抱妇登床，就淫之，狂驰猛骤，兴浓乐极，将历更余，妇即昏然晕去，广惊视之，已气绝而鼻冰，身循僵而已毙矣。"于是大惊，仓皇奔出，告诉该妇的婆婆。后者原先是垂涎于广东老的财富，所以让自己的儿妇与之通奸，听闻此事，赶紧赶到妇人家中百般施救，但却回天乏力。至此，婆婆与广东老反目成仇，要与他打官司，后者只得花钱消灾，赔了一大笔钱才得以脱身。再如，《木尖》一则则是作者光绪十四年（1888）在江西鄱阳县佣书时所亲闻，其中提到一对饶州年轻小夫妻，以"状类犬阳"的木尖为情趣用品追求刺激，结果难以自拔，不得不求助于长辈，后者先后延请稳婆、医生、铁工、收生婆等前来帮忙，但因涉及的技术颇为复杂，处理过程煞费周折，结果闹得满城风雨，终成里巷笑谈。此外，《遇鬼》一则是说挑夫某甲一日黎明时担挑而出，途中遇一少年妇人，两人相谈甚洽，"欢然搂抱，遂成野合，极情尽兴，云雨酣浓"。某甲以为自己走了桃花运，有此一番艳遇足慰平生，遂春风一度之后，二人"偎脸抱肩，依依不舍"，就在草丛中欢快地睡去。结果一觉醒来，发现已是夕阳衔山，周围绝无一人。再看看怀中所抱持的，竟然是一块很长的巨石。见此情状，挑夫自己"俯验私处，即泥沙成窟，精填盍许，阳具肿胀，痛不可忍"。只得弯着腰回到家中，此后身体每况愈下，大病不起，半个月后便去世了。临死之时，才向家人讲起这件倒霉事。至此，人们才知道他是因为与鬼物交欢而自作自受。这些故事，都是劝诫世人当节制个人过度的冲动，发乎情而止乎礼。

3. 脆弱的社会秩序

黟县地处皖南山区，即便是在徽州一府六县之中，交通亦算极为不便。人们常将黟县比喻为"桃花源里人家"，这固然是说当地民风淳朴，但"不知秦汉，无论魏晋"也同样反映出此处的闭塞。清代以后，随着徽商的大批外出，黟县与外界的交流与互动亦渐趋紧密。《痴情》条谈到黟县的一桩通奸案件。

> 邑九都碓坊，一佣工者，固舒姓之伴当，承业是碓，以赚衣食。有侄与妇，代其事，尝以碓为家耶。侄妇淫，私就肩米者，皖城人。夫觉之，亦不敢言。盖夫尝与樵人妇野合，时为妇遇，以是两有挟。樵者亦异域人，因贫甚，故妇为碓司饰米，少沾食饮，得以借进，而碓妇妒，每以夫情告伯祖，伯祖知，凌辱其夫，禁妇入碓门，诇侄不敢纳妇，妇亦又不能舍侄，二人私遇之，商以同死，购阿芙蓉分服之，侄未果吞，而妇已毙矣。樵人讼于官，验审乃知，牒拘侄，侄已匿窜无迹，碓主出，戒佣人备赏殓埋，予以巨金，始罢讼，侄乃敢回。

九都的舒村（即屏山），也就是潘国顺开塾授徒的地方。此处提到的"伴当"是指徽州的佃仆。挑米人的籍贯是"皖城"，也就是安庆一带。而樵人说是"异域人"，通常也是来自江北的棚民。上述故事中出现的人物皆是下层民众，复杂的多角通奸关系反映了外来民众对于传统徽州社会伦理的冲击。

清代乾隆以后，来自江北的棚民对徽州社会产生了剧烈的冲击。他们不仅在皖南山区种植苞芦（玉米），引起山地的水土流失，进而导致自然灾害的频繁发生。而且随着人群的流动，皖南各地流丐强讨恶化的现象也大为增加。因此，乡村秩序处于极为脆弱的状态。《扫愁帚笔谈》中有一则《谣风》指出："谣言风起，难究根由，大率出于邪妄相递传，甚而通邑愚氓妇孺相竞动，有识者弗为所惑也。"这是说民众经常会被莫名的谣言所煽动，从而引起整个县境的骚乱。

在《谣风》中，潘国顺讲了好几件事。第一件是光绪十六年（1890），"里巷匆扬变乱，互相警备，妇孺惶骇，结伴而逃，喊哭满室。若女有受聘者，亦勒自于归，亲送过门，而夫家不顾者。有携老扶幼，背男襁女，纷纭道路者，其实并无其事，四境安谧，邑城帖然，半月后不禁而自息"。这是说一时间莫名的骚动，竟持续了半个月之久。

第二件是潘国顺回忆小时，"肄业村塾，竟传男子截辫发，妇人割燕尾，城乡烹黑犬，调砾书符，揭发内，可免其灾，无论士大夫，咸遵信之。幸邑侯屈公，善谕之，渝［逾］年乃止"。潘国顺生于同治七年（1868），他所说的小时应在十岁前后。根据民国时期编纂的《黟县四志》记载，光绪四年（1878），"有邪术剪人发者。先是，大江南北及浙江地方，风传有邪术剪辫之奇闻，兹乃蔓延至黟"。此处记载的晚清时期之叫魂案，也正是潘国顺小时的经历。虽然方志的作者认为"窃谓此种衺邪，必系愚民受奸人利用，或暗剪人辫，或自行剪之，以神其术耳"，① 但从《扫愁帚笔谈》来看，此一剪辫的风潮影响极为广泛。

潘国顺所讲的第三件事是某年夏天的事情，当时，"谣言在浅厝之柩，倭人鬼子，使人教以法咒，诣棺诵之，即柩自裂，取死人天灵盖骨，及足膝头骨而去。于是遐迩绅蓍［耆］，集城议赏，能有拿获奸究［宄］者，给洋五十元。甚而富介贵族，皆募［募］人日夕环守之。贫窭者无力，即不卜日，不择地，仓皇率葬者，纷纷然皆是也"。这一段记载提及"倭人鬼子"，可能与甲午战争密切相关。据民国《黟县四志》记载，光绪二十年（1894），"邑境谣传有盗开棺取骨事"。据说，"先是，歙、休厝棺多被此害，至是谣传至黟，民惧特甚，厝棺因此归土者甚多"。②

在《谣风》中，潘国顺讲了第四件事："至于邑西荒山，嶙峋陡壁，忽然显神，云为四［泗］州大圣，日上下祷祝之人，络绎［络绎］不绝。予奉母命，诣山请水，即见纸镪香灰，积成邱陵，四顾并无庙宇，惟荒山一片，山水涓流，望空拜祷，汲水而归。后闻有无赖，以水取资，分争殴闹，宰闻之，恐生事端，命武弁诣山，枪击之，粪污之，差役执无赖以杖之，浮传灵验始止也。"这说的是一桩突然显灵的事件，后因有无赖把持，借以敛财，并引发纠纷。县令只得强制将灵迹毁灭，并拘执无赖加以惩罚，才将事态平息。

---

① 民国《黟县四志》卷1《纪事表》，第15页。
② 民国《黟县四志》卷1《纪事表》，第16页。

潘国顺讲的第五件事是："又旧年秋九月朔望晦等日，群戒禁火食，弗辟门户，犯之者，必沾疫疠云。瘟神见烟即降，望门便入之意。予力为解说，卒难以破其所惑哉，辄唤奈何而已。"这是潘氏亲身经历的一件事，时间大概是在19世纪末叶。根据他的描述，当时大家相戒禁止生火做饭，而且不能开门，否则会沾染瘟疫。这是因为人们相信，瘟神在天空飘荡，一旦望见炊烟，看见开门的人家，就会让该家染上瘟疫。

由上述的五件事来看，生活在晚清的黟县人处于极为紧张的状态，随时的谣言都会让人们惊慌失措。这些事件也说明，近代的内忧外患亦加剧了民众的紧张情绪。

三 结语

衙门胥吏是中国传统社会中重要的角色，但他们往往是沉默的大多数，在传世文献中很少能听到这批人的声音。不过，身处社会下层的这些衙门胥吏往往阅尽人世沧桑，他们偶一著述，即成为观察历史的珍贵史料。例如清初的《历年记》一书，即出自上海胥吏姚廷遴之手。迄今，社会史、法制史等诸多学科的研究者皆曾聚焦于此一文献，探讨清代前期的江南社会。① 姚廷遴是一位有着从商、务农、做吏、教书等经历的读书人，与他相类似，潘国顺也有着从商、做吏和教书的经历。只是与姚氏生活的年代不同，在晚清时期，潘国顺曾读过《癸巳汇稿》，也翻阅过一些近代的报刊（如《申报》等）。不过，他的总体知识储备仍然是传统的。

类似于潘国顺这样的读书人，在传统时代有着庞大的数量，而且到了19世纪晚期，此一群体呈现出急速增长之势。根据张仲礼的估计，太平天国之后生员的总数约为91万，比太平天国前增加了23%。② 这一数字同时说明，没有考上生员的读书人数量应当颇为庞大。这些人构成了传统中国"读书人"的基础。对此，《扫愁帚笔谈》中有《腐儒》条：

---

① 对《历年记》较早开创性的研究，参见岸本美绪「『歴年記』に見る清初地方社会の生活」『史學雜誌』、1986、95~96頁；《清初上海的审判与调解——以〈历年记〉为例》，中研院近代史研究所编《近世家族与政治比较历史论文集》上册，1992。
② 张仲礼：《中国绅士：关于其在十九世纪中国社会中作用的研究》，上海社会科学院出版社，2002，第108页。

我黟近年来文风兴盛，科甲频仍，所以业儒者日更多。大半家不丰足，欲子读书，急于成名，以博官秩而食厚禄。则为师者，亦往往以八股时文，授以门径。试期伊迩，每多藉怀挟之弊。故今之考篮，大如小箱，以能多带课艺，广藏选集。一入场，见题则翻阅目录。其洋板文，有三万、有大口、试帖等作，无之不有。每每敷衍摹袭，装点成文。间有撞着青衿者，其实句读尚未明，即随便书一简，都有不可以解者。

潘国顺自视甚高，对于周围一些考中秀才的人（包括自己的族弟）都颇为蔑视。他曾引用当时的谤词："潘家一对臭英雄，真是儒林两痴侬。写字犹如鸡脚爪，作文臭屁真不通。今年秀才已买定，去了五百串钱文。"他指出，这些人的文行相当不堪，但当时的"妇孺何知？只以秀才不秀才为体面，而俗情之扰扰，更以读书不考试为鄙陋，其中之学品优劣，均置诸乎度外而已"。揆情度理，这段话当然部分地反映了其时的人情世故，但从中亦可得见潘氏其人的嫉妒心极强，"读书不考试"的他，实际上很在乎能否考上秀才，对于这一点也相当敏感。但他却无力改变自己的命运，所以只能眼巴巴地看着别人考上秀才，而自己则无奈地以旁观者身份，对读书应试者极尽讥讽之能事。例如，《大贤》条即曰：

邑之舒某者，应童子试，命题乐正子见孟子，某方出场，便为同人缅诵破承云：大矣，见大矣，大矣难忘情于大贤。同人粲然，咸以"大贤"呼之。今即某之绰号也，年四十余，犹杂童子队中，入场应试云。

"破承"是指科举时代八股文中的"破题"和"承题"。"破题"是用两句话点破题目要义，而"承题"则是承接破题的意义而阐明之，这是八股文开头最要紧的两股。上述此条是说，某人对四书五经一知半解，直到四十余岁还是一位老童生。

另一条《秀才》曰：

邻村名桥让村，汪氏族居，自大清以来，未及入泮，皆农工搀作，乌有读书者。有一老人，寿至大耋，尚乏子，置一婢为妾，寄寓昌江市肆中，生一子，玩蠢异常。及长，俾学贾。父死，学不成，而挂名

> 读书为儒，试几次，辄不售，出巨资购文选集，怀挟以往，夤缘得不搜检，遇题直录，始入邑庠，归家后扬扬自得。年虽廿六七，其状貌当似渝[逾]三十余。每于街头遇友，或昨日晤者，今道寒暄，即曰：我自送学时一面，久违矣。若即云：自我进学后，与汝未面矣。当人多之处，即朗诵吟哦，皆自眩其乃读书人也，惟恐或有不知，以故自述我秀才。子名汪春，自入泮后，□肆吸洋烟，自以为秀才，天下所罕，虽浪费不赀，不愁阮囊告竭也。今即母子分居，日与乞人为伍，然"秀才"二字，无时不言。

这一条是说汪姓之子粗蠢无比，靠作弊考上秀才，到处炫耀，最终落魄潦倒，但仍然将"秀才"二字时刻挂在嘴边。另外，《老童妄想》条曰：

> 立川汪某，年六十余，应童子试，例赐秀才，渝[逾]年大比，某竟至南闱，必获举人，于是竭赀而往，盖欲以举人，则好送卷打抽丰，犹可腰缠而归。讵料至即患病不起，客死他乡，而贡院宏敞，尚未瞻观，然书囊早已告罄矣。幸同人义举，灵榇旋乡，几何而为异域之鬼云。

立川在黟县一都。此条论及汪某直到六十多岁才被例赐为秀才。他痴心妄想，希望更进一境考取举人，却因科举考试客死异乡。对此，潘国顺于字里行间透露出幸灾乐祸的情绪。

明代以来，随着中国人口的增长，生存竞争愈益激烈，许多人治生乏术，便退而溷迹于科场，以读书人自居，躲避残酷的社会现实。于是，社会上出现了大批"不士不农不工不商之人"。① 这些人其实既对读书毫无兴趣，也没有能力通过自身的努力科举及第。此类群体充斥于整个社会，遂形成了各种各样的怪诞现象。对此，潘国顺有一则《蒙童诗》曰：

> 夜痴，桃源人，不详其姓。以其性嗜书，又不喜其日间披吟，往往于玉漏频催时，独居一室，则翻阅握管，尝达天晓，故人谓之曰夜颠倒，名其名曰"夜痴"。又绰其号曰"夜古董"、"书呆子"，以其自言：三日不读书，言语无味。生平落落，多愁善病，尝以《劝学诗》

---

① 龚自珍：《西域置行省议》，巫宝三等编《中国近代经济思想与经济政策资料选辑（1840—1864）》，科学出版社，1959，第8页。

改之曰：孤子重不豪，药炉教尔曹；万般皆天品，唯有短命高。又：但存棺木正，何愁死得迟，得鬼轻荐力，便是捼身时。其人洒落，如此可见已！

《蒙童诗》一则被编在书的前部，紧随在被当作全书凡例说明的《剖白》之后，可见潘国顺对这一则故事颇为重视。而由前揭的描述来看，"夜痴"实在是个病态的书呆子，但却为潘国顺所激赏。从某种意义上看，我们从此人的身上实际上也可以看到潘氏本人的影子。当时，在徽州社会出现了一大批既不甘心从事训蒙，又不能务农经商的读书人。这批人读过四书五经，自视甚高，但在现实生活中却处处碰壁。笼罩在他们日常生活中的迷雾，只能以一个"愁"字当之。这种状态，在潘国顺的《扫愁帚笔谈》中随处可见。如他在《扫愁帚笔谈丛录自叙》末了即署作："乙未冬夜愁来时，酒兵克之，获享坦然，于一豆灯下，乃独坐居也，时已三漏矣。""乙未"即光绪二十一年（1895），是时，潘国顺32岁。根据张仲礼的研究，在清代，考中生员者年纪最小的是16岁，一般多在21～25岁。此后，考中举人的年纪平均是在30岁。而潘国顺年已32岁，竟然连秀才都不是，心中的郁闷可想而知，故而只能时时以酒浇愁，结果自然是愁上加愁，所作的随笔亦以"扫愁"为题。

尽管如此，潘国顺在他的文字中总是刻意表现出一种豁达的生存状态。在封二所画的那幅画的上部，竖行写有两段话，一段是自左朝右书写。

己亥季春，灯前兀坐，徐涂数笔，以当清谈，亦山人之心曲所发，有以冀之……

"己亥"即光绪二十五年（1899）。"山人"是传统时代的诗人谒客，一般人多以此标榜自己的潇洒自在。另一段文字自右往左书写。

了俗山人天性慈祥，素行忠恕，虽因贫困而为委吏，常有动止，绝毫不离准绳，未稍随流俗，浮沉世海也。甚至桯腹从事，亦必拘守大道。每获微赀，不使冻馁，且曰：此享天之福也，吾须体上天喜善之德。故其友弟时讥诮之，谓其何迂之甚云。

从这两段文字来看，作者潘国顺摆出一副清高的姿态，悠闲地信笔涂写，抒发内心的情感。而在书中，他更处心积虑地时时表现出悠然自得的生存状态。在《戊申偶志》中，他就这样写道：

> 吾家当春夏之交，苍鲜盈阶，草木际天，门无剥啄，竹影参差，禽鸟幽鸣，晨对东山，见一片红霞，日光渐发，不胜精神为之一爽！朗读太史公书以浇垒块，缓步陌阡，望荒城而去。日薄西山，偶得闲钱，沽酒痛饮，循循安步，望山径而返于荒村蔓草间，偕山妻弱女，坐石榻，食菜羹，啜苦茗而已。

"戊申"亦即光绪三十四年（1908）。潘国顺自号"倚南窗主人"，他的书斋倚南窗，即模仿陶靖节之"倚南窗"。上揭的文字颇为优美，从字面上看，何其潇洒自如！生活亦何等惬意！不过，这样的文字大概只有文学爱好者才会当真，历史学家显然不应被此类的表面文章所迷惑。透过华丽文字的迷障，我们看到的是传统文人的狂奴故态。

在《扫愁帚笔谈》中，潘国顺的精神状态毕露无遗。该书卷首另有《相命自志》，其中提到："二十七岁后，方许稍亨；五十二以后，皆不利命，即尽忠报国，反遭三尺之诛；竭力于人，只作一场说话。得钱处，有鬼来偷；吃亏处，有人扶持。一生踪迹，相命皆前定，夫复何求？"在传统中国，"穷算命，富烧香"，反映了不同生活状态下人们的心态。竭蹶困窘之人特别在乎算命，他们往往以此推算自己何时方能咸鱼翻生。潘国顺正是通过算命，对个人的一生加以总结。① 从他对自己坎坷一生的总结来看，一切似乎都是上天注定。

在传统中国，科举制度促进了社会流动，但在这种制度下，社会上也产生了一大批的庸人和狂人。只有那些很快通过制艺，科举场上如沐春风

---

① 书中另有一处《命数》："予客饶州时，侨寓米肆，偶于账桌屉内，翻阅残书，见有蠹蚀破卷一编，撷而观之，即笺署'鬼谷子先生命里前定数'，……审编中所载，始知以人之生自何年何时，取年上天干一字，合时上地支壹字，将翻阅之，则有直书数语，括尽毕生穷通，词简而意且详焉。悦之，遂以己之生辰支干，查对取看，以试验否。今犹仿佛追忆，尚能道其书中之语，反躬自省，无少差谬，真定数也。兹因枯坐无聊，默思往过，不胜见景触怀，爰笔以录，命里前定数中之评语，则觉方寸坦然，而不自憎云。数曰：尽忠报国，反遭三尺之诛；竭力于人，只作一场说话。吃亏处有人扶持，得钱处有鬼来偷。此数语，尽予生平之大端矣，命诚如斯，其又何尤！"

之人，才有可能心平气顺地从事其他的事业。否则，人们一辈子都会痛苦地挣扎在科举文网中而难以自拔。纵观潘国顺的一生，他虽然碌碌无为，却心有未甘，内心深处充满了出人头地的幻想。他在《恨事》条中就写道："千里马不逢伯乐，天上龙顿失云雨，猛老虎猝入平阳，英雄汉困于陋巷，红花女嫁与村夫，美少年娶着老媪。我本恨人，好言恨事，薄书于此，以证诸贤。"潘国顺自比为"千里马""天上龙""猛老虎""英雄汉""红花女""美少年"，但在现实生活中他却举步维艰，对于社会充满了极端的怨怼，遂将这种情绪通过随笔的形式传达给读者。

从叙事手法来看，潘国顺处处刻意模仿《聊斋志异》。不过，蒲松龄主要生活于17世纪的盛清时代，而潘国顺则生活于19世纪内外交困的晚清时期，两者生活的时代完全不同。另外，二人活动的地域空间也有所差异，前者生活在齐鲁大地的山东淄川，而潘国顺则生长于商贾之乡的徽州黟县。蒲松龄的小说主要演绎狐仙鬼妖故事，屡试不中的人情冷暖及世态炎凉，并未泯灭他对美好生活的憧憬。也正因为如此，其人的诸多作品皆不乏浪漫情怀。而潘国顺则不同，他所精心结撰的《扫愁帚笔谈》重在写实，书中的更多情节皆在反映重商背景下大、小徽州的阴暗面，极大程度上折射出郁悒成疾的作者之苦闷与绝望。

特别需要指出的是，《扫愁帚笔谈》中有《困龙》一则：

> 黟西环阳潘顺者，字梅光，号祥春，又号了俗子，生自戊辰十月，故属龙。孤贫不偶，落落寡合，且不善务家人活业，是以家益落。饔飧不给，环堵萧然。与妻子卧牛衣，殊深陶然，未尝少有忧容欤。性嗜读书，爱雅洁，工翰苑，精岐黄、风鉴，并乐传奇志异。因之所谋皆逆，与俗多忤。而满腹才华，无从销露；一腔热血，没处飞洒。以故寄傲陶宏，尝安毛颖。凡世所行之书，无所弗读。虽家贫无力，亦穷搜不辍。每获工余，即藉彼酒馆，借此烟察，为痛哭行乐之所焉。尝彻夜不寐，濡毫构思。一夕，正吟哦间，见砚端一物，其状如丝，蠕蠕然游行，形遂成字。审之，一"龙"字也，因祝之曰：龙乎，吾闻诸夫子曰：龙蛟法大，能致风云，何君如斯，与子困顿。言未已，霹雳一声，冲霄而去。

上述这段文字，我们实在是似曾相识。蒲松龄的《聊斋志异》中有个短篇叫《蛰龙》，其中曾绘声绘色地描述一条小小的蛰龙，经过冬眠后甦醒过来，在一个阴雨晦暝的日子里，从一只竹书箱里爬出，被人恭恭敬敬地送到屋外。其时，但闻霹雳一声，此物骤变而为庞然巨龙，腾身飞向天空……这一"蛰龙复苏"的故事，究竟有何寓意不得而知，不过在蒲留仙的笔下，故事情节中不断地出现"读书""（书）卷""书笥"之类的字眼，显然给后人以足够的想象空间。

揆诸实际，"环阳"可能是在今黟县碧阳镇柏山村附近。而文中的这位"潘顺"，也就是属龙的潘国顺本人。文中对其个人的生活状态有着极好的描述，既标榜了潘国顺的清高和潇洒，又透露出因个人治生无策而导致的困顿与颓废。嗜酒如命的他，某次彻夜未眠，在其磨墨时，竟发现砚端一物如有生命，活动自如，仔细一看，那是一个"龙"字……此一荒诞的细节，当然不是因其彻夜不寐辛苦劳作之际的眼花缭乱，而显然是脱胎于《蛰龙》而作的刻意杜撰。从中可见，他强调自己的属相为龙，并想象着有朝一日飞龙在天，一朝看尽长安花……

如果说蒲松龄笔下从书箱里爬出的"蛰龙"，亦真亦幻，颇富童话色彩，其间的遐思妙想予人以一种莫名的神秘之感，那么，潘氏砚端其状"如丝"的"困龙"则折射出"天生我材必有用"的庸人臆想与喧嚣尘世的狂躁。在"学而优则仕"的年代，激烈的生存竞争使得整个社会似乎都充满了自觉怀才不遇者，到处皆飘荡着壮志难酬的悲歌。

（作者单位：复旦大学历史地理研究中心）

始迁祖历史形象的建构与塑造*

——以徽州程氏家族始迁祖程元谭为例

马勇虎

内容提要 两宋时期，徽州程氏家族通过编修家谱、建构谱系的方式，初步确立了程元谭的始迁祖历史形象；元代，又通过寻找程元谭墓地等活动，添加了程元谭官衔、治理地方业绩以及墓葬地点等信息，使之形象历史化。明清时期，通过完善程元谭传记、确认墓地产权、世忠庙修造祭祀神像等形式，最终完成了程元谭历史形象的定型。宋元明清时期正是徽州宗族形成与发展时期，因此程元谭历史形象层累地建构的历史过程，一定程度上反映了徽州宗族形成与发展的历史。

关键词 始迁祖 程元谭 历史形象建构

徽州宗族多以始迁祖为始祖。[①] 然而，始迁祖生活的年代久远且又缺乏相关的文献资料记载，故而始迁祖的历史形象并不清晰。宋元至明清的徽州家族，不断地建构、添加始迁祖的历史信息，通过层累地构造和塑造，始迁祖的形象从最初的模糊、简单形态，日渐清晰、丰满，越来越具有历史感，由此达到强化家族成员祖先认同的目的。揆诸徽州宗族史研究论著，虽有部分成果论及徽州始迁祖历史形象的塑造，[②] 但是相关论题尚未充分展开，更缺

---

* 本项研究得到安徽省学术和技术带头人科研活动择优资助经费（2015D050）和安徽省高校领军人才项目（gxbjZD2016080）的资助。

① 赵华富：《徽州宗族研究》，安徽大学出版社，2004，第41页。
② 代表性的研究成果有赵华富：《与客家始迁祖不同的徽州中原移民》，《安徽大学学报》2001年第6期 [又见赵华富著《徽州宗族研究》（安徽大学出版社，2004）第一章"徽州宗族的兴起"]；黄国信、温春来：《新安程氏统宗谱重构祖先谱系现象考》，《史学月刊》2006年第7期；廖庆六：《论始迁祖——从胡适的一篇谱序谈起》，朱万曙主编《徽学》第4卷，安徽大学出版社，2006；冯剑辉：《徽州家谱宗族史叙事冲突研究》，合肥工业大学出版社，2014。

少长时段的个案研究。被誉为徽州"名门""望族"的程氏宗族,以东晋新安太守程元谭为始迁祖,通过对程元谭历史形象的建构和塑造,程元谭由北宋时期口头传说中的始迁祖、新安太守,成为明代弘治《徽州府志》中的"名宦",清代则成为徽州府尚贤祠官方祭祀的对象。可以说,程元谭"名宦"形象的成功塑造是徽州家族始迁祖历史形象建构的典型案例。因此,以程元谭为中心,系统考察程氏家族建构、塑造始迁祖形象的方式和手段,对于程氏家族史研究,乃至于徽州宗族形成与发展史研究均具有积极的意义。

一 程元谭始迁祖形象的初步形成

家谱是建构、塑造始迁祖历史形象的主要载体。从遗存的徽州家谱看,徽州程氏家族属于最早编修家谱的宗族之一。遗存徽州程氏族谱资料所见,五代时期程淘所作的《程氏世谱序》,记载了徽州程氏最早的族谱编修活动。程淘所修之谱虽已不存,但从他撰写的谱序中仍可见所列徽州程氏的世系,"自淘而上,止忠壮公,凡十三世,世居黄墩"。① 可以看出,程淘之谱以"忠壮公"程灵洗(514~568)作为徽州程氏的开端,并未提及程氏得姓之祖与徽州始迁之祖。

北宋时期是徽州程氏家谱编修的第一个高峰时期,出现了数部程氏家谱。这些家谱对徽州程氏家族始迁祖程元谭及其世系进行了初步论述。

首次将程元谭列为徽州程氏始迁祖,并形成完整祖先谱系的是庆历三年(1043)歙县人程承议编修的《程氏世谱》。程承议之谱也已不存,但其序言文字较为具体地呈现了其所构造的徽州程氏祖先谱系,"程氏自晋新安太守元谭公留居郡城,历唐迄梁,代有显者,谱牒相传,灿如日星"。② 程承议之谱不仅确立了程元谭为徽州程氏始迁祖,还点出"历唐迄梁,代有显者",明确了程元谭与程灵洗之间的血缘关系。不仅如此,程承议还通过"编访同宗",追溯出程氏源出于周代伯符,认为"世系颇详悉","周伯符公以来靡不备载"。③ 程承议之谱所构造的徽州程氏始迁祖程元谭以及程氏源出于周代伯符等结论,对后世徽州程氏家谱编修产生了相当大的影响。④

---

① 程敏政:《新安程氏统宗世谱》旧序,明成化十八年刻本,上海图书馆藏。
② 程惟时:《新安休宁古城程氏宗谱》旧序,明隆庆四年刻本,上海图书馆藏。
③ 程惟时:《新安休宁古城程氏宗谱》旧序。
④ 冯剑辉:《徽州家谱宗族史叙事冲突研究》,第23页。

其后，绍圣三年（1096），歙县人程璥编成《程氏世谱》。程璥之谱将程氏祖先追溯到重黎，并列出春秋晋国程婴、西汉司徒程泰、西晋骠骑大将军程孝长等一些十分显赫的祖先。祖先起源上溯至三皇五帝，既是神话、传说历史化的体现，也是中华民族以炎黄子孙自居的民族心理的体现。[①] 在论及徽州程氏先祖时，"然忠壮之盛，始于何时？意东晋元谭公自洛阳过江，居新安之黄墩，传至忠壮，凡十三世矣"。[②] 不仅认为程元谭为"过江"之祖，即始迁祖，还明确了程元谭与程灵洗的谱系关系。

程承议之谱认定"程氏自晋新安太守元谭公留居郡城"，程璥之谱则认为"元谭公自洛阳过江，居新安之黄墩"，这是程氏家谱有关程元谭信息的最早记录。由于此前文献资料均无程元谭新安太守等信息的记载，故而程承议、程璥所述太守职位、定居黄墩等也就没有确切的证据。正因为如此，程元谭的身份颇受后人质疑。程承议、程璥所修家谱中程元谭的信息来自何处？笔者认为，文献资料没有程元谭信息的记载，并不表明民间没有程元谭的口碑传说。程承议、程璥所修家谱有关程元谭官职及定居地点黄墩等内容，很大程度上来自徽州程氏家族的口头传说。

尽管如此，"程氏自晋新安太守元谭公"之说已在北宋时期形成，这是程氏家族对其始迁祖历史形象的初步建构。在此建构中，程元谭从民间传说的始迁祖上升为家谱记载的始迁祖，并有具体的官衔和定居地点。此一论说也得到了程氏家族的认可，例如绍圣三年程士忠所撰《程氏世谱后序》中，不仅自我认同为"元谭公裔孙"，同时也认同"我程氏承太守公遗烈，宗族繁炽"。[③] 及至南宋庆元五年（1199），杨万里为宋代黟县名臣程叔达所撰墓志铭，也明确提到元谭公为徽州程氏始迁祖。[④] 可以看出，程元谭始迁祖地位在徽州程氏家族内部已有大量共识和认同。程氏家谱有关始迁祖程元谭地位的认同，以及程元谭与程灵洗谱系的构造，表明徽州程氏家族已形成了其祖先谱系的初步建构。但是，所构造的新安程氏始祖程元谭的形象较为简单，甚至模糊，其生平事迹等并不具体、明晰，尚需要进一步的完善和补充。

---

① 冯剑辉：《徽州家谱宗族史叙事冲突研究》，第30页。
② 程惟时：《新安休宁古城程氏宗谱》旧序。
③ 程惟时：《新安休宁古城程氏宗谱》旧序。
④ 杨万里：《诚斋集》卷125《墓志铭·宋故华文阁直学士赠特进程公墓志铭》。

二 程元谭谱系的构造与始迁祖地位的确认

一个血缘群体必须"奠世系，序昭穆"才能形成一个宗族。程元谭作为程氏家族始迁祖的形象虽已形成，但是需要具体的谱系才能证明程元谭与家族之间的血缘关系，凸显其始迁祖的地位和作用。程元谭谱系的构造始于南宋时期。南宋士大夫在推动程灵洗崇拜祠庙化和正统化的过程中，构造了程婴－程元谭－程灵洗谱系，不仅确立了程元谭徽州程氏始迁祖的地位，也以此彰显了程氏家族的官宦背景。

据相关资料记载，在南宋之前的六百多年中，程灵洗一直作为徽州民间设坛祭祀的主要神灵之一。据南宋初罗愿所记，程灵洗死后，"里人坛其墓下以祭，里之社与坛接，尤以公配，水旱疾疠祷之即应"。① 南宋后期，坛祀香火尤甚，民间对程灵洗的祭祀与崇拜达到史无前例的新高潮。"乡人遂于其下叠石为坛，以奉祭祀，号曰相公坛。公生为黄墩人，死为黄墩神。祈雨而雨，祈晴而晴。瘟火疾疠，有祷即应。黄墩之民，受公之庇为不浅矣……"② 淳熙间当地进士方必东以露天社祭有僭越之嫌，认为"自郊社之外，古百辟卿士在今者例皆庙事"，于是在黄墩创建仪同庙。③ 不过，起初的仪同庙并没有得到官方的敕额，仍然属于地方私庙性质。

南宋绍定元年（1228），专祀程灵洗的"世忠庙"落成，并得到了官敕"世忠"庙额。出生于休宁汊口的致仕士大夫程珌所撰《世忠庙碑记》完整记录了请求官敕庙额的过程。

> 仰惟忠壮挺生梁朝，建宗社之殊勋，配朝廷之大享，威灵动荡，宇宙辉煌。当今古歙之民咸被神功之赐，方进士之肇新祠宇，罗鄂州之备述碑辞，是皆协顺于人心，犹未仰干于天德，珌实惧焉。今者里社相与合词于县，县白之州，州上于漕，漕臣以亟闻，蒙赐庙号世忠。念程氏得姓凡十四世而生忠翼疆济公，由忠翼而来三十二世而为新安

---

① 罗愿：《新安志》卷11《程仪同庙记》。
② 胡麟：《梁将军程忠壮公灵洗碑》，程敏政辑撰，何庆善、于石点校《新安文献志》卷2，黄山书社，2004，第1451页。
③ 罗愿：《罗鄂州小集》卷3《程仪同庙记》，上海古籍出版社，1987年影印文渊阁四库全书本，第8~10页。

始迁祖历史形象的建构与塑造

太守。越自太守始居新安,更十三世而为忠壮公,又十四世而生都使岩将。昔忠翼有大功于王室,今忠壮降嘉德于生民,世笃忠劳,赐为美号。爰卜湖滨之胜,聿严庙貌之新。山川英奇,再发灵于此日,神明福祉,永垂佑于方来。

　　绍定戊子孟春　中沐裔孙翰林学士通政大夫知制诰玉牒官兼侍读珌谨记。①

从程珌所撰《世忠庙碑记》可以看出,朝廷之所以颁发"世忠"庙额,是因为程氏家族"昔忠翼有大功于王室,今忠壮降嘉德于生民,世笃忠劳",故而"赐为美号"。忠翼,即春秋时晋国义士程婴(?～约公元前583年),事见于《史记·赵世家》。程婴因保护"赵氏孤儿",且忠主、忠友的事迹,历来为世人所熟悉所称颂。因此,从程婴到程灵洗,程氏家族具有"世笃忠劳"的传统美德。

然而,程氏家族的"世笃忠劳"美德却是来自程珌等人的精心提炼。据相关资料记载,"宋时乡人以公灵应,请立庙,朝仪以公为忠臣婴之裔,赐额世忠,累封忠烈王"。② 这段话表明了程氏家族在程珌等倡导下为程灵洗立庙时,曾经商议鉴于程灵洗骁勇善战,忠心可鉴,自然可以赵国忠臣程婴后裔自诩,故而立庙额为"世忠",寓意为世代忠良。③

程珌等人的意图得到了朝廷的认可。据族谱记载,庙成之前的嘉定十六年(1223)十二月,宋宁宗赐"徽州歙县忠翼强济孚佑广烈公程婴裔孙程灵洗庙额"为"世忠"。④ 不难看出,朝廷为程灵洗颁发"世忠"庙额的前提条件是,承认程灵洗为程婴裔孙,认可程婴与程灵洗之间的血缘关系。由于认可了程婴与程灵洗的血缘关系,世世代代忠于朝廷的"世忠"传统自然得以成立。宝庆三年(1227),宋理宗赐"忠翼强济孚佑广烈公程婴裔孙程灵洗"名忠壮,封广烈侯。⑤ 官方再次确认了程婴与程灵洗的血缘关

---

① 程珌:《洺水集》卷10《世忠庙碑记》,《宋集珍本丛刊》第71册,线装书局,2004年影印嘉靖三十五年刻本。
② 许承尧:《歙事闲谭》卷3,黄山书社,2001,第76～77页。
③ 郑刚:《程灵洗对徽州社会祭祀礼制发展变化的影响》,程景良等主编《程灵洗与徽州社会》,黄山书社,2014,第102页。
④ 程凤彦等修纂《(遂安)中州程氏宗谱》卷2《赐世忠庙额敕黄》,民国十年本。
⑤ 康熙《徽州府志》卷13《人物志·宋理宗宝庆三年追封梁将军忠壮公程灵洗广烈侯诰》,成文出版社,1975年影印本。

系。不过，这里只是对程婴与程灵洗血缘关系的认定，二者之间的世系关系仍然不够明晰，"世忠"的传统如何延续等问题缺乏具体的说明。为了对程氏家族"世忠"传统形成完整的论述，程珌建构了徽州程氏家族祖先的具体谱系，"念程氏得姓凡十四世而生忠翼疆济公，由忠翼而来三十二世而为新安太守。越自太守始居新安，更十三世而为忠壮公，又十四世而生都使岩将"。[①] 程婴-程元谭-程灵洗的谱系关系，经过程珌等人的建构最终形成。在这个谱系中，新安程氏始迁祖程元谭具有重要的意义。因为没有始迁祖程元谭的存在，就不可能有后世子孙程灵洗的存在。因此，程元谭是程婴与程灵洗之间血亲关系传递不可或缺的桥梁、纽带。毫无疑问，程元谭在新安程氏"世忠"家族传统的传承中具有承上启下的作用。

三　程元谭始迁祖形象的历史化

前文已述，两宋时期虽然确立了程元谭程氏始迁祖的地位，也补充了新安太守、定居黄墩等信息，构造了程婴-程元谭-程灵洗世系，但是这些论述都是家谱的理论论说，缺乏程元谭具体的生平事迹及实物材料的印证，故而始迁祖程元谭的历史感不强。为了使程元谭从理论上的始迁祖变成生活中的始迁祖，必须对其形象进行历史化，寻找其生活轨迹及实物遗存。只有这样，才能使后世程氏子孙真切地感受到程元谭始迁祖的存在。程元谭始迁祖形象的历史化，终于在元朝大德年间完成。

元朝大德元年（1297），出现了二份有关程元谭生平的墓志、墓碑资料，这二份碑刻资料均收录于程敏政所编《新安文献志》。由于两份文献资料的内容对后世影响极大，故而原文照录如下。

其一是程伸叔所撰《晋新安太守程公墓志》。

> 徽之程氏自新安太守元谭始。晋元帝兴江左，太守由襄州刺史守新安郡，及代，百姓遮留，不得发，诏褒嘉之，赐第于新安之歙县，子孙家焉。其墓在州之西十里，今名双石前，盖指墓前二石人也。有地广袤，可容数万人。先端明少师尝掌其丘域，至孙曾四世矣。大德丁酉（元年，1297）九月，裔孙深甫沿檄故乡，因得过家上冢，与族

[①] 程珌：《洺水集》卷10《世忠庙碑记》。

党亲戚款接甚欢。以其年十二月十七日，回途至太守墓拜扫焉。顾瞻徘徊，仅有二石人出土半体，余地已寸耕而畦种之矣。问之，乃属别姓。因思程氏为新安望族，蕃衍盛大，家有诗书，世传簪笏，其散处诸郡者亦多贵显。夫以积世封植之久，子孙千亿之多，一旦芸夫荛子负荷锄耒纵横其间，行路之人且为嗟悼，为其后裔者忍此至哉！

既抵郡之明日，访逢午精舍，语以其故，而白之府。公率枝下子孙，期以二十六日会墓所。诘朝风雪大作，不惮冲寒，集里社父老指画疆界，复还旧物，属近墓子孙崧主之。收地所入，岁时展省，世世无替，盖根本固则枝叶茂，而枝叶之茂者亦足以庇其本根。祖德深厚，实子孙悠久之基，而为子孙者容可昧所自来，不以丘墓为念哉！尊祖故敬宗，敬宗故睦族，深甫可为能尽其道矣，亦其天性仁厚，知所重而不敢忽也。因记其事，以贻后来。

时闰月己未朔裔孙紫阳书院山长逢午百拜谨书于明明德堂之西舍①

其二是方虚谷所撰《晋新安太守程公墓碑》。

东晋元帝肇兴江左，在位六载，……初以周玘为会稽都尉，顾荣为豫章都尉，分兵定东土，新定、东阳、信安等六郡既平，以镇东军谋、襄州刺史程公讳元谭，为假持节新安太守。大兴二年，己卯也。良二千石，民爱怀之，受代，请留，竟不得去，卒于郡，永昌元年壬午也。墓在今郡城西十里驿路之旁，歙之程氏自此始。

墓前有双石人，至今无恙，土人因名其地曰"双石"。程氏自黄唐三代迄于汉魏，世有名人，蕃衍硕大，而居于洺水者最盛，故天下之程皆出于广平。歙之程氏号黄墩程，自洺水徙，东晋而后歙程氏又独盛于天下。萧梁时，有仪同忠壮公灵洗，以武勋显，《南史》有传，太守十三世孙也。至唐，有检校御史中丞都使公沄、检校祭酒岩将公淘，兄弟八房，愈盛硕茂，又忠壮公十三世孙也。都使、岩将两房居休宁汊口，都使房又十世，而端明殿学士赠少师珌，为嘉定、宝庆名词臣，有《洺水集》行于世。尝按古迹，得太守双石之墓，获视之，四世矣。大德改元丁酉秋，岩将房十三世孙深甫归自北方，汛扫汊口先茔，上

---

① 程敏政：《新安文献志》卷14《晋新安太守程公墓志》，明弘治十年刻本。

及忠壮墓，而太守双石之墓卒难物色。或者伪为契券，相贸易矣。访求久之，风雨不辍。冬十二月十有七日，始至其地，求墓道弗能得。越十日，赖毗邻父老，于深雪中微得其处。又十日，过其处，见浮土覆双石上，麦苗芃芃然，深甫以金币赎之。乃会集亲宾，铲除耕植。自晋壬午至今戊戌，一千三百三十七年，晋新安贤太守神道始复归于程氏。噫嘻，岂不伟哉！双石既归，而深甫宗人崧克绍，锐意树表作祠，且给守冢者食，极其心力，用成深甫之志。

抑尝思之古之葬者，藏而已矣。自有棺椁以来，一抔之土，愈富贵者愈不能保其藏。曲阜孔林，以圣人而后能久。吾歙虽小，有古墓四：回之先方氏仙翁墓在歙之东乡，后割为睦邑，在今淳安县学前，自汉至今；忠烈庙汪王墓在今郡北七里云岚桥，自隋唐迄今；然皆不若程氏有晋太守墓，又有梁忠壮公墓，居古迹之二。而深甫于兹，不惟能克复其先墓，又能辑睦其宗而礼遇之，凡程姓者，不问其为阁学迈之后、尚书大昌之后、丞相元凤之后，一切与进饮食，教诲无疏远卑贱之分，则何其用心之笃实忠厚至此极也哉！是皆可书，以为后来为人裔孙者之劝，故特为之书。[①]

上述两份文献的价值有二，一是较为具体地勾勒了程元谭的生平事迹。文献叙述了程元谭生卒年代、历任"镇东军谋、襄州刺史"和新安太守等职，以及治理新安郡期间的善政，故而"民爱怀之，受代，请留，竟不得去"。同时，还具体交代了程元谭墓葬地点"州之西十里""郡城西十里驿路之旁"，以及标志性建筑物"双石人"等信息。二是详细叙述了大德元年程深甫找寻祖墓活动，以此证实程元谭墓地的真实存在。文中不仅交代了程深甫找寻祖墓的具体时间，还详细描述了程深甫所见程元谭墓地的当时状况，墓前"仅有二石人出土半体，余地已寸耕而畦种之矣"，且墓地"或者伪为契券，相贸易矣"，墓地所有权已"属别姓"。鉴于这样的现状，"（程）深甫以金币赎之。乃会集亲宾，铲除耕植。自晋壬午至今戊戌，一千三百三十七年，晋新安贤太守神道始复归于程氏"。这些细节的叙述和描写，既证实了程元谭墓地的存在，也使得始迁祖程元谭的形象更为真实，具有历史感。

[①] 程敏政：《新安文献志》卷45《晋新安太守程公墓碑》，明弘治十年刻本。

据弘治《徽州府志》记载:"程逢午,字仲叔,休宁汊川人。幼颖悟,再领乡荐,不第即弃举业,与族父若庸讲明正学,著中庸讲义三卷,益畅朱子之旨。元贞丙申,荐授紫阳书院山长,学者翕然尊之。"① 方回(1227~1307),字万里,又字渊甫,号虚谷,幼从叔父学。郡守魏克愚器其诗才,聘为郡府幕僚。宋景定元年(1260)进士,曾任随州教授、严州知州、建德知府。入元后累迁通仪大夫,有《虚谷集》《桐江集》《桐江续集》《碧流集》《续古今志》《颜鲍谢诗评》,以及众多考证方面的著述。② 元贞丙申年(1296),程逢午出任紫阳书院山长。第二年(大德元年)接待程深甫来"访逢午精舍",并获悉始祖程元谭事迹及墓葬地点,应大体属实。且程逢午作为程氏子孙,为始祖程元谭撰写墓志也在情理之中。方回亦在此期间供职于紫阳书院,并在元初撰有《重建紫阳院记》,后收入《紫阳院志》第18卷。因此,程深甫与程逢午、方回的交流应无异议,所记内容也有较高的可信度。但是,从文中内容看,仍有不少疑点。例如,程、方两人所述程元谭生平事迹及墓葬地点等信息从何而来?程深甫有何依据认定所寻获的墓地即是程元谭墓地?仅以墓前"二石人"作为唯一依据,是否可靠?之所以令人生疑,主要原因是在此之前的官方志书和私家族谱均无程元谭生平事迹、墓地等信息的记载,因此无法确定程、方两人所述内容的真实性。如何解释这些疑惑呢?

从前述逢午、方回的紫阳书院履历来看,大德元年程深甫与程逢午、方回两人见面、交流,应该属实。但是,程、方两人所述程元谭生平事迹等信息,的确可能不是来自文献资料,极有可能来自程深甫对歙县、休宁等地程氏家族成员的口述采访。这是因为,文献资料没有程元谭生平情况的记载,并不等于程氏家族中没有遗存程元谭的历史信息。而且方回文中也记载,程深甫在休宁、歙县程氏家族成员中,"访求久之,风雨不辍"。在此期间,程深甫可能从程氏家族成员中采访到不少有关程元谭生平事迹以及墓葬地点等传说、旧闻。程深甫与程逢午、方回见面后,又将这些口头传说转述于程、方两人。程、方两人对程深甫采访内容不仅深信不疑,还依据这些采访所得口传资料撰写了墓志与碑文。

综合上述两个阶段可以看出,两宋时期程氏家族已确立程元谭为始迁祖,并建构了程婴-程元谭-程灵洗谱系后。元代又依据程元谭的民间传

---

① 弘治《徽州府志》卷7。
② 歙县地方志编纂委员会:《歙县志》,中华书局,1995,第668页。

说，补充、丰富了程元谭的历史信息。这些信息附加了程元谭的官衔、治理地方业绩及死后墓葬地点，使之形象更为具体、真实。从中不难看出，始迁祖的形象在宋元时期不断重构，层累地形成了始迁祖的历史，也印证了顾颉刚先生有关古代传说人物的看法，"时代愈后，传说中的中心人物愈放愈大"。

四 程元谭历史形象的定型

明朝初年，程元谭的历史形象已基本定型，其表现主要有以下几个方面。

首先，程元谭生平事迹的定型。宋元时期所建构的程元谭历史形象，尤其是程伸叔、方虚谷所描述的程元谭生平事迹对后世影响极大，甚至成为程元谭历史形象定型的主要版本，后世所修族谱及其他文献基本沿用了这些史实史料。例如，明景泰二年（1451）程孟所编《新安程氏诸谱会通》，不仅再次确认了新安太守程元谭为徽州程氏始迁祖，还以传记的形式对程元谭的身份和事迹进行了具体描述。

元谭公，牧公次子也。为镇东军谋，晋王即位，遣周玘为会稽都尉，顾荣为豫章都尉，分兵定东土。大兴三年，新定、东阳、信安六郡底定，假节行新安太守。一有"为人清洁敏达，谨畏四知，誉高千里"之语。绥辑流民，疏通畎浍，教民孝悌，举俊造于朝，歙民大悦。一作"百姓爱之若父母"。永昌元年，代还，百姓遮道请留，卒不得发，诏褒嘉之。俄卒，帝闻为之震悼，赐子孙田宅于新安之歙县。娶东海徐进女，卒合葬城西十里牌驿路之傍，即今裦绣乡二十三都表字四百九十七号地内，墓碑具载世忠事实。生二子：长曰彪，咸和四年，陶侃镇荆州，是岁蜀李雄王衡之十九年也，雄遣其将程辨戍垫江，辨故江阳太守巖之世孙也，于世次以彪为叔父，侃上言欲遣彪出荆门以招徕之，诏假彪为梁州刺史，侨治公安。辨遗彪书，欲如诸葛亮事蜀、瑾事吴故事，辞甚道激。彪表上之，朝廷知其不可，乃止，竟卒于屯所。次曰超。

论曰：善政之得民也如是夫，今观元谭公之德政，以极于民，而民怀之，则古攀辕卧辙之说，不诬矣。豫章慷慨，亦世之英士也夫。

赞曰：新安惠政，宜被声诗。爱其甘棠，刈我孙枝。帝思元元，赐第黄墩。以似以续，遗我后昆。豫章自许，允文允武。历按中兴，载绍方虎。韡韡棣萼，奕奕阶兰。上世风烈，十郡衣冠。①

程孟之谱所述程元谭的官衔和事迹等，与程伸叔、方虚谷所述基本一致，没有新的变化，甚至肯定地认为"古攀辕卧辙之说，不诬矣"。程敏政所修《新安程氏统宗世谱》，不仅认同晋新安太守程元谭为始迁祖，谱中所叙"元谭，居健康，东晋初使节，民请留，诏褒嘉之，赐田宅于郡之篁墩，永昌六年卒。赐葬郡西二十三都十牌，见墓图，子孙遂迁新安歙篁墩"。②可以看出，程敏政对程元谭的事迹并无异议。

与此同时，程孟、程敏政等在编修家谱时，为了使始迁祖程元谭的形象更为细致和丰满，一方面构造了从伯符至程元谭共五十世的世系，另一方面又具体会通了徽州程氏从东晋至五代时期的传承世系。既勾勒了程元谭－程灵洗－程行褒这样的主干世系，又详述了程行褒之后分迁各支的主流派系。因此，在程孟、程敏政等明代徽州程氏家谱中，作为徽州程氏始迁祖的程元谭，既有具体的官衔和事迹，又有明确的血统来源，还有身后繁荣发展且明晰、系统的世系。始迁祖程元谭栩栩如生的形象已经勾勒完成。

其次，程元谭墓地范围及产权的定型。

前文已述，墓地是死者的掩埋之地，也是证实墓主存在的有力证明。元大德年间程深甫等人找寻、确认并维护程元谭墓地的活动，为程氏家族认同程元谭始迁祖的存在提供了有力证明。在程深甫的基础上，明洪武年间，程敬之等人购买墓地，扩大范围，并树碑立坊。对此，程敏政在《新安程氏统贻范集》中进行了具体记载。

自大德丁酉阅八十二年，国变更，墓业浸失，又得二十七世孙唐检校尚书湘位下二十一世孙婺源高安派曰敬之者，同伾公秩按谱历考先茔，于大明洪武十三年庚申十月长至日，倡备己帑，率歙族东关曰仲宁、士贞、朝忠者，赎复墓地，周围二百四十步，以税归于府君十三世孙应礼梁铁将军忠壮公灵洗世忠庙守祠者主焉。复遍告槐塘、会

---

① 程孟：《新安程氏诸谱会通》，新安诸谱会通卷1《仕东晋谱图》，清初抄明景泰二年本，上海图书馆藏。
② 程敏政：《新安程氏统宗世谱》卷1。

里、汉口、黟、祁、绩溪及乐平诸族如铭德、士弘辈，慨然以孝诚相感，每致书任其事，瘗石崇土，树碑志墓。自时厥后，休宁裔孙孟翼归自宦途，立石以置于前；河南裔孙璹以监察御史按部本郡，立坊以表其域，斯非观感所致也欤！①

此外，程敏政又依据家谱及土地文书资料，对程元谭墓地面积、周边四至进行了具体描述和记载。

  按程氏世谱及元丰支书、绍兴经界、延祐经理、洪武保簿所载程氏先茔坐落开具下项。
  东晋新安太守府君元谭墓，在徽州歙县衮绣乡善福里二十三都四保十里牌双石前，洪武经理表字四百九十七号，坟地一亩，东至汪仲和田，南至闵相保田，西至闵瑞轻田，北至鲍昌田，业程世忠庙。②

从程敏政上述两则文献记载看，墓地所属地点已明确，位于歙县衮绣乡善福里二十三都四保十里牌。由于洪武十三年程敬之等人的努力，墓地"周围二百四十步"，面积已达一亩，产权已完全归属程氏家族所有。同时，程元谭墓地的地点、面积、产权等信息也已通知槐塘、会里、汉口、黟、祁、绩溪及乐平亲族，程氏子孙纷纷前来"树碑志墓""立石""立坊"。这些记载表明，程元谭墓地面积及产权在明初已基本定型。已定型的程元谭墓地遂成为程氏家族祖墓所在之地，家族的祭祀中心地之一。

再次，程元谭祭祀神像的定型。

前文已述，南宋时期在官方的认可下，世忠庙得以落成。世忠庙建成之后，徽州各地程氏家族采用从篁墩迎神回乡祭祀的方式，举行祭拜活动。入元之后，因为"以远弗便，端明三世从孙……，始倡族人作行祠于溪西乾龙山"。③ 此为世忠行祠建设的开始。明正统年间，世忠行祠开始在徽州各地大规模创建，至成化年间，徽州出现了"行祠布东南"的局面。

值得注意的是，明代中叶新建的世忠行祠往往具有"宗族化"的倾向，

---

① 程敏政：《新安程氏贻范集》，乙集卷之二《复新安太守程府君墓记》，明成化十八年刻本。
② 程敏政纂修《休宁陪郭程氏本宗谱·程氏先茔坐落》，弘治十年刻本，安徽省图书馆藏。
③ 程敏政：《篁墩文集》卷14《休宁汉口世忠行祠记》，上海古籍出版社，1987年影印文渊阁四库全书本，第245页。

神庙越来越具有后世宗祠的特征，其表现在专祭程灵洗的世忠庙中，出现了始迁祖程元谭的神像。例如，创建于明景泰五年（1454），竣工于成化四年（1468）的休宁县山斗世忠行祠，"中堂五间，奉忠诚、太守、忠壮三公，严所出自也"。① 程婴代表得姓之祖，即姓氏渊源，而程元谭则代表始迁之祖。建于弘治十四年（1501）的休宁县苏溪（苏田）的"世忠行祠，堂之中分三龛，中以奉远祖周忠诚君婴，左以奉始迁新安之祖晋太守元谭，右以奉公（即程灵洗），盖推公之心以及所出自也"。② 始建于正统十二年（1447），又扩建于成化二十二年（1486）的休宁县率口程氏世忠行祠，"每岁正元日，奉三祖（分别指程元谭、程灵洗和率口程氏始迁祖程墩临）之像于堂，奠献礼，长幼叙拜，饮福而散"。③ 从庙中所立的神像可以看出，始迁之祖程元谭的神像已塑于庙中，受到族人的祭拜。

最后，程元谭新安太守职衔的官方认可。

程氏家族口头相传的程元谭事迹，经过家谱、碑文等载体的构造和加工，遂成为证明新安太守程元谭身份的文献资料。由这些资料所证明的新安太守程元谭，在明清时期不仅得到了官方的认可，其生平事迹等内容还收录于官方所修的徽州府县志之中。例如，成书于明天顺五年（1461）的《大明一统志》，从古墓古迹的角度认可了程元谭"晋太守"及程氏家族始迁祖的身份，"程元谭墓，在府城西十余里，晋太守程元谭葬此。旁有二石翁仲，因名其地曰双石。歙有程氏，皆祖元谭"。④ 而在弘治年间编修的《徽州府志》中，收录的程元谭信息多达四条，涉及官职、宦迹、墓地、祭祀等方面。这些程元谭历史信息，基本延续了元代初年程逢午、方回所撰墓志和碑文的内容，例如"名宦"条目中：

> 晋程元谭，东晋元帝太兴二年己卯，以镇东军谋、襄州刺史为假持节新安太守。在郡为良二千石，民爱怀之。受代，请留，竟不得去。永昌元年卒于郡，子孙家焉。墓在今郡城西十里驿路之旁。新安有程

---

① 程敏政：《篁墩文集》卷14《休宁山斗世忠行祠记》，第247页。
② 汪舜民：《静轩文集》卷10《苏田世忠行祠记》，《续修四库全书》，上海古籍出版社，1995年影印本，第18页。
③ 程敏政：《篁墩文集》卷16《休宁率口程氏世忠行祠记》，第281页。
④ 李贤、彭时：《大明一统志》卷16《徽州府》，台湾商务印书馆，1983年影印文渊阁四库全书本。

氏自元始谭。[1]

上述程元谭生平事迹文字，与程逢午《晋新安太守程公墓志》、方回《晋新安太守程公墓碑》所述程元谭的官衔、事迹、墓地等基本没有差别，完全照录了程、方两人所撰墓志和碑文的内容，反映了家族成员所建构的新安太守程元谭形象已为官方所接受。即使是道光《徽州府志》，所述程元谭的生平事迹也基本延续了上述内容，只是增加了"诏赐宅于歙篁墩"等少数文字。[2]

此外，程元谭作为新安太守，在明清时期也成为徽州官方祭祀的对象。明代，徽州府建有遗爱堂，以祀名宦。所祭祀的对象有三国吴太守贺齐、晋新安太守程元谭等。[3] 清朝初年，新建尚贤祠、[4] 重建名宦祠（原遗爱堂），[5] 祭祀晋程元谭等人。从中可见，新安太守程元谭的身份已得到了官方的认可。

综上所述，程元谭作为徽州程氏家族的始迁祖，其历史形象从两宋时期的初步确立至明代基本定型，经历了漫长的建构、塑造和加工过程。两宋时期程氏家族从理论上确认了程元谭始迁祖身份及其血缘世系，元代进一步补充丰富了程元谭的官衔、治理地方业绩、定居篁墩等生平事迹，又确认了其墓葬所在地，建构了历史事实与遗存实物二重证据。经过层累地建构，理论上的始迁祖终于转化为历史和生活中的始迁祖，程元谭的形象日渐清晰、丰富。明初通过编写程元谭传记、确认墓地、塑造祭祀神像等手段，将程元谭的历史形象定型，甚至成为官修方志的"名宦"、官方祭祀的对象。程元谭历史形象建构、塑造的宋元明清时期，正是徽州宗族形成与发展的时期。在此过程中，几乎徽州家族均对其始迁祖历史形象进行了建构、塑造，使始迁祖的形象由最初的简单、模糊形态，逐渐清晰、丰富起来，以强化祖先认同，达到遵祖收族的目的。因此，程元谭历史形象层累地建构的历史过程，一定程度上反映了徽州宗族形成与发展的过程。

（作者单位：黄山学院思政部）

---

[1] 弘治《徽州府志》卷4《名宦》，弘治十五年刻本，中国国家图书馆藏。
[2] 道光《徽州府志》卷8《职官志·名宦》，道光七年刻本，中国国家图书馆藏。
[3] 弘治《徽州府志》卷5《学校·本府儒学》，弘治十五年刻本，中国国家图书馆藏。
[4] 赵弘恩、黄之隽等：《江南通志》卷41《舆地志·徽州府》，上海古籍出版社，1987年影印文渊阁四库全书本。
[5] 道光《徽州府志》卷3《营建志·学校》，道光七年刻本，中国国家图书馆藏。

明清至民国徽州与安庆之间人口迁移及影响

梁诸英

内容提要 明清以来徽州与安庆的人口迁移呈现双向互动的特征。明清时期，安庆人到徽州从事山地开垦；徽州人到安庆地区则主要从事经商活动，旅居安庆的徽商呈现的是重义轻利、重视孝道、兴办公益事业的正面形象。步入近代，对于徽州与安庆之间人口迁移而言，双方职业活动仍然一定程度上延续了明清的传统，两地经济互动仍很丰富。表现在安庆人有许多受雇于徽州地区茶叶采制的各个环节；而徽州人在安庆仍多有经商者，经营行业广泛，对安庆商业繁荣作用重大。通过徽州与安庆之间长时期迁移人口职业特征的考察，可以看出历史和传统因素在区域经济发展变迁中的作用。

关键词 徽州 徽商 人口迁移 安庆

现有徽学研究中，学者对徽州与江浙沪之间经济互动及徽商在江南地区活动等问题的研究很深入，相比之下，关于明清以来徽州与安徽境内区域之间互动研究不太多。值得注意的是，王廷元对明清时期芜湖徽商的经济及社会活动作了开创性论述；[1] 范金民对清代六安徽州会馆作了开创性研究；[2] 陈瑞指出清代亳州境内的徽商以婺源籍商人占主体，致富后积极参与

---

* 本文为安徽省哲学社会科学规划项目"徽商老字号工匠精神传承与创新研究"（项目号 AHSKY2016D142）阶段性成果。

[1] 王廷元：《论明清时期的徽商与芜湖》，《安徽史学》1984 年第 4 期。

[2] 范金民：《清代徽商与经营地民众的纠纷——六安徽州会馆案》，《安徽大学学报》2005 年第 5 期。

地方公益事业;① 陈恩虎等对明清时期巢湖流域的徽商做了探讨。②

安徽省省名缘于安庆、徽州两府首字合成,迄今尚未见对徽州与安庆之间人口迁移及经济互动等问题的专门考察。据笔者对资料的检阅,明清至民国时期,安庆与徽州之间人口迁移现象突出,经济上的互动也很明显,本文对此做一探讨。

一 明清时期徽州与安庆人口迁移及影响

1. 明清时期安庆人在徽州的垦山活动

关于安庆人在徽州的活动,学界注意到清代以来大量安庆人在徽州的山地开垦活动。曹树基指出,清乾隆以后,安庆棚民在皖南山区从事垦山活动,"安庆是清代前期和中期长江流域人口输出的中心之一"。③

清代以来安庆人多有到徽州地区从事资源开发者,主要表现在山地开垦方面。这种状况的出现不是偶然的,一是明清安庆地区不重视经商,农耕文化表现为安土重迁、勤力农亩的特征,④ 由此导致安庆地区人口压力经由经商渠道来缓解的情况不大可能,外出开垦便成为可行之道;二是对徽州来说,由于大量人口外出经商,造成本地劳动力的真空,山地开垦需要外来人口来补充劳力;第三,玉米开垦等生产方式给徽州山地资源利用提供了一种新的途径,而此类资源开垦活动不仅能缓解徽州粮食紧缺的状况,也迎合了徽州地区本地山民获得经济收入的需要。清代徽州此类资源开垦活动主体也就是所谓的棚民。

关于清代安庆棚民在徽州的开垦,早在乾嘉年间即已出现。乾嘉年间徽州地方志对安庆人在徽州的玉米种植有明确记载,比如在绩溪县,苞芦(玉米)种植的情况是"邑多山,近为皖人垦殖,所产不少"。⑤ 在祁门县,嘉庆年间也有安庆人从事开垦活动,嘉庆六年七月初四日潜山人陈敦仁所立租山契约即是明证。

---

① 陈瑞:《清代淮河流域商业重镇亳州境内的徽商——以乾隆、光绪〈婺源县志〉为中心的考察》,《中国地方志》2008 年第 12 期。
② 陈恩虎、吕君丽:《明清时期徽商在巢湖流域的经营活动》,《安徽史学》2010 年第 4 期。
③ 葛剑雄主编《中国移民史》第 6 卷,福建人民出版社,1997,第 305 页。
④ 梁诸英:《重商求利:皖江地区传统农耕文化的近代嬗变》,《安庆师范学院学报(社会科学版)》2008 年第 8 期。
⑤ 嘉庆《绩溪县志》卷 3《物产》。

立出租约人江凌汪等，今有承祖买受本都八保土名黄桑坞口外培，又土名杉木塝……四至之内合众商议出租与潜山陈敦仁名下前去锄种杂粮等，三面言定，递年交纳租银五钱正，其艮逓年冬至前三日交付，不得短少，今恐无凭，立此出约存照。嘉庆六年七月初四日　立出租人汪恭祀秩下集成　仝业人凌凤鸣。①

　　乾嘉年间安庆潜山人不仅在徽州租佃山场，还有租佃田地的情况。照现有契约看来，外来的潜山人租佃的水田不是上等田，比如潜山人王胜扬原本在祁门县租佃山场以"承种山场锄种麻栗，布种松杉"，后来又租佃水田用来经营，其所租之田即是因为洪水冲刷而导致的"砂积抛荒"之田，这种情况在清嘉庆二十一年三月初一日潜山人王胜扬所立承佃田约记载得很清楚。契约如下：

　　立承佃约人潜邑王胜扬，今承到康惟成东名下粪草田皮并该田本身主租及各主租田壹号，坐落本都保律字一百卅八号，土名竹系坞，计田三坵，计主租四秤有零，其田因在高坎山坞坋，缘先年洪水冲卸田砲，砂积抛荒有年，国课虚供。今身因在本坞承种山场锄种麻栗，布种松杉之便，是以前来承佃前田，前去入田挑砂做砲，开荒成田耕种……大清嘉庆贰拾壹年三月初一日立承佃约人王胜扬　仝男　王德有。②

　　清代嘉庆年间徽州虽然对外来棚民屡有禁令，但在整个清代，徽州棚民并未绝迹。③延至道光年间，安庆人在徽州的开垦仍占重要地位。据道光初年陶澍的调查，"至徽州、宁国、池州、广德四府州属境内，深山峻岭甚多，往往有外来民人，租山垦种，搭棚栖止"。陶澍对皖南徽州、宁国、池州、广德等地棚民来源的调查，其既有"由江、广迁往者"，"亦有由本省

---

① 《嘉庆二十二年祁门凌氏立〈合同文约誊契簿〉之一四二》，王钰欣、周绍泉主编《徽州千年契约文书（清民国篇）》卷11，花山文艺出版社，1993，第334页。
② 《清嘉庆十二年丁卯春正月立祁门十三都一图凌氏〈众誊契簿〉之三十八》，刘伯山主编《徽州文书》第3辑第9册，广西师范大学出版社，2009，第176页。
③ 梁诸英：《契约与民生：清代徽州棚民长期存在之反思》，《安徽史学》2009年第3期。

桐城、潜山、宿松、太湖、舒城、霍山等处迁往者"。① 可见，道光年间徽州的棚民，皖中安庆人仍是主要来源之一。道光年间徽州的地方志也对这种情况有明确表述，在徽州府，"昔间有而今充斥者，惟包芦"，"自皖民漫山种之，为河道之害不可救止"。②

2. 明清时期徽州人在安庆的经商活动

徽州人向安庆的流动不仅仅在明清时期。早在宋代，徽州即有迁往安庆者，比如据族谱资料，歙县项氏始祖汉七公有八子，其次子叫项士迪，即是"绍兴甲戌随父翁挈家住舒州，今名安庆太湖居矣"。③ 早期来到安庆定居的徽州人有些是因为仕宦的原因，比如徽州休宁人金彦超就是在宋理宗时"教授怀宁"，由此在安庆潜山地带定居。④ 曹树基先生对明代及之前安庆居民的来源地做了研究，指出安庆的移民主要来自江西，少量来自徽州地区，"安徽本省的移民人口占洪武时期安庆府总人口4.6%，他们大多来自徽州府（治今歙县），其中相当多的氏族来自以后我们划归江西管辖的婺源县"。⑤

延至明清时期，此种徽州人向安庆的迁移依然继续。从史料来看，明清时期徽州人到安庆从事的主要是经商活动，这种情况与明清时期徽州人擅长经商的传统是一致的。这方面的记载很多，比如在休宁县，明正德年间的汪平山，字君与，是在安庆经商者，"缵父志绪，不吝所有，商于安庆、潜阳、桐城间，非道弗交"；⑥ 休宁人汪东瀛系明弘治嘉靖年间人，"意薄进取，挟赀皖城"；⑦ 该县的朱德粲也曾经"贾于皖"。⑧

在歙县，王友挑系明正统间人，"商游桐城，卒彼旅邸"；⑨ 清代歙县的江嘉谟，字仲书，号勉亭，帮助父亲在安庆地区经商，"父客皖城，经营拮

---

① 《查办皖省棚民编设保甲附片》（道光四年），陶澍：《陶澍集》（上），岳麓书社，1998，第423~424页。
② 道光《徽州府志》卷5《物产》。
③ 《歙县项氏族谱》，明抄本，上海图书馆藏。
④ 康熙《安庆府志》卷20《流寓》。
⑤ 葛剑雄主编《中国移民史》第5卷，第65页。
⑥ 休宁《方塘汪氏宗谱·墓志铭》，张海鹏、王廷元主编《明清徽商资料选编》，黄山书社，1985，第288页。
⑦ 张海鹏、王廷元主编《明清徽商资料选编》，第440~441页。
⑧ 道光《休宁县志》卷15《人物·尚义》。
⑨ 张海鹏、王廷元主编《明清徽商资料选编》，第243页。

据；公甫弱冠往服其劳，力担家计，父得优游井里，整顿村间"；① 另如，清代歙县的江政观"居无为州，再迁桐城，……观性孝义，凡诸善举，倾橐不吝"。②

黟县也有在安庆经商者，比如清代黟县的孙启祥曾"贾于皖"，③ 道光年间黟县九都金钗人史世椿也是"少清贫，商皖起家"；④ 此外，婺源县多有经商者，婺源洪氏经商者在外定居的地域，除了湖南、广西、成都、金陵等地，还有省内的繁昌、桐城等处。⑤

明清时期安庆徽商的经营范围广泛。后人对乾隆至嘉庆年间安庆徽商的经营状况追忆道："安庆城内外之较大钱庄、当铺、绸缎庄、布店、纸坊、茶叶店、南货店等等，已多为徽商开设。"⑥ 盐业是明清徽商经营主业之一，安庆也不例外。明末休宁县的陈祖相，号熙阳，即在安庆从事盐业，"七岁能书，十岁能文，壮志不遂，乃事贾。历游江皖淮阳，操礛筴，卒成大业"。⑦

徽州人在安庆经营的行业除了盐业外，还经营米业、酱业等食品行业。明清时期安庆是长江流域重要米粮贸易地，雍正帝即位之初就发布谕告："凡有米商出境，任便放行，使湖广、江西、安庆等处米船直到苏州，苏州米船直到浙江，毋得阻挠，庶几有无流通，民皆足食。"⑧ 也有在安庆经营米业之徽州商人的具体实例。黟县的郑嘉莲，系监生，曾在安庆桐城县经营米业，"尝于桐城金山墩卖米"；⑨ 黟县的孙启祥，贡生，"事母孝"，也曾经"贾于皖"，经营米业。⑩ 另如，明嘉靖万历间婺源人李大曑，经营酱业，"又醢贾于皖城，又质贾于姑熟"。⑪ 清代徽商在安庆经营酱业最突出的当是安庆百年老店胡玉美酱园，胡玉美酱园即是创业于1838年（道光十八

---

① 张海鹏、王廷元主编《明清徽商资料选编》，第138页。
② 民国《歙县志》卷9《义行》。
③ 光绪《重修安徽通志》卷250《义行四》。
④ 同治《黟县三志》卷7《尚义》。
⑤ 张海鹏、王廷元主编《明清徽商资料选编》，第53页。
⑥ 詹寿祯：《徽商在安庆经济活动之概况》，《安庆文史资料》第8辑，安庆市彩色印刷厂，1984，第121页。
⑦ 张海鹏、王廷元主编《明清徽商资料选编》，第78页。
⑧ 《湖广通志》卷首，雍正元年上谕。
⑨ 嘉庆《黟县志》卷7《人物·义行》。
⑩ 嘉庆《黟县志》卷7《人物·义行》。
⑪ 张海鹏、王廷元主编《明清徽商资料选编》，第273页。

年），其创办者胡玉美家族原籍徽州婺源，可追溯到康熙六十年胡元彬率全家迁至怀宁，先从事肩挑贩卖豆腐、酱货业务，继而开店经营。传到道光年间，胡兆祥及其子经营出"胡玉美"酱园这一著名品牌，①直至今天还作为安庆的名产而存在。

明清时期安庆徽商的形象是正面的，表现在重义轻利、重视孝道等方面。明清徽商在皖中安庆的社会救助活动体现了重义轻利的精神。比如，明嘉靖万历间在安庆经商的婺源人李大嵩曾教育人们道："财自道生，利缘义取，陶朱公、秦青等数辈何在？"②在安庆经商的婺源人詹元甲也是重义的典范，詹元甲"性耽典籍"，系因为家贫而弃儒服贾的，"尝客皖省，设磁铺"，詹元甲学养深厚，这使其得到当时太守陈其崧"大加叹赏"，陈其崧愿与之为友。在饥荒之年，詹元甲曾替陈其崧采办二十余万金的米粮，按照惯例，采办人可以从中获得一定比例的回扣，但詹元甲采办过程中不拿回扣。地方志如此记载詹元甲事迹："既至其地，逆旅主人曰：'此地买米，例有抽息，自数百两至千万两，息之数，视金之数。今君挟巨赀可得数千金，此故例，无伤廉。'元咈然曰：'今饥鸿载途，嗷嗷待哺，予取一钱，彼即少一勺，瘠人肥己，吾不忍为。'"③

黟县也多有此类重义轻利的例子。比如黟县的郑嘉莲，监生，就曾从江西运米到桐城来出卖，一次遇到翻船，没有贪占淹死的水手的财产，"尝于桐城金山墩卖米，自江西运之，值舟覆，资本空，嘉莲以水手桂元一溺水死，深悲之，捞尸为敛，并归其匮，江湖行旅每称道之"；④清代黟县商人舒祖谟在安庆也重信义，"初为商，信义著于皖江，保全难民及乡人流落者甚众"；⑤黟县的孙启祥在安庆经商，贡生，"事母孝"，"有族人挟资寓僧舍，病笃，托后事于启祥，启祥经理之，悉归其余"。⑥

徽商也重孝行及宗族联谊。曾对安庆道路有捐修的休宁上资人汪琼生就是孝行的典范："年十一丧母，父先义久出未归，遂肩贩四方访寻其父，嗣至池之大通镇，与父遇，因赁居居其父，仍小贩以供菽水。后二十载，

---

① 胡庆昌：《胡玉美酱园的发展及其经营管理》，《安庆文史资料》第13辑，安庆市彩色印刷厂，1991，第62页。
② 张海鹏、王廷元主编《明清徽商资料选编》，第273页。
③ 光绪《婺源县志》卷34《人物·义行》。
④ 嘉庆《黟县志》卷7《人物·义行》。
⑤ 民国《黟县四志》卷7《尚义》。
⑥ 嘉庆《黟县志》卷7《人物·义行》。

父病笃，割股和药以进；及父殁，权攒空地，覆以柴棚，日市贩，夜守柩，如是者三年，镇人愈为感动。"① 清代康熙年间休宁县汪士铨也是孝行的典范，"母洪氏，孕士铨时，父惟㙷贸易潜山，财被劫，不得归，铨生十龄，未见父，朝夕忧思，稍长请母命往访，得迎归"。② 安庆的徽商重视宗族联谊及互助，比如清代黟县的徽商汪福南对在安庆经商的徽州人多有襄助："移皖及芜湖，遇同里失业者，每赠之，默察行止位置，至其浮薄者，量远近给资遣之。"③

3. 明清时期徽州、安庆人口迁移的影响

胡中生强调人口史研究要有整体史观和社会学视野，"人口史研究最为主要的目的是为了解决社会经济和文化的变迁，不可能仅仅是做纯粹人口学意义上的探讨"。④ 同样地，明清时期徽州与安庆之间人口迁移及经济活动，对所活动地域的地方社会或生态环境产生了一定的影响，值得探讨。

具体来说，在徽州，安庆人的山地开垦虽然能缓解徽州本地粮食紧张的局面，但同时产生了生态破坏的不利影响。学界已注意到明清棚民在徽州的山地开垦尤其是玉米种植活动导致了生态的破坏。⑤ 道光年间地方志对安庆人来徽州开垦对生态的破坏也有明确记载："又郡地势高峻，骤雨则苦潦，旬日不雨又苦旱。自皖民开种苞芦以来，沙土倾泻，溪堨填塞，河流绝水利之源，为害甚大，六邑均之。"⑥《旌德县志》对徽州棚民的生态破坏也有记载："乾隆五十四年府院朱以徽属地方蛟水陡发、庐舍漂没、田亩杀压，皆因棚民挖山之故，严饬概行驱逐。今棚民更多于昔，地方官亟宜

---

① 道光《休宁县志》卷14《孝友》。
② 道光《休宁县志》卷14《孝友》。
③ 民国《黟县四志》卷6《质行》。
④ 胡中生：《徽州人口社会史研究的理论视野和概念创新》，《探索与争鸣》2004年第8期。
⑤ 关于清代棚民种植玉米的相关研究主要有冯尔康《试论清中叶皖南富裕棚民的经营方式》，《南开大学学报》1978年第2期；刘敏《论清代棚民的户籍问题》，《中国社会经济史研究》1983年第1期；杨国桢《明清土地契约文书研究》，人民出版社，1988，第134~155页；叶显恩《明清徽州农村社会与佃仆制》，安徽人民出版社，1988，第84~85页；刘秀生《清代闽浙赣皖的棚民经济》，《中国社会经济史研究》1988年第1期；傅衣凌编《明清社会经济史论文集》，人民出版社，1989，第111~112页；吕小鲜《嘉庆朝安徽浙江棚民史实》，《历史档案》1993年第1期；赵冈《清代的垦殖政策与棚民活动》，《中国历史地理论丛》1995年第3期；陈瑞《清代中期徽州山区生态环境恶化状况研究——以棚民营山活动为中心》，《安徽史学》2003年第6期；卞利《清代中期棚民对徽州山区生态环境和社会秩序的影响》，倪根金主编《生物史与农史新探》，万人出版社，2004。
⑥ 道光《徽州府志》卷4《水利》。

禁止也。"[1]

对安庆来说，徽州人的经商活动产生的影响主要是正面的。一方面，徽州商人在安庆的经商活动促进了该地区的商品流通和及经济发展，"安庆的商人多数来自外地，太平天国以前主要有徽州商人及泾县、旌德、太湖等地商人，还有小部分外省来的商人。在安庆所有商人中，以徽商势力最大"。[2]

除了能促进安庆的商品流通，还表现在徽商对安庆当地的社会事业多有捐助，比如救灾、修路等事迹。比如休宁县土元街人朱德粲，字英三，"贾于皖，尝戍潜山县石梁，造救生船于大江以拯溺，制水桶于皖城以救火灾，并买义地施茶汤，保姜氏子，赎许氏女，义行甚众"；[3] 明正德年间在安庆经商的休宁汪平山，也多有义行，"正德间，岁大歉，饥，蓄储谷粟可乘时射倍利。处士不困人于厄，悉贷诸贫，不责其息，远近德之"；[4] 清代休宁县上资人汪琼生，曾经在安庆有修路施茶之善举，"往皖所经之大洪、流沙等岭，皆独立捐修；岭上施设茶汤，令僧司其事，以济行旅"。[5] 歙县人凌诰也是"慷慨急公，曾捐输百缗造桐城县西门城楼，邑令以尚义旌焉"。[6] 黟县的朱照开也是在安庆有善行，"弱冠丧父""商於安庆，赈饥施棺，置义冢"，[7] 黟县的朱荣荐"恬静尚义"，在安庆也有善举。[8]

还有一些安庆徽商重视善行的例子。比如黟县的程桂模"善治生，客枞阳、大通，捐造救生船，道光壬辰，沿江水灾，枞阳尤甚，桂模市米八百石以赈，并施棺三百余具"；[9] 黟县"商皖起家"的史世椿也是重义的商人，"勤俭好义，重建家祠，兴文会，造本村路，助修溪桥，施棺助葬，散赈济荒，输书院考棚建费"，除在本地义行外，在安庆也多有善事，"在皖于救生局捐钱布，于体仁局施棺。道光中，皖水灾，刘抚部音员柯时守安庆，令世椿督赈，筹画周密，全活为多。"此外，史世椿对于"皖

---

[1] 嘉庆《旌德县志》卷5《物产》。
[2] 朱庆葆：《传统城市的近代命运——清末民初安庆城市近代化研究》，安徽教育出版社，2001，第31页。
[3] 道光《休宁县志》卷15《人物·尚义》。
[4] 张海鹏、王廷元主编《明清徽商资料选编》，第288页。
[5] 道光《休宁县志》卷14《孝友》。
[6] 凌应秋辑《沙溪集略》，《中国地方志集成·乡镇志专辑》第17册，江苏古籍出版社，1992，第670页。
[7] 同治《黟县三志》卷7《尚义》。
[8] 同治《黟县三志》卷7《尚义》。
[9] 同治《黟县三志》卷7《尚义》。

东狱府县城隍药王大神、山口镇城隍、大观亭地藏诸庙"，也是"或建殿宇、助石柱，庄严神像及捐月钱，悉施财不少。靳年逾八十，连举二子，人谓德极"。①

还有一个方面需要指出的是，徽州人向安庆迁移、定居的影响不仅是经济层面。在文化层面，徽州人向安庆迁徙的影响也很重要。桐城是桐城派文化的中心。实际上，不少桐城人是元末明初徽州、江西等地移民由于战乱等原因而迁入的。②葛剑雄谈到移民迁入对文化进步提供物质条件时指出，"明初迁入安庆地区的是来自文化水准更高的徽州和江西籍移民"，明清时期桐城涌现出的方氏、姚氏等虽出于明以前的土著，"但这些学者赖以产生的环境却主要是由外来移民造成的"。③关于安庆桐城派文化与徽州移民的关系，有研究指出，"桐城派的主要代表人物，如戴名世、方苞、姚鼐、方东树等人的远祖，皆属于从婺源、余姚等外地迁来桐城的移民"。④

二 近代徽州与安庆之间的人口迁移及影响

1. 近代徽州人在安庆的商业活动

步入近代，太平天国运动使得徽州地方社会的经济发展及秩序受到了很大冲击。为躲避战乱，一些徽州人来到安庆从事经商的活动。比如，乱后黟县的汪令钰到安庆经商，"粤匪扰黟，全家几至离散，孑身冒险赴皖之石牌镇创商业，挈全家往避乱，乱平，家渐裕"；⑤黟县商人江元庆也在安庆经商，并以孝著名，"幼随父商于皖，后粤匪踞皖，避归，力田以养亲"；⑥咸同间人李宗煟的父亲也在安庆经商，即"商肆于皖、铜之间"。⑦

与其他地区一样，旅居安庆的徽商在抗日战争期间也受到了战争摧残，这里主要考察清后期至民国前期的状况。

近代徽商在安庆经营的行业广泛。据调查，在清末民初，"徽商在安庆以开钱庄、当铺、绸缎庄、南货号而著称，笔墨、纸张业次之。当年四牌

---

① 同治《黟县三志》卷7《尚义》。
② 汪孔丰：《元末明初移民与明清桐城文化的兴盛》，《北方论丛》2012年第2期。
③ 葛剑雄：《中国移民史》第1卷，"导论"，第108~109页。
④ 周中明：《桐城派研究》，辽宁大学出版社，1999，第6页。
⑤ 民国《黟县四志》卷6《孝友》。
⑥ 民国《黟县四志》卷7《尚义》。
⑦ 民国《黟县四志》卷7《尚义》。

楼,以迄司下坡、西正街大店号,几乎为徽商所据有"。① 下面分而述之。

钱庄业。清末民初在安庆经营规模较大的钱庄业中,徽州人开设的有怡兴、大丰等至少十家。② 另外,安庆的徽州会馆具有襄助经营的功能。表现在,徽州会馆拥有十余家钱庄,一遇市场物价波动,或银根吃紧,就互相资助。太平天国时期,兵火所及,安庆部分徽商商店倾圮焚毁,此后即是由徽州会馆资助,得以恢复。③ 也有近代安庆的徽商经营钱号的具体例子。光绪年间,安庆城内梓潼阁有徽州人某甲开设的同德生钱号。④

当铺。步入近代,安庆徽商的商业活动受到政治风云的影响,突出表现在典业方面。在同光时期,淮军官僚几乎垄断了全安庆的典业,但是民国成立以后,湘、淮两军的势力在政治上垮了台,相应的其经济力量也大为削弱,所以"安庆典当业的经济实力就逐步移入徽商掌握之中,尤其在北伐之后,更为显豁"。⑤ 据调查,安庆徽商经营的当铺有永祥、惠通等四家。⑥ 近代安庆徽商所经营的典当业的发展也与其经营艺术有关,"徽商擅长经营,他们在典当业方面同样创立了一套规章制度,制定了完整周密的剥削方式方法"。⑦

绸缎庄。安庆的绸布业在抗战前有大小商号76家,包括泾帮、徽帮、浙帮等商帮,其中徽帮经营的绸缎庄号称"货真价实""童叟无欺"。⑧ 据调查,安庆徽帮经营的绸缎庄有七家,包括天成、公兴等号。⑨

南货及糖杂业。据调查,安庆徽商经营的南货号有七家;⑩ 安庆糖杂业则分为"本帮"(指安庆籍的)和"徽帮"(指徽州籍的)两大帮口。⑪ 如今,墨子酥糖是安庆的名特产品之一,是徽商李万益于光绪年间在安庆开

---

① 《安庆文史资料》第8辑,第121页。
② 《安庆文史资料》第8辑,第121~124页。
③ 《安庆文史资料》第8辑,第77~80页。
④ 《申报》光绪十八年闰六月二十八日,《申报》第41册,上海书店,1982年影印本,第727页。
⑤ 《安庆文史资料》第8辑,第89页。
⑥ 《安庆文史资料》第8辑,第121~124页。
⑦ 《安庆文史资料》第8辑,第89页。
⑧ 《安庆文史资料》第13辑,第129页。
⑨ 《安庆文史资料》第8辑,第121~124页。
⑩ 《安庆文史资料》第8辑,第121~124页。
⑪ 韩幼甫:《安庆糖杂业经营管理情况点滴》,《安庆文史资料》第23辑,安庆市委机关印刷厂,1991,第15页。

设糖杂号开始的。① 清末安庆糖纸杂货行业屈指可数的大户还包括徽州人创办的"大顺和",生意兴隆,据传开业四十多年,挑回银子40万两。②

笔墨纸张业。在近代,安庆徽商经营的笔墨庄有立记胡开文、正记胡开文两家,均生产名品,远销京沪及海外;纸坊中,有松筠阁和张信太两大纸坊。③ 此外,抗战前安庆的锡铂,又名徽铂、杭铂,即分别产自屯溪、杭州,是作迷信品用。④

药店业。近代安庆吴春茂药店的创业人吴福基祖籍是徽州休宁县。吴福基清末在太湖县开设有吴春茂药店,其批发业务和零售业务均是全县第一。⑤

正因为徽商在安庆经营的活跃,徽商在安庆设立了会馆。民国初年安庆的省内外会馆有14处,省内会馆包括徽州会馆(位于大墨子巷)、泾县会馆(在西门外正街)、旌德会馆(在太平境)。这其中,徽州会馆占地面积有五千平方米,建有戏台、大殿,包括徽州会馆在内的各大会馆均具有敦睦乡谊的作用。⑥

以上所述可见安庆徽商经营行业的广泛,人数亦属不少。况且,在近代的安庆,各行业均有徽州籍的朝奉、师傅、学徒和杂工。⑦ 这样一来,旅居安庆的徽州人当更多。

这些来到安庆的徽州人从事商贸经营活动,体现出资金雄厚、范围广泛的经营特点,有利于调剂安庆与外地之间物资的余缺,对促进安庆的经济发展和市场繁荣有重要作用。此外,秉承徽商重视"义行"的传统,近代安庆徽商所开办的典当行对农民资金筹措也有积极作用。据回忆,安庆的徽州人典当行对贫民送当衣物,"随时按半作价,给予方便,起临时救济解困作用"。⑧

2. 近代安庆人在徽州的活动

关于近代徽州的外来人口问题,学界在探讨太平天国后皖南移民时,

---

① 《安庆文史资料》第13辑,第90页。
② 《安庆文史资料》第8辑,第103页。
③ 《安庆文史资料》第8辑,第121~124页。
④ 《安庆文史资料》第13辑,第166页。
⑤ 《安庆文史资料》第23辑,第28页。
⑥ 《安庆文史资料》第8辑,第77~80页。
⑦ 《安庆文史资料》第8辑,第124页。
⑧ 《安庆文史资料》第8辑,第125页。

均注意到皖南广德、宣城、泾县等有大量移民输入，对徽州没有多少例证。曹树基在探讨人口史时指出："战后徽州府并无移民迁入，所以可将战后人口统统视为土著。"① 所以与皖南其他地方有外来移民不同的是，徽州在战后没有移民。但在步入民国后，史料揭示出有大量外来人口来到徽州从事帮工，这其中就包括自安庆来者。

民国时期的调查能帮助我们认识安庆人向徽州流动的状况。据调查，歙县的农民多本地人，但仍有客籍，"客籍以浙江温、台、绍人为多，江西、安庆、江北等地次之。本县东乡，几全为客民"；② 清末刘汝骥指出，在休宁，"经商远出者，白岳、渐江，直视同传，舍田土荒芜，既让安庆人以入垦矣。工匠缺乏，又召江西人以伐木烧炭矣"。③ 休宁县的安庆人以怀宁人为多，"自耕农、半自耕农大半属于本县人，佃农则以客籍人占多数，尤以怀宁人最多"。

民国时期，原本江西客民在徽州势力很大，但是在"自从念余年前，江西人为了某种事故，和徽州人起了一次冲突后，胆小的徽州人，便时时对江西人表示恐惧、厌恶"，恰好这时，擅于交际的安庆人"正极力向徽州展人"，因此"大部的徽州人，便改雇安庆人为佣工，从此徽州安庆人的势力便愈趋牢固。④ 据此记载看，近代安庆人大量进入徽州的时间当是在清末时期。

徽州地区来自安庆的客籍农民不仅从事上面所论及的农业耕作或佣工事宜，还从事山地经济林木的种植。晚清民国时期即有安庆人到徽州从事桐树种植的情况，这种种植能为种植者带来利润。比如在歙县，桐油"邑产不多，昔惟黄山源及东北交界山中有植桐者，今则安庆人在五都坦头垦山种之，通计年产油量约四千担"。安庆人来徽州植桐，是因为桐油对人们日常生活的重要功用，"桐油为髹屋及制器要品，外人以之制漆，销用极广，近年油之输出价极昂，然制漆转售，于我利仍外溢，宜广植并求制漆之法以图挽救"。⑤

---

① 葛剑雄主编《中国移民史》第 6 卷，第 461 页。
② 《中国经济志·安徽省歙县》，殷梦霞、李强选编《民国经济志八种》第 2 册，国家图书馆出版社，2009，第 390 页。
③ 《休宁民情之习惯》，刘汝骥：《陶甓公牍》卷 12《法制科》，《官箴书集成》第 10 册，黄山书社，1997，第 586 页。
④ 碧玉：《徽州的"客民"》，《社会周报》第 1 卷第 12 期，1934 年，第 231 页。
⑤ 民国《歙县志》卷 3《物产》。

民国时期安庆人来徽州还从事漆树的种植及漆的生产。《中国经济志》对安庆太湖人在歙县制漆的过程及效益有详细记录，兹记述如下：

> 漆本徽属特产，晚近因销路不畅，种植麻烦，浸至今日，逐渐减少，仅黄山、朱家村、夏川及潭渡等处，尚有出产。种植者多皖北太湖人，于春季二月间向休宁购选漆根，下种之后不壅肥，不久即发芽。苟土地肥沃，一年即可长达二尺，嗣后每年春季用绿肥，冬季用桐饼。五年后即可割漆。在第六、七、八三年，为产漆最多时期，每株年可产十两；第九、第十年以后，仅产七折，且质亦劣，十二年后，即无漆可产。割漆约在阴历端午至中秋时，每树隔三天割一次，用刀于树及上割成人字形，以蚌壳接受，每次最多约一钱半，少则一钱、半钱。轮流换割，每工人可管六百株，日可割二百株。工人手段优者，漆多质佳，而且树之寿命亦可增长；劣者漆少质劣，且损及树之寿命。每亩地可种二百株，每六百株年可产漆百斤，值洋三百元，每年工人膳食工薪约一百元，肥料约十余元，故每三亩地种漆树，五年之后，可获纯利一百八九十元，即每亩可获六七十元，其利之厚，其他农作无出其左者。①

近代安庆人还在徽州地区垦种甘蔗，也是为了获得经济收入，史载甜蔗"黟昔年本不产，近二十年间湖北及太湖、潜山等县客民始种之，岁收颇夥"。②

这里探讨了民国时期来自安庆的客籍农民在徽州所从事的农业生产活动。安庆人来徽州经济活动的另外一大方面是受雇于徽州茶叶生产的各个环节，这具有季节性的特征。

茶业是徽州的支柱性产业，受雇于徽州茶叶采摘环节是安庆人在徽州帮工活动的重要方面。据1934年调查，徽州茶叶采摘的摘工情况是"歙、绩两县，摘工多淳安、遂安及本省旌德、太平县人；休、黟摘工，以安庆六邑人居多"。③

---

① 《中国经济志·安徽省歙县》，《民国经济志八种》第2册，第393页。
② 民国《黟县四志》卷3《物产》。
③ 傅宏镇调查《皖浙新安江流域之茶业》，张研、孙燕京主编《民国史料丛刊》第554册，大象出版社，2009，第258页。

除了采摘这一环节，茶叶要完成整个制作过程，还要经过拣选、炒制等多个环节。据近代调查，徽州茶叶制作的多个流程都有安庆人的参与。拣工环节的安庆人虽然有，但不多。据调查，"此项工作，全系女工，以本地人居多，间有安庆六邑女工者"。① 休宁县茶叶生产的拣工情况是，"拣工则全系附近乡村妇女，朝出晚归，午饭带食"。②

但焙工和筛工则多有安庆人参加。近代对徽州茶工的调查显示："上述茶工，可分为婺源、歙县及安庆六邑三帮。大概看锅与风扇、看拣、槭簸多为婺源帮，即茶号所谓四柱；至四柱，各柱之副手为四撑，间有歙县帮；焙工及筛工下手多为安庆六邑帮。"③

安庆人在徽州茶叶的炒工环节也作用重大。在休宁县，茶号职员中"炒工多安庆六县人，婺源、休宁人次之"。徽州茶叶生产对外地人的雇佣规模不小，据民国年间对休宁县的调查，"每年茶市各地工人来屯者达一万五千余人，其关系平民生计，可不言而喻"，各种类工人数为：茶号职员600（系男工），四柱工头1200（系男工），炒工3000（男2400，女600），筛工2500（系男工），拣工7500（系女工），杂役500（系男工），合计15300人。④ 由此可知，休宁县的炒工有3000人，而炒工"多安庆六县人"，可知安庆人在徽州茶业中的重要性。由此可知，安庆人在徽州茶业中的劳动力当有数千人。

为什么在民国时期安庆仍有人口外流到徽州？这与近代安庆人到皖南其他非徽州的地区多有流动的原因是一致的。曹树基指出，战后安庆府虽人口损失一半，"但与江南的一些区域相比，该府人口仍然较多，战后该地区不仅不需要外来人口补充，相反还向外输出移民，成为移民输出的中心之一"。⑤ 此外，茶业是近代徽州的支柱型产业之一，茶叶的采制具有季节性，一般是三四个月的光景，最多不到半年，而在茶叶采制的过程中需要雇佣劳动力。这时，安庆人向徽州的人口迁移满足了徽州茶叶采制对劳动力的需要。对安庆人来说，这也是增加收入的一种途径，所以是一种双赢

---

① 傅宏镇调查《皖浙新安江流域之茶业》，张研、孙燕京主编《民国史料丛刊》第554册，第270页。
② 《中国经济志·安徽省休宁县》，殷梦霞、李强选编《民国经济志八种》第2册，第489页。
③ 傅宏镇调查《皖浙新安江流域之茶业》，张研、孙燕京主编《民国史料丛刊》第554册，第267页。
④ 《中国经济志·安徽省休宁县》，殷梦霞、李强选编《民国经济志八种》第2册，第489页。
⑤ 葛剑雄主编《中国移民史》第6卷，第463页。

的经济现象。

小　结

　　徽州与安庆虽然相隔较远,但明清以来人口迁移频繁,并且呈现双向互动的特征。明清时期,安庆人到徽州从事山地开垦,呈现的是资源利用的特点;而徽州人到安庆则从事经商活动,徽商对安庆的社会事业多有捐助。

　　步入近代,我们发现,两地流动人口的职业活动仍然一定程度上延续了明清的传统。这反映了区域自有特点对长时段区域间经济互动有潜在影响,以及历史和传统因素在区域经济发展变迁路径中不可忽视的作用。近代,徽州人在安庆仍多有经商者,经营行业也很广泛,对安庆商业繁荣作用重大,但关于徽商对安庆社会公益事业捐助的记载已不多见。对于近代安庆人的外流来说,经商仍然不是他们的强项,他们到徽州从事漆树等作物的种植及加工,仍属于资源利用的性质。此外,有大量安庆人受雇于徽州茶叶采制的各个环节,这些均体现了安庆人吃苦耐劳的品质。

（作者单位：安庆师范大学人文与社会学院）

元明之际王克恭抚理徽州考*

王　浩

内容提要　王克恭于龙凤五年至十二年（1360~1366）作为朱元璋集团的代表任职徽州。他积极招抚地方上的豪强之士，并通过建构与五通神、汪华等徽州地方神灵间的关系，来号召草莽武人投诚效命。在徽州局势趋于稳定的同时，王克恭加意笼络地方儒士，与其中不少人建立了良好的个人关系。他支持地方儒学及紫阳书院的发展，参与当地学者的讲学活动，并就人才选拔等问题征求他们的意见，由此树立了培植文教、振兴学务的形象。总之，王克恭守徽的六七年间出色地完成了任务，他的卓越治绩也深得当地士、民之心，为以后任职徽州的府县官员树立了良好榜样。

关键词　王克恭　元明之际　徽州

王克恭，字子敬，生卒年不详，活跃于元明之际。其人《明史》无传，因其娶明太祖朱元璋兄、南昌王朱兴隆之女福成公主为妻，获封驸马都尉，故《明史》只简单记载其经历为"尝为福建行省参政，后改福州卫指挥使"，[1] 而于其任职徽州的事迹只字未提。实际上，王克恭于龙凤五年（即元顺帝至正二十年，1360）出任婺源知州，次年十月以同知徽州指挥使司衔移镇徽州，任职五年之久，直至龙凤十二年（1366）十月移镇绍兴。[2] 在这六年多的时间里，王克恭作为徽州地区最高军政长官，为朱元璋集团稳定对徽州地区的统治发挥了重要作用，而目前学界论及此点者尚少。故笔者不揣谫陋，草成此文，仰祈方家指正。

---

* 本项研究得到安徽大学博士科研启动经费项目资助（项目号：J01003288）。
[1]《明史》卷121《福成庆阳二公主列传》，中华书局，1974，第3667页。
[2]（明）彭泽修、汪舜民纂《（弘治）徽州府志》卷4《职制·兵卫官属》，《天一阁藏明代方志选刊》第21册，上海书店，1992，第50页。

一 元明之际徽州的动荡局势与王克恭入徽

元朝末年,朝廷腐败严重,财政困难,天灾不断,人民生活在水深火热之中。元朝的统治岌岌可危,至正十一年(1351)爆发了红巾军大起义,从此中原地区陷入十多年的战乱动荡。

地处万山丛中、一向号称战火鲜及的徽州地区也未能幸免。当时义军主力之一、由徐寿辉等领导的蕲、黄义军,兵锋很快抵达徽州。一时间义军、官军在徽州地区反复争夺,土匪等势力也活跃起来。

在这纷纷乱世之中,徽州地区的有力之家也趁机崛起。徽州一带素来不缺以武起家者,最著者当推南朝梁、陈之际的程灵洗和隋末唐初的汪华。虽说自唐末黄巢之乱以后,"中原衣冠避地保于此(徽州——引者),后或去或留,俗益向文雅,宋兴则名臣辈出",[①] 似乎社会风气自此渐趋儒化。然每逢乱世,徽州仍不乏以武起家、保障乡里者。元末之时,此类人物也是屡见不鲜。如休宁人苏祥,字焕章,天资雄武有膂力。元季乱时,乡曲赖以保安。[②] 又如歙县人郑琏,多次"倾赀募兵",配合元军作战,可谓毁家纾难,在所不惜。[③] 明人程敏政曾对元末徽州义兵纷起的情形做过简单描述:"婺源大畈汪公同最先倡义,而休宁黄源吴公观国、溪西俞公士英及其子荣、万川任公本立及其弟本初、星洲叶公宗茂、与先高祖安定忠愍侯(程国胜——引者)皆起应之,而黟之汪公成德、祁门之马公国宝、汪公均信、程公德坚、婺源之许公次诚遥相应援者尤多。"[④] 其中最为著名者,当推首倡义师的汪同。据赵汸记载,汪同少年时即不事笔墨,又不乐耕耨,行为躐踾不检束。至正十二年(1352)闰三月二十一日,蕲、黄红巾军攻陷婺源,乡里多遭焚掠,民不安其生。汪同遂与兄汪叡倡义起兵,依山谷之险,保聚捍御。吴观国、吴止善、叶宗茂等当地大族纷纷来投,赵汸本人也曾参与其事。数年之间,

---

① (南宋)罗愿:《新安志》卷1《风俗》,《景印文渊阁四库全书》第485册,商务印书馆,1985,第345页。
② (明)苏大:《先君行状》,《新安苏氏族谱》卷11《行状》,《中国国家图书馆藏早期稀见家谱丛刊》第八种,线装书局,2002,第2页。
③ (元)潘从善:《元故歙尹希贡郑先生墓志》,(明)郑烛辑《济美录》卷4,《四库全书存目丛书》史部第95册,齐鲁书社,1996,第53页。
④ (明)程敏政:《篁墩文集》卷33《元万户吴公与富溪程北山处士诗引》,《景印文渊阁四库全书》第1252册,第572页。

汪同率军转战徽州各地,且数次率兵至江西饶州等处配合元军作战。至正十七年(龙凤三年,1357)七月,汪同为邓愈所擒,送至金陵。朱元璋将其放回,命其收复婺源。但汪同却心在元室,于至正二十年(1360)在率军攻打饶州的途中,只身弃军走浙西,又北赴元廷,复受元命,经略两淮,直至为张士诚所杀,死于姑苏。① 赵汸在为汪同所作传记中,将汪同与关羽相提并论,此点竟也得到明人程敏政的赞同,② 可见汪同在元末徽州的影响力之大。③

汪同弃军北走后,徽州局势颇不稳定,"或言(同)死,或言(同)亡,瞶目语难者簧鼓其间,讹言汹汹,变且复作",④ 一些"头目军士背恩为恶,互相仇杀"。⑤ 正是在这样的紧张时刻,王克恭赴任徽州,出任婺源知州⑥一职,时为龙凤五年(1360)。⑦

二 招抚武人,安靖地方

朱元璋政权控制徽州后,向东可进军建德、开化、昌化、临安,向西可进军鄱阳、浮梁。毫无疑问,徽州已经成为朱元璋政权对外用兵、开辟疆土的重要后方。⑧ 王克恭首镇婺源、继守徽州的首要任务,就是要使徽州

---

① (元)赵汸:《东山存稿》卷7《资善大夫淮南等处行中书省左丞汪公传》,《景印文渊阁四库全书》第1221册,第350~355页。
② "赵东山先生(汸)为(汪)同立传,以比汉关圣,盖确论也。"(明)程敏政:《篁墩文集》卷36《跋婺源环溪宗家思家录后》,第634页。
③ 关于汪同及其兄汪叡,参见章毅《理学、士绅和宗族:宋明时期徽州的文化与社会》,香港中文大学出版社,2013,第117~124页。
④ (元)赵汸:《东山存稿》卷2《送总制王公移镇新安诗序》,《景印文渊阁四库全书》第1221册,第226页。
⑤ (明)叶真寿:《请赎父罪书》,(明)程敏政辑撰,何庆善、于石点校《新安文献志》卷7《奏疏》,黄山书社,2004,第221页。
⑥ 元元贞元年(1295)升婺源县为州,至明洪武二年(1369)降婺源州为县,故此时王克恭官职为婺源知州。《(弘治)徽州府志》卷1《地理一·建置沿革》,第4页。
⑦ 关于王克恭入徽的时间,程敏政提供了另一种记载:"(邓愈执汪同至金陵)高庙(即朱元璋)壮而释之,俾还守婺源,以克恭监其军。"据此,则王克恭来徽时间当在至正丁酉(1357)年。然结合后文所论可知,程敏政此说不确。程敏政:《跋婺源环溪宗家思家录后》,第634页。
⑧ 《明太祖实录》卷6"壬戌二月丙辰"条、"壬戌年冬十月壬午"条、"壬戌年十二月辛卯"条,卷7"己亥年春正月戊午"条,卷8"庚子年六月丙午"条,中研院史语所校印本,1962,第64、69、74、79、114页。

社会迅速稳定下来。因此，削平地方上诸多武装势力成为当务之急。这些武装势力，既有元朝的败兵残将，又有地方上的土匪武装，而更多则是那些以"保障乡里"为名趁机而起的地方大族。

对于这些大族，王克恭多采取招抚之策。尤其是对那些曾长期追随汪同的地方人士，更是刻意笼络，乃至倾心委用。如婺源人许溥化，字次诚，自幼颖悟。壮年时，"值元纲解纽，疆宇瓜分，遂率义师保障乡闾"。曾经接受元朝地方当局的任命，统帅屯兵。"戊戌（至正十八年，1358——引者）冬，太祖皇帝遣院判邓愈取徽，抵邑，公乃率众归附"，被安插在汪同部下，担任管军镇抚，曾参与修造婺源城墙。王克恭来镇婺源，"仍命总戎，随征昌化、宣城，开设德兴县治"，仍旧委以重用。五年后许溥化主动辞职，"归故里银溪，筑室，侍兄如严父。驸马公（王克恭——引者）闻其操略，大书以扁其堂曰'庸敬'"。① 又如汪同族弟汪养中，"婺源吾村人。为儿时，不自检束。及壮有胆力，族兄同知婺源州，举为义兵千夫长，御饶寇。又隶族兄院判同麾下，转婺源州判兼军镇抚。戊戌冬，同筑婺源城，建左右翼总管府，以养中为左翼总管。及同弃军单骑潜迈江浙，亲军指挥使和阳王克恭来镇婺源，养中升元帅，从克恭镇郡，居帅府。"② 可见即便是汪同亲属，王克恭也未另眼相待，而是一视同仁，量才录用。

除了对这些地方大族委以重用，使之为我所用外，王克恭也注意到利用徽州当地的神祇，依靠神道设教的力量，以求达到消弭兵祸的目的。赵汸曾记载王克恭任婺源知州期间的一则故事。

> 始公（王克恭——引者）至时尝谒五神庙，问曰何神，曰五通神也。见从神有衣紫者，问曰何神，曰此舍宅为庙者王居士也。公曰吾在京口日，尝梦有衣紫神自西来谒吾。问神来何为，曰请五百钱。问何钱，曰通行钱也。既又借吾马乘去，吾来时二马毙于道。今观从神貌，宛梦中所见，不谓其应在此也。其见于先兆有如此者。③

五通神，又名五猖、五显。一般以为，五通、五猖信仰产生于婺源，随后向外传播，成为江南的区域性神灵。虽然韩森（Valerie Hansen）、万志英

---

① （明）汪叡：《处士诚斋许公溥化墓志铭》，《新安文献志》卷97《行实·材武》，第2513页。
② 《（弘治）徽州府志》卷9《人物三·义勇》，第33页。
③ 前引赵汸《送总制王公移镇新安诗序》，第227页。

(Richard von Glahn)、郭琦涛（Qitao Guo）、丁希勤等学者对五通神的起源、形象演变等问题存在不同看法。① 但五通神在徽州具有重要地位则毋庸置疑。在这则故事中，王克恭将其出任婺源知州视作五通神前知之事，借以表明自己的就任得到神灵的支持。

赵汸还曾替王克恭及汪广洋起草过一篇《祭婺源汪王庙文》，其中招抚之意，更为明显。兹引全文如下：

> 惟王鄣山之英，黟水之灵，生为人豪，殁为神明。保障六州，不为己荣。识机慕化，克全民生。庙祀邈绵，足以表其忠烈之盛，子孙千亿，足以彰其惠爱之诚。回视当时，如世充、建德辈，不知天命，困犹力争，残民毒众，卒为顽冥，飘风游尘，徒污汗青。昔王生存，尝以殄寇，道出星源，邑人留像，千载犹传。则夫一时六郡之内，蒙其福泽者，又岂可名言也哉。克恭钦承朝命，来镇于兹，抚军字民，匪神曷依。广洋世迁高邮，奉命出使，水木本源，敢忘所自。惟王诞辰，实在兹日，虔率宫僚，即祀庙宅，薄奠斯陈，神其来格。②

汪华于隋末天下大乱之际，为保境安民，起兵占据歙州、宣州、杭州、饶州、睦洲、婺州等六州，建立吴国，自称吴王。但最为可贵的是他能够审时度势，且不计个人得失，率土归唐。③ 而王世充、窦建德等则负隅顽抗，以致身死国灭。毫无疑问，此份祭文旨在以汪华为榜样，号召当时徽州境内的大小武装势力迅速归附，勿蹈王世充、窦建德等人之覆辙。

弘治《徽州府志》曾提到王克恭治徽期间，"锄强梗，封殖良善，轻徭薄敛，重法以禁道剽者，他部过兵不敢涉境内"。④ 然检索史料，此段记载以及该方志对王克恭的评价，实取材于前引赵汸的《送总制王公移镇新安诗序》，所述当为王克恭担任婺源知州期间的政绩。从中可知，王克恭既曾

---

① 相关评述参见陶明选《明清以来徽州信仰与民众日常生活研究》，光明日报出版社，2014，第16~17页。
② （元）赵汸：《东山存稿》卷5《祭婺源汪王庙文》，第312页。
③ 最新研究指出，汪华的形象在宋代经历了巨大转变，罗愿《新安志》中关于汪华的记载是重要推手，由此奠定汪华日后成为"徽州第一伟人"的基础。参见董乾坤《地方政治势力的兴起与历史人物形象重塑——以罗愿〈新安志〉汪华记载为中心的考察》，《安徽大学学报（哲学社会科学版）》2015年第5期。
④ 弘治《徽州府志》卷4《职制·名宦》，第84页。

以严刑峻法止兵戢暴，又曾用轻徭薄赋苏舒民困。至于王克恭以同知徽州指挥使司衔任职徽州五年多的治绩，时人唐桂芳虽曾在一首诗中有所论列，但其言简而雅，所述不外诛除强梁、约束胥吏、轻徭薄赋、与民休息等，难道其中详情。① 不过可以肯定的是，王克恭在徽州任职的六七年间，厚待儒士、培植文教始终是其工作的重要内容。

三　厚待儒士，培植文教

前文已经提及，元末徽州动荡不安的局势中，一些地方大族之家扮演了重要角色。要想使局势早日平定，施行正常统治，与他们处理好关系显得尤为重要。因此，王克恭上任伊始就着手处理与当地士绅的关系。毫无疑问，王克恭在此点上取得了成功，故而程敏政以"好贤下士"② 称之。为王克恭所礼遇者，如休宁率东人程仁，字国英，生元末，少慕学，尝游滕、薛，所交者朱枫林升、赵东山汸、郑师山玉皆一时宿儒，王克恭待之以礼。③ 又如休宁榆村人程国辅，通儒术，尤长于医，王克恭镇徽时每延访之。后王克恭守闽，值福成公主疾，遣使迎至，一剂奏功。④ 王克恭曾赠程国辅一"卷"，具体内容为何虽不可知，然其上皆"国初名笔"，不啻"卞玉隋珠"。⑤ 论及当时与王克恭交往最著者，则当首推赵汸。

赵汸为元末大儒，学者称东山先生。赵汸与王克恭交游之密，从上文多次引用《东山存稿》中的文字已见端倪。细考该书，除上文已经引出者外，尚有数篇与王克恭相关的文字。如《银峰述德诗（并序）》《寄寿王总制》（卷一）、《代王总制回王左丞》《送上饶张孟循父还旴江序》（卷三）等。其中，这首《寄寿王总制》一诗颇可见两人交谊之深，转录如下：

---

① （明）唐桂芳：《指挥王公自京口移戍星源其民乐之且咏歌焉又自星源移戍兴安其民承公之政绥公之德苟不彰诸歌咏则闇而不彰无以延我公之思也于是程仪鲍荣等显而诵之》，（明）程敏政编《唐氏三先生集》之《白云文稿》卷20，《北京图书馆古籍珍本丛刊》第115册，书目文献出版社，1988，第688页。
② （明）程敏政：《篁墩文集》卷39《跋西门汪氏所藏名公翰墨》，第681页。
③ 弘治《徽州府志》卷9《人物三·隐逸》，第56页。
④ （明）王克恭：《赠程君廷辅归新安序》，（明）程敏政纂修《（弘治）休宁志》卷32下《附文十四下·人物序》，《北京图书馆古籍珍本丛刊》第29册，书目文献出版社，2000年，第692页。
⑤ （明）程敏政：《篁墩文集》卷38《题王克恭驸马所赠程国辅卷后》，第675页。

69

西征千骥笔秋云，父老壶浆昔迓迎。
闻道山阴空返棹，恒应河内合留君。
酒倾练带来称寿，碑压花屏待策勋。
但愿福星长在郡，春生四野乐耕耘。

自然，赵、王两人之交往，绝非单方面行为。明人詹烜在为赵汸所做的行状中即曾提到，王克恭"以《春秋属辞》《师说》《左氏补注》下商山义塾刻梓，以广其传"，①此举对赵汸学说的流布应有功焉。

此处牵涉一个颇为有趣的问题。赵汸心存元室，早已为学界所知。②何以其又能与代表朱元璋集团的王克恭交往甚密？笔者推测其原因在于，亲历元末乱世之局的赵汸，其厌乱思治之心有以致此。赵汸曾颇有感慨的提道："时郡邑洊经兵火，水村山郭，名乡甲第，高台别墅，凡昔之以纷华盛丽相夸诩者，莫不化为丘墟瓦砾、荒田野草，则人与物之变灭相寻者多矣。"③遭此大难，百姓渴望的是休养生息。在赵汸看来，王克恭乃"宽仁有度，慈祥恻怛出于其性，庶几如窃脂之不穀，驺虞之不杀者"，其所行之政，"使人见之如仪凤祥麟，被之如和风甘雨，知岁稔之有期，而时平之可冀也"。④王克恭能行宽仁之政，使惨遭战乱之苦的百姓有太平之望，这是最为赵汸赞赏之处。这应是赵汸甘于多次为王克恭代笔，且对其颇多称赏的原因所在。当然，王克恭对赵汸亦必极为礼遇，前文所言刻印赵氏著作即是一例。

王克恭不仅在任职徽州期间与当地士人颇多交集，在调离徽州转任浙江、福建时仍与一些徽州儒士继续交往不断。前文提到的程国辅至福建为福成公主治病即为一例。此外，汪叡学高行优，素为王克恭所知，遂于任职福建后，"专使礼延先生至三山，辟馆于中山之阳"。⑤汪叡之子汪泽长期充当王克恭的幕宾，主宾相处融洽，唱和盈编，王克恭曾写诗赞之。

---

① （明）詹烜：《东山赵先生汸行状》，《东山存稿》附录，第369页。
② 钱穆：《读明初开国诸臣诗文集续篇》，《中国学术思想史论丛（六）》，三联书店，2009，第197~203页；章毅：《元明易代之际儒士的政治选择：赵汸、朱升、唐桂芳之比较》，《中国文化研究所学报》第51期，2010，第51~66页。
③ （元）赵汸：《东山存稿》卷3《月潭八景记》，第270页。
④ （元）赵汸：《东山存稿》卷2《送王驸马都尉赴会稽序》，第200~201页。
⑤ （明）程汝器：《明故务郎左春坊左司直郎贞一汪先生叡行状》，《新安文献志》卷72《行实·遗逸》，第1774页。

世事茫茫子得□，功名何用□功夫。
只因有个无为子，静看云山天海图。①

再如歙县人郑彦斌，王克恭镇徽时亦"礼罗为馆宾，执师道甚"，②调任福建后又以书、币相招。③洪武四年（1371），任职福建的王克恭为前岁故去的朱升撰写祭文，他深情回忆了自己任职徽州时与朱升"开轩梅西，对饮月前"的情景，文辞颇为动人。④可以说，王克恭在任职徽州及其后较长的一段时间里，与徽州一大批儒士建立并保持了良好的关系。

王克恭厚待儒士的同时，以实际行动培植文教。元末的战乱，造成"学者逃离解散，非惟里闾废学，而郡邑学宫悉为丘墟"。⑤面对这样的情形，兴复学校——书院、官府儒学及相关建筑，就成为王克恭必须着手解决的问题。如婺源县治南边的文公阙里坊，一度毁坏，王克恭即为之重新竖立，并请婺源人、中书舍人詹希原书额。⑥此不过略举一小事，而其荦荦大者，当属热心地方学务无疑。而这又与元末徽州著名学者唐桂芳多有交集。

唐桂芳，一名仲，字仲实，以字行，元末明初著名学者、文学家，学者称"白云先生""三峰先生"。明人钟亮在为唐桂芳所作的行状，记载了唐氏参与重建紫阳书院的事迹。

> 居无何，驸马都尉王公克恭、太守魏公均祥俾摄紫阳书院山长。先是书院在南门外，毁于兵燹。先生谋度地，移建于东关县学旁。凡士林中劝相，木植瓦石，构正祠三楹、两庑、十楹，门屋三楹，中肖文公，傍肖西山、勉斋以配享焉。宋理宗朝赐"紫阳书院"四大字，

---

① （明）王克恭：《驸马和阳王克恭题无为子卷》，（明）汪鸿儒编《汪氏统宗正脉》卷12，王强主编《中国珍稀家谱丛刊·明代家谱》第20册，凤凰出版社，2013，第8066页。按，汪泽字思原，号无为子。
② （明）唐文凤：《题郑斗菴墨迹后》，（明）程敏政编《唐氏三先生集》之《梧冈文稿》卷27，第771页。
③ （明）唐文凤：《七言古体诗一章共二十四韵不揣芜陋录送郑彦彬赴王驸马都尉馆时兄彦昭亦寓闽中》，（明）程敏政编《唐氏三先生集》之《梧冈诗稿》卷22，第722～723页。
④ （明）王克恭：《祭学士朱先生文》，弘治《休宁志》卷34《附文十六·人物·祭文赞词》，第709页。
⑤ （明）汪克宽：《万川家塾记》，《新安文献志》卷16《记》，第404页。
⑥ （明）戴铣辑《朱子实纪》卷7《坊》，《四库全书存目丛书》史部第82册，第730页。但该书将此事系年于"国朝洪武初"，则明显有误。

其二穹碑跌堕城濠中，虽经兵革、鏖城垣，而二碑岿然不毁，众以为复兴之兆也。至是，先生兴创果验。戊申，太守胡公善暨同知何公翔卿，礼延于紫阳书舍开讲。①

从钟亮的记述看，唐桂芳被王克恭、魏均祥任命为紫阳书院山长，并于紫阳书院之重建有"兴创"之功。后世记载，如清人施璜《紫阳书院志》即沿其说。② 然据今人考证，此说不确，唐氏在此事中的作用被夸大了。③ 不过，唐桂芳确实曾多次在紫阳书院"开讲"。除了上文钟亮提及的戊申年（1368）外，唐氏于壬寅年（1362）的讲会，王克恭曾躬临其事。在为此次讲会所写的序言中，唐桂芳对王克恭的才兼文武大为赏识，他赞扬王克恭"于军旅中轻装缓带，恂恂恭逊，实就吟劬，书双钩，作方尺字，遒劲可喜。出而上马示可用。铠仗鲜明，号令严肃，虽古名将未能伯仲之"。文辞虽不免溢美，但王克恭惓惓以兴学为务，贤而有道，承流宣化，确是唐桂芳写作此文以颂扬之的缘由所在。④

正如唐桂芳所言，"国朝所附城郭，未尝不先务于学"，⑤ 王克恭在徽州任职期间的行为证明唐氏此言非虚。在兴复学校的同时，王克恭还注意儒学教师的选任。例如，他以婺源人江季用摄教歙县儒学，其人"朔望掖诸生升堂，讲说四书经史，或一章二章，辞义详明，音节洪畅，望而知其为师弟子也"，⑥ 可谓得人。

明成化年间，提学御史陈选檄除土地淫祠，于歙县儒学立企德堂以祀先贤。此次入祀的15位先贤，"或著书立言，或开创修建庙学书院、请颁衔书，或舍学山地，或复民侵地"。⑦ 而王克恭也名列其中，与赵汸、唐桂芳等大儒一起享受后人的敬仰。这充分说明，王克恭在徽州兴学育才、培植文教的举动受到时人及后人的长久称赞。

---

① （明）钟亮：《南雄路儒学正白云先生唐公桂芳行状》，《新安文献志》卷89《行实》，第2199～2200页。
② （清）施璜编《紫阳书院志》卷2《建置·历代建置》，黄山书社，2010，第20页。
③ 章毅：《理学、士绅和宗族：宋明时期徽州的文化与社会》，第140～141页。
④ （明）唐桂芳：《紫阳书院开讲序》，《白云文稿》卷18，第637～638页。
⑤ （明）唐桂芳：《紫阳书院开讲序》，《白云文稿》卷18，第638页。
⑥ （明）唐桂芳：《江季用墓志铭》，《白云文稿》卷20，第670页。
⑦ 弘治《徽州府志》卷5《学校》，第20页。

四 余论

王克恭于龙凤五年至十二年（1360～1366）任职徽州的事迹，自明代中期以后逐渐湮没不彰。流传至今的史料记载也极为分散，更令笔者惋惜的是，竟没有一篇关于王克恭的传记文字保留下来。究其原因，实与王克恭入明后的最终际遇有关。在《明太祖御制文集》中收录有一篇《祭王恭文》，通读全文，此"王恭"实即本文所讨论的"王克恭"。文中回忆了王克恭于朱元璋渡江太平（1355）时即来投奔，成为朱氏女婿后，"内托姻亲，外假股肱，使率兵以镇名郡而当方面"，接下来则讲述了克恭因罪而亡的经过。

> 何期尔父子皆不保富贵而务赃私，容通逃而隐有罪，致是失托姻亲之望，绝无股肱之能。故发所司，以取所作之由。于是免官，发同庶人。居未几何，有人来报，尔因疾而长往。①

由此可见，王克恭的结局并不光彩，且其亡故之速或亦不无嫌疑。朱元璋指责其"务赃私""容通逃"的具体情形虽不可知，但从一些徽州族谱只言片语的零散记载中确可见王克恭有违法之处。例如，休宁璜源吴氏宗族在"国初壬寅岁"（1362）遭到"抄没之祸"，领兵之人正是王克恭，且克恭在收受贿赂的情况下仍旧抄没吴家，并将抄没所得吴瑞兰之母"挈去八闽之地"，多年后方为吴瑞兰寻回奉养。② 不过，从本文所论而言，王克恭任职徽州仍然是功远大于过的。

自龙凤三年（1357）邓愈进军徽州后，朱元璋集团很快控制了这一地区。但其统治并非坚如磐石，尤其在龙凤六年，地方豪强汪同弃军北走后，徽州局势又趋动荡。正是在这样的紧张时刻，王克恭来到徽州。徽州地理上靠近朱元璋集团的核心地区——应天，又连接江西、浙江，是朱元璋集团对内守护腹心、对外用兵扩张的根本重地。或因为此，朱元璋才会派遣

---

① （明）朱元璋：《明太祖御制文集》卷19《祭王恭文》，学生书局，1965，第583～584页。
② （明）吴烨、吴应期纂修《休宁璜源吴氏族谱》卷6《列传事略》，万历七年吴氏保和堂刻本，第2a、18a页。该族谱对此次"抄没之祸"的记载颇为隐晦，有一处还将王克恭的名字刻意涂抹。

与他有一定亲缘关系的王克恭来镇守此地。王克恭来徽后，积极招抚地方上的豪强之士，尤其是那些曾追随汪同的武人。并通过构建与五通神、汪华等地方神灵间的关系，来号召草莽之士投诚效命，勿作"残民毒众"的"顽冥"。在徽州局势复趋稳定之时，王克恭又加意笼络地方儒士，与其中不少人，如赵汸建立了良好的个人关系。他积极培植文教，一意以兴学为务，支持地方儒学及紫阳书院的发展，参与当地学者唐桂芳的讲学活动，并就人才选拔等问题征求朱升等人的意见。可以说，王克恭守徽的六七年出色地完成了任务，使徽州局势稳定，文教复兴，开始由乱世转入治世的正常轨道。他的卓越治绩也深得当地士、民之心，为以后任职徽州的府县官员树立了良好榜样。

王克恭抚理徽州的一系列政策，在一定程度上是执行朱元璋集团治理地方的一贯性政策。拉拢武人、厚待儒士，是朱元璋在争天下过程中基本的用人政策。[1] 在新征服地区新建府州县儒学，本身也是明初一项重要的文化政策。[2] 当然，王克恭并不是机械地执行朱元璋的统治政策，而是能结合徽州当地的历史传统与实际情形变通处理，例如对五通神及汪华崇拜的利用就是一例。虽然长期担任武职，但王克恭却可以凭借自身的文学才华与徽州当地诸多的文士相往还，这在明初的武职官员中颇为少见，值得注意。笔者所见由王克恭所作的三篇诗文本文均已征引，其文学才能于此可见一斑。文学才能的获得取决于王克恭的出身或者教育背景，这也是值得探讨的问题。此外，对于王克恭得以出守徽州的原因、获罪而亡的经过等问题，均因史料的匮乏，目前只能付之阙如，只得留待日后新史料的发现再加以探讨。

（作者单位：安徽大学徽学研究中心）

---

[1] 参见王西昆《论朱元璋用人》，《史学月刊》1983年第5期。
[2] 参见朱鸿林《明太祖的孔子崇拜》，《中央研究院历史语言研究所集刊》第70卷第2分，1999年，第495~503页。

清末民国徽州地方公共教育经费筹措问题探析

刘芳正

内容提要 在科举教育向近代新式教育转型的过程中,教育经费的筹措无疑是重中之重、难中之难,地方教育变革多受制于此。地方政府借助徽州崇文重教的传统,整合地方社会资源,增设各类教育捐税,倡导民众捐资助学,充分利用科举时代的教育公产,多方筹措公共教育经费。在筹措教育经费的过程中,地方政府的社会控制力得以不断增强。

关键词 清末民国 徽州 地方教育 经费筹措

地处皖南黄山、白岳之间的徽州,是传统中国社会中最具典型意义的区域之一。徽商、徽州宗族与新安理学在互动中共同推动了徽州文教的兴盛,创造了骄人的科举业绩。延至近代,科举废止,徽州社会面临前所未有的变局,徽州教育开始了从科举教育转型为现代教育的历程。

清朝中期以降,特别是鸦片战争之后,中国内忧外患,先进的知识分子开始探索救国强国的出路。鉴于严峻的统治危机,清政府被迫改革,以废科举、兴学堂为主要内容的教育改革是此次改革的重要突破口。随着新学制的颁定和不断修改,地方教育体制也在不断变动中前行。

推行新式教育,开办新学,在校舍建设、师资培训、器具准备等诸多方面都需要经费储备,势必要求将原来分散的教育资源予以集中,因此新学兴办之初,筹募学款是摆在地方政府面前的头等大事,地方政府以其掌握的政治资源承担起了学款募集的重任。

一 清末徽州公共教育经费的筹集

清末推行新学时,徽州知府刘汝骥面临难度最大的问题便是筹募学款,曾数次就地方学款的筹募发布政令，竭力劝募。首先他设立捐税，屡次劝捐，募集教育经费。如《歙县内阁中书程锦龢、庶吉士许承尧等呈批》：

> 来牍备悉，此案自上年十月间奉抚宪札催开办，刻日出示，刻日发给厘局联票，刻日派董随收，此非实行开办之证据乎，不得谓之任其延宕也。该箔商等一味诿卸，终以商情困顿，无可再捐为词，诚有如贵绅之所谓对于地方义务放弃已甚者矣。贵绅以此捐为学额扩充，学务发达之希望，岂为地方官者庞然大物漠然不关痛痒。然官司只能劝导，未敢勒捐，哓口瘏音听者充耳不知，更有何术以盾其后，此中为难情形当为有识者所共谅。郡城经费无着，前经禀请归六邑分任，当奉抚宪批饬以外，五县既请邀免分筹不能再加抑勒。惟锡箔捐一项果能切实筹办，亦可酌分若干，以资经费等因，果使有术转圜，或可强迫从事，一举而公益两全，岂不更慊经济之欲望，乃相持日久，该商等既抱牢不可破之主义，贵绅等亦无一活动之机关，似与此次宪札谕绅集商妥筹之宗旨，未曾体会未尽吻合，若传集该商晓以大义则不待贵绅之请求。上年九月间已剌剌不休，聒以逆耳之言矣。候再剖切劝谕该商俾晓然。①

锡箔捐是徽州兴学之初设立的一种捐税。因该商品在当地流通量极大，故暂可为学校募集到稳定的经费。虽是交由厘卡征收，但名为捐税，地方官尚不可强行征收，只可苦心孤诣地劝捐，避免抗捐。此捐税是新安中学堂最主要的经费来源之一，另外锡箔捐也在其他各县征收，一直延续到民国，是政府教育经费主要收入来源。

但是作为守土一方的官员，刘汝骥在设立捐税方面十分谨慎。如《绩溪县文令化舒详批》：

> 劝学与筹捐是相需甚殷之事，又是两相龃龉之事。该县于教育宗旨注重讲经、读经、改良私塾，自是扼要之论。惟据该绅调查，学生至三千九百八十九之多，莘莘学子有若虎贲，岂非幸事，而校舍何地？教员何人？未经指实开报不知。此学生浮萍聚散，如不系之舟耶。抑

---

① 刘汝骥：《陶甓公牍》卷4《批判·学科》，刘俊文主编《官箴书集成》第10册，黄山书社，1997，第504页。

大树下可以习礼耶，抑如端木氏所言夫子焉，不学亦何尝师之有耶，殊不可解。仰即传谕该绅切实列表以求实际。至所请办捐一节是否可行仍候。①

如上所言，绩溪县令文化舒所言绩溪学务经费紧缺之状，可谓如嗷嗷待哺之态，但即使如此，刘汝骥也是令其先行登记名册，未立时批复其设捐一事。

其次，他规范经费使用，力行监督职责。如《歙县蔡令世信禀批》：

  学堂之难办，由于经费之难筹，经费之难筹由于开支靡费之太多，据禀各节自系实在情形。本府察阅各属报告，休宁海阳学堂每岁进款八千余元，学生则仅十六人；祁门东山学堂岁入不下四千余金，学生不过二十余人。其尤可骇者，历年堂长接替，并未有决算、报销，或至宵遁而去。黟县岁入尤丰，婺源称是，绩溪次之，然均以经济困难为辞。该县小学堂岁支二千余，比较观之，犹为彼善于此者也。所有开支该县拟作十个月计算，此原从核实撙节起见。惟近日学界潮流日益膨涨，其降志以从者，往往窃美名以去，稍为认真整顿，不目为反对，即抵为阻挠。其不遭唾骂者有几？歙多君子，想念及筹捐拮据情形，当亦缩衣减食不断断。此区区少数之薪水也，惟事关全局非一郡一邑所能决议，是否可行，仰候学宪核示遵行，并候抚宪批示。②

徽州学务经费使用如上所言，多有不妥之处，仅仅数十人则占有如此巨额的学款，且无核算机制，当为亟待整饬之事。歙县以十个月为核算单位的提议，从撙节使用学款而言，刘汝骥虽未即刻批复，但从言辞上看他是比较赞同的，并着力督促各县合理分配教育经费，撙节开支。同时他也尽量杜绝对学堂经费使用的无理攻讦，如《学务佐治官陈令元瑞代理绩溪县叶令学仁会禀批》。

  此案现复迭。据方城、胡良荣、程士桂等联名数十人，接续来禀。以投票选举之堂长，仍不能餍众望。以教育会长、劝学总董开会举定，

---

① 刘汝骥：《陶甓公牍》卷4《批判·学科》，第501页。
② 刘汝骥：《陶甓公牍》卷4《批判·学科》，第502页。

牒请之查帐员当众调查簿据确核明白之议案，仍不能箝制攻讦之口，似此无理取闹，实于学务前途大有妨害，仰新任县桂令立即会同王视学、胡会长确核，妥议通详定案声明，此后无论何人挟私讦控，概不准行以遏浇风而杜争讼，并移委员知照。①

再次，他惩治抗捐不纳之徒，如《绩溪商学同人附生程裕济等禀批》。

叶聚生欠缴学捐若干，是否抗捐拘留现尚在押。该生等须知因学抽捐，本万不得已之事。权利二字，非口曾闵而心踽踽者所能攘取。义务二字又岂能执途人而晓之。所谓自愿认捐者，不过公牍欺人之语，大半强迫从事耳，既据一再禀请，姑仰休宁县核明饬遵具报禀发，仍缴聚泰等店及该附生等前词禀各批均抄发。②

知府虽秉持自由认捐的态度，但对于顽固不缴者仍采取强迫手段，保证学务进行。再如《绩溪县学界附生程裕济、增生胡恒善等禀批》：

肉价层递增涨，肉铺之因捐取诸买户者每斤决不止二文，代收为难，何如索性不售，放下屠刀立地可以成佛，偶尔大嚼无肉亦且快意。固不问各户之愿与不愿也，缧绁塞于道路而榜曰乐输金钱印入脑筋而口称公益，此二种人皆本府深恶痛绝之人。稍知政体者，遇地方捐税之事，盖不知枯肠几折，不律几停，以为准驳。联合筹捐者惟学界，联合阻挠者亦惟学界，来禀所谓若海阳学堂一旦发达，恐因捐锁押之人，非一班馆所能容抑，何其言之谑而虐也，易地以处，平心以思，有率尔迁怒者，恐又当按剑相嗔矣，于王绅世勋一人何尤，叶聚生应缴学费若干，是否交差看管，应静候休宁县核饬遵办，吾庸该生等出为辨护，着各知照此批。③

刘汝骥虽着力避免类似毁学情况的发生，但对于顽抗者仍不予姑息，针锋相对。

---

① 刘汝骥：《陶甓公牍》卷4《批判·学科》，第501页。
② 刘汝骥：《陶甓公牍》卷4《批判·学科》，第509页。
③ 刘汝骥：《陶甓公牍》卷4《批判·学科》，第508页。

又鼓励宗族自行筹款办学,如《黟县罗令贺瀛详送附生汪炑桥私立崇实小学堂规章批》。

> 经费由发起人担任,仍收学费以补助之办法莫善于此。该生甫经毕业,即能以其所学者转饷其乡之子弟,又独任开办经费,不责以世俗之偿热心毅力,洵近日学界中之难能而可贵者。惟查阅学生姓名表越国子姓十居八九,此纯乎族学性质,原定私立名称似不若,名为碧山汪氏公立族学,较为翔实。本府于族学一事极力提倡,我徽聚族而居,就祠堂、文会而扩充之尤属轻而易举,其以此校为椎轮大路可也。仰即转行该生传知嘉奖,仍督饬认真经理,期收实效,是为至要。①

嘉奖黟县附生汪炑桥兴办学堂,并鼓励徽州乡民能以祠堂、文会加以扩充而立新学,可成清末徽州办学的一条捷径。

二 民国时期徽州公共教育经费的筹措

教育经费的筹措到民国时期,逐渐由府厅筹措而改为由地方教育机关筹措。据安徽省图书馆馆藏的一份会议记录《绩溪县教育经费清理委员会会议事录》可让我们大概了解绩溪县教育经费的募集情况。20世纪二三十年代绩溪县教育经费的筹措主要有以下几种方式。

第一,由教育局出租所持有的房屋,收取房租做教育经费,具体的房租租赁办法是:

> 凡教育局管有房产无论因何事故不得转典抵押或变卖;所有县教育局管有房屋,由县教育经费清理委员会参酌本地情形分别议定租金额,列入房产簿,凡须租房产以规定之租金数为标准;承租房产者须先向教育局声明用途,审核后始得租赁;经审核可租赁之房产由承租人随缴全年租金三分之一作为押租,并须邀同妥实担保人二人,或妥实店铺两家证实,定立租约,租折由县教育局审核,始得使用;房产小修由房客自理,大修由房客拟具详细报告书,送请县教育局派员估

---

① 刘汝骥:《陶甓公牍》卷4《批判·学科》,第503页。

勘工程，审定签字，始则动工；房产租金每三个月由县教育局派员持折收取一次；承租人于年终缴清租金时，教育局应制给教育厅规定印收；承租人在所租房产内为不正常经营活动或其他不法情事，一经查出，立即辞退；承租人如拖欠租金在一次以上经县教育局警告后，仍不照缴者应辞退并追缴租金；承租人及担保人不承担租约上所规定之责任由县教育局呈请县政府严追究办。①

第二，由教育局征收所持有的田租做教育经费，征收田租办法是：

凡属教育局管有田地租息，每年由教育局派员直接切实征收；每年每亩租息，以甲等田□斤；乙等田□斤；丙等田□斤为标准，山或田及地照此折；应征谷物照时折价，所折谷物当以时价中最低之价值为标准；佃农承租田应觅取妥实保人书立佃约，经教育局局长核准后始得承佃；佃农每年应缴租息，除遭重大灾情报请县教育局派员临田验勘，呈报县政府核准减免外，其通常欠岁，不得借口减短；每年开征时由县教育局派员分赴各县征收租息，并将先期各区缴租日期通告周知；佃农交纳租息时由征收员支给教育厅规定印收；佃农如有将承租之田地隐匿侵占、以多报少，或盗典盗卖及抵押情事，经教育局查明或被举发时由县教育局呈请县政府依法究追；征收员应将每月时收租息，逐一登入租簿，以便稽查；如征收员向佃农浮收租息或拖欠租款及其他务必情事，一经查出或经人告发属实，由县教育局长依法处分。②

第三，由教育局派员征收牲口驮货捐，具体办法是：

依照民国元年省政府批准，原案征收牲口驮货捐充县教育经费；凡驮货牲口由牲夫每人纳捐一次，骡马每匹捐银洋一元，驴每匹捐银洋五角；牲口驮货捐有县教育局遴员于临溪、杨溪、濠寨、大后门等处设征收处，查验征收。③

---

① 《房租租赁办法》，《绩溪县教育经费清理委员会会议事录》（1928），安徽省图书馆古籍部馆藏。
② 《征收田租办法》，《绩溪县教育经费清理委员会会议事录》。
③ 《征收牲口驮货捐办法》，《绩溪县教育经费清理委员会会议事录》。

第四，由教育局征收松板、杉木出口捐，具体办法是：

遵照省厅暨财政厅批准原案，凡本县出口松板、杉木概须缴纳出口捐，除在松板捐项下提出二分之一，拨归地方财政管理处作为地方行政公费外，余款充义务教育经费；征收捐额松板每方大洋一角，杉木值百抽五；松杉木出口指由县教育局会同地方财政管理处遴员，于本邑临溪、戈溪、丛山关等处设征收处征收之。①

第五，征收香菇附加捐，办法：

民国十二年呈报省厅批准原案，征收香菰附加捐充义务教育经费；征收额照原案值百抽五，买卖各半，以在本境行商买卖者为限；上项捐款每年于各行商领行贴时，由县教育局呈请县政府令各行商代征或认缴；各行商在营业期内每月终，应将带征或认缴之捐如数送交县教育局查收。②

第六，征收锡箔剔破纸捐办法：

根据民国十二年至奉省厅批准原案，征收锡箔剔破纸捐充义务教育经费；四开锡箔每把捐洋五厘，剔破纸每块捐洋一分；由教育局于临溪等地设征收处收之；征收上项捐洋由县教育局派员办理外，得酌情委托锡箔及剔破纸之进口处之学校职员代办之。③

此外还有征收契税附加捐，根据民国十二年（1923）呈奉省厅批准，充义务教育经费，附加捐依照契价，买契附加5%，典契减半，由县政府主管征收机关于税契带征之；④ 征收串票附加捐，办法为附加捐额每上下联串

---

① 《征收松板、杉木出口办法》，《绩溪县教育经费清理委员会会议事录》。
② 《征收香菰附加捐办法》，《绩溪县教育经费清理委员会会议事录》。
③ 《征收锡箔剔破纸捐办法》，《绩溪县教育经费清理委员会会议事录》。
④ 《征收契税附加捐》，《绩溪县教育经费清理委员会会议事录》。

票各征收银两分，由县政府责成税务科带征之。①

征收来的教育经费，未使用的作为教育基金存放生息。教育基金存放生息办法为：

> 凡属县教育基金由教育局长负存放生息之责，任何机关不得薄以动用；教育基金发放生息统以银圆为单位，每元月息一分，按阳历计算；领借教育基金以绩溪人且现居本境为限；领借教育基金需有徽属城镇市房赤契或殷实公司股票息折作抵押品，其价值并须倍于所领借之款；商店铺借教育基金如无抵押品时，须有本城殷实店铺两家店主签名盖章，逐环负责担保；领借教育基金经核准后须遵照规定出具借据，是项借据须由县教育局局长核定、签名、盖章；所有息金每三个月由县教育局持折支取一次，年终结清不得滞迟；息金拖欠两次以上者由县教育局通知领款人撤销借据并退还本息金；借款期限至多不得超过三年但县教育局应于期满前两个月通知领款人筹还本息金；借款期满欲续借者须经县教育局长重行核定，更立借据；借款期满经教育局之催令，既不声明续借，又不归还本息金，或声明续借未经教育局长核准者由县教育局据情呈请县政府将抵押品出示标卖，如有不足，依法严追；教育基金如有存放银行之必要，特则依照银行章程办理，惟存放印鉴由教育局长定之；存余基金于必要时得存放殷实银庄或商铺，其利息由县教育局长商定，但有店户照章承借即须按数提回发领。②

为保证教育经费的安全，更是为了保证经费的筹措有力，对于拖欠乃至违约者则有专门的经费清理委员会予以处理。具体办法是：

> 凡属县教育基金由县教育经费清理委员会根据规程查照领借基金底薄及各店户所立契约折据，逐一清理；清理教育基金时由委员会通告各领款店户于五日内到会清算本息金；各店户于定期内如数缴还本息金，其本金在百元以上，息金超过本金金额得酌情减轻息金，但至多不得低于本金金额；领款户经通告后如不遵限到会，或到会不缴本息金，由委员会会同县政府查封其抵押之房产，出示标卖，标卖之抵押品

---

① 《征收申票附加捐》，《绩溪县教育经费清理委员会会议事录》。
② 《教育基金存放生息办法》，《绩溪县教育经费清理委员会会议事录》。

不足抵价或无抵押品者由委员会函请县政府依法追缴；凡经清理后之原领款户须遵照县教育经费清理委员会会议议决教育基金存放生息办法更立新领状；各店户更立新领状时前领教育基金一律改易银圆，原为制钱者以一千文为一元，原为银两者每两折易银圆一元五角；教育基金经委员会清理后应即分别册报省政府教育厅、县政府备案以为实在。①

绩溪是徽州最小的一个县，由政府掌握的财权极其有限，因此筹集教育经费困难重重。除了征收捐税和利用政府所掌握的财产做商业运作营利外，为满足不断增长的教育经费需求，绩溪县政府也在自己的行政权力范围内尽量争取更多的财政收入，以充作教育之用。首先是借省厅训令，扩充教育经费。如《援案清理官产拨充教育基产案》：

> 查我邑向有马稻学租耕田等项官产，亦于民国八九年间随同仓田统被官产处姚委变卖卷逃，迭经地方人士屡次赴省请愿，曾奉省令准仓田由教育局收回清理在案。惟马稻等产尚未议及，比因前项产业系属官产性质，如何清理自有官厅主政，兹以接奉厅令清理教育款产、扩充经费，并按照省令暂时规程第四条第三项内载：清查县有官地、官荒、公有房屋、森林、矿山及其他产业就地方情形斟酌指拨充教育经费之规定，是前项三种官产应在指拨之例，充作教育经费是否妥当请公决。后通过决议：查绩溪县马稻学租耕田三项，虽经官产处变卖但尚有隐匿存余者，据情呈请教育厅转财政厅，将该项隐匿存余者拨作县教育基产，由县教育局清理执业。其已被人领购者得由县教育局照清理仓田办法办理。②

其次，废除清朝故政，停拨孔庙香灯费。

> 查我邑仓田项下于前清时代拨出数十亩交归住城孔姓后裔收租，以为孔氏家庙香灯费用。年前清理仓田本应按册收回，惟念孔庙香灯虽已久成告朔，而其住绩后裔今已式微，应为体恤，自于一年生计不无少补。是一年来仍由后人照旧经收，但恐代进年湮，业难保存，自

---

① 《清理教育经费办法》，《绩溪县教育经费清理委员会会议事录》。
② 《援案清理官产拨充教育基产案》，《绩溪县教育经费清理委员会会议事录》。

应改由教育局依照仓田成案，一并清理代为保管。每年照伊自收租银额数仍旧交由该氏具领以维生计。所有依照仓田办法整顿增加租款即归教育局核收拨充教育经费，或作修理文庙之用是否请公决。最后议决：函请县政府通知住城孔姓后裔，所有前拨充孔庙香灯田改由县教育局保管，每年由教育局照孔氏原收租款如数拨付，并于明年收租时，由县政府出示晓谕承佃该田农民知悉。①

再次，向省政府呈请，拨回地丁附捐。

吾绩教育经费本极奇绌，以现有经费维持现在之教育，犹有不足之虑。欲图扩展更属难事，故言学校教育虽有二十余年之历史，而县立学校仅有两所，以致未能统筹全局，分设乡区。兹拟就第一、第二、第三联合区各增设高小一所，以为各该学联区之中心学校。每校常年经费以伍佰元计算，则每年应增筹教育经费一千五百元。贫瘠如绩，此项巨款咄嗟难措，则扩充学校戛戛无期。惟查民国初元，地丁附加每两三角，以一角五分为自治经费，以一角五分为征收费。旋以自治停办，此项附捐除由地方财政机关提用九分六厘外，已统由县政府报解省库。惟民元呈报有案，虽可查核实，则此项附捐并非正税可比，是否可由本会呈请省府，准于地丁每两征收银币二元四角之内，除已原拨九分六厘外，仍应拨回地方两角零四厘以为扩充教育经费支出，应请核议公决。

最后议决：由该委员会据情呈请教、财两厅，将原地丁附捐加拨作县教育经费，原案附捐应全数划归县教育经费。②

绩溪县成立教育经费清理委员会专门管理教育费用的运作，最主要是清理违约的款项。如《清理余永兴与余益兴领借教育基金案》：

查余永兴与余益兴，于清光绪三十一年领借教育局管有东山书院教育基金洋六百元正（整），当将坐落绩城西街基地，赤契一纸；又新造开设余永兴店屋前后三进，暨余屋作为抵押。查该户历年拖欠息金，

---

① 《孔圣香灯田租改由县教育局经理保存案》，《绩溪县教育经费清理委员会会议事录》。
② 《由本会呈请省府拨回地丁附捐为县教育经费案》，《绩溪县教育经费清理委员会会议事录》。

结至本年阴历六月底止，该息洋六百六十一元四角四分，又代付认契费洋二元零四分，连本金六百元，总计一千二百六十三元五角二分。叠经通告清结，嗣据余惟善面称，实属无力偿还，所有抵押房屋尚值一千三百元，可以补偿，照清理教育基金办法理应将抵押房屋出示标卖，经县教育经费清理委员会前往估勘，该房屋仅足偿还所欠之本息金，标卖之价或难如数，公决将此房屋归县教育局管业。除通知余永兴、余益兴原店东外，并立证明书一纸。①

此外还有《清理张千丙所领教育基金案》，议决由教育局查明原抵押品酌情办理；《清理郑建刚所领借之教育基金案》，最后县教育局局长报告郑建刚查无下落，最终议决若于一年内查无此人，自行注销。

对于投资巨大的教育事业而言，由地方政府拨款尚难完全满足，因此为充实教育经费，地方政府采用最多的是劝捐，对捐助者给予名誉奖励。这一方式自清末始，至民国未断。1936年11月15日，《徽州日报》报道了绩溪县府转发捐资兴学奖状的消息。

县府以周协恭捐资一千元，胡鉴堂、胡汪凤仙等二人各捐伍佰元，作为本县私立胡氏小学经费，该校呈请转呈省府，给以奖状，以资激励，兹悉省府已颁给周协恭四等奖状一纸、胡鉴堂、胡汪凤仙等五等奖状一纸，县府奉颁后，当即分别转发云。②

结　语

科举时代，徽州教育在新安理学、徽商、徽州宗族等社会因素的良性互动中取得了骄人的成就。徽州传统教育发达，得益于其丰厚的社会资源对科举教育的大量注入。延至近代，随着徽州商帮逐渐式微，徽州地方教育缺少了强有力的财力支撑。虽然科举制度已不复存在，但徽州崇文重教的传统并未中断。有基于此，徽州地方政府在办理新学过程中，"倡捐"成为其主要而且有效的筹措教育经费的路径。徽州地方士绅在兴办学务中顺

---

① 《清理余永兴与余益兴领借教育基金案》，《绩溪县教育经费清理委员会会议事录》。
② 《绩溪县府转发捐资兴学奖状》，《徽州日报》1936年11月15日。

应变革潮流，发挥了积极作用。虽然徽州也曾发生毁学、抗捐等冲突事件，但相较他地而言终究属于少数。不可否认，经费拮据是徽州近代教育变革中的一大难题。地方政府除了增加教育类捐税，倡导地方士绅积极捐助外，也尝试类似传统徽州书院的商业化经营模式，采用"发典生息"的办法，扩充教育经费；同时通过各种方式严令禁止拖欠和违约行为，保证教育经费的稳定。

清末兴学以来，徽州地方政府在劝导办学、规范学务、保障教育、筹集经费等方面均有所作为，而且其在教育领域内的权力不断增强。徽州府的建置消失后，县级政府行政权限逐渐增大，县级教育行政机关逐渐完善、成熟，全权代表政府行使管理地方教育的职能，中央及省级政府的教育政令得以在地方推行。在徽州教育发展的过程中，地方政府的教育政策逐渐由温和走向专断，呈现出垄断教育权的倾向。

（作者单位：黄山学院马克思主义学院）

·徽商与经济·

清至民国时期徽州商人会馆的发展概况[*]

张小坡 刘曼曼

内容提要 会馆是明清以来徽州商人团结聚合、联络乡谊的地缘组织，反映了该地徽商的势力。明清徽州商人会馆一般由徽州六县同乡出资创办，命名为新安会馆或徽州会馆，部分地方的会馆由徽州商人联合宁国商人设立，称为徽宁会馆。会馆为在异地商海搏击的徽州人提供了"聚乡人、联乡情"的场所，还为同乡提供各种方便，代表商人处理商业纠纷，与官府交涉商业事务，为意外身故的同乡料理后事、施棺暂厝、集中扶柩归里，解决了乡人的后顾之忧。会馆致力于为徽州同乡提供服务，增强了徽州同乡的社会适应能力。

关键词 明清 徽商 会馆

明中叶以来，徽州商人在中国商业舞台上逐渐崭露头角，他们"足迹几遍天下"，或沿运河北上，入燕赵之地；或经赣江，越大庾岭，南下两广；或在长江一线经营于川楚吴越间，甚至扬帆海上，负贩域外。[①] 无论是通都大邑还是荒野僻陬，到处都有徽州人的身影。特别是在商品经济比较发达的江南地区，徽商的活动更为活跃，民间素有"无徽不成镇"的俗谚。随着徽商在某一地聚集的人数不断增加，会馆之类的同乡组织也相应地设立起来。会馆为在异地商海搏击的徽州人提供了"聚乡人、联乡情"的场所，只要是同乡，无论亲疏远近，是否同业，岁时节日，众人相聚团拜，酬神演戏，聊解乡愁。会馆还为同乡提供各种方便，代表商人处理商业纠

---

[*] 本文系国家社会科学基金重大招标项目"明清以来徽州会馆文献整理与研究"（14ZDB034）之阶段性成果。

① 张海鹏、王廷元主编《徽商研究》，人民出版社，2010，第9页。

纷，与官府交涉商业事务，为意外身故的同乡料理后事，施棺暂厝，集中扶柩归里，解决了乡人的后顾之忧。会馆正如一个小社会，在陌生的社会环境中划出一片孤岛，在异地将同乡聚拢在一起，使同乡时常体验到来自家乡的感觉，增强了他们适应异乡生活的能力。范金民先生曾对清代商人会馆的功能做出全面而精到的总结："会馆是祀神祇的公共建筑，联乡谊的聚会场所，办善举的社会组织，谋商务的地域团体，甚至还是地方政府加强治安的辅助力量，也是商人群体用以应付各种滋扰的有力外在形式。"[①]

一 明清以来徽州商人会馆的设置及地理分布

明清徽州商人会馆一般由徽州六县同乡出资创办，命名为新安会馆或徽州会馆，如在广州、九江、安庆、苏州、南京、镇江、泰州、江阴、淮安、嘉兴、德清、富阳、海宁州硖石镇、湖州乌青镇、湖州菱湖镇、长兴四安镇、南汇新场镇、赣州、桂林等地被称为新安会馆。在南京、湖州、乌程、六安、怀宁、景德镇、南昌、吴城、玉山、上饶、长沙、吴江同里镇、嘉定南翔镇等地被称为徽州会馆。部分地方的会馆由徽州商人联合宁国商人设立，称为徽宁会馆，如在上海、吴江县盛泽镇等地即有徽宁会馆。由于程朱理学的集大成者朱熹祖籍之地在婺源，朱熹在徽州社会具有广泛的影响力，各地的徽州会馆也多奉祀朱熹神位，"我徽士侨寄远方，所在建祠，以祀朱子，而唯汉镇最钜"。[②] 这类会馆也被称为徽国文公祠或朱文公祠，一般在地方志中被列入"祠祀"或"祀典"条。也有以县为单位设立的会馆，如婺源商人在江西景德镇、广州等地建立了婺源会馆。下面即综合使用地方志、碑刻资料集、会馆征信录等材料，对明清以来徽州商人会馆的地理分布情况做一初步考察。

（一）安徽

就空间距离而言，安徽境内是徽商出行较近的地方，徽商会馆在皖江流域设立较为普遍。芜湖徽州会馆的前身是新安文会馆，康熙十九年（1680）徽州文人孙继禹、洪一维、汪洪仁等创建，岁时祭祀文昌帝君、朱文公及新安诸先贤。嘉庆年间，孙元镗、许仁、谢崧等嫌新安文会馆空间

---

① 范金民：《身在他乡不是客——清代商人会馆的功能》，《寻根》2007年第6期。
② 董桂敷：《紫阳书院志》卷7《新安通衢记》。

狭小，不足以壮观瞻，便出面筹募资金准备进行扩建。在徽州同乡的大力支持下，斥资购买城西状元坊下首的百家铺基地，建造厅堂斋舍，供奉朱子神位，额曰"徽国文公祠"。因资金充裕，又购买祠后二街北首荒地十数亩，建围墙，筑亭舍，种竹栽花，题为"新安大好园"，含山人倪燮撰写对联。太平天国时期，会馆毁于战火。战后，徽州同乡清理遗址，进行重建，先后设立新安同善堂、徽州旅芜公学，1914年又在东边大院增建大殿及新式围墙。① 芜湖徽州会馆得到了商人的财力支持，如歙县商人程立达，"字以仁，客芜湖，倡复徽国文公祠，并督修渔梁坝"。② 婺源商人李士葆，"字养辉，理田人。家故贫，弱冠佣工芜湖，备尽辛劳。中年贷本经商，家道隆起。……性慷慨赴义，芜湖建会馆，倡输千余金，秉公任事，交游咸器重之"。③ 黟县际村人戴吉先，"在芜湖捐资助建新安会馆及创同善堂，为同乡养疾及停柩之所"。④

安庆府怀宁县的徽州会馆在大墨子巷，由徽州人公立。⑤

在亳州经营的徽商也建立会馆以团结乡人，如婺源凤山人查世祈，"家故贫，服贾江北，境渐裕。亳之会馆、义冢，皆赖以经营。晚年家居，遇祠亭桥路，均不惜赀以襄义举"。⑥ 嘉庆十四年（1809），六安直隶州的徽商欲在州治东北儒林岗下六安儒学之左创建会馆，但当地士绅以该处为风水来龙入首之地，历来不得挖掘建造为由，向六安知州禀告，双方掀起一场为期8个月的诉讼。⑦ 对于六安徽州会馆的设立，地方志中也有所反映，如黟县商人汪承嘉，"客蓼六，值岁旱，赤地千里，嘉为粥于路，以食饥者。徽人商于六者众，岁时伏腊，聚集无所，嘉与众谋仿汉皋金阊例，为会馆，以祀朱子"。⑧

（二）浙江

新安江是徽州人外出的主要通道之一，向东经严州府抵达杭州府，再

---

① 民国《芜湖县志》卷13《建置志·会馆》。
② 民国《歙县志》卷9《人物志·义行》。
③ 光绪《婺源县志》卷34《人物·义行》。
④ 民国《黟县四志》卷7《人物志·尚义》。
⑤ 民国《怀宁县志》卷4《会馆》。
⑥ 民国《婺源县志》卷46《人物·质行》。
⑦ 范金民：《清代徽商与经营地民众的纠纷——六安徽州会馆案》，《安徽大学学报（哲学社会科学版）》2005年第3期。
⑧ 嘉庆《黟县志》卷7《人物志·尚义》。

散布浙江各地，徽州商人设立的会馆也为数可观。如杭州有徽州木商设立的徽商木业公所，专为木商提供服务。① 婺源凰腾人程彬不辞辛劳，参与建设徽商公所，"髫年失怙，弟妹俱幼，母多病，樵薪奉养。旋佣木行，经营畅，遂为弟妹婚嫁。堂兄年迈无子，彬生养死殡。倡建浙江会馆徽商公所，庀材督工，不辞劳瘁，同乡感其谊，殁以神主祔祀"。② 徽商还联合安徽其他地方的官员在杭州共同设立了安徽会馆，"浙与皖土壤相接，皖人之官商于浙者簪履骈阗，顾向未设会馆。同治九年，休宁余古香观察始建议醵金，合肥李小荃中丞建节来浙，亦思规画。而事未举，时浙中被旨，为前抚臣罗壮节前权藩王贞介公建办专祠，二公皆皖籍，皖人遂择地中城，领公帑兴工，事竣，即其地创建会馆，其时，观察管纲盐局事，有惠浙商，商多新安人，斯馆之成，商资居十之八九。前楹恭祀皖地前代名贤，其后为公集游燕之所"。③

严州府建德县的徽国文公庙，奉祀朱文公朱熹，在福运门，俗称徽州会馆。清初为詹惟宁旧宅，乾隆五十年（1785）售于新安公所，嘉庆二年（1797）戴恩荣等增建大厅并附建魁星阁，道光七年（1823）大修，光绪间重修，民国七年（1918）东厢房改建楼房三间，纪业广负责工程事宜。④ 婺源花桥人吴宗淦在严州府遂安县经商，修建会馆，"重信义，笃孝友，经理祖业，栉沐任劳。尝客遂安四十余载，通运盐之河，定急公之局，修会馆，造渡船，掩骼施茶，济饥平粜，遂安父老至今尤称其事"。⑤ 富阳县新安会馆在城内上水门大街，又称新安文会，创建于乾嘉之际，首事姓名不可考。太平天国时期，屋宇遭毁。战后，徽商胡兆泰、胡启咸等集资复建。光绪三十一年（1905）吴芝田、胡槐三、汪惠卿等又募资修葺倒塌的房屋，前殿祀关帝，后殿祀朱文公，凡徽州人议事皆聚集于此。又在富阳城外琐石山麓建厝宇一所，以安妥同乡孤魂，在小鹤山、西山、东山、祥风村各处买山十数亩，为乡人丛葬之处。⑥ 寿昌县新安会馆在城南，创于何时无从稽考，光绪十五年（1889）冬遭到火灾，成为瓦砾，二十年（1894）由旅居

---

① 《徽商公所征信录》，宣统元年。
② 民国《婺源县志》卷48《人物·质行》。
③ 光绪《浙省新建安徽会馆征信录·序》，浙江省图书馆古籍部藏。
④ 民国《建德县志》卷7《典礼·庙》。
⑤ 光绪《婺源县志》卷34《人物·义行》。
⑥ 光绪《富阳县志》卷11《建置·善举》。

寿昌同乡募捐重建，宣统三年落成。①

衢州府城的徽州会馆又被称为徽国文公祠，后改名为文公书院，在县学西，乾隆二十一年由徽商建造，六十年重修。②光绪初年进行大修，新起花厅三间。1906年，借用会馆房舍筹办新式小学堂一所。清代，每年九月十五朱子诞辰日，徽州会馆都要张灯结彩，演戏酬神，"各都会皆有徽州会馆，供奉朱夫子。衢之西街，徽会馆在焉，每岁九月十五日为夫子诞期，张灯结彩，礼拜演戏，以故会馆值年之人，即狮子会值年之人。所供献夫子者，先贡献周王，演戏于会馆者，先演戏于庙，取其便也。独是会馆中堂供奉夫子，而左奉周王，右奉财神，宜乎会期以夫子为之主，而财神则从简焉"。③衢州城内另有两处徽州会馆，一处在航埠河西，清末新政期间曾借作警察分所。另一处在大州，民国时期仅存遗址，在横街江西会馆隔壁。④衢州府兰溪县由徽商程士章等人创建的新安阁则祭祀关帝，阁在城南塔山之侧。⑤衢州府常山县附郭定阳镇为浙东通衢，北距婺源三百余里，西连江西，南界福建浦城。朱熹返回婺源扫墓祭祖，到建阳县考亭书院、铅山县鹅湖书院讲学，往来必经定阳。明代中叶以后，在定阳经商的徽州人与日俱增。万历年间，歙县郑氏盐商携家卜居定阳，在县城小东门朝京坊择地建房，凡新安人流寓此地者，皆聚而居之，"既洽其邻，又念里族邱垄皆在新安，因于其地创辟一里，颜曰'新安里'，示不忘本也"。时任内阁首辅的叶向高为此撰写《新安里记》，⑥足见在定阳居住的徽州人势力之众。天启七年（1627），徽商捐资置地，在新安里建朱文公祠，"同事者十三姓，合业者二十九人"。康熙九年（1670），祠毁，其时各家人户聚散无常，对修祠意见不一，以致迁延日久，百余年间无法再建。直至嘉庆三年（1798）夏，新安里遭遇火灾，各姓子孙才动议在文公祠故址重建，清除瓦砾，鸠工庀材，逾月而落成。修建后的文公祠焕然一新，墙垣高大坚固，柱桁朴实。文公祠前后两进，后进三楹两厢，敬奉神位，颜曰"统接尼山"；前进三楹。每年收取房租办祭，并订立条规，岁时荐享。此次重建文公祠，不

---

① 民国《寿昌县志》卷4《建置志·馆》。
② 嘉庆《西安县志》卷43《祠祀》。
③ 转引自王振忠《徽州与衢州：江南城乡的片断记忆——稿本〈静寄轩见闻随笔、静寄轩杂录〉初探》，《社会科学》2011年第3期。
④ 民国《衢县志》卷4《建置志下·会馆》。
⑤ 光绪《兰溪县志》卷3《庙祀》。
⑥ 叶向高：《新安里记》，光绪《常山县志》卷67《艺文志·文集上》。

仅徽州商人踊跃捐资，常山县士绅也莫不欢欣瞻仰。①

湖州府乌程县的朱文公祠在眺谷铺，乾隆二十年（1755）徽州人汪堂、巴钟灏、黄永标等人创建，名为新安乡祠，其余房屋作为徽州会馆。咸丰二年（1852），赵树椿、景贤主持重修。② 乌程县南浔镇新安会馆坐落在南栅寓园前，又名遵义堂，道光十一年（1831）建，十六年又另置公所于醋坊桥东竹园头。③ 德清县新安会馆在县城东门外的蒋湾圩，道光四年由金瑞集资创建。④ 归安县菱湖镇新安会馆在北栅。⑤ 乌青镇建有新安会馆和新安公所。⑥ 长兴县四安镇有新安公所修建于同治年间。⑦

嘉兴府秀水县濮院镇设有徽州会馆，在镇西。⑧ 嘉兴县鸳鸯湖设有新安会馆。⑨ 婺源商人詹荫梧等在平湖县创设婺源会馆，后又购置土地20亩作为义冢，"詹荫梧，字士高，察关人。国学生。性慷慨。贸易平湖，尝欲立会馆，以敦梓谊，徽商皆有难色。适王廉访竹屿来宰平湖，梧具陈其意，王为集徽商议，嘱梧首捐钱五百缗为倡，又购地二十亩作义辩，同乡咸称美举，乐助焉"。⑩ 海宁县硖石镇上有徽州会馆，据民国时期曾长期在该镇经营漆业、茶业的歙县人鲍伦法回忆："一般只是在清明、七月半、冬至等重要的节气，才会到会馆里拜一下关公，顺带捐钱1～2元，并签下自己的名字。在祭拜的重要节日里，会馆也常会安排演戏，请的是硖石本地的戏班，如上东街的一个戏班。平时会馆里没有人，只是雇了一个徽州人看守会馆，通常为体弱无劳动能力者，比如说抽鸦片者。其中，会馆最重要的业务是'寄材'，客死外乡的徽州人，棺材就临时寄存在会馆的'寄材间'里，等待运回家乡安葬，寄材的死者家人需酌量支付一点运输棺材的费用。"⑪

---

① 郑瀛：《文公祠记》，光绪《常山县志》卷67《艺文志·文集上》。
② 同治《湖州府志》卷40《经政略·祀典》。
③ 同治《南浔镇志》卷10《祠墓》。
④ 民国《德清县志》卷5《建置》。
⑤ 民国《菱湖镇志》卷2《公廨》。
⑥ 陈学文：《湖州府城镇经济史料类纂》，浙江社会科学院出版社，1989，第28、32页。
⑦ 光绪《长兴志拾遗》卷上《公建》。
⑧ 民国《濮院志》卷2《衢巷》。
⑨ 民国《鸳鸯湖小志》不分卷。
⑩ 光绪《婺源县志》卷35《人物·义行》。
⑪ 《附录1：鲍伦法先生采访记录整理稿》，邹怡：《明清以来的徽州茶业与地方社会（1368—1949）》，复旦大学出版社，2012，第298～299页。

（三）江苏

苏州的徽郡会馆草创于乾隆三十五年（1770），徽州同乡以潘维长等为人正直，秉公无私，委托他们协办公事。因公项匮乏，无可筹措，在苏州经营涝油、蜜枣、皮纸的三帮徽商发起募捐，徽州同乡踊跃乐从，不但慷慨解囊，还捐出人工，涝油帮众商捐1540工，捐钱200两；蜜枣帮众商捐320工，捐钱41.6两；皮纸帮众商捐180工，捐钱23.5两。另有来自黟县、绩溪、歙县等地的73位徽州同乡捐资乐助。会馆建造数年，大殿迟迟无法完工，因为后殿左右缺凹两间，原是朱天嘉的产业，会馆首事欲出重金购买以使地基方正完整，遭到朱天嘉的拒绝。其后詹元升号买进，并将该块地皮捐给会馆。为了在风水上不妨碍詹姓的阳宅，会馆首事和詹元升号还签订了合同议墨，[①] 体现了互帮互助的桑梓情谊。

> 立合同议墨六邑首事、詹元升号，缘我等公同创立徽郡会馆，敬奉先贤朱夫子，在吴邑阊五图地方。数年以来，大殿犹未建造，乃因后殿左右缺凹两间，系朱天嘉之业，曾欲重□婉向奏全，奈不见允。今幸此屋全业概系詹元升契买，志图急公好义尊贤之愿，是素所欲得之产，欣然以会馆缺凹之处，踊跃捐助，成全殿基之方正。第会馆乃詹氏之右首，则白虎也，最宜低平为佳。詹氏既以尊贤为重，除乐捐之外，今又将己产两间捐凑，以全方正。我等亦当体其诚心，公同酬酢，自前至后及门楼下岸，并日后修造，照当相度地脊、会馆墙垣，彼此相仿，永无干碍詹姓阳宅，此乃桑梓同志，两相齐美之见耳。为此面议合同，一样两张，各执一张存照。众商公议，会馆正殿与詹处厅屋脊，以新定地基至脊计木尺三丈九尺正，惟大殿乃并脊，如此尚不致碍，其余前后屋角，概无高过詹墙矣。在詹处捐助地基，俟朱氏交业拆卸后，量见丈尺计，则税亩归入会馆，完纳粮白。
> 乾隆三十八年十月　日立
> 　　首事：汪乾一　汪绍五
> 　　捐首：詹元升
> 　　董事：朱益安　张耀文　潘维长　孙御标　汪旦模

[①] 《修建徽郡会馆捐款人姓名及建馆公议合同碑》，江苏省博物馆编《江苏省明清以来碑刻资料选集》，三联书店，1959，第377～380页。

　　　　　　　姚宸章　汪国相　汪于天　俞锡贤　程列三
　　　　　　　汪则亭　黄肇曦　孙修馨　金应之　黄殿平
　　　　　　　汪启华　程潭远　汪御农　汪士隽　詹济石
立合同议墨据两纸各执一纸存照　　　　　　　　　　　永远大吉

婺源裔村人汪育民，"幼承父业，服贾苏州，创建思义堂会馆，首输五百金，婺人失业者助赀归里，客殁者给费盘梓"。① 吴县新安会馆在阊五图义慈巷东。② 吴江县盛泽镇的徽宁会馆由徽州府属六县及宁国府旌德县的商人合建而成。嘉庆十四年（1809），徽州六县商人在盛泽镇西场圩璇葭浜买地创建积功堂殡舍，旋即讨论增建殿宇，构筑会馆，适逢宁国府旌德县商人在盛泽镇先建有会馆，因坐落西荡，"地隘水冲"，正打算卜地迁建。镇上的陈桂坡、黄竺丹二人听闻消息后，认为徽宁两郡本属同省，又同县经营，合建徽宁会馆正当其时，于是公同书立议墨，在西场圩璇葭浜建成徽宁会馆，带水萦抱，宽闲静敞。会馆有正殿三间，正中供奉关帝神座，东西分别供奉忠烈王汪华神座、东平王张巡神座，"朔望香火，岁时报赛惟虔"。正殿东首建造行馆"启别院"，供奉紫阳徽国朱文公。会馆东为积功堂。在盛泽镇周边的新埭、平望、王江泾、黄家溪、谢天港、坛丘、周家溪等镇上经商的徽宁同乡也不分畛域，乐善捐输。会馆建造及运行资金由两府公同酌办，议定徽州六县出十分之七，旌德出十分之三。③

表1　道光十二年十二月盛泽徽宁会馆捐银情况

县别	捐资时间及金额	比例（%）
徽郡歙邑	嘉庆十三年至道光十年共捐足钱5328千137文	30.51
徽郡休邑	嘉庆十三年至道光十年共捐足钱5853千636文	33.52
徽郡婺邑	嘉庆十三年至道光十年共捐足钱713千964文	4.09
徽郡祁邑	嘉庆十三年至道光十年，洪九龄捐足钱1911文、谢庭瑚捐足钱4760文、方胜堂捐足钱410文、谢佩琳捐足钱4260文，四人共捐足钱10千841文	0.06

---

① 民国《婺源县志》卷42《人物·义行》。
② 民国《吴县志》卷30《公署三》。
③ 《徽宁会馆碑记》、《合建徽宁会馆缘始》，《江苏省明清以来碑刻资料选集》，第447、449~450页。

续表

县别	捐资时间及金额	比例（%）
徽郡黟邑	嘉庆十三年至道光十年共捐足钱 319 千 331 文	1.83
徽郡绩邑	嘉庆十三年至道光十年共捐足钱 712 千 144 文	4.08
宁郡旌邑	嘉庆十四年原议捐钱 2400 千，后加捐至道光十年，总共捐足钱 4525 千 245 文	25.91
以上两郡七邑，共捐足钱 17463 千 300 文		100

资料来源：吴江市档案馆：《江苏吴江市盛泽镇碑拓档案中会馆史料选刊·徽宁会馆捐银总数并公产粮税碑（道光十二年十二月）》，《历史档案》1996 年第 2 期。

松江府宝山县大场镇在明末清初之际设有徽州会馆，地址在镇西文昌阁门前，土地堂东。因年久失修，清末馆屋坍塌。① 崇明县亦有徽商设立的徽州会馆，婺源城东人董韫瑜，字玉辉，号璞庵，"早岁蜚声庠序，由附贡生捐盐大使加州同衔，分发浙江。以婺源同善堂毁于兵，亟劝募重建，以安旅榇，历署三江、双穗、松江、崇明等场，皆弊绝风清。崇明有徽州会馆，栋宇将圮，瑜倡捐修葺"。② 常州府江阴县徽州会馆所在地为城北内五保庙巷律字四十四号，计税粮一亩三分三厘，光绪二十一年（1895）旅居江阴的徽州人购买此处基屋作为会集之所。徽州商人先于光绪十七年（1891）购入南门外四保克字二十一号基地一方，建造新安公所，为徽州人病者调养、殁者寄殡之所。光绪三十一年（1905）又购买绮山田二亩作为身故徽州人暂厝之地。江阴县典业公所亦附设于徽州会馆内。③

扬州府清河县的徽商于同治九年重建了新安会馆，在城内西北隅运河北岸，并在馆内附设义学一所。④ 婺源中云人王质诚幼习儒，工书法，弱冠后经商于扬州仙女镇，遂家焉。王质诚"重义疏财，仁慈公正，凡恤嫠育婴、施药散粥诸善举，悉捐资倡率，并建新安会馆"。⑤ 淮安河下有新安会馆，为徽州典商借灵王庙厅事同善堂所设。⑥ 泰州新安会馆在康熙年间设立，至嘉庆年间，休宁商人程湄亭对会馆扩而大之，建有朱子殿、关帝殿，

---

① 民国《大场里志》卷 1《会馆》。
② 民国《婺源县志》卷 42《人物·义行》。
③ 民国《江阴县志》卷 3《建置·附录》。
④ 光绪《清河县志》卷 3《建置》。
⑤ 民国《婺源县志》卷 42《人物·义行》。
⑥ 王觐宸：《淮安河下志》卷 16《杂缀》。

有正厅、养病室、妥幽室、歌台，旅居泰州的徽州同乡咸称便焉。光绪初，歙县人洪筱兰又增建客厅7间，规模更为扩大。至1933年，会馆建筑日渐倾塌，旅居泰州的歙县人洪捣朴、方实章等，休宁人曹德良、戴巨川等，婺源人汪汉臣等公同募款，将会馆修葺一新。①

黟县欧村人欧阳萱在镇江府溧阳县营商，见当地新安会馆义冢被地方豪强侵占，出面向镇江知府和两江总督控禀，要求归还被占之地，最终胜诉，遂被同乡推为新安会馆首事，重建徽国文公祠，经理会馆十余年，在徽州同乡中享有盛誉。民国《黟县四志》记载："欧阳萱，字瑞庭，欧村人，国学生。怙恃早失，商于苏之溧阳，既冠集资创业。每至夜分，究心文字及音韵诸书，遇能诗儒士拈题分咏唱和不休，溧阳知县李超琼、吴恒及教谕洪承煦均引为知己。新安会馆义冢地年久业失，被溧势豪侵占，诉讼无效。萱出面维持，申其事于镇江郡守及总督沈文肃公，乃获业归原主。同乡德之，推为首事，重建徽国文公祠宇，凡属重要，力任其难，理会馆十有余年，一介不取，人服其廉明精干。殁之日，乡人士晋其主位于六邑之彰义祠焉。"②

南京钞库街有新歙会馆，婺源会馆在水西门外。③婺源西冲人俞星灿，少业儒，因父早故，随兄业木，曾资助常德书院膏火，"又助金陵赈饥及修大王庙、三元宫、新安会馆，并乐输助"。④婺源水路人吴山南，"父侨居江宁，随侍左右，孝养备至。江宁上新河旧有徽商会馆，年久就圮，南谋新之，捐赀倡首，不辞劳瘁。遇公事辄以身先，期于有济"。⑤婺源桂岩人戴文炘，顺治年间在金陵管理木业，输金襄造上新河婺源会馆，朝夕视事，不辞劳瘁。⑥

通州如皋县的朱文公祠，又被称为石庄敦义堂，咸丰二年（1852）由徽商洪国桥等人捐建，公置老霸头田30.6亩，每年收租粮27.45石、租钱1600文。⑦《婺源县志》对洪国桥有所记载："洪国桥，张溪人，少习举业，试列前茅，未售。嗣受延川聘，总理如皋质库，其间平讼累、厘清宿弊，

---

① 《旅泰徽侨重修会馆》，《新安月刊》第1卷第6期，1933年8月25日。
② 民国《黟县四志》卷7《人物志·尚义》。
③ 吕作燮：《南京会馆小志》，《南京史志》1984年第5期。
④ 民国《婺源县志》卷47《人物·质行》。
⑤ 民国《婺源县志》卷39《人物·义行》。
⑥ 民国《婺源县志》卷42《人物·义行》。
⑦ 光绪《如皋县续志》卷1《建置》。

建会馆、立义阡，置腴田拜扫，皆赖桥筹划襄成。咸丰癸丑，发贼窜金陵，从各宪台襄办团防，地方借以安靖。是时，大江以南难民麇至，饥莩相望，桥与绅董劝捐筹款，设立粥厂，灾黎获全。至若居乡，修祠寝、立文社，凿月池，建亭庙，善行累累，难以缕述。"① 婺源诗春人施天缉在如皋经商30余年，"凡公益事皆输金提倡，如星江会馆、育婴堂、雨香庵，缉皆与，有大力焉"。② 盐城新兴盐场的上冈是徽州盐商聚集之地，在该镇经商侨居者不下数百家，有安业堂、吉丰恒、春和裕、仁和裕、恒义隆、永兴寿等垣商办理北七灶盐务，镇上建有新安会馆一所，"规模悉具，凡关于同乡喜庆，春秋祭祀等事，莫不团聚于此"。另有范家墩义冢地一处，厝所数间，为同乡故后无力搬运回籍者营葬，可谓公益、善举两者兼全。③

婺源梓溪人宋宗芳，继承父业在海门经商，"其地街道晴则尘飞，雨则泥滑，与弟改造石路，商民称便。集建星江会馆，逾年告成，旅海门者咸德之，岁时祭文公，以宗芳兄弟祔祀"。④

（四）江西

广信府玉山县设有新安会馆，如黟县屏山人舒怀勋，"贾于江西玉山，倡议购造新安会馆，迭次兴修，输资千余金，光绪间遗嘱捐造徽州旅榇所"。⑤ 同治《玉山县志》记载道："徽州公所在西门外三里街，新增。"⑥

在广信府府治上饶县经营的徽商设立了徽国文公祠，如黟县江村塆人江杰，"客广信，助资育婴堂，又与徽之留于信者，仿汉皋金间例，捐建会馆，祀朱文公"。⑦ 黟县双溪人余光瑛独自捐巨资建立徽国文公祠前楹，并购店屋以收取租息供祭祀之需，"余光瑛，字西谷，双溪人，职监。勇于为义不厚自，封殖作贾广信。独捐巨资建徽国文公祠前楹，并购店屋以租息为春秋祭祀之需。凡同乡之无业者代为谋事，或给资令归，不少吝惜"。⑧

明清时期的景德镇与汉口、佛山、朱仙镇被称为中国"四大名镇"，是

---

① 民国《婺源县志》卷41《人物·义行》。
② 民国《婺源县志》卷48《人物·质行》。
③ 《民国六年垣商安业堂等为保全善援案价领以维祭祀而卫侨居具呈书》，安徽汉源文化传播公司郁建明藏。
④ 民国《婺源县志》卷42《人物·义行》。
⑤ 民国《黟县四志》卷7《人物志·尚义》。
⑥ 同治《玉山县志》卷2《建置志》。
⑦ 同治《黟县三志》卷7《人物志·尚义》。
⑧ 民国《黟县四志》卷7《人物志·尚义》。

徽州商人聚集之地，徽商设立了涵盖徽州一府六县范围的徽州会馆。婺源秋溪人詹永樟，"随父客景镇，适建徽州会馆，众推樟廉正，领袖督工，又举专司馆务。道光戊子蛟水横流，浮棺无算，樟雇人往援，认识者助赀畀归，不识者，代为掩埋。又于荒洲乱石中遍搜暴骶遗骸，给椟瘗之。嗣建中元会，展墓赈孤，在镇四十余年，力行不息"。① 婺源庐源人詹士淳，"善辞说，片言解纷。景镇创造徽州会馆，公推经理，旋举为三帮会首，市廛无争"。② 婺源庆源人詹必亮，"幼业儒，屡试不遇，乃营趁昌江，业瓷兼擅所长，众工慑服。后总理新安会馆，春秋祀事及诸公务调剂咸宜，合郡推重"。③ 婺源清华人戴炽昌，"负才应试，未售，遂托业窑器于景镇。有徽州会馆施棺木常缺费，昌理其事，首输金，徽各行皆踊跃，得不废弛"。④ 婺源商人还于光绪三年（1877）单独捐资建立了婺源会馆，会馆位于景德镇小黄家巷，土名里仁都二图九保。会馆有二间正屋，左边为喻义堂及厨房四间，右边为义祭祠，外置戴家巷店屋一所、苏家巷店屋一所，并在浮梁县南乡长源、辛合两都等处置早晚田40亩，经理人员为詹同昌、程茂林、戴心田、齐铨芝、汪羽丰、詹立言、俞允敷等数人。⑤ 婺源晓起人汪国仪，在景德镇经营陶瓷业，"积赀设肆，运贩粤东……旋捐巨款建婺源会馆，手订章程，遇事开会决议，乡人德之，立长生位于厅事旁"。⑥ 婺源清华人胡文耀，好读书，因贫改商浮梁。太平天国运动后，在景德镇立掩埋会，修徽州会馆，倡捐设置义冢坟山，兴会课筹办宾兴，并出费建立婺源会馆。⑦

在饶州府乐平县，徽商设有徽州会馆，如婺源凤山人查礼，"贾乐邑，拾遗金数十两，俟客至，还之不受谢。乐令邓、李二公举为保甲局、保婴局董事，管理新安会馆，施棺木、立义冢，咸推公正"。⑧ 婺源庆源人詹光溥，年十二罢学就商，在乐平县做学徒，以忠信渐受器重，升为经理，"旅乐岁久，尤为商场推重，凡经理会馆、襄办保甲、组织商会、维持地方等事，皆卓卓有声。又并六邑同仁会以备停棺"。⑨ 婺源洪村人洪作梅，"少失

---

① 民国《婺源县志》卷41《人物·义行》。
② 民国《婺源县志》卷42《人物·义行》。
③ 民国《婺源县志》卷41《人物·义行》。
④ 民国《婺源县志》卷46《人物·质行》。
⑤ 民国《婺源县志》卷7《建置·宫室》。
⑥ 民国《婺源县志》卷42《人物·义行》。
⑦ 民国《婺源县志》卷42《人物·义行》。
⑧ 民国《婺源县志》卷42《人物·义行》。
⑨ 民国《婺源县志》卷42《人物·义行》。

怙，服贾乐邑，公平正直，同乡推理徽州会馆"。①

婺源商人在多地单独建造了婺源会馆，亦名星江会馆。婺源人叶兹学，"在贾饶时，领袖建婺会馆，首输银一千余两，度基狭隘，极力商于店主，买地一半廓之"。② 婺源城北人王一泗，"父殁，乃就商江右。饶邻婺界，商贾云集，素无会馆，泗捐重赀倡建，以便婺商"。③ 婺源人曹德谦，自少在鄱阳县石门镇经商，生业充裕，独力建造星江会馆，又买山创置义冢，施棺瘞暴，"凡徽婺之旅于斯土者，均赖焉"。④ 婺源诗春人施有济，"饶郡建新安会馆，捐重赀买埠头以便婺商"。⑤

徽州茶商在江西宁州建有文公祠，因日久被当地人霸占，婺源古坦人洪志逵查找文公祠房产契据，向当地官府呈控，追回被占房产，又独立捐资并向徽州同乡募捐，对文公祠进行重新修造，仍供奉文公牌位，改为会馆，为经营茶业的徽州同乡提供下榻之处。如《婺源县志》所载："洪志逵，字润甫，清通奉大夫，古坦人。性聪敏，鲜兄弟，弃儒就商，事孀母能得欢心。尤敦信义，商界重之。江西宁州徽帮建文公祠，日久被土人霸占，逵查获契据，呈官追回，独捐巨赀并劝同人襄助修造，原祠仍奉文公神牌，改为会馆，业茶徽人乃有下榻处。"⑥

婺源理田人李有诚，起初在上海经商，远渡日本多次，因风土异宜，"返归鸠江谋业铜"，又偕友在九江经营红茶、绿茶，并在婺源开设茶号，"九江徽州会馆财政紊乱，挪蚀侵吞，诚偕六邑绅商兴利除弊，输金建造以益房租"。⑦

婺源城东人董大鲲，"西江吴镇会馆经费、章程一皆赖其部署。郡侯朱公、邑侯郭公、陈公及陈太史大喻，叠有额赠之"。⑧

（五）两湖地区

黟县十都塔川人吴兴裕，随兄在湖南长沙经商，"勤俭立业，备极友爱，在星沙倡造徽州会馆，又捐建兼善堂，先是商旅商殡楚地，夫役需索

---

① 民国《婺源县志》卷48《人物·义行》。
② 民国《婺源县志》卷40《人物·义行》。
③ 民国《婺源县志》卷39《人物·义行》。
④ 民国《婺源县志》卷40《人物·义行》。
⑤ 民国《婺源县志》卷47《人物·质行》。
⑥ 民国《婺源县志》卷42《人物·义行》。
⑦ 民国《婺源县志》卷42《人物·义行》。
⑧ 民国《婺源县志》卷23《人物·学林》。

百端，及是堂立碑示定章，贫商乃不受困，道光二十年，湖南水荒，济饥数月"。① 婺源商人查有堂，"初客星沙，与交皆贤达士，经理会馆、文公祠，倡修整饬。后游川东，兴同义会，资给同乡旅榇及旅游难归者"。②

徽州人在湖南常德建有徽州会馆，如婺源思口人程世莹，"少业儒，课徒里中，及壮，游幕湖南，充常德府文案，疏财仗义，居停倚重，旋被绅商公举任徽州会馆董事，克称厥职"。③ 婺源凤山人查秉钧，"经商湖南，比董理同乡会馆，公款公产，毫无苟取。遇有义举，勉力赞助"。④

在汉口的徽州六县仕商于康熙七年（1668）建成新安公所，即新安准提庵，在循礼坊四总处。其性质为"集合同乡，联络感情，力谋桑梓商业公益之所"，光绪十七年（1891）八月被毁，民国年间重建。康熙三十四年（1695），徽州六县仕商又在循礼坊新安街北建造新安书院，即徽州会馆，雍正十三年（1735）开辟新安码头，建造魁星阁紫阳坊，北接新安街，其地基南至河心，北至义冢，即新安公所后晒台庵。咸丰二年（1852）、宣统三年（1911）两度遭遇兵燹，民国年间仅存偏厅一间。⑤ 乾隆《重修古歙东门许氏宗谱》详细记载了许蘧园在汉口徽州人聚居社区新安街形成过程中所起的作用，其中就有新安会馆的相关描述："湖北汉口市镇旧有新安会馆，专祀徽国文公，栋宇宏敞。昔时同乡人士欲扩充径路，额曰'新安巷'，开辟马头，以便坐贾行商之出入，土人阻之，兴讼六载，破赀巨万，不能成事，以致力竭资耗而祭典缺然。岁仅朱子生辰一祭，盖已四十余年矣。癸丑岁，公倡首捐输，得一万五千金，置买店房，扩充径路，石镌'新安街'额，开辟新安马头，兼建奎星楼一座，为汉镇巨观。"⑥ 清末，婺源庐源人詹士澄，"嗣经商汉口，家渐裕，遇同乡无力回家者，必赠川资。充汉口徽州会馆董事及商会会董，受知于张文襄，市廛之政，多以畀之"。⑦

（六）其他地区

广州是徽州茶商聚集较多的城市之一。咸丰年间，婺源长径人程泰仁

---

① 同治《黟县三志》卷7《人物志·尚义》。
② 光绪《婺源县志》卷34《人物·义行》。
③ 民国《婺源县志》卷48《人物·质行》。
④ 民国《婺源县志》卷48《人物·质行》。
⑤ 民国《夏口县志》卷5《建置志·各会馆公所》。
⑥ 乾隆《重修古歙东门许氏宗谱》卷14《公撰事实·许氏阖族公撰观察蘧园公事实》。
⑦ 民国《婺源县志》卷48《人物·质行》。

因家食维艰，弃砚就商，随本县乔川人朱日轩贩茶至广州，"众举经理徽州会馆，六县商旅均服其才"。①婺源商人还单独设立婺源会馆，置归原堂，办理身故同乡寄厝事宜。1924年，婺源会馆发生产业被盗卖风波。4月初，上海徽宁会馆、徽宁同乡会接到广州婺源会馆来电，称会馆产业被同乡汪笑颜、程肖芝倒卖，所得款项亦被二人吞没，为夺回被盗产业，请沪上同乡群起协助。徽宁会馆、徽宁同乡会先后召集大会，讨论力争办法，并向上海安徽同乡会报告。安徽同乡会亦迅速召开评议会，议决一致力争，分别致电孙中山和广州公安局，请其追回发还婺源会馆，另请在广州的本会评议长柏烈武就近调查实情，并准备会同徽宁会馆、徽宁同乡会推派代表赴粤起诉。②经柏烈武调查，被盗卖的并非婺源会馆公产，而是会馆中人捐款附设的归原堂产业，于1915年被值理俞鹤琴等6家私占，其后会馆值理方日林等人因控告失败而未追回，但因公产私占，愤懑难平，遂于会馆开会，推举汪啸涯等为代表，呈请孙中山批交广东财政厅变卖以供北伐第二军第二师师长杨虎招兵购械之用，意图从中分肥的非婺源同乡便制造谣言，希图破坏，使得不明真相者误以为是徽州六县会馆公产甚至是安徽全省会馆公产。③同样在1924年，广州新安会馆购置的马棚岗坟地被粤财政局指为官荒，勒令迁棺移葬，原地标卖与美侨公司。经旅粤徽州同乡函请徽宁旅沪同乡会协同力争，去函委托旅粤同乡徐谦等就近调查。据徐谦向同乡会报告，该项坟地共有13亩，会馆还保存着清代地产契据，旅粤徽州同乡也声称，该坟地确系买自民产，并非官荒。徐谦向各方探询，并拜见广州市长孙科，孙科随即邀财政局长及美侨公司代表等晤谈。徐谦将情形陈述后，经众人研究，认为既系会馆私产，自应如数发还，另拨他处与美侨公司，只因有3亩多坟地已为铁路公司所用，盖好建筑物，不能发还，其余一概发还。④

福建也有徽商设立的会馆，婺源环川人詹鸿，"年十六赴闽理先人店业，……经理安徽会馆，任劳任怨，义冢山僻迫，捐百金于东门外另置山以廓之。同乡吕渭英任福州郡守，赠额'品重圭璋'"。⑤

---

① 民国《婺源县志》卷40《人物·义行》。
② 《广东婺源会馆事件又一来电》，《申报》1924年4月2日；《皖人力争粤省公产电》，《申报》1924年4月17日。
③ 《粤婺源会馆投变之真相》，《民国日报》1924年4月19日。
④ 《粤新安会馆坟地被卖案解决》，《申报》1924年7月6日。
⑤ 民国《婺源县志》卷42《人物·义行》。

二 徽州商人会馆的个案考察

（一）南京新安会馆

南京新安会馆坐落在上元县治东北二段马府街，前后共四进，有四方天井、后院，前至官街，后至马府塘，东、西分别与李姓、杨姓屋宇相接。太平天国时期，洪秀全定都金陵，新安会馆被焚毁一空，仅留地基，所有房屋契据均下落不明。战争结束后，新安会馆迟迟未能复建。光绪三十一年（1905）夏，曾任陕西河州知州、陕西水利总局提调的歙县人汪廷栋因公事到南京，看到荒废的新安会馆，认为殊为可惜，就邀集居住在南京的徽州商人、官员商量重建事宜。当年十月开工兴建，共建成正屋3层，每层5间，共计15间。次年春，杨俊卿提出垫款在西院外建造房屋，汪廷栋遂搬入会馆内，对工程预算精覈会计，配合丈量地基，并与木工、瓦工签订了协议。其后杨俊卿中途退出，汪廷栋被迫独力支撑，赶至上海与同乡洪伟臣、黄雪香商量应对办法，决定仿照招股集资之法筹款，每股50两，洪伟臣当即允诺出资百两。汪廷栋返回南京后，与徽州同乡讨论集股事宜，宝善源钱庄允借500两作10股，歙县试馆存租银200两作4股，并存洋700元作10股，其他由个人认股16股，共计40股。工程于闰四月动工，七月完工，建成房屋三楹，用去白银2250两。前后两次工程共花费白银4163.1两。因集股之款不足以应付开支，南京的徽商又势单力薄，新安会馆便向外地的徽州同乡募捐。此举得到同乡的大力支持，在上海经营茶业的徽商出资最多，捐洋2050元，南通州、扬州、芜湖、安庆、东台的徽商也莫不慷慨解囊。汉口的徽商因捐簿散佚，积极性不高，新安会馆两次派人前去劝募，仅筹到洋170余元，而来回盘费就耗其大半。江西的徽商更为冷淡，甚至将捐簿退还，不愿认捐。新安会馆最终筹得捐银3658两，极大地缓解了经费不足的压力，缺额部分则通过借款的办法予以解决。

因经费短绌，此次重建仅建成正馆三进，尚不及会馆原有规模的1/3，正屋左右两边的空地还可以分别建屋五层，以供出租，作为岁修之费。为此，汪廷栋同众位董事制定了十余项馆规，希望后来者能光大其事。馆规指出，会馆重建是从徽州六县大局出发，非为个人私利计，以后凡往来同乡暂住者应以一榻为准，至多一月，不得久居，亦不得多占房间。各人自备

表 2　光绪年间南京新安会馆重建收款录

收款项		
捐款项	房租项	借款并集股项
收歙县 19 名，共捐洋 540 元； 收休宁 40 名，共捐洋 443 元； 收婺源 1 名，捐银 100 两； 收祁门 5 名，捐银 100 两，洋 170 元； 收黟县 4 名，捐洋 283.2 元； 收绩溪 16 名，捐洋 126 元 （以上合计金陵省城共捐洋 1562.2 元，银 200 两） 收上海 69 名、号，捐洋 2050 元； 收南通州 12 名、号，捐洋 610 元； 收扬州 23 名，捐银 190.24 两，洋 152 元； 收东台 27 名、号，捐洋 82 元； 收芜湖 33 名、号，捐洋 600 元； 收汉口 17 名、号，捐洋 173 元； 收九江 21 名、号，捐洋 125 元； 收安庆 28 名、号，捐洋 160 元	收胡佐岐租房 8 间，每月 16 元，计 7 个半月，共洋 120 元，合银 84 两	收宝善源庄借银 500 两； 收歙县试馆借银 200 两，洋 700 元，合银 490 两； 收思源堂借洋 500 元，合银 350 两； 收汪芸浦股银 200 两； 收洪卿股银 50 两； 收汪汝言股银 50 两； 收江陶圃股银 50 两
共收捐银 309.24 两；洋 5540.28 元，合银 3777.227 两		共计银 1990 两
统计收银 6160.467 两		

资料来源：汪廷栋等编《重建新安会馆征信录·碑记录》。

伙食，不收租金；如愿搭伙食者，仿照汉口新安会馆之例，每人每日交钱 120 文，由常住会馆照看之人经收代办，房内铺板桌椅亦不得损坏，违者赔偿。各处徽州同乡凡到南京办货者均准予将货物存放馆屋西边披厦内，如系细软贵重之货才准堆放在轿厅，然须自行看守，货物售出时，每件出钱一二百文作为会馆修理之费。凡在南京的徽州同乡，不论官商，每名按年认捐一文愿作岁修经费，游幕及寄居者听从其便。待会馆房屋全部建成后，六县各派董事二人轮流管年，另各派二人平日常住会馆以备照应，每月各给钱六千作为酬金，如有行为不当者斥退另换。因会馆空闲处甚多，馆规要求其后借款建造正馆四、五两进及左右厢房，建成后，空闲时准借与他人作为宴客之所。倘遇会馆创办首事得差得缺交卸回省时，准其暂居馆内以免另投客栈，待找到合适的住处时再行迁出，但以三个月为限。如果不是从前会馆首事，不得援例入住。城内鼓楼西侧原有徽州嘉会堂义冢，太平天国运动后，一直由汪近圣墨店经管祭祀。为此馆规要求，会馆既然已经重建，义冢则应归会馆经理，所有账目均须清算明白，不得置之不理。

103

会馆董事定时公同前往查看坟冢，如有暴露者即为培土；若无安葬之处，应立即添买地块，以备掩埋。馆规特别规定，凡徽州六县之人有流落南京者，查明属实，每人发给路费钱一千文资助其返回原籍，如系假冒，概不给发，倘已领钱，却仍然逗留者，即行追回不准迟误。由此可以看出会馆对徽州同乡照应甚多，成为旅外徽州人的落脚处与避难所。[①]

（二）杭州安徽会馆的运作

杭州的安徽会馆具有显著的官商合办特征。会馆章程规定，官商轮流值年，"务须一秉至公，相助为理"。因官员升调委差，不能始终住在杭州，商人也是贸迁奔徙，居住无常，为保证会馆稳定运行，公议"杭绍嘉松四所甲商为正办，另公举引商四位副之"，正办、副办两年一轮，周而复始。每年收支各款逐一登记明白，于团拜时会同各官商交账，公同阅看，两年后递交与接办正、副值年经收，短少照赔，以免后累。

会馆每年团拜一次，借以联梓谊而叙乡情。公议正月二十六、二十七两日春祭即为官商团拜之期，"如在现署，本任届期不到者，亦须按照后开分资，预寄本馆值年备用"。会馆秋祭定于每年八月二十六日举行，由值年正、副办置备鼓乐、祭品，先期发出书面通知，邀请各值年官商到馆与祭，行礼毕，供应茶点两席。每年除春、秋两祭外，会馆另于二月初三日祭祀文帝，五月十三日祭祀武帝，七月初七日祭祀奎星。以上礼节与秋祭相同。

凡同乡遇有祝寿、开吊等事，准其借会馆举办，但事主应给看馆家人每日洋10元，寻常宴会每席给洋1元，以资酬劳，需用灯彩等物件皆由事主自备。外省之人如要举办祝寿、开吊、演戏等事项，一概不准借用，如果是寻常宴会，可酌情通融借用，每日赏给看馆家人洋8元。

会馆房屋间数虽多，但住屋甚少，除大厅后面的从心堂正屋两进留给住馆司友居住外，其余皆是堂屋、散轩，未便同乡下榻。为此公议无论在浙官商以及往来同乡，一概不予借住会馆，以后即便是公所公局，也不准租赁馆内什物，其他零星物件同样不得借出馆外。会馆之所以如此严格规定不准借住，是因为该馆系由官商集资合办，皖浙又属邻省，来往商贾百倍于官，一旦准许留住租赁，此风一开，商人便会蜂拥而来，届时虽有房屋千万间，也无法容留那么多人。但会馆同时打算嗣后由官商捐资扩充馆

---

① 汪廷栋等编《重建新安会馆征信录·馆规录》。

舍，供初次到杭州的候补官员借住，住馆章程待捐资购得房屋后再行订立。

会馆房屋的岁时修葺之费，由同乡官商捐资而来，会馆为此制定了捐款规则，公议自督抚、提学、镇司、道协、参游、府厅州县盐所以及本省外府局差，按缺计差分等定捐。

因杭州惟善堂专为徽州身故同乡提供棺柩回籍服务，安徽其他府县身故同乡的棺柩如何归里就成为会馆考虑的首要问题，为此会馆另在武林门外西湖坝购买基地建造宝善堂一所，以便由大关登舟护送棺柩回籍，暂不回乡的各府县灵柩在堂内停厝。

安徽会馆肇始于为在杭安徽官员罗壮节、王贞介二公建造专祠，安徽同乡奉旨领公帑在杭州城中择地兴工建祠，工程结束后，便在其地创办会馆。由此，安徽会馆的首笔收入是从牙厘局领取的奉敕建造罗、王二公祠费用，为制钱3000千文，合本洋2495.84元。会馆的常年经费来自于官商捐资，其中商人捐资占据主导地位，而商人又以徽商为绝对主体。徽商分为盐商、典商、茶商、木商、杂货商五大类，茶商又可细分为上海茶商和江干茶商。在各类徽商捐资中，以盐商捐资额为最大，第一次便捐银7884.8两，第二次捐银更高达10329.6两，第三次则捐英洋3000元，出手不可谓不多。其次为典商，阜康钱庄留余堂捐银6000两、香雪堂捐银2000两，亦非微不足道的小额捐款。木商、茶商、杂货商捐资基本上都是量力而行，从千两、数百两、几十两、几两乃至几角，数额不等。虽然捐资额抵不上财大气粗的盐商和典商，但聚沙成塔，16家木行与木业沙粮共捐银5051.857两，9位杂货商共捐银2516.346两，两家上海茶商捐本洋397.677元、英洋5895元，14家江干茶商捐银1060.543两。会馆的另一日常收入来源于存款生息银和房屋出租银，数额也非常可观。会馆的支出以购置基地建造房屋及岁时维修为大宗，祭祀、置办物件及各项杂用等零星支款也占了支出的一部分，最终收支相抵，会馆还实存英洋373.987元。表3是安徽会馆收入、支出明细，比较详细地反映了会馆的收支状况，有助于我们了解会馆的运行实态。

表3　杭州安徽会馆收支一览

收入	
领款	领牙厘局发给奉敕建造罗、王二公祠经费制钱3000千文，合本洋2495.84元

续表

		收入	
官捐	两湖制军	李瀚章	捐司库银 200 两
	前盐运使司盐运使	高卿培	捐司库银 50 两
	杭州府知府	陈鲁	捐司库银 100 两
	前金华府知府	余本愚	捐司库银 50 两
	补用知府	胡元洁	捐库平银 20 两
	中防同知	吴世荣	捐库平银 100 两
	署西防同知	余庭训	捐库平银 100 两
	补用同知	胡金霞	捐库平银 20 两
	补用同知	杜冠英	捐库平银 20 两
	补用同知	王杰	捐库平银 20 两
	前海盐县知县	沈起鹗	捐库平银 50 两
	乌程县知县	程国钧	捐库平银 120 两
	署诸暨县知县	朱朴	捐库平银 100 两
	署上虞县知县	李世基	捐英洋 100 元
	武义县知县	周贻绶	捐本洋 100 元
	汤溪县知县	金馥远	捐库平银 100 两
	开化县知县	沈际树	捐库平银 48.63 两
	候补知县	孙明翰	捐库平银 20 两
	提督	刘省三	捐库平银 97.8 两
	台州协镇	王天焱	捐英洋 80 元
	题补严州府知府	吴世荣	捐英洋 100 元
	塘工委员	胡元洁	捐英洋 30 元
	发审委员	陈宝善	捐英洋 20 元
	江苏五属督销局委员	杨葆铭	捐英洋 50 元
	塘栖厘局委员	程国钧	捐英洋 20 元
官捐合计	官捐本洋 100 元、英洋 400 元，捐银合本洋 1827.205 元，以上收各正款领款钱合本洋 2495.84 元		
商捐	盐商	首次捐银 7884.8 两	二件扯合本洋 8415.126 元；英洋 18428.292 元
	盐商	二次捐银 10329.6 两	

续表

	收入		
商捐	盐商	捐英洋3000元	
	上海茶商	捐银280.76两，合本洋397.677元	两件自同治九年八月初七日起至同治十年三月初二日止
	上海茶商	捐英洋5895元	
	留余堂	捐银6000两	二件扯合本洋4400元、英洋6949.658元
	香雪堂	捐银2000两	
	所前盐引商	捐英洋326元	自光绪五年七月起至十一月止
	同利兴木商	捐洋876.994元	
	怡同懋木商	捐洋274.687元	
	同茂兴木商	捐洋1244.101元	
	钮德大木商	捐洋546.873元	
	德大源木商	捐洋50.61元	
	同裕隆木商	捐洋279.828元	
	同颐兴木商	捐洋125.644元	
	吴继源木商	捐洋7.771元	
	孟恒源木商	捐洋6.754元	
	万福兴木商	捐洋3.957元	
	洪大兴木商	捐洋300.39元	
	同仁和木商	捐洋145.817元	
	江复兴木商	捐洋208.55元	
	同日升木商	捐洋706.381元	
	乾益顺木商	捐洋31.906元	
	何三房木商	捐洋21.594元	
	木业沙粮	捐洋220元	
	洪巨成杂货商	捐洋792.741元	
	王云生杂货商	捐洋741.246元	
	曹泰来杂货商	捐洋882.3元	
	余锦洲杂货商	捐洋17.18元	
	姚君纶杂货商	捐洋67.264元	
	何枢臣杂货商	捐洋0.9元	

续表

	收入		
商捐	许维兴杂货商	捐洋 7.175 元	
	何松洲杂货商	捐洋 0.53 元	
	何三房杂货商	捐洋 7.01 元	
	洪巨成江干茶商	捐洋 31.4 元	
	王云生江干茶商	捐洋 0.8 元	
	曹泰来江干茶商	捐洋 21.55 元	
	余锦洲江干茶商	捐洋 35.34 元	
	姚君纶江干茶商	捐洋 163.501 元	
	豫隆行江干茶商	捐洋 375.811 元	
	阎鹏九江干茶商	捐洋 92.72 元	
	何枢臣江干茶商	捐洋 0.5 元	
	褚大昌江干茶商	捐洋 6 元	
	姚炳记江干茶商	捐洋 41.47 元	
	源润江干茶商	捐洋 155.291 元	
	陈殿扬江干茶商	捐洋 0.4 元	
	戴企宾江干茶商	捐洋 5 元	
	嘉湖店江干茶商	捐洋 130.76 元	
商捐合计	商捐银合本洋 13212.83 元，商捐银合英洋 25377.951 元，商捐英洋 17848.654		
收款合计	共收本洋 17635.848 元，又英洋 43626.65 元		
子息房租收款			
	收阜康庄留余子息英洋 2664.966 元		二件均自同治十一年十二月起至光绪五年六月本清日止
	收阜康庄香雪子息英洋 1894.009 元		
	收衡源庄香余子息英洋 1430.907 元		自同治十二年十二月起至光绪五年十二月本清日止
	收衡源庄英洋 45.268 元		系折上划来汪焕芸押盐引息本清日止
	收衡源庄皖馆子息库平银 1395.199 两，合本洋 1986.763 元		三件均自同治十年二月起至光绪五年十二月本清日止
	收衡源庄皖馆子息英洋 2014.638 元		
	收衡源庄皖馆子息本洋 475.263 元		

续表

	收入	
子息房租	收纲盐局房租英洋4224元	自同治十一年十二月起至光绪五年十二月止
	收甃碧、乐成房租英洋635.496元（内有胡存押租洋）100元	
	以上收各杂款共计本洋2462.026元、英洋13384.144元	
收入总计	收款与子息房租收款两项，共计收本洋20097.874元、英洋57010.749元	
	支出	
	支许宅保产中资、正屋契价、贴灶等项，本洋18300元、英洋5215.7元	
	支许宅后门外基地本洋900元	
	支贴还胡雪岩原办屋价本洋500元	
	支许贯之手办二公祠对门基地英洋320元	
	支前面西边旧毛坑基地英洋30元	
	支祠前孙姓基地英洋150元	
	支祠前叶姓基地本洋70元	
	支祠前觉苑寺僧基地英洋214元	
	支后门钱姓基地本洋264元	
	支后门刘姓基地英洋30元	
	支前面赵姓屋价英洋3005元	
	支许贯之手送书契润笔英洋12元	
	支印契十三张，英洋624.33元	
	支置办黟地盐引英洋12093.13元	
	支置办西安田帐英洋1700元	
	支建造罗、王二公祠英洋3043元	
	支兴皖江别墅英洋614元	
	支拆造临街腰墙英洋298元	
	支修前后假山鱼池英洋495元	
	支兴造甃碧堂英洋1521元	
	支兴造仰哲堂并甬道照墙英洋10271元	
	支修造双桂亭并装修志园房英洋249元	

续表

收入	
支兴造奎光楼并拆造三乐堂等 支兴西边临街大墙 支兴厅西平屋四进 支各处地砖装折油漆等	共英洋 4532 元
支垫修造乐成堂英洋 600 元	
支造神龛、塑奎星神像、刻神主牌位英洋 472.44 元	
支岁修散处英洋 749.4 元	
支置办物件英洋 3491.985 元	
支杂款经费本洋 56.48 元	
支杂款经费英洋 584.24 元	
支春秋祭祀英洋 240.289 元	
支钱簿开销辛工零项本洋 7.394 元	
支钱簿开销辛工零项英洋 3070.734 元	
支商办督工开销辛工等款英洋 722 元	
支兴造宝善堂英洋 1981.514 元	
支出总计	以上总支本洋 20097.874 元、英洋 56536.762 元
收支相抵，实存英洋 473.987 元（内有胡存押租洋 100 元）	

资料来源：光绪《浙省新建安徽会馆序》，浙江省图书馆古籍部藏。

（三）上海徽宁会馆的运作及近代转型

上海的徽宁会馆是在徽宁思恭堂的基础上设立的，所以两者时常通称。乾隆十九年（1754），在上海经营茶业的徽州、宁国两府商人见客死异地的同乡无处寄放棺木，便联合集资在大南门外购置土地 30 余亩，建屋数间，命名为思恭堂，以备身故同乡寄棺埋葬之用。嘉庆年间，思恭堂司事再次捐资，又四处募捐进行扩建，建成厅堂、丙舍以便办公，增置冢地以广埋葬。道光三十年（1850），松江知府休宁人汪方川对徽宁同乡的善举很是激赏，免征地税，带头捐建西堂，诸茶商亦捐助衣衾，又捐茶厘置产以增加善堂经费。至此思恭堂初成规模，施棺、掩埋、归榇诸善举迭兴。1842 年中英《南京条约》签订后，上海被辟为通商口岸，徽州茶业开始转道上海出口，每年的出口量不断攀升，茶商获利颇丰，对思恭堂的捐助也不断增加。咸丰三年（1853）和十年（1860），思恭堂两度遭受战火破坏，堂屋被焚毁一空。徽宁会馆董事余邦朝经历了这一事件。余邦朝，字国华，黟县五都余村人，监生，选用盐大使，商于沪，遂家焉。余邦朝乐善敦义，被公推为徽宁会馆董事。咸丰三年轮到黟县值年，余邦朝奋不顾家，驻馆董理一切。会馆之旁的丙舍内寄厝同乡的旅榇数以千计，乱中被人纵火焚烧，意图掠夺。余邦朝急率堂丁奋力扑灭，仅堂屋被毁，棺柩得以保全，嗣后集合徽宁两郡董事择地瘗之，立石标识，同乡感颂。①

  在战后上海社会重建过程中，思恭堂进行了重修，"焕然如故"。光绪十四年（1888），徽宁思恭堂扩建为徽宁会馆，改建了西厅，前一进奉朱文公朱子神位，后一进为先董祠，岁时祭祀有功于思恭堂的徽宁先贤。旁边建房作为会馆办事处，并翻造正殿为武圣大殿，上海地产大王歙县人程霖生的父亲程谨轩捐助大鼎一座，立于墀下，高耸如塔，气象巍然。殿前建戏台一座，金碧辉煌，照耀人目，设有游廊，配以看楼十二间。殿外余地圈成天墀，环以照墙，两旁设东、西辕门，正中建有蓄水池，其上亦立一宝鼎。台阶前石狮对立，购自浙江茶园，颇为壮观，宝鼎与石狮均由在上海的绩溪徽馆业同人捐助。光绪三十三年（1907）春，会馆司事提议在武圣大将殿东侧的空地上建造东厅，前后两进，作为朱文公专祠，由徽宁殷实商家垫资建造。次年房屋落成，与西厅屹然对峙。前为思恭堂正厅，为驻堂办公处所。朱文公祠建成后，徽州各县士商纷纷赠献匾额对联，朱子神座的龙龛与全堂灯盏则由婺源商人捐助，烛光辉映，焕然一新。于是会馆司事奉朱子神位于新祠，腾出西厅为徽宁两府商团拜处。时人称："沪上为各帮会馆荟萃之地，大都注重华美，若论工料之坚实，布置之周妥，实为诸会馆冠。"②

  清末民初，政体变革，近代同乡团体纷纷成立。虽然旅沪徽州、宁国两府同乡成立了徽宁同乡会，但徽宁思恭堂仍然发挥作用。会馆总堂设在上海市沪南区制造局路300号，1929年又在闵行杨家台设立了分堂。1930年10月23日，国民党上海特别市执行委员会民众训练委员会常务委员陈君毅颁布训令，声称"为证明组织健全事案，查该馆业经本会派员指导正式成立，并经考查，该馆组织已臻健全，应着向主管政府机关呈请登记，毋自延误为要"，要求向主管机关申请登记。同年12月25日，徽宁会馆遵照

---

① 民国《黟县四志》卷7《人物志·尚义》。
② 《徽宁思恭堂征信录·徽宁会馆全图记》不分卷，民国六年第三十七刻。

111

上海市慈善团体登记规则，呈准上海市社会局核备在案，由社会局颁发证书。当时徽宁会馆共有会员132人，土地306亩，市房158间，医院房屋1所，丙舍房屋1所，家具35件。①

徽宁会馆章程共6章19条，除总则及附则外，分为董事及值年董事、组织与职权、会议、经费及会计四章。从章程可以看到，徽宁会馆的宗旨为"办理善举，敦睦乡谊"，举办的事业分为施医药、寄柩、运柩、赊棺、助殓、埋葬六类。

会馆董事无定额，具备下列任何一种条件者才有资格担任，一为会馆创立者的继承人以及历来由徽宁各县各业公推并已呈报上海市社会局备案者；二是徽宁旅沪同乡由董事六人以上联名函举，经董事会审查，符合下列任何一项条件，提请大会通过者：乡望素孚者、办理慈善事业卓有成效、热心公益慷慨捐输、对于办理慈善事业有特殊之学识或经验。会馆董事均有选举权及被选举权，如有违犯慈善团体法第五条任何一条规定者，经董事会审查属实，报告全会取消其董事资格。董事资格的取得与丧失须随时呈报上海市社会局。

徽宁会馆由歙县、休宁、婺源、黟县、绩溪、宁国府六处董事各推举一人，共计六人，为会馆值年董事；已在董事会者为当然董事，以二人为一组，共分为三组，依次轮流值年。如果其中一人因故不能担任时，由董事会就该县董事中再公推一人补充，但须报告全会通过。值年董事为义务职衔，不支薪水或公费，任期一年，不得连任。每年轮值的二人负责该年会馆的财产保管及会计、出纳等事项，并办理本会馆内部的一切事务，任期满后将其经管的银钱及一切契据、租折检齐汇总，移交给下届值年董事接管。

会馆以董事全会为最高权力机关，以全体董事出席过半数者为法定人数，对下列事项做出决议：变更章程事项（依民法总则第五十三条办理）；业务兴革变更事项；会馆预算、决算事项；任免董事，通过值年董事事项；订立重要契约事项；变更财产事项；其他重要事项。董事全会开会时，公推一人为全会主席，报告收支账目，说明馆务经过情形，讨论业务兴革，决议会馆章程的规定事项，如换届改选日期、依法改选职员等。徽宁会馆由董事全会选举董事17人，会同值年董事6人，共计23人，组成董事会。

---

① 《公益慈善团体登记表》，上海市档案馆藏，档案号：Q6—9—110。

以当年值年董事为正副主席,董事对外为本会代表,对内为会议主席。在全会休会期间,董事会为权力机关,依照章程规定行使职权。会馆董事会董事均为义务职衔,任期3年,选举得连任,但不得超过3次。会馆设办事主任一人,办事员四至五人,支取薪水,由董事会聘任。董事会职权为下列数项:执行全会决议案事项;办理主管官署交办事项;议订各项规则、办事细则事项;筹划经费事项;决定业务整理、维持及改善事项;审查董事资格的取得、丧失报告于全会事项;编制预算、决算事项;聘任雇员事项;建筑修缮及收租事项;其他重要事项。

会馆事务分为重要、次要、通常三种,通常事务由办事主任协同办事员随时办理,次要事务由值年董事主办,重要事务由值年董事提出,经董事会议决后办理。如遇紧急事故,来不及召集董事会,由值年董事办理,但须提交董事会追认。

会馆会议日期及召集程序,决议如下:①董事全会于每年一月、七月各举行一次,必要时得召集临事会议,由董事会确定开会时间,于十日前书面通告召集。②董事会每月开常会一次,由值年董事定期召集。如有重要事项,可召集临时会议。有董事五人以上之提议,亦可召集临时会议。③上述会议除另有规定者外,须过半数出席者,方可议决提案,再经出席过半数人员表决,始能成立。支持票和反对票相同时,由主席决定,决议案事由须载入议事录,由主席签字以昭慎重,开会时如不足法定人数,得延长半小时,如仍不足法定人数,改开谈话会,如有复杂议案,再付审查。④董事如因事不能出席董事会时,得书面委托其他出席董事代表之,但每位董事以代表一人为限。

徽宁会馆以财产收益及同乡捐款作为会馆常年经费,统一按照上海市公益慈善团体会计通则办理,在年终时将收支款项编制决算表刊布。另外规定,会馆章程如有未尽事宜,由董事全会决议修正之,并呈报主管官署备案。①

1936年11月22日,会馆董事会23人宣誓就职。1937年11月13日上海沦陷,敌伪断绝交通,会馆被迫停办运柩和施医药两项事务,同乡新柩除寄放殡仪馆外,其余均委托普善山庄及同仁、辅元堂代为埋葬。1940年会馆丙舍恢复寄柩事务,照章程派堂丁监督收殓,施棺、助殓、埋葬等其

---

① 《上海市徽宁会馆章程》,上海市档案馆藏,档案号:Q6—9—110。

余事务亦由值年董事设法照常举办,但不设事务所,不向敌伪组织申请登记,不完纳地价税。抗战胜利后,徽宁会馆逐渐恢复会务,步入正轨。从《1946年事业计划书》可知,该年徽宁会馆计划办理的事务主要分为寄柩、施棺、助殓和埋葬四种。从1940年会馆恢复寄柩事务至1946年,6年间寄放的棺柩非常拥挤,会馆决定将多余房屋悉数改丙舍,所需棺木由董事垫资委托胡裕昌木行制作;对无力成殓的贫苦同乡,会馆随棺施放衣衾,由董事垫款委托福泰衣庄制作。同乡寄柩满期无人盘运回籍者,一向由会馆于十月初运往闵行义冢之地埋葬。1946年准备埋葬的棺柩,连同1944、1945年在内,共计300余具,会馆筹募运费、埋葬人工及灰、砖等费用办理掩埋事宜。

表4　上海市徽宁会馆1946年度经费收支预算

单位:元

收入			支出		
	科目	金额		科目	金额
捐款	常年捐	4000000	事业费	施棺	2400000
	特别捐	4000000		助殓	1700000
租金	房租	3400000		埋葬	3000000
	地租	250000	事务费	薪给	540000
	田租	400000		膳食	660000
				文具	50000
				印刷	200000
				邮电	50000
				广告	100000
				车力	400000
				修理	350000
				交际	300000
				捐税	1500000
				杂费	800000

资料来源:《上海市徽宁会馆1946年度经费收支预算表》,上海市档案馆藏,档案号:Q6—9—110。

1946年6月,徽宁会馆遵照上海市社会局"福"字第878号布告饬限期重行登记令，填具会员名册及财产目录、团体登记表、重要职员登记表等各项表册，连同会馆章程、印鉴单、证明文件等备文呈报上海市社会局，申请重新立案。上海市社会局审核后准予登记，并颁发了立案证书及木质篆文图记。

1947年11月，徽宁会馆编制全体董事名册，向上海市社会局呈报在案。1948年，因会馆董事23人任期届满，拟筹备改选。6月初，徽宁会馆呈报上海市社会局，申明第三届董事会董事的名额分配及提名办法，决定按照抗战前董事全会的议决办法，歙县、休宁、婺源、黟县、绩溪各分配3人，宁国5人，祁门1人，茶业1人，梓木业1人，因梓木业衰败，董事已不存在，其名额议定划归宁国。在上届选举时，被选举人均由各县各业先行提名，决定第三届仍照上一届办理办法，歙县、休宁、婺源、黟县、绩溪各提名6人，宁国提名12人，祁门提名2人，茶业提名2人。徽宁会馆将选举办法、日期等选举事宜及各县、各业提名候选人名单呈请社会局鉴核，并请派员监督指导。① 1948年6月15日下午二时，徽宁会馆在大东门城内复兴东路431号歙县旅沪同乡会大厅召开董事全会，选举第三届董事会办事董事，曹叔琴、王杏滋等23人被选为办事董事，方炜平、曹志功等9人为候补办事董事。6月21日下午在歙县旅沪同乡会举行宣誓就职典礼，徽宁会馆填写办事董事及候补办事董事履历表呈报上海市社会局鉴核备案。经审核，徽宁会馆董事会办事董事、候补董事及全体董事名册向外公布，第三届董事会开始着手处理会馆各项事宜。

三　余论

在很长一段时间内，学界对会馆的研究多借助地方志和碑刻资料，这些材料对会馆的描述不够细致，致使很多成果仅把会馆作为一个论证的点，而无法深入剖析会馆的具体运作过程。近年来，诸如会馆志、会馆征信录之类的材料不断被发掘出来，这是会馆运作最直接的记录，为我们开展会馆个案研究提供了第一手资料。本文利用《重建新安会馆征信录》《浙省新建安徽会馆征信录》等资料，对徽州会馆进行个案剖析，以深化会馆研究。

根据会馆的服务对象，可以把明清以来各地徽州会馆分为科举会馆和

---

① 《董事会董事名额分配名单》，上海市档案馆藏，档案号：Q6—9—110。

商人会馆两大类。科举会馆集中在北京和南京,主要为应试士人和官员设立,具有明显的封闭性和排他性特点。商人会馆分布广泛,在徽州商人聚集较多的地方一般都设有会馆,商业繁盛的江南市镇也能看到徽商会馆的设立。本章之所以没有列表统计商人会馆的数量及分布,是因为笔者虽然已竭尽可能地从各地方志中收集会馆资料,但限于志书体例,还有很多会馆无法反映出来,只好就现有的材料用文字呈现出来,希望有关徽州会馆的资料能不断涌现以便完善现有成果。

如此繁多的会馆,为在外奔波的徽州人提供了一个聚集的场所,实行自我服务、自我管理。美国学者罗威廉(William T. Rowe)认为,在清代,标志着一个同业或同乡组织已具备正式组织的特征需要三个因素:①拥有或长期租用一个会所,把它作为该组织单独使用的集会场所和商业办事处;②拟定并公布控制该组织成员的规章制度;③在一定程度上取得地方官府对该组织存在的权利给予法律上的承认。[1] 以此观察各地徽州会馆,可以说大部分都是正式的同乡组织。

徽州科举会馆和商人会馆都有规模庞大的固定建筑,并不断购置房产。会馆的经费主要来自官商捐助和房屋租金。唯一不同的是,科举会馆要求应试中举的士子和上任的官员按照中式名次及官阶向会馆捐助资金。虽然商人被排除在会馆之外,但是他们的捐输也实为会馆的重要收入来源,在会馆需要修缮或添盖房屋时,更是依赖商人的大笔资金。

为加强管理,保证会馆正常运行,徽州各县会馆制定了严格的章程,并根据形势的变化不断予以修订,这也反映了会馆管理的强化。章程对会馆管理人员的职责范围,使用人员的资格及其应尽义务都做了详细规定。虽然在其实际运作过程中会时常背离章程的规定,但对绝大多数人还是具有一定的约束力。

徽州各县会馆的近代转型则显示出会馆具有强大的适应社会变迁的能力。会馆虽然仍沿用原有名称,但是其组织形式已发生根本性的改变,采用了科层化、民主化的管理模式。需要指出的是,北京徽州各县会馆因科举废除,使用范围大为拓展,改成为全体旅京同乡提供服务,而不再局限于官员,会馆实际上已成为近代普遍设置的同乡会。

徽州科举会馆和商人会馆之间的区别主要体现在对会馆的使用方面,

---

[1] 罗威廉:《汉口:一个中国城市的商业和社会(1796—1889)》,江溶、鲁西奇译,中国人民大学出版社,2005,第314页。

两者的社会功能、运行模式却大体相同,每年定期团拜聚会,联乡谊,祭神祇,以密切同乡联系,强化同乡意识。各地徽州会馆还力行善举,致力于构建独立于官府的社会保障体系,对贫无所依的同乡进行救助,并设立义冢、善堂,为不幸身故的同乡提供浮厝、扶棺回乡服务。这些善举增强了同乡对会馆的凝聚力、向心力。当然,商人会馆在善举之外,还注重保护同乡的商业利益,代表商人同各方进行交涉,同其他商帮展开竞争。

由此可见,徽州科举会馆和商人会馆既有明显的不同性,又有显著的相同性。归根结底,作为旅外徽州人的同乡组织,两者都致力于为徽州同乡提供服务,增强了徽州同乡的社会适应能力。

(作者单位:安徽大学徽学研究中心)

环境、空间、商业

——以明代以前的祁门县为例

董乾坤

内容提要 明代以前，徽州的商业传统虽历史悠久，但并未如明清两代蜚誉中国商界。更为重要的是，徽州府六县的商业发展并不一致，其商业圈的范围、商人经商路线亦有不同，其中尤以处于西北一隅的祁门县为突出。明代以前，祁门县的商业圈多在江西的浮梁县境内，此后逐渐扩展至长江流域。其贩卖的商品亦多为祁门出产的茶、木等土特产品。祁门县商业表现出的特点与徽州其他五县既有相同，又有差异。其背后的原因与祁门县的地理环境、位置空间及历史传统有着紧密的联系。

关键词 祁门 环境 空间 商业 人地关系

徽商作为"徽州文化的酵母"，是执明清两代中国商界之牛耳的著名商人群体，以数量大、资本多、范围广、与政治势力关系密切而著称。因此，在对徽州区域的探讨中，学界自始至终都把徽商作为研究的重点对象，亦取得了丰硕的成果。[1] 有关徽商兴起的时间、原因等问题，学界已做了大量实证性的研究，且成果丰富，基本认为徽商的兴起是多种因素共同推动的结果。[2] 但这些研究多是将整个徽州府作为探讨对象，以县为单位的研究则不多[3]。

---

[1] 相关成果可参见畅民《建国以来徽商研究综述与前瞻》，《安徽史学》1986年第5期；曹天生《本世纪以来国内徽商研究述论》，《史学月刊》1995年第2期；王世华《徽商研究：回眸与前瞻》，《安徽师范大学学报（人文社会科学版）》2004年第6期。
[2] 有关此一问题的研究成果可参见前揭王世华《徽商研究：回眸与前瞻》的相关介绍。
[3] 据笔者管见，目前对徽州单个县份进行研究的仅有：赵力《商业移民与社会变迁——以1644—1949年黟县为例》，硕士学位论文，复旦大学，2003；何建木《商人、商业与区域社会变迁——以清民国的婺源为中心》，博士学位论文，复旦大学，2006；康健《茶业经济与社会变迁——以晚清民国时期的祁门县为中心》，硕士学位论文，安徽师范大学，2011。此外，李甜亦对与徽商密切相关的旌德县商人进行了研究，参见李甜《明清时期宁国府旌德县商业发展与社会变迁》，硕士学位论文，复旦大学，2009。

实际上，徽州府属六县在自然环境、地理空间上均有差异，因此，包括商业在内的各种人文景观亦各有特点。

关于这一点，嘉靖时人曾作过概括："郡有三俗。附郭为歙，歙之西接休之东，其俗富厚，备于礼，身安逸乐而心矜势能之荣，操奇赢以相夸咤。然其人貌良而衣逢整齐，缘饰文雅为独胜焉。白岳山而上，此休西乡也。其西为祁，其西南为婺，俗好儒而矜议论。柔弱织啬，归本比者，稍稍增饰矣。然操什一之术，不如东南，以习俭约致其蓄积。休之北为黟，地小人寡，织、俭大类祁、婺，戋戋益甚焉。颇有稼穑之业，质木少文，有古之遗风。乌聊山之北为歙之南、东二乡及绩邑也，其俗埒于黟而缙绅之士过之。"① 由此可以看出，时人以休宁县为中心，将徽州府分成四个不同的空间和三种风俗，即歙县东南、以西及休宁县为一俗；白云山以南、以西的婺源、祁门二县为一俗；休宁以北的黟县和乌聊山以北的歙县南、东二乡及绩溪县，此两个区域为一俗。显然，此种未按照严格政区，而是以山川地形为准的划分，明确表明了六县的人文差异。

因此，笔者以为，要全面了解徽商源流，必须在已有成果的基础上将研究单元缩小，尽量利用原始资料，对明代以前的徽州商业、商人进行细致的对比研究。基于此，本文将祁门一县作为研究对象，运用历史社会地理学的方法，② 从环境与空间两个方面，③ 对明代以前祁门县的商业史实作一梳理。限于学力，疏漏之处，敬请方家指正。

一 "九山半水半分田" 的地理环境

祁门县地处徽州府（今为黄山市）西北一隅，西南与江西浮梁（今

---

① 嘉靖《徽州府志》卷2《风俗志》，《北京图书馆古籍珍本丛刊》第29册，书目文献出版社，2000年影印本，第65页。
② 有关历史社会地理学的相关理论阐述参见王振忠《社会史研究与历史社会地理》，《复旦学报（社会科学版）》1997年第1期；吴宏岐、王洪瑞《历史社会地理学的若干理论问题》，《陕西师范大学学报（哲学社会科学版）》2004年第3期；王振忠《历史社会地理研究刍议》，《中国历史地理论丛》2005年第4期。
③ 目前明确从历史地理学的角度对徽商兴起的原因进行探讨的成果主要包括葛剑雄《从历史地理看徽商的兴衰》，《安徽史学》2004年第5期；陆发春《徽商兴盛历史地理成因的再反思》，卞利主编《徽学》第6卷，安徽大学出版社，2010。这两篇文章都给本文的写作带来了诸多启发，但因其都以徽州府作为研究对象，稍显简略，且论述的时限皆为明清时期，对明代以前则未涉及。

属景德镇）毗邻，南临徽州府婺源县（今属江西），北接池州府之石埭（今为石台县），东界黟县、休宁（图1）。据南宋罗愿所撰《新安志》载："祁门，望县。本黟县地，……唐永泰元年（765），土人方清作乱，屯石埭城，因权立阊门县以守之。至明年平方清，因其垒，析黟县之六乡及饶州浮梁县地置以为县，合祁山、阊门名之曰"祁门"，在唐为中下县，本朝为望。"① 祁门建县后，历经唐宋元明、清、民国乃至于今，归属地一直未变。

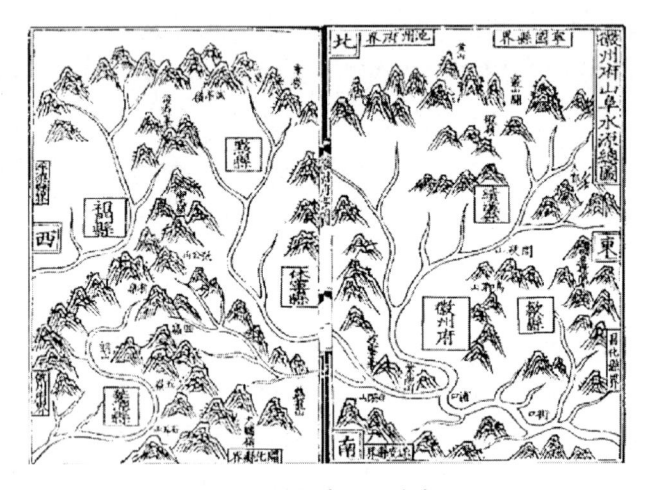

图1 徽州府六县分布图

资料来源：弘治《徽州府志》卷1《地理志》。

前辈学者基本同意徽州的自然地理环境是早期徽州人出外经商的直接原因，② 但是对明代以前自然环境是如何发挥作用以及早期的徽州对外销售的商品具体有哪些，则或是殊少涉及，或是失之笼统，且未能指出六县中的差异。本文所探研的祁门县自有其特殊之处。

徽州多山，被称为"七山半水半分田，二分道路和庄园"③，而祁门则是"九山半水半分田，包括道路和田园"④。由此可看出，较之于整个徽州，祁门更是典型的山区。此种认识，古人亦曾作过概括，祁门县的主簿姚琰在作于宋代嘉熙元年（1237）的《前捕虎记》中写道："祁门邑环万山，林

---

① 罗愿：《新安志》卷4，《中国方志丛书》第234号，成文出版社，1975年影印本，第230页。
② 参见前揭王世华《徽商研究：回眸与前瞻》一文。
③ 《徽州地区交通志》，黄山书社，1996，第3页。
④ 祁门县地方志编纂委员会办公室编《祁门县志》，安徽人民出版社，1990，"概述"，第1页。

莽丛茂,重冈复岭,参天际云,其岩谷之幽阻者,有人迹所不能到,是皆虎豹之所藏聚。"① 元代的赵钺亦有相同的认识:"歙于江南称大州,其属邑一曰祁门,地隘山稠,民贫俗啬,是为下邑。"② 这种"邑环万山"、"地隘山稠"的概括,虽然没有"九山半水半分田"来得准确,但亦表明,祁门确是一个多山地区。

如果说上述的评论只是一种感性认识而不能准确反映现实的话,那么今人所做的科学统计则更具有说服力。据1990年出版的《祁门县志》记载:"据1985年森林资源二类调查统计,全县林业用地面积294.53万亩,占土地总面积的87.11%,全县人均拥有林地17.5亩。"③ 在山林面积不变的情况下,考虑到人口增长的因素,明中叶以前的人均林业用地必定大大高于此数,④ 而同时期的人均耕地面积仅0.89亩。⑤ 虽然同一时期的祁门县人均耕地面积也高于0.89亩,但不会多于2.5亩。从这一巨大差别中,我们不难推测山在当地土地中的重要地位。

但上面所论,并不能体现出祁门县在六县中的特殊性,我们尚须将其置于整个徽州府中来观察。且看下面一段描述:

> 六县山壤限隔,俗或不同。歙附郭,其俗与休宁近,读书力田,间事商贾。绩溪之俗有二:徽岭以南,壤瘠而民贫;岭北壤沃而民饶。黟则民朴而俭,不事商贾。祁门则土隘,俗尚节俭,男耕女织,以供衣食。婺源乃文公桑梓之乡,素习诗礼,不尚浮华。⑥

这段文字主要概述了徽州府六县的特点,其中祁门为"祁门土隘,俗尚节俭,男耕女织,以供衣食"。这里的"土隘"显然不是指全县的面积,因为祁门县在六县中并非最小,因此只能指田土面积少。时人将此作为祁门县的特征,可以看出在六县中祁门县多山少田的特殊性。

---

① 黄汝济主纂《祁阊志》卷9《碑碣》,皖内部资料性图书2004—129号,第131页。
② 《祁阊志》卷9《碑碣·薛县尹德政记》,第136页。
③ 《祁门县志》卷5《林业》,第139页。
④ 值得说明的是,现属祁门县的安凌镇,历史上称为雷湖乡,属于池州府石埭县管辖,1959年划入祁门。
⑤ 《祁门县志》卷4《耕地·建国后几个年份耕地面积变化表》,第104页。
⑥ 弘治《徽州府志》卷1《风俗》,《天一阁明代方志选刊》第21册,上海古籍书店,1982年影印本。

其次，再来看此段描述所反映的时代。在此段文字之后，有一注解，指明是引自旧《志》。关于此旧《志》为何志，刘和惠认为应为南宋端平年间李以申的《新安续志》，或元延祐年间洪焱祖的《新安后续志》，并以前者可能性为大。[1] 但此论并不正确。在汪舜民为《徽州府志》所撰的序文中，其谈到弘治以前府志编撰的情况时说：

> 徽州府为古新安郡，郡之有志权舆于梁萧几王笃之记，历百余年有唐之图经，又三百五十余年有大中祥符之新图经，又百五十余年有淳熙乙未罗鄂州愿之志，又六十年有端平乙未李教授以申之续志，又八十余年有元延祐己未洪县尹焱祖之后续志，及国朝洪武丁巳则又几六十年矣，新图经以上不复可见，于是朱礼侍同乃概括三志，合而续之，以为一书，迄今又百二十余年。中间景泰、成化前守孙公遇、周公正两经增集，简略弗传，所传者惟洪武志。

由此可见，在此之前，自罗愿于南宋淳熙二年修《新安志》始，其间又有李以申、洪焱祖于南宋端平二年、元延祐六年的两次编修，至明洪武十年朱同合前三志为一，后景泰、成化间又两次增集，但因为简略，未能传世，此次编修所依据的只有洪武《志》。显然，这里所言之旧《志》只能是洪武《徽州府志》。尽管如此，此段描述所反映的现象应与明代之前的状况相符。原因在于洪武《志》是朱同将淳熙《志》、端平《志》及延祐《志》合三为一再加以续修的结果，因此洪武《志》的记载很有可能是来自于前面三志中原有的内容。但前三志只有淳熙《新安志》传世，而《新安志》中并未发现这段文字，所以，这段文字反映的时代只能是端平三年至洪武十年之间。即便此段文字为洪武十年新增内容，但当时尚相距前代不远，根据结论总是滞后于现象的常理，其反映之事实当是明代之前的状况。

二 明代以前祁门的交通路线

祁门环邑多山，容易给人一种闭塞的感觉，如："重冈列岫，隐隐隆隆，阴阳清淑之气，融结其中。以故谭祁胜者，谓东有楠岭，西有历山，

---

[1] 刘和惠：《徽商始于何时》，《江淮论坛》1982 年第 2 期。

南有梅南，北有大共，皆巨麓峻绝，连屏带障，称四塞，足雄也。"① 再如万历《祁门县志》的编纂者亦认为"地故阻，山窄僻，大兵从古不及"，并详细分析了祁门的险要形势："西百里有良禾岭，置巡司；东五十里有楠木岭；西五十里有武陵岭；南九十里有倒湖；北五十里有大共、禾戍二岭，皆阻厄雄固，一夫负戟，三军不得飞度。"② 这种看似封闭的环境让祁门县几乎成了一处世外桃源。

不过祁门县并非与世隔绝，而是一个封而不闭的世界。上面所引明万历《祁门县志》所载之言，虽然是从兵防的角度描述了明代的情形，但不难推测，这些地方之所以成为军事要塞，显然是因为此处是进入祁门的通道。明代以前祁门的交通路线，与徽州其他五县既有联系，又有不同。祁门比较重要的交通线，至迟在南宋时已有三条，据淳熙《新安志》载："（祁门）驿路三：东通黟县，西通浮梁，北通石埭界"。③ 显然，这些驿路的开凿，会影响到祁门的商业路线。下面即对与祁门早期商业发展密切相关的陆路与水路交通做一初步的梳理。

（一）陆路

据 1996 年所出版的《徽州区交通志》所载，祁门与外界联系的古道有四条（表1），其中祁门至安庆、贵池的古道由祁门郑姓寡妇于明万历年间开凿，其他三条在明代以前即已存在。

表1　祁门古道一览

范围	名称	起止地点	经过	里程（华里）
省际	歙浮古道	歙县—浮梁	歙县—冷水铺—岩寺—茆田铺—长充铺—张山铺—万安街—休宁县城—过夹溪桥—经川湖街—蓝渡—岩脚—界首—渔亭—楠木岭—横路头—金字牌—洪村—祁门县城—（沿阊江南行）路公桥—候潭—塔坊—平里—程村碣—（县界）—心岭—浮梁	390
区际	祁安、祁贵古道	祁门—安庆 祁门—贵池	祁门—胥岭—大坦—大洪岭—雷湖—琅田—古楼墩—金钗培—横渡船、七里—矶滩—唐家渡（在此分两路：一路过唐家渡至安庆；一路唐家渡北上至贵池）	至安庆270里；至贵池250

---

① 万历《祁门县志》卷2《地理志·山川》，第170页。
② 万历《祁门县志》卷4《人事志·城池》，第270页。
③ 罗愿：《新安志》卷4《道路》，第236页。

续表

范围	名称	起止地点	经过	里程（华里）
区内	黟祁古道	黟县—祁门	黟县城—五里牌—闾山—古筑—西武岭（黟、祁分界）—柏溪—金字牌—洪村—华桥—祁门县城	60
其他	祁浮古道	祁门—浮梁	县城—小路口—伊坑—大北埠—闪里—浮梁	250

资料来源：《徽州地区交通志》第一章《古道》。

据史料记载，祁门建县不久，祁门地方官，即开始对祁门的地貌加以改造，以改善交通条件。据《祁阊志》载："路旻，元和中（806—820）为令。邑西武陵岭，险隘难逾，凿石为盘道，至今利之。"① 这是祁门政府改善祁门交通状况的第一个大型工程。由于祁门县城位于祁门东部，武陵岭在县西，这一工程的主要目的应是为了更好地管理祁门西部的大片区域。不过，此道只是作为驿道而用。结合前引淳熙《新安志》对祁门道路的记载，表一中的黟祁古道至少在宋代时也是被当作驿道使用的，真正具有民用与商用功能的是歙浮和祁浮两条古道。

歙浮古道。据《太平寰宇记》记载："鱼亭山，在县南（笔者注：指黟县）三十五里。每岁西江鱼船至祁门县，舍舟登陆，止此，东水次，淹留待船，故曰'鱼亭'焉。"② 显然，从江西来的渔船自祁门舍舟登陆，从陆路至鱼亭，此条路正与表1中的歙浮古道路程一致，都经过鱼亭。

祁浮古道。有关这条古道的记载并不多，但是宋末元初的歙县文人方回，在甲申年（1284）一次自歙县至江州（现为江西九江市）的旅行中，记载了这条古道。在这次旅途中他留下了诸多诗篇，被编入《桐江续集》内，据其诗作的篇目我们可以基本还原他当时的旅行路线：（甲申元日）歙县—岩寺—茅田—鱼亭驿—祁门县城（秋崖宅）—东松寺（祁门西三十五里）—牛头岭—苦竹港—鄱阳县—石门—彭泽县—湖口县—湖口渡—江州（琵琶亭）。③ 在江州驻留数日后，方回于四月二十二日离开江州返程，其路线为：（四月二十二日）江州—湖口—彭湖—鄱阳县—祁门界—大北港—牛

---

① 《祁阊志》卷7《贤宰政绩》，第61页。
② 《太平寰宇记》卷104《江南西道二·歙州·土产·黟县》，中华书局，2000年影印本，第137页下。
③ 方回：《桐江续集》卷3，《钦定四库全书本》集部五。

头岭—鱼亭驿—（五月旦）抵歙县家中。① 由此一路线可以看出，从歙县至祁门，他走的是歙浮古道；而自祁门至江西，他走的是祁浮古道，这条古道应即是罗愿所记载的"小路"。②

在以祁门为中心的交通路线中，向北至安庆、贵池的古道仅一条，至青阳的路线也须先经黟县，向东经渔亭、休宁、歙县再至宁国府、浙江昌化的路线在祁门境内亦只有一条。然而，向西南至江西浮梁的古道至少有三条，且都在祁门境内。由此可见，宋元时期的祁门县与江西浮梁的联系大大超过与其他地区的联系。这一点极大影响了祁门商人经商的范围。当然，由于道路状况及交通工具的落后，就祁门而言，陆路并非是祁门商人的首选。据《徽州地区交通志》介绍："（徽州）古道，多依山傍河，盘山越岭，蜿蜒曲折。……多数古道都以石板或河卵石铺筑路面，行人不受泥泞之苦。"③由于山路狭窄，不利于车行，货物大多靠人畜肩扛背背，不仅所运货物有限，速度亦迟缓。因而，祁门的水路才是当地居民的主要通道。

（二）水路

据宋人舒璘所言："新安虽号六邑，皆崇山峻岭，水东流浙，西入彭蠡，在江右若覆釜然，耕垦沙砾，不见平原。"④ 据弘治《徽州府志》载："舒璘，字原质，四明人，从陆九渊游。乾道中进士，为徽州教授，一以正人心、讲道学、明经旨自任。徽《诗》、《礼》久不预贡，璘作《诗》、《礼》讲解，家传人习，自是其学浸盛。丞相留正称为当今教官第一，后知平阳县通判。宣州卒，谥文靖，徽学立祠祀之。"⑤ 作为徽州教授，舒璘自然对徽州的风土人情相当熟悉。他此处所言之"西入彭蠡"即是指祁门水系。据载："（祁门）县内水系发育呈树枝状，多为短流急水。主要河流有阊江（大洪水、南宁河）、大北河、文闪河、新安河、赤岭河、梅溪河、凫溪河7条主要河流。除梅溪河向北流入秋浦河、凫溪河南流入新安江外，其余诸水均汇于江西省昌江，入鄱阳湖。"⑥ 其中，阊江与大北河水量最大，二者汇合于祁门境内的倒湖，再流入江西鄱阳湖。（图2）由于祁门河流

---

① 方回：《桐江续集》卷4，《钦定四库全书本》集部五。
② 淳熙《新安志》载："小路一，南通浮梁界，百二十里。"罗愿：《新安志》卷4《道路》。
③ 《徽州地区交通志》，第33页。
④ 参见舒璘《舒文靖集》卷下《与陈英仲提举札子》。
⑤ 弘治《徽州府志》卷4《名宦》。
⑥ 《祁门县志》卷2《自然概貌·河流》，第63~64页。

"多为短流急水"，因而能用于航运的河流唯有阊江。有关阊江运输的记载众多，兹举一例，方岳有诗云："山云一夜雨，稳放过阊船。"① 可证阊江对于祁门的重要性。

图 2　祁门县河流示意图

资料来源：弘治《徽州府志》卷 1《地理志》。

阊江可以说是古代祁门民众的一条生命线，大凡粮食、生活器具等物都是通过阊江运进运出。清初的文献对此作过评论：

> 祁山多田少，不唯无水可灌，抑亦无田可耕，所恃者止此一线。水道由彭蠡达江广，溯流而上，以运食货。然溪流或通或塞，米价因之时贵时贱，苟无一成不变之规，何以为百世永久之利乎！②

又言：

> 祁万山，水一线，势如建瓴。三日雨则溢，五日不雨则涸。通商运载，无千斤之舟，篙工屈算，由祁达饶为滩三百余。盈则由天而下，飞鸿怒马，一日千里；竭则日行不能六七滩。虽曰舟行艰同负贩，地势然也。③

---

① 方岳：《秋崖集》卷 5《诗·送吕提干并简谢泉》。
② 康熙《徽州府志》卷 7《水利》，康熙二十二年刻本。
③ 参见康熙《徽州府志》卷 7《水利》。

这两段记载不仅指出阊江对于祁门商业的重要性，同时也表明阊江的航运与当地的自然天气状况有密切的联系。更为重要者，阊江并非一路都是坦途，祁门县城西南十一华里的阊门滩为险滩，唐代的张途对此有过详细的描述：

> 县西南十三里，溪名阊门。有山对耸而近，因以名焉。水自叠嶂积石而下，通于鄱阳，合于大江，其济人利物，不为不至矣。其奔流激注，巨石硨磶，腾沸汹涌，瀺灂圆折，凡六七里。舟航胜载，不计轻重；篙工楫师，不计勇弱。其或济者，若星驰矢逝；脱或蹉跌，必溺湾漩中，俄顷成迹矣。①

正是因为此处十分危险，宋代的乐史在编纂《太平寰宇记》时，特意收录此处，以引起世人的注意。② 由于阊江对于祁门民众的出入十分重要，因此，历代地方官都重视对阊门滩的治理（表2）。

表2　明代以前有关阊门滩治理记载一览

时代	记载
唐	路旻，元和中为令，……阊门善覆舟，开斗门以平其险，号路公溪。岁久废之
唐	陈甘节，咸通三年为令。以俸募民，穴石积木为横梁，因山派渠，支阊水入于乾溪，舟乃安
宋	陈过，字仁甫，宝庆间为祁门令。兴利除害，复营新阊（门），叠石积木为梁，以便民舟楫

资料来源：（明）黄汝济主纂《祁阊志》卷7《贤宰政绩》。

另外，值得指出的是，由于阊江各段水深不一，尤其是靠近祁门县城的一段多为浅滩，大船难以通行，因此当时的祁门民众在运载货物时，只能用一种称为"驳"的小竹筏来载运。宋时的赵公豫对这种竹筏有过记载："舟小名为驳，临河体实轻。扣滩鱼贯上，放溜雁行行。"③ 这种小舟很适合

---

① 《祁阊志》卷9《碑碣·祁门县新修阊门溪记》，第125页。
② 《太平寰宇记》卷104《江南西道二·歙州·土产·祁门》，第138页下。
③ 赵公豫：《燕堂诗稿·祁门驳》，清文渊阁四库全书本。

阊江的水文状况。待"驳"行至水深处时,再将货物搬运至大船上,统一运往江西,从鄱阳湖口出长江。这种情形在民国时期的陆路交通发展起来之前一直未变。对此《徽州地区交通志》亦有记载:"阊江干流航道,自祁门县城关至鄱阳湖,是历史上外通江西的主要水道。城关至芦溪45公里,常年通行排筏;芦溪至倒湖10公里,季节性通行木船;倒湖至鄱阳湖常年通行木帆船。"①

三 明代以前祁门的商业

上面我们从祁门县的环境和空间两个方面论证了其在徽州府中所具有的独特性,那么这些独特的地理景观与明代以前祁门县的商业有着怎样的联系呢?在笔者看来,至少有以下两个方面:其一是商业出现的时间;其二是商业经营的种类。下面分别加以述之。

(一)较早形成了跨区域的商业网络

大凡有人居住的地方即有商业,然而在地方社会中并非各处都能形成跨区域的商业圈,只有在那些能够大规模生产广大市场所需求的商品的地方方能形成这种商业圈。这一商业圈形成之后,会对区域间的商业活动产生巨大的影响,这与小规模的区域内部零星的商业行为有着本质的区别。明代中叶以后,徽州商帮的影响逐渐遍及全国,但明代以前有关徽州商业地位的记载则较少。然而早在唐代,祁门县即已形成了区域间的商业网络。据唐代的张途所载:

> 邑之编籍民,五千四百余户。其疆境亦不为小,山多而田少,水清而地沃。山坦植茗,高下无遗土,千里之内,业于茶者七八矣,由是给衣食,供赋役,悉恃此。祁之茗,色黄而香,贾客咸议,愈于诸方。每岁二三月,赍银缗缯索求市,将货他郡者,摩肩接迹而至。虽然其欲广市多载,不果遂也。或乘桴,或肩荷,或小辙而陆也。如此纵有多市,将泛大川,必先以轻舟寡载,就其巨舰,盖是阊门之险。
>
> 元和初,县令路旻常患之,闻于太守、故光禄大夫范卿,因修作

---

① 《徽州地区交通志》,第173页。

斯处。其后，商旅知不履阊门，果竟至。籍户由是为之泰其求，已十五载矣。元和、咸通，伏腊相远，阊门始废之时，功未甚至，犹利于人且久。长庆中，县令王迅曾略见旧址，盖茶务委州县贵，暂邀商贾而已。今则颍川陈甘节为祁门（令），一年而政成，孜孜求里间之惠，果得阊门溪焉。乃速诣，目击险状，吁可畏也。必期改险阻为安流，回激湍为澄碧。乃锦其始制之实，闻于太守清河崔公，自请于俸钱及茶美利，充木石之用。因召土、客商人、船户、接助夫，使咸适其愿，无差役之患，无箕敛之弊。公悦而从之。自咸通二年夏六月修，至三年春二月毕，穴磐石为柱础，叠巨木为横梁，其高一丈六尺，长十四丈，阔二十尺，堰之左俯崇山，作派为深渠，导溢流，回注于乾溪，既高且广，与往制不相侔矣。鳌石叠木，溯流安逝，一带傍去，滔滔无滞，驯鸥戏鱼，随波沉浮，不独以贾客巨艘，居民叶舟，往复无阻。自春徂秋，亦足以劝六乡之人业于茗者，专勤是谋，衣食之源，不虑不忧……。

咸通三年秋七月十八日歙州司马张途①

此段记载是明代以前有关祁门乃至整个徽州商业的珍贵史料，也是目前有关徽商研究所使用的最早史料。它说明了早在唐代，祁门即已形成了跨区域商业网络。

茶叶在唐代的祁门经济中占有重要的地位。唐代以降，饮茶风气逐渐形成，茶叶成为重要的商品之一。姜锡东在对隋唐五代的商人研究中指出，隋唐五代时期商业活动的新发展、新突破，其中之一即是"茶商异军突起。在此之前，饮茶之风尚不普遍。唐中叶开始，从南方到北方，直到塞外，蔚然成风"。② 祁门由于独特的自然环境与土壤特征，与婺源县一起成为徽州府最早的重要产茶区。相较于其他五县，祁门山地更多，山林经济更为发达，茶叶是其重要产出。据康健研究，茶叶对气候、土壤的要求特别的高，而祁门尤其是西乡、南乡更适宜于茶树的栽培和种植。③ 由"山坦植茗，高下无遗土，千里之内，业于茶者七八矣，由是给衣食，供赋役，悉恃此"的记载来看，当时祁门的茶叶种植面积相当大，在祁门当地经济中

---

① 《祁阊志》卷9《碑碣·祁门县新修阊门溪记》，第125~126页。
② 姜锡东：《宋代商人与商业资本》，中华书局，2002，第20页。
③ 康健：《茶叶经济与社会变迁》，硕士学位论文，安徽师范大学，2011，第15~18页。

占有重要地位。甚至咸通二年（861）时任县令陈甘节修缮阊门溪的主要经费来源即为茶羡。祁门茶叶不仅种植面积广，且质量上乘。"祁之茗，色黄而香，贾客咸议，愈于诸方"，这一点在唐代杨晔所著的《膳夫经手录》中亦有反映："婺源方茶制置精好，不杂木叶，自梁、宋、幽、并间，人皆尚之。赋税所入，商贾所赍，数千里不绝于道路。其先春含膏亦在顾渚茶品之亚列，祁门所出方茶，川源制度略同，差小耳。"① 但杨晔在此处并未记载歙州（徽州在唐代为歙州）的其他四县，可见祁门茶叶的经营，是早期徽州商业发展史上的一个重要组成部分。

祁门的茶市形成了一个跨区域的商业网络。从前引张途的记载来看，当时的茶商有土商，亦有客商，且茶叶的销售市场主要是外郡。每年的二三月，众多商人赍银来此收购茶叶，他们"摩肩接迹而至，虽然其欲广市多载，不果遂也"。可以看出，当时的祁门茶叶主要是外销，且供不应求。之所以出现这一现象，与祁门独特的地理位置有关。由于祁门的西乡、南乡在祁门建县之前即为浮梁一部分，其被划给祁门后，依然与浮梁保持紧密的经济往来，而浮梁在唐代是一个重要的茶叶集散地。白居易在作于元和十一年（816）的《琵琶行》中有"商人重利轻别离，前月浮梁买茶去"之语。这里的商人即为茶商，而其购买茶叶须到浮梁。白居易作此诗时为江州司马，江州即为今天的江西九江市。可见，当时九江的商人不辞劳苦，要去浮梁买茶，显然是因为浮梁汇聚的茶叶量大的缘故。祁门由于与浮梁同饮阊江水的缘故，而被纳入浮梁的茶叶市场圈之内，这一点是当时歙州除祁门和婺源县之外的其他四县所不具备的。

至宋代，因为浮梁、婺源、祁门茶叶收入在国家财政中占据重要地位，中央政府原计划在饶州设置茶场，专买浮梁、婺源、祁门之茶。据宋人李焘所编《续资治通鉴长编》所载："丙申，江南转运使任中正言：准诏以饶州置场买纳浮梁、婺源、祁门县茶，不便于民，令臣与三班借职胡澄审行计度。今臣等亲到饶、歙二州茶仓询问逐处民俗，皆言溪滩险恶，转输艰阻，愿各复往日仓廒就便输纳。及浮梁县民李思尧等，各愿自备材木，起创仓廒，从之。"② 此设置虽因交通不便未能成功，但由此可以看出祁门茶税已成为北宋政府重要的收入之一，同时亦可说明，茶税成为祁门民众的

---

① 杨煜：《膳夫经》，阮元辑《书经补遗》，江苏古籍出版社，1988年影印本，第10~11页。
② 《续资治通鉴长编》卷47，清文渊阁四库全书本。

一个重要税项来源。[1]

(二) 祁门商业网络的扩展

明代以前有关徽州商业的记载可见之于南宋淳熙年间罗愿所编撰的《新安志》中，在论及徽州特产时，其言："木则松、梓、槻、柏、梼、榆、槐、檀、赤白之樗，岁联为桴，下浙河，大抵松杉为尤多，而其外则纸、漆、茶茗以为货。"[2] 由此看出，徽州在宋代时向外出售的商品以木材为多，其余尚有纸、漆、茶等。但其流向为"下浙河"，浙河即浙江，与新安江相连。此处罗愿所论的应是徽州的大部分，但不包括祁门县。关于祁门县其又言："祁门，水入于鄱，民以茗、漆、纸、木行江西，仰其米自给。俗重蚕，至熏裕斋洁以饲之，此其大凡也。"[3] 这段记载可证，在宋代，茶叶是祁门外销的第一产品。这凸显了祁门自身在商品输出种类上的特殊性。

如果说唐、宋时代的祁门商业范围还一直局限于长江流域的话，那么进入元代以后，其已跨过长江，到达淮河流域了。据弘治《徽州府志》载："(至元二十一年) 婺源州及祁门县商人以竹、木行鄱、江及淮东真州等处。"[4] 这说明此时祁门县出现了许多以出售本地所产之竹、木为业的商人，并且已经具有了一定的影响。据此我们亦可以窥测出，祁门商人经商的路线当为沿阊江至鄱阳湖，后至长江，再渡过长江而至淮东的真州 (今为江苏仪征) 等地。

不仅如此，我们亦可看出在明代以前的徽州府的外销商品茶叶、漆、竹、木四大项中，头三项的主要出产区就是祁门县。祁门县所外销的商品，在唐时以茶叶为主，宋代兼及漆、纸与木材，至元代则竹、木为多。从表面看茶叶的地位逐渐下降，但实际并非如此。因为自宋代以后，茶叶已成为政府征税的对象，因此在文献编撰者的观念里，其不再是一种商品。如弘治《徽州府志》的编撰者即将茶叶与田税放在一起，而不是放在"货物"一项中。[5] 从上面这些外销商品种类还可以看出，明代以前的祁门商品种类多为当地出产的土特产品，除木材为徽州府共有外，其余三项则多为祁门

---

[1] 有关祁门茶叶的研究可参见邹怡《明清以来的徽州茶业与地方社会：1368—1949》，复旦大学出版社，2012；康健《茶业经济与社会变迁——以晚清民国时期的祁门县为中心》。
[2] 罗愿：《新安志》卷2《棵》，第49页。
[3] 罗愿：《新安志》卷1《风俗》，第27页。
[4] 弘治《徽州府志》卷3《食货志二·财赋军需徭役附》。
[5] 弘治《徽州府志》卷2《地理二》、卷3《食货二》。

特色。下面就漆与竹两项稍加分析。

由于山林面积丰富，其中祁门县的竹林资源在六县中应属前列。据宋末元初绩溪人汪梦斗[①]言："休宁山药，祁门竹萌，皆吾邦珍味。"[②] 作为绩溪人，汪梦斗对于宋元之际的徽州当是十分熟悉，"祁门竹萌"即祁门的竹笋，其作为食材之一，至少是徽州府内部的流通商品之一。祁门竹笋之所以成为名菜，不仅说明其味道绝佳，同时也反映了祁门当地大量产竹。除竹子外，徽州的另一外销商品漆，在明代以前与祁门的关系更大。据始修于明洪武三年（1370）、成书于天顺五年（1461）的《大明一统志》所载："漆，祁门县出。"[③] 这一论断描述的应是明代以前的现象，弘治《徽州府志》载："漆，诸邑皆有之。山民夜刺漆插竹笕其中，凌晓涓滴取之，用匕刮筒中，磔磔有声，其勤至矣。岁旱则益少，天时雨又不佳。按：此乃旧志所载。《一统志》云：祁门县出。然今诸邑用者多市于衢、严二郡。"[④] 此旧志为洪武《志》。无论如何，漆作为外销商品之一，最早产于祁门，只是在元明间扩展至整个徽州；至弘治时，徽州已不再种植漆而去附近的衢、严二州购买。此中的变化原因尚未可知。

四　余论

在中国古典文献中，有关人地关系的论述早已有之，从《礼记·王制》"广川大谷异制，民生其间者异俗"，到《史记·货殖列传》中有关各地风俗物产的描述，再到王士性、谢肇淛有关各地风土人情的概括，都指出了地理环境在塑造各地人情风俗上所具有的重要作用。1991年王振忠首次提出"历史社会地理"的概念，[⑤] 他从当时社会史的研究吸收人类学的相关概念方法，进而开始对"人"的关注说起，指出"人地关系一直是人文地理学关注的焦点，只有通过研究地理行为以及人对空间的感觉和思维，才能真正理解人类的世界"，并强调"特别是从事社会分析、生产布局及人文现象的研究，更不能停留在过去传统因素和概念的分析上，而应从其他学科

---

① 弘治《徽州府志》有传，见弘治《徽州府志》卷7《人物一·文苑》。
② 汪梦斗：《北游集》卷上，清文渊阁四库全书本。
③ 李贤等编纂《大明一统志》卷16《徽州府·土产》，三秦出版社，1990年影印本，第256页上。
④ 弘治《徽州府志》卷2《食货一·货物》。
⑤ 参见前揭王振忠《社会史与历史社会地理》。

汲取相关的成果和方法"。①

　　日本学者斯波义信在有关宋代江南经济的研究中,在谈到徽州及周边地域的开发时指出:"首先需要指出的一点是:作为该区域内的、与水利有关的居住环境,乃是最根本的首要选择,其水利开发与其说是按照最早的旧开垦地,即三角洲和河口模式,还不如说是仿照水利供给地周边模式。"②就本文所论明代以前的祁门商业而言,其最初的商业种类和范围都深受本地自然环境、地理空间的影响,正是这种密切的联系,让祁门县较早地形成了跨地域的商业网络结构和独特的商品种类及外销路线。

(作者单位：安徽大学历史系)

---

① 王振忠:《社会史与历史社会地理》,第16页。
② 斯波义信:《宋代江南经济史研究》,方健、何忠礼译,江苏人民出版社,2001,第236页。

清代旅粤婺源商人的地域构成与社会活动[*]

黄忠鑫

内容提要 婺源地方志和族谱留存有相当数量的商人传记。在考察方志与族谱编纂过程的互动、内容同异的基础上，能够明确两类文献各自价值所在。选取覆盖面广、编纂标准较为统一的方志，提取商人的村落来源及时空变化信息，能够在一定程度上反映旅粤婺源商人发展的趋势。族谱较之方志，有着更多的细节描述。两者结合可以揭示出婺源商人在广东社会生活的若干重要片段。许多商人在婺源娶妻之后，继续娶纳广东籍的妻妾，融入地方社会。也有商人意识到在繁华的商埠口岸需要保持一定的行为规范，规避商业风险。还有一部分商人通过捐纳等途径，获取功名和官职，将商业运作经验付诸基层行政实践。

关键词 清代 婺源商人 广东

一 问题的提出

徽州商人是传统商帮的典型代表，其主要贸易方向之一便是广东。已有一些学者对经营广州口岸贸易的徽商群体展开研究。如，日本学者重田德较早根据民国《婺源县志》的商人传记，揭示了婺源商人的若干重要方面。他指出，清末大量茶商出现在地方志记录之中，是徽商代表性行业（盐、

---

[*] 本文为广州市哲学社会科学项目《广州大典》与广州历史文化研究专项课题"从徽州到广州——清代旅粤婺源商人传记研究"（项目号2015GZY07）、暨南大学科研培育和创新基金（中央高校基本科研业务费专项资金）青年项目"清代广州的婺源商人研究"（项目号15JNQN015）的阶段性研究成果。

典）尚未完全衰败前，转入茶、木新阶段的标志，在这一过程中，徽商本身构造也发生变化，即婺源商人的兴起。[①] 王振忠做出了一系列的深入研究。他主要利用商编路程书以及徽商相关著述，展示了徽州茶、瓷等业商人与广州口岸的密切联系以及他们对西方世界的观察。徽商在广州的贸易活动主要集中在茶、瓷、墨三大行业，以乡族结合为主要特征，多集中于珠江南岸的河南一带。徽商在广州建立了徽州会馆（朱子堂）、婺源会馆、归原堂等机构，形成了一定规模的组织。他们还积极融入中西交流，将新式事物带回故里，促进了内陆山区社会经济的发展。[②] 此外，以婺源商人或徽州茶商为主题的研究，均对广州徽商的活动有所涉及。[③]

以上研究表明，在广州徽商群体中，婺源商人占据较大的比重。他们依靠本县的自然资源和交通、产业优势，在特定行业取得了突出的成就。不过，清代广州口岸贸易对于内陆山区的拉动作用缺乏定量分析。以婺源为例，究竟有多少村落参与广东方向的商业经营？在时间和空间上有何变化？目前只有笼统的一般性描述，并没有一个较为合理的估算。从史料支撑来看，清代旅粤徽商的统计数据无疑是缺失的，族谱和方志是两类可资凭借的史料。但由于编纂体例的差别以及各个村落、宗族留存情况不一等原因，倘若以族谱记录的商人进行统计，数据来源难以均衡。在不能完全搜集齐全婺源各村落谱牒文献的情况下，县志的覆盖面却是较为完整的。道光、光绪和民国三版《婺源县志》的"孝友""质行""义行""节妇"等部分大量记述了全县商人及商人妻子的有关情况，在选取标准上较为一致，可以作为重要的参考统计数据。因此，在梳理方志整体信息的基础上，

---

① 重田德：《清代徽州商人之一面》，刘淼主编《徽州社会经济史研究译文集》，黄山书社，1988，第447页。

② 王振忠：《清代徽州与广东的商路与商业——歙县茶商抄本〈万里云程〉研究》，《历史地理》第17辑，上海人民出版社，2001；《漂广东——徽州茶商的贸易史》，王振忠：《千山夕阳——明清社会与文化十题》，香港城市大学出版社，2007；王振忠：《瓷路之路：跋徽州商编程程〈水路平安〉抄本》，《历史地理》第25辑，上海人民出版社，2011；王振忠「内陆の山岳地帯から港湾都市まで——明清以来広州貿易における徽州商人の活動」日本都市史研究会編『年報都市史研究』第18輯『都市の比較史』、山川出版社、2011。

③ 唐力行、吴仁安：《徽州茶商述论》，《安徽史学》1986年第3期；江怡桐：《歙县芳坑江氏茶商考略》，张海鹏、王廷元主编《徽商研究》，安徽人民出版社，1995；王世华：《富甲一方的徽商》，浙江人民出版社，1997；周晓光：《清代徽商与茶叶贸易》，《安徽师范大学学报》2000年第3期；何建木：《商人、商业与区域社会变迁——以清民国的婺源为中心》，博士学位论文，复旦大学，2006；邹怡：《产业集聚与城市区位巩固：徽州茶务都会屯溪发展史》，《中央研究院近代史研究所集刊》第66期，1999年。

结合族谱的相关记载，是可以初步探讨婺源商人参与广州贸易的大致规模和社会生活等问题。基于以上的设想，本文尝试提取地方志和族谱中关于旅粤婺源商人传记的来源地等信息，从新的角度讨论徽州商人群体与广州口岸贸易之间的互动关系。

二　方志、族谱中的商人传记

方志与族谱无疑是保存包括商人在内各类普通民众传记的基本文献类型，都具有较高的史料价值。两者之间还存在着较为复杂的联系。试以光绪壬辰年（1892）续辑的《婺源（凤山）查氏族谱》与十年前付梓的光绪《婺源县志》为例进行比较。

族谱所载的李瑞《查锦璿公传》曰：

> 壬午续修县志，县令秋浦吴公举少霞汪御史鑫莼宗内翰总其事。阅一载，以省墓事，内翰同余赴浮之界田，论及邑乘，辄举所手订者，一一述之。而凤山锦璿查公，其义行尤为之娓娓不倦。嗣赴志局，获阅原稿，汪御史指之曰：如斯人者，所谓一乡之善士非欤！时余犹仅知其略耳，后以弱女配公之曾孙，生平行事始得其详。①

可见，徽商家族与县志编纂者形成了一定的互动关系。不仅凤山查氏，思溪人俞钧更是直接与县志修撰者直接联络。据载："编修司徒照（即光绪《婺源县志》修校者之一的程蓉照——引者）在粤措赀，慕钧名，谒见，慨然以三百金赠，照感激，为咏'新安伟人行'。"② 从此条记录可知，县志修撰时甚至直接在经商地募款，并采集商人传记的有关信息。从这些线索还可得知，县志对于义行善举的记述是较为简略的，更为详细的内容保存在民间社会的口头流传中，而族谱正是将这些口述故事转化为文字记录。李瑞不仅从汪正元（即汪御史）处得知查锦璿的事迹，更是通过联姻的方式，打听到更多的故事，从而写成了这篇传记。由于县志与族谱在编纂目的和采集信息方式上的差别，两者间的文字记录也有一定的差异。以下试以涉及旅粤经商的三位查氏人物为例，列表比较族谱和方志的差异（表1）。

---

① 《婺源查氏族谱》卷尾之七《列传》，第85~86页。
② 光绪《婺源县志》卷34《人物十·义行七》。

表 1　县志与族谱相关文字比较

	《婺源县志》	光绪《婺源查氏族谱》
查贤篪	山坑人，十四失怙，事母竭力承颜。与兄析箸后，怡怡友爱，治生产，有所入，必两分焉。族侄某贸易粤东，病卒，篪代舆榇归里，将遗货售去，得五百金，还其家，孤嫠赖以赡养。中村族某寄篪墨数十勋，亦病死外，篪权子母，积百余金，召其子予之。殁年八十三。邑侯孙给额曰"义笃敦伦"（道光，卷26《质行六》；光绪，卷38《质行六》；民国，卷45《质行六》）	十四失怙，事母竭力承颜。与兄析箸后，怡怡友爱，治生产，有所入，必两分焉。族侄某贸易粤东，病卒，篪代舆榇归里，将遗货售去，得五百金，还其家，孤嫠赖以赡养。中村族某寄篪墨数十勋，亦病死外，篪权子母，积百余金，召其子予之。殁年八十三。邑侯孙给额曰"义笃敦伦"（卷4《各支行实》）
查奎	国学生。五六龄，每食必先奉亲。比长，兢兢自守，尤以辱身为戒，重义轻财，抚孤侄，婚教成立。族有业茶于粤东者，为行户亏折，久踬于外。奎以一千五百金贷之，始获归家。未数年，折其券。镇江高某邮致千金代购牛鞯，二月鞯至苏，三月城陷，高殁。其子来索款，陆续偿之，不与论。广德兵燹后，残骸遍野，瘗埋无算。其长厚高风，里党称道不置（光绪，卷34《义行七》；民国，卷40《义行六》）	国学生。五六龄，每食必先奉亲。比长，兢兢自守，尤以辱身为戒，重义轻财，多隐德，抚孤侄，两世教养，婚嫁恩勤周至。族有业茶者，为行户亏折，举家惊疑。奎以千五百金贷之，始得脱归。未数年，仍折其券。咸丰庚申，镇江高心斋邮致千金，便购牛革，二月革至苏，三月城陷，高殁。其子来索款，偿之，不与论。广德兵燹后，残骸遍野，瘗埋无算。其长厚高风，里党称道不置（卷4《各支行实》）
查炳智	性至孝，父客粤东，闻病驰省，昌暑走数千里，眠食几废，遇寺庙辄祈祷，叩头流血。比至，父已殁，号绝复甦者再。同舍感其孝，相与扶榇，急至赣，以劳卒，殁于旅次。灵柩双归，乡邻哀之。族人庆曾高其行，为作传。江绅峰青赠额"至性过人"（民国，卷33《孝友七》）	迨国学从业东粤，濒行，牵衣泣至不成声，过后一月中，数四邮书，启居禀白家下事纤，悉不自专。客至自粤，或百里，或百几十里，皆奔讯，恐后旅信，纵平安，亦必怏怏者数日。岁时，同侪各款洽欢谑，炳智独兀坐，非忽忽焉，如有失，即涔涔然泪洗面也。岁丁亥，国学病粤，邸信至昌，值三伏暑酷虐，人尽不堪，炳智即日跣步就道，听夕焚香告天，愿减算以增益父寿，过寺院哀吁益虔，叩头见血，出不休。比至粤，国学捐馆毂已数月，炳智号绝复甦者再，席枕块，不住声哭哀毁骨立。同舍知不可已，相与力疾扶榇，急于行，行抵赣州，劳瘁遽作，不得起，果以是卒于赣之旅舍（卷尾《列传》）

族谱在列举"行实"之后，标有"志义行""志孝友"等，便是以方志传记为依据。上表中查贤篪的叙述，几乎与三版方志一致。唯一的差别

是他的籍贯，方志皆记为"山坑"，而不是与其他同村查氏人物载为"凤山"。对照地名志可知，凤山即为山坑。①可以想见，方志对人物籍贯的记述较为随意，有时记录的是村落的别名，需要结合族谱才能明了个别人物的准确地域来源。查奎的传记同样抄录于县志，但存在诸多细节的差别。如，他援助的业茶族人，方志明确载为粤东，族谱则将经营地略去。从"行户"（即十三行行商）的细节仍可推测其在广州经营茶业。而对于前来讨债的镇江高氏，方志略去时间和姓名，族谱却详细开载。这部光绪《婺源查氏族谱》还为民国《婺源县志》的采集提供了素材。以查炳智为例，生于咸丰八年（1858），享年三十岁，即死于光绪十四年（1888），因而光绪八年的县志未能收入。而族谱载入查庆曾所撰的《宗再侄炳智传》，经过提炼之后列入民国县志之中。可见，族谱的信息既有精炼的一面，也有翔实的细节，更有助于个案讨论。

方志的记载仍具有重要价值。除了个别细节较之族谱更为详细之外，如民国县志还有凤山的查树金"以本股业典还凤负，服贾粤东，以所入分润诸弟，外余始赎还典产"、查上鹏"父殁粤东"等信息，均为族谱所未逮，应为光绪十八年之后增补的内容。在我们无法得知凤山查氏是否存在民国族谱的情况下，方志无疑提供了更为全面的信息。此外，作为县志前期工作记录的"采访册"，与正式刊印的县志也有文字上的差别。有时，虽为县志编纂者认为是冗余而被删除的信息，却对我们的研究具有较高价值，并保存在采访册中。如，光绪和民国县志对于渔潭人程国远的记载是："性仁厚，尝偕友合伙贩茶至粤，公耗八百金。远念友资无从措，独偿之。"而《婺源县采辑册·义行》的记录便有差异："幼业儒，以亲老家贫服贾，历艰苦，家渐裕。尝偕粤人业茶，共亏金八百，粤人惧不敢归，远怜之，遂慨然独认。"采访册显示出徽商与广东商人合伙经营茶业的线索，而正式编入方志时却被省略了。

重田德早已指出，各版《婺源县志》的刊刻都得到商人的资助，许多"美谈""善行"似乎可以用钱买来。而且，这些传记限于体例，善行的记录有程式化之倾向，作为记录商人经营活动的具体表现以及各方面现实生活的史料，无疑是受到限制的。②尽管如此，将县志的记录作为一种趋势的反映，重田德仍然揭示出婺源商人在行业转移上的重要变化。同样地，方

---

① 《江西省婺源县地名志》，婺源县地名委员会办公室编印，1985，第314页。
② 重田德：《清代徽州商人之一面》，刘淼主编《徽州社会经济史研究译文集》，第419、450页。

志的不实之处通常是善举、义行、苦节等内容，而商人的经营地点、籍贯来源的信息却是较为可信的，一般不存在伪造的情况。同时，徽商经营往往依托乡族力量，个别商人传记背后其实是一个村落、家族集体参与商业贸易的表现，绝非个体现象。因此，提取在"广州""羊城""粤东""珠江"等地活动的商人之归属村落信息，并进行归纳，是能够反映出婺源商人经营广东的总体趋势。

三　商人来源的分布情况

迟至16世纪，就有徽州商人在广东经商的记录。著名的"广中事例"中，便可发现徽商通过广东口岸参与海外贸易："嘉靖三十五年，海道副使汪柏乃立客纲、客纪。以广人及徽、泉等商为之。"①清代，徽州各县都能见到赴广东的商人。如，休宁人以典当见长，汪可钦"伯兄以高赀行质于粤，值兵燹，为典守者干没殆尽，钦越数千里料理之，尽还故物，一无所取"。②茶商最为常见，歙县、黟县、婺源等县皆有记载。如，黟县人汪琴"客广东，有同邑叶甲贩茶未售，暴卒。琴素不识甲，殡殓之。代售茶，归其资"。③

道光、光绪、民国三版《婺源县志》记述的旅粤商人数量，是徽州六县方志中最为庞大的，民国志共计达到161例。全书涉及经商事迹的人物传记超过1800例，旅粤商人的比重约占8.9%。若将没有记载经商地点的人物算上，这一比重还可能有所增加。可以粗略估算，大约十位婺源商人中就有一位参与到广东贸易之中。旅粤商人主要涉及茶、木、瓷、墨等行业，来自50余个村落。当然，方志对于旅粤商人的村落归属是有遗漏的。如城北双杉的王元标，"弱冠即往来粤中，习计然术，虽持筹握算，而取财以义，有为商贾中罕见者。……咸丰间，郡城军需告匮，捐合属富户。公命嗣子随众往，首捐五百金，众倍踊跃。子归复命，公乃大快，后又两次乐输，皆如其数"。④无论是个人经营才能，还是参与本地公益活动，王元标

---

① 嘉靖《广东通志》卷68《外志·杂蛮》。
② 康熙《休宁县志》卷6《人物·笃行》。
③ 同治《黟县三志》卷7《人物志·尚义传》。
④ 《双杉王氏宗谱》卷18《尚如公传》，光绪十九年木活字本，上海图书馆藏，书号：903005 - 16。

都有资格入志，但方志并没有予以收录。尽管如此，地方志的覆盖范围并没有其他文献可以替代，个别人物的遗漏也并不足以对本文的估算产生影响。因此，笔者整理三版县志有关旅粤商人的地域来源信息，制作表2。

表2 道光、光绪、民国三版《婺源县志》所载旅粤商人的地域来源

	城西	高安	长溪	赋春	龙腾	思溪	豸峰	汪口	考水	凰腾	湖村	沱川	凤山	城乡	江湾	香山
道光	2	1	1	1	3	1	1	3	2	1	1	2	1	1	1	1
光绪	6	3	3	4	6	4	5	7	3	1	1	4	1	1	2	1
民国	7	3	3	5	8	5	6	7	3	1	1	7	5	1	2	1

	官桥	庆源	严田	云坦	鸿川	清华	梅源	槎口	孔村	渔潭	理田	和睦	长径	中云	梓里
道光															
光绪	4	5	1	1	4	4	1	2	3	3	5	1	1	3	2
民国	4	5	1	2	4	5	1	3	3	3	7	1	1	7	2

	阳村	庐源	荷田	朗湖	鹄川	秋溪	诗春	漳溪	汜川	石头崛	长滩	沧溪	江村	齐岭	金竹	段莘
道光																
光绪	1	1	3	1	2	1	4	1	1	1	1	1	1	1	1	1
民国	1	1	3	1	2	1	5	1	1	1	1	1	2	1	2	1

	城南	石岭	泉田	环川	清源	晓起	冲田	坑头	城东	虹关	白石岭下	读屋泉	总计
道光													23
光绪	1	1											105
民国	2	1	1	2	2	1	1	2	1	1	1	1	161

注：根据《婺源县地名志》进行定位，并结合该书附录六《别名、曾用名与现名对照表》，对方志记载的村落名称进行归并，主要包括龙腾即龙溪、豸峰即豸下、鸿川即洪村、理田即李坑、考水即考川、泉田即许村、桃溪即坑头、凤山即山坑、沧溪即高沧、齐岭即齐村等。

据表2信息，制作旅粤婺源商人来源的地域分布图（图1）。商人数量依民国县志，同时，也显示出各个聚落在三版县志出现的先后。

从图1中可以明显看到，城西、龙腾、汪口、沱川、理田、中云是旅粤婺源商人最多的6个地点，人物传记均出现7例以上。位于北乡的龙腾商人传记最多，为8例。如果结合周围村落的情况来看，那么龙腾的优势更明显。该村周围的思溪、思口、长滩等聚落的商人也有相当数量，而其他村

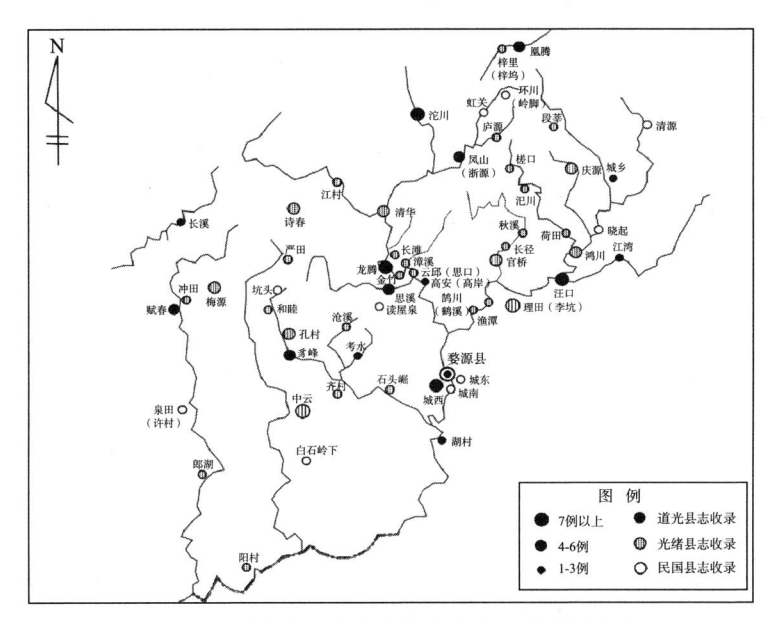

图 1　三版方志所载旅粤婺源商人地域来源分布

落聚集程度均不如这一地带。再对比民国县志各个村落商人比重：龙腾商人共有29人入志，旅粤商人占28%；清华入志商人为全书最多，达到85人，而旅粤人数的比重仅6%；城西共计45人载入方志，旅粤商人占16%；沱川55人入志，旅粤人数比重为13%；中云51人入志，旅粤人数比重为14%；理田36人入志，旅粤人数比重为19%。说明这些村落的商人数量众多，但对广东贸易的参与未必所占比重最大，而将经营重心放在长江流域等地。相较而言，汪口有19人入志，旅粤人数的比重高达37%。龙腾略少于汪口，但笔者所见汪口族谱较为简略，几乎没有商人传记，龙腾族谱则有丰富的商人传记，可以作为一个典型个案进行讨论。

龙腾为俞氏宗族所聚居，是徽州茶木商人的主要来源地之一。道光二十六年（1846），汪文翰如此描述道：

> 星源环山为邑，土瘠薄而俗勤俭，犹有唐魏之遗风。自茶木利开，邑之人争奔走以逐末，百余年来，日渐趋于侈靡而不自知。论者惜之，余颇不谓然。夫土瘠不能转变为肥饶，而民靡犹可挽归于勤俭，是在转移风化者，振励之而已矣。……士君子将行德义于乡邦，必先有所修养生息焉，以自厚其基，然后乃能经画展布焉。……吾邑北龙溪，

拥素封者，今不下十余家，率皆以茶木起迹。……①

在这段议论中，作者提出了奢靡论和重商论的积极方面：皖南山区粮食作物匮乏，利源在于经济作物的种植和贸易。19世纪中叶，龙腾一村的富商已有十余家。他们的成功与山村面貌的更新，离不开广州这一外部拉力。道光《俞福涌公房支谱》记载，俞世兴"运茶为业，巨细必躬亲。之时，群从不过一二人往来东粤，公一身绰然肩任……今之诸子辈业茶起家者，皆赖公创厥始也"。②他的主要活动是在乾隆朝前期，即18世纪中叶，是目前所见清代婺源商人最早参与广州口岸贸易的例子。

经营空间和行业的转移，可以带来丰厚的利润。这样的例子因为广州贸易而在方志中带有一些传奇色彩。谢坑江村人江廷仲"家贫，贩布为业，尝至庐坑村外亭内拾得遗金百余两，并银票为数甚巨。候至日暮，无人来问。明日复往，坐候下午，始有广东人策马来询之，属实，尽还之，不受谢。其人谓曰，他日幸至粤，问'谦和昌'即可。相遇后，布业失利，赴粤东访其人，谓前款已设木行，作两人合，请仲经理。数年，遂致巨富"。③该故事中，江廷仲从事的布业，并非婺源商人的主导行业，经营前景不佳。而因为他的诚信，获得了广东商人的信任和感恩，转而合伙经营木业，终于获得成功。不过，婺源商人的木业在广州口岸贸易中并不占据重要地位。甚至在161例商人传记中，赴广东从事木业的仅有此例。尽管如此，这一故事仍然提示着诚信对于商业成功的重要性以及转业广州贸易带来的利润诱惑。商人有时还可以通过彰显孝悌等美德，获得信任和投资。詹钟大"业儒未售，以父年迈，乃就贾于粤东。邑人某感其诚，与合业经营十余载"。④

婺源商人在六县商人共同的广州徽州会馆管理中逐渐占据重要地位。"众举（程泰仁，长径人——引者）经理徽州会馆，六县商旅，均服其才"。⑤官桥人朱文煊"同乡建安徽会馆，输银一千二百两，兼董其事"。⑥

---

① 《龙腾俞福涌公房支谱》卷4《晋赠中宪大夫讳国桢俞公论》，道光年间刻本，浙江省图书馆藏，书号：普921.512／8022.5。
② 《龙腾俞福涌公房支谱》卷3《世兴公暨胡孺人传》。
③ 民国《婺源县志》卷42《人物十一·义行八》。
④ 光绪《婺源县志》卷40《人物十一·质行八》。
⑤ 光绪《婺源县志》卷34《义行七》。
⑥ 光绪《婺源县志》卷34《人物十·义行七》。

庐源人詹世鸾对修会馆"多挥金不惜"。① 徽州会馆因为祭祀朱熹，又被称为朱子堂。同样来自官桥的朱文炜因为"朱子堂为匪占夺"，挺身而出，"讼于官，留粤两载乃复"。② 这四位对广州徽州会馆有突出贡献的婺源商人均为茶商，表明了茶业是广州口岸贸易的重要行业。还值得注意的是，龙腾、汪口等旅粤商人来源较多的村落并没有参与会馆建设的记录。官桥朱氏家族人数稍多，共计16人收入民国县志，有4人明确载为旅粤商人，比重为25%。至于长径和庐源，仅上述两位商人的信息。可见，旅粤商人数量虽然众多，但未必在广东贸易中占据领导地位。这是由个人对于会馆事务的热情程度和管理能力决定的。

四　社会生活与行为规范

商人长期在广州从事贸易活动，即便返回故乡，也多是采买茶业等商品，居家生活的时间是较为有限的。龙腾俞氏便称："吾家自事茶业，诸从父昆弟，大率半载居家，半载居粤。"③ 如果经营状况不佳，还有滞留广东数年乃至十余年的情况。朱光炷"事亲善承志，家贫，负贩奉养，后贾粤东，岁必一归省"的例子，④ 恐怕在当时旅粤徽商群体中不多见，故而每岁必归的行为被当作至孝的表现。

长时间的在外生活，商人的婚姻家庭也呈现出新的面貌。方志中就有不少商人在广东纳妾、继妻的信息。有将兄弟侧房接回婺源照顾的事例，如洪钧泰"事伯兄惟谨，五弟早世，抚孺以礼，抚孤以慈。伯兄有妾在粤，泰往挈归，不耐蛮瘴，染疾卒"。⑤ 又如，胡承合"兄侧室暨幼孤滞粤，亲往挈归抚育"。⑥ 更多的是节妇的案例。胡承瑞妾梁氏"胡清华人，氏名凤，粤东女。年十九，瑞殁于家，梁在粤闻讣，急挈数月孤辉，随瑞弟归，哀恸欲殉"。⑦ 俞澄辉继妻陆氏"粤东陆建立女，十八为奉直澄辉继室。孝事庶姑，抚前室子媳如己出。识书数，有钟郝风。年廿八，夫殁于粤，孤长

---

① 光绪《婺源县志》卷35《人物十·义行八》。
② 光绪《婺源县志》卷35《人物十·义行八》。
③ 《龙腾俞福涌公房支谱》卷3《皇清诰封朝议大夫芙溪府君行述》。
④ 民国《重修婺源县志》卷48《人物十二·质行九》。
⑤ 光绪《婺源县志》卷30《人物九·孝友六》。
⑥ 光绪《婺源县志》卷34《人物十·义行七》。
⑦ 光绪《婺源县志》卷48《人物十五·列女节孝六》。

六龄，次遗腹，扶榇归里"。① 朱培栽妾杜氏"广东省垣女，名亚银，年十七，州同培栽纳为簉室，生二女，居粤。栽回婺殁，氏年二七，归婺守志，事嫡尽欢，鬻簪以训嫡子，守节廿年"。② 俞永裔妻潘氏"名好圭，年二十九，夫殁于粤东，矢志茹荼，以侄承桃，婚教完备"。③ 洪文珠继妻黎氏"南海县黎阿福女。……客居粤省。道光丙申，年十九岁，夫故，遗孤三龄，庶姑严厉，氏曲承唯谨，子与孙均入国学"。④ 仅见一例为正房。汪圣诚妻范氏"广东钦州启新女。……生一子朝柱，诚旋病故，氏年二十，痛夫壮岁客亡，仅一乳哺孤，身死则嗣绝，且棺停异地，所亲莫知。乃具讣驰报翁姑，迨诚兄圣诵至钦，氏请于父，愿抱孤扶柩随伯还夫籍，氏弟承佑伴送抵婺。携孤拜舅姑毕，夫窀穸，遣弟归复父命，潜盥沐自经，年二十二岁"。⑤ 由此可见，相当数量的婺源商人在广东娶妻纳妾。

还有不少婺源商人在外出经营的过程中为不良习气所影响，导致生意失败。因此，自觉抵制不良习气，端正行为规范，有义行史迹的商人往往是文献记载的楷模。俞禧（字作朋）就是一个典型代表。

> 粤东为其先人商贾地，以诸侄辈孤且幼，无可奈何，故往来岭海间。虽囊橐克斥，非其志也。……当其初入粤也，年甫及冠耳。天下省会，所在繁华，粤为第一。两岸声歌，连络水次，远来大贾莫不左抱右拥，持梁刺肥，为长夜饮。而我婺之侨寓是地者，岁以千百计，予居家侧听，忽云某某挟某妓归矣，忽云某某狎昵某妓，资本荡然如洗矣。又不然，或老成持重绝少沉溺而携金巨万，则倏为某商吞蚀殆尽矣。明府居粤久而操愈坚，屡经颠踬，蹶而复起。……⑥

龙腾俞氏族谱中还有不少强调广州繁华富丽而徽商简朴不染的个案。如，俞子嵩，"稍长，克自树立，贷资鬻茶，远贸东粤。粤为省会，繁华甲天下，凡商于是者，率染其习。嵩守赠翁旧布衣葛屦，晏如也"；⑦ 俞文炳，

---

① 光绪《婺源县志》卷48《人物十五·列女节孝六》。
② 光绪《婺源县志》卷49《人物十五·列女节孝七》。
③ 光绪《婺源县志》卷48《人物十五·列女节孝六》。
④ 光绪《婺源县志》卷51《人物十五·列女节孝九》。
⑤ 光绪《婺源县志》卷54《人物十五·列女烈节一》。
⑥ 《龙腾俞福涌公房支谱》卷3《受斋明府小传》。
⑦ 《龙腾俞福涌公房支谱》卷3《德周赠公暨淑配余宜人合传》。

"粤俗甚靡，酒食游戏，声色之娱，常为估客所溺。君远之，曰：'无羕我父母'"；① 俞光易，"治茶业，日必躬亲，无少懈。其往来东粤，粤俗繁华，毫无浪费，人咸重之"。② 方志中也有一些相似的记录。如，俞起鸾"承父茶业客粤东，粤俗繁华，不为所染"；③ 张文烈"经商粤东，屏绝繁华，内无怨语，外无间言"；④ 汪大日"幼习举业，长承父志，售茶粤东，不沾市习"。⑤

实际上，作为经商之地的繁华都市有着无数诱惑，或因沉溺于狎妓而"资本荡然如洗"，又有数万资本"为某商吞蚀殆尽"。如何在远离徽州山村生活，适应新的城市环境，是徽商规避商业风险需要考虑的一个问题。抛开商人将赌博、吸食鸦片、奢靡风气带回徽州不说，⑥ 大量外出经商失败的原因便是沾染不良气所致。正因为此类问题的广泛性和严重性，当时的俞镇璜"尝客粤，刊印《欲海慈航》数百本，为好游者戒"，⑦ 产生了专门规劝徽商端正自身行为的善书。因而笔者认为，商人传记中所宣扬的置于奢华之地而不染、他人彰显豪富而自身朴素的事迹，既受到端正品行的劝善箴言之影响，也折射出商人规避商业风险的心态。

揆诸实际，谋求财富的商人群体难免与奢靡之风相提并论。但另一方面，商人也积极从事公益事业。龙腾俞氏族谱有诸如《均和义仓叙略》等详细记录，均表明旅粤商人在祠堂建设、文会促进、赈灾救济等方面发挥了重要作用。而商人在公益事业的投资，在一定程度上也是为了建立和维持社会关系网络，其中最重要的是家族和同乡关系。

五　由商从政

龙腾茶商俞禧除了在商场上不懈奋斗，"屡经颠踬，蹶而复起"之外，还利用广州信息的灵通，成功捐官取得功名。据说，"我婆万山中，讹传奏

---

① 《龙腾俞福涌公房支谱》卷3《岳斋赠翁暨配并嗣君家传》。
② 《龙腾俞福涌公房支谱》卷3《光易公传略》。
③ 民国《重修婺源县志》卷42《人物十一·义行八》。
④ 光绪《婺源县志》卷40《人物十一·质行八》。
⑤ 光绪《婺源县志》卷40《人物十一·质行八》。
⑥ 王振忠「内陸の山岳地帯から港湾都市まで——明清以来広州貿易における徽州商人の活動」日本都市史研究会編『年報都市史研究』第18輯『都市の比較史』。
⑦ 民国《重修婺源县志》卷31《人物七·孝友五》。

准截至，苦无邸报查闻，即借他便，迅往粤东得实，急足归限，二十昼夜抵家属，部署赴选诸务"。正是因为消息获取及时，如愿捐得知县一职，"幸际新例，特出破格用人，使禧食肥衣锦，碌碌以终"。① 可见，徽商在不遗余力地凸显自身"儒商"特色的同时，也努力抓住机会争取功名官职，与其宣扬的行为规范和价值准则一致。

虹关詹钰在广东的人生经历也是由商从政之典型个案。② 他生于嘉庆二十二年（1817），死于光绪四年（1878），"以父兄早世［逝］，因持家政，屡遭寇虐，家产殆尽，债累且日深，艰于衣食，欲投笔从戎而不果"。詹钰主持家政之时，当为太平天国时期。社会动荡不安，"先世以墨为业，在各省者已遭兵燹"，难以维持生计，唯有"粤地仅存而耗久绝"。因此，他"惧先绪之坠也，乃擎家游粤"。初到广东时，詹家墨业"已坏不可支"。詹钰"筹划一切，择人任用，借其力渐有起色。少有所得，即命季弟尽解祖债，产业亦迭为兴复。一丝一粟，与兄弟均，未尝稍自私"。可见，詹钰作为墨商，在复兴婺源商人在广东墨业的经营发挥了重要作用。

不过，他并没有继续经商，而是"维内顾己纾，始登仕版，以期一用"。以"候补"身份先后历任广东多地的巡检：连州朱冈巡检司、高明县三洲巡检司、龙川县老隆巡检司和博罗县苏州巡检司，还代理从化县典史。这些官职均为县以下的佐贰杂职，品级地位不高。"所至缺，多清苦，不得携家属，一僮一仆而已。署废未复，支葵编竹而居，手一编与邦人士讲学其中，事至则化解之。狱讼既稀，书役无以存活，劝之各归农贾。每一任终，羁所闻无人焉。"詹钰从事巡检司的经历，能够反映商人在从事基层行政所展现出的基本素养，也是我们探讨巡检官员实际运作细节的难得史料。

詹钰初任朱冈司，"人称廉明仁爱，于陋规不即裁革，曰：'裁革陋规，本是美事，第后至者不给，恐有甚于是者，是已邀清誉而遗人以恶名也'"。后为上司推荐至支应总局，"事烦款巨，不遑寝食，筹策详尽，俱当宪意，有以贿谋者，辄却之"。据同治《连州志》载，詹珏是同治三年任职，但仅担任一年，而同治年间该司官员都是每年一换。③ 朱冈巡检司在连州东陂，是地处交通要道的盐运商埠。"上通湖南永道诸县，下联县城，商旅云集，

---

① 《龙腾俞福涌公房支谱》卷3《书作朋传后》。
② 《鸿溪詹氏宗谱》卷首《先大夫璞斋公家传》。
③ 同治《连州志》卷5《职官·朱冈司巡检》。

商业颇为繁盛。清同光间，专业引盐者有二十四号之多，其余各行商业亦颇发达。"① 詹钰从事的支应总局，在连州晚清民国的方志中没有记录。结合东陂的实际情况，应与盐运有关，符合巡检司对商埠交通的管理职能，也能发挥詹钰此前经商处理钱款收支的特长。

在三洲司任上，发生了"客家闹粮"事件。高明知县命詹钰前往处理。

> 问："需勇几何。"公曰："无须，若带勇，事坏矣。"即日带司属丁役数人往至，则各陈兵器汹汹然欲动已。公谓前驱者疾驰。客家望见舆盖，哄传勇来，将发枪炮。及知为司主，迎入厅事，公正坐问曰："本分司奉宪命，敬问父老何为欲械斗？"曰："非敢械斗，粮站贪虐不堪，聊自卫耳。"公曰："悟矣！器械所以防贼，非可以抗官。胥役奉公征收，朝廷之法也。如其奉行不善，朝廷亦自有法在，胡不赴有司？尔等族处世居于此，日守田园，早清国课，为朝廷好百姓，何乐如之。乃逞一朝之愤，以至祸害不测，计亦拙矣。为今之计，速撤器械，往还钱粮。如虑胥役不公，则本分司现奉命在粮站，若有所诉，决不曲狥。"众皆顿首无辞。公居粮站月余，俟征收毕，乃复命。

光绪《高明县志》载称："詹珏：江苏吴县人，（同治）七年任。"② 这里的籍贯并非安徽婺源，而是苏州吴县，应是虹关詹氏长期在苏州经营墨业并在当地落籍。高明县土客冲突极为严重，在同治七年十二月彻底肃清，"虽深山穷壑，如五坑香山，非无客民，然皆株守田庐，多依土著，习尚相安无事矣"。③ 詹钰正是在同治七年上任，此时土客的武装冲突已经开始得到控制，故而能够顺利地避免械斗，处理钱粮征收环节的矛盾。詹钰不带兵卒前去客民聚落，显然是对当时局势有充分的了解。而巡检司通常是没有征收钱粮的职权，只有个别代收的情况。④ 此时，巡检司坐镇粮站，也是临时举措，旨在弹压胥吏弊端，显示征粮过程的公正。从中同样能体现出詹钰对于钱粮征收具有一定的才能。

---

① 民国《连县志》卷3《人文志二·商业》。
② 光绪《高明县志》卷5《职官·同治朝巡检》。
③ 光绪《高明县志》卷15《前事》。
④ 胡恒：《皇权不下县？——清代县辖政区与基层社会治理》，北京师范大学出版社，2015，第141页。

在苏州巡检任内，曾遇到"饥民压博罗境滋事，人心惶惑，郡宪摇动"的危险情况。

> 县宪驰函，嘱公开厂设赈，且以所招壮勇听候指挥。公复之曰："今年岁非大凶荒，不过青黄不接，为时无几，不足虑也。然官赈之命切勿外扬。盖民自相济，其利无穷。官独设赈，其惠有限。近已劝捐设厂，若闻官赈，必俱推委。至力不继，事转难测。壮勇但陈之近地勿来可也。"乃手书告示驰役往宣以威德，喻以清理，命静候赈，乃召绅士劝之各处设厂，使饥民分班就食。时大宪颇虑之，县宪禀曰："有詹巡检在彼，必无事。"未几，果散去。由是，上宪俱悉公能。

此案例及前述朱冈革除陋规的事件，詹钰都表现出处理社会问题的老练。他并没有积极革除陋规，显示自身的锐意进取，而是考虑到陋规革除所带有的不彻底性。一旦改变了长久形成的秩序，也许能博得一时的赞誉，但对于后人未必是件好事。对于大批涌来的灾民，他充分认识到民间社会赈济的巨大潜力。如果急于公开推行官赈，那么已有的民间粥厂等机构"若闻官赈，必俱推委"。因而，他"召绅士劝之各处设厂，使饥民分班就食"，官府仅发挥宏观控制的功能即可。最终，灾民有序地得到赈济，避免了动乱的发生，维护了当地社会的稳定。

上述事例都体现了詹钰对地方社会运行和钱粮收支的熟稔，相当程度上得益于墨商家族教育和经历，使得他在多个巡检司任上都取得了一定的政绩。退出官场之后，詹钰仍告诫子孙曰："子弟读书，原期明理。至功名富贵自有命，在修身以俟毋须强求。少年意气，每不屑问谋生事，不知衣食不足即使显达，亦未免名利？心，安能进退裕如？如先世以墨为业，根本在是。予一行作吏，不复能持理，尔敬守之勿坠先人志。"仍然将墨业视作家族之根本。

余　论

广州作为海上丝绸之路的重要港口城市，在对外贸易交往过程中也对内陆地区产生了重要的影响。以徽州商帮的地域构成为例，明代徽商早已兴盛，但代表是歙县的盐商和休宁的典当商，包括婺源在内的祁门、黟县等周边县份，主要经营木业等山林经济产品。随着清代前期广州"一口通商"贸易格局的形成和丰厚利润的吸引，带动了婺源商人的转业，从而导致徽商内部势力的变动。

  关于广州徽商的大致面貌，已由诸位前辈学者的研究大致确定，其史料依据主要是地方志中的人物传记和商编路程书。而徽州，尤其是婺源县谱牒中大量的徽商传记，使用者寥寥无几。倘若假以时日，进行系统搜集和整理，可在不少细节上丰富、修正我们的认识，进而形成一幅徽商在广州经营活动的全息图景。

（作者单位：暨南大学历史地理研究中心）

《鲍氏义田记》*

——清代徽州商人社会的真实写照

王昌宜

内容提要 书法作品《鲍氏义田记》记载了清代歙县商人鲍启运乐善好施、为族人捐置义田的相关慈善活动,蕴含着丰富的历史信息。该作品表明,明清徽州社会的慈善活动已经形成了一套较为成熟且行之有效的完整体系,在整个慈善活动中,宗族、官府、达官名士、商贾个人都在其中扮演着重要的角色,起到了推动作用;此外,该作品还揭示了明清徽商"贾而好儒"、热衷结交名士达官这一群体特征的背后成因。

关键词 《鲍氏义田记》 徽商 慈善活动

2013 年 4 月 6 日,保利香港拍卖有限公司保利香港 2013 年春季拍卖会上拍出了一幅楷书书法作品,题名《鲍氏义田记》。该书法作品为梁同书、黄钺所书《鲍氏义田记》[1] 以及洪梧所书《鲍大夫甓斋先生义田记赞》之合卷;此外还有两篇题跋,撰者分别为吴锡麒和朱珪。书写人之一的梁同书(1723~1815),字元颖,号山舟,浙江钱塘人,为清代中期著名书法家,与翁方纲、刘墉、王文治并称于时。黄钺(1750~1841),字左田,号壹斋,工诗文,善画,为清代著名的画家、艺术评论家。洪梧(1750~1817),字桐生,安徽歙县人,博古通今,擅书法,兼工词翰,曾任扬州梅花书院山长。故合卷本《义田记》[2] 在书法上、艺术上的价值自不待言。[3]

---

* 本文得到安徽省教育厅人文社科基地重点项目"传统徽州社会保障体系建设及其现代启示"(2010SK277ZD)的资助,特此致谢!

[1] 梁同书、黄钺二人所书的《鲍氏义田记》,尽管文章名称相同,但内容有异,为两篇彼此独立的同名文章。

[2] 为了将文章《鲍氏义田记》与作为拍卖品的《鲍氏义田记》全文区分开来,下文将以"合卷本《义田记》"代称拍卖品《鲍氏义田记》合卷本。

[3] 参见 http://auction.artron.net/paimai-art5030930629/,最后访问日期:2018 年 5 月 21 日。

《鲍氏义田记》

此外，合卷本《义田记》还保留了极为丰富的历史信息，为我们更深入地了解清代徽州社会风尚提供了极为难得的实物资料，本文试从历史学的角度对合卷本《义田记》加以解析。

一 《鲍氏义田记》的产生缘起及棠樾鲍氏

黄钺所书《鲍氏义田记》，其撰写者为时署安徽巡抚的大兴人朱珪。朱珪记述《鲍氏义田记》一文的写作缘起道："余再抚皖之明年，歙人鲍启运克成其父宜瑷遗志，积资置义田以赡族中之鳏寡孤独者，族人合词呈请立案，既嘉其义而许之。"这段材料清晰地交代了朱珪撰写《鲍氏义田记》一文的缘起——歙县人鲍启运设置义田赡给族人，族人感激，公请官府立案表彰。于是，时任安徽巡抚的朱珪俯允下情，撰成《鲍氏义田记》一文以表彰鲍启运的义举。梁同书所书的同名文章《鲍氏义田记》一文中，对此也有类似的记述，该文的撰写者为时任两江总督的会稽人陈大文。由上可知，上述两篇同名文章《鲍氏义田记》，其撰写均缘起于两位封疆大吏为表扬所辖区域内百姓的义举。此外，上文《鲍氏义田记》中言及的义田置办者——"歙人鲍启运"，道光《徽州府志》和民国《歙县志》"义行"类人物传中都收录其传。① 道光《徽州府志》中鲍启运的传文，更是详细记录了鲍启运的家世和生平事迹，所记内容与合卷本《义田记》契若符合，可见所记为同一人无疑。

道光《徽州府志》鲍启运的传文明确记载：鲍启运，字方陶，一字甓斋，安徽歙县棠樾人。棠樾位于安徽省东南部的歙县，以一组七座蜿蜒伸展的牌坊群闻名于世。而鲍氏家族正是这组牌坊群的建立者。鲍氏自南宋建炎年间迁居歙县棠樾后，一直以"慈孝"传家，历经宋元两代之开拓，至明清时期，达到鼎盛。其间，棠樾鲍氏名人辈出，元代有鸿儒鲍元康、鲍深、状元鲍同仁，明代有尚书鲍象贤、翰林编修鲍颍、进士户部主事鲍楠、知府鲍献书，清代有鲍志道及鲍漱芳、鲍勋茂父子，进士编修鲍文淳，进士户部主事鲍功梅，工部主事鲍国琛，书画家鲍楷、鲍元标、鲍又诗、鲍娄先，诗词名家鲍有莱、鲍鸿等，简直不胜枚举。② 明清时期，歙县所在的徽州地区，营商成风，鲍氏家族亦不例外。清代中期，家族中多人通过

---

① 道光《徽州府志》，清道光七年刊本；民国《歙县志》卷9《义行》。
② 鲍树民、鲍雷编著《坊林集》，安徽文艺出版社，1993，第40页。

营商积累起巨额财富，代表人物是乾隆、嘉庆时期在两淮盐业经营中拥有举足轻重地位的鲍志道、鲍漱芳父子。

鲍志道（1743～1801），字诚一，自号肯园。以家贫弃儒从贾，辗转至扬州，以业盐起家，累资巨万。鲍志道为人精明强干、处事公允，且急公好义，出任两淮盐运总商达二十年之久，深受同行信任推崇。鲍志道之子鲍漱芳（约1763～1807），字席芬，一字惜分。自幼随鲍志道在扬州经营盐业，后接任鲍志道担任两淮盐运总商，亦是徽商中的风云人物。父子二人都曾慷慨解囊，捐出巨资扶贫助困。此外，鲍漱芳还毕生搜集历代名人书法墨迹，精选汇刻成《安素轩法帖》。《安素轩法帖》后成为清代著名的书法丛帖，流传甚广，影响颇大。可见，棠樾鲍氏是个典型的贾而好儒、乐善好施的徽商家族。合卷本《义田记》所言及的鲍启运，正是鲍志道胞弟，鲍漱芳的叔父。据道光《徽州府志》所记，鲍启运八岁失怙，由嫂氏汪某抚养长大，后随鲍志道至扬州经营盐务。鲍启运本人秉承鲍氏乐善好施之优良家风，曾捐出重金修建鲍氏女祠"清懿堂"；又"以父生时好义而贫，于义举多未逮，有余资不汲汲居积，辄遵父训先置义田后"，以前后七八年之功，筹资购田达1200亩，捐入宗祠，专门用来赈济族内鳏寡孤独或废疾贫乏者，并制定管理条例。① 合卷本《义田记》所记即为此事。

二 合卷本《义田记》的主要内容

由两江总督陈大文撰写、书法名家梁同书所书的《鲍氏义田记》，全文如下：

> 周礼大司徒教民以六行，而任恤居其二，又于州党之中示以相周相救之法，凡以矜贫乏通有无也。我朝圣圣相承，勤求疾苦，令有司朔望宣讲圣谕广训，谆谆启牖，诚欲使各亲其亲，家给人足而后民生以厚风俗以淳，方今海内涵濡教泽，从风慕义之士指不胜屈，乃或家本清寒而能笃睦姻之举，孜孜不倦者尤为难得，余忝任两江，岁乙丑有歙人鲍启运增设平粜义田五百亩，族人公请立案，余详视之，盖启运幼承其父宜瑗之训，以恤族敦宗为务，长而笃志弗渝，积俭十年先置体源户义田五

---

① 道光《徽州府志》，清道光七年刊本。

《鲍氏义田记》

百四十亩赡给族之鳏寡孤独者,时朱南崖相国抚皖,为文记之,而刘石庵相国书丹刻石者也。嗣又增体源户田一百六十余亩,其恪承先志,好义乐施亦足尚已,顾尤念贫族之饔飧弗继也,又置田五百亩以周济之,名其户曰敦本,仿常平仓法以岁收租息若干,视体源、敦本两户应完课数作为价值,逢春粜济族人,每谷一升取钱四五文以输赋,而岁之所入,族之贫乏者可以食贱半年,通计所捐义田一千二百余亩,税分两户,条理井然,盖体源所以周茕独而敦本则凡族之贫乏者得有以周逮而普洎之,于是而鲍氏可以无馁人矣。余考义田之设,始于范文正公,至常平周族之田未有行之者,启运此举诚绝无而仅有,拟之古人殆又过之,夫以其父隐居食贫而能举此为训,似知其子必将可行也,而启运次第勉成其志于孝于义复何愧欤?余奉命入都行有日矣,不及为请于朝,下其法为四方,劝嘉其睦亲敦本之道,义合古人,爰为文以记其事,且使世之人知所以淑人心厚风俗者必自乡里始也。

嘉庆十年春三月,赐进士出身两江总督新授兵部尚书会稽陈大文撰,赐进士出身日讲起居注官翰林院侍讲钱塘梁同书书。①

上文主要包含了以下几点信息:

第一,记述《鲍氏义田记》一文的撰写缘起。陈大文撰写的《鲍氏义田记》开篇即指出,传统儒家和封建国家宣扬的治国理念中,一直非常推崇任恤,鼓励乡党族人间任恤互助,而鲍启运设置宗族义田救助族人之义举,与这一理念高度吻合;此外,鲍氏族人又依照惯例,向官府"公请立案",请求对鲍启运个人义举进行表彰。在此种形势下,身任两江总督的陈大文俯允下情,撰文表彰鲍启运个人义举,这既是身为两江总督的职内之事,也是对传统儒家和封建国家所推崇的任恤这一治国理念的弘扬,因此也就义不容辞了。

第二,记述鲍氏义田的设置契机。材料中明确记道,"盖启运幼承其父宜瑗之训,以恤族敦宗为务,长而笃志弗渝",于是设置义田。可见,鲍启运之父鲍宜瑗对年幼的鲍启运在恤族敦亲思想方面的教育和引导与后来鲍启运采取具体措施敦亲睦族、为鲍氏宗族设置义田,二者关系甚大;或者说,鲍启运之父鲍宜瑗对鲍启运设置鲍氏义田产生了至关重要的影响。乃

---

① 该篇文章《歙县金石志》中亦见收录。详见叶为铭辑《歙县金石志》卷11《鲍氏义田记》,《历代碑志丛书》第21册,江苏古籍出版社,1998,第251~252页。

致使陈大文有了这样的论断,"以其父隐居食贫而能举此为训,似知其子必将可行也"。

第三,鲍氏义田设置的基本情况。鲍启运设置的鲍氏宗族义田包括体源户和敦本户两大部分,其中体源户名下分两次共置田700亩,专门用来赡给族内的鳏寡孤独者;而敦本户名下置田约500亩,主要用来低价卖给族内贫乏,以赈济之。概言之,鲍启运总计捐置义田1200多亩,赈济对象包括鲍氏族内鳏寡孤独和贫乏者,捐助数额较大,救助范围亦较为广泛。

第四,高度赞扬鲍启运设置义田、睦亲敦本之义举。

此外,陈大文所撰《鲍氏义田记》在记述鲍启运此前设置体源户义田时,还言及"时朱南崖相国抚皖,为文记之,而刘石庵相国书丹刻石者也"。此处的朱南崖即朱珪(1731~1807),字石君,号南崖。《清代职官年表》记其曾两次出任安徽巡抚,时间分别为乾隆五十五年至乾隆五十九年(1790~1794),嘉庆元年至嘉庆四年(1796~1799)。[①] 刘石庵指刘墉(1719~1804),字崇如,号石庵,清代著名书法家。朱珪撰写的这篇《鲍氏义田记》,亦出现在合卷本《义田记》中,唯其书写者改为"当涂黄钺"。试详录之:

> 余再抚皖之明年,歙人鲍启运克成其父宜瑗遗志,积资置义田以赡族中之鳏寡孤独者,族人合词呈请立案,既嘉其义而许之,仍饬立石以垂永久。因思《礼》曰:尊祖则敬宗,敬宗则收族。是以族属繁衍,困乏相周,急难相救,至于鳏寡孤独之无告者,则尤当矜恤之,使有以为生。顾行之有难与易也。苟拥厚资,博乐善好施之名,推其有余以周不足,较之有其力而不行者固曰贤已,然而易也。若家不必素封,铢铢而积之,寸寸而累之,俭其口体之奉分以惠族之茕独咸利其利于无穷,则难能而可贵者矣。启运之父非有余财而惟日孜孜终身不倦,启运复恪承先志,敦本务实,图究其事,前后凡十年,共置田五百四十亩,名其田曰体源户,盖不忘其父之志云尔。夫启运之志如此,其坚又如此,其久而后成,非特今时之所难,即昔之范、徐两公又何以加焉?后之子孙其更体启运之志可也。书曰:表厥宅里,树之风声,有守土之责者欲化凉薄之风,成长厚之俗,非启运其谁与归耶?

---

① 钱实甫编《清代职官年表》,中华书局,1980,第1640~1648页。

《鲍氏义田记》

嘉庆二年秋七月赐进士出身诰授光禄大夫吏部尚书署安徽巡抚大兴朱珪撰，赐进士出身诰授奉直大夫内廷供奉户部云南司主事加一级，当涂黄钺书。①

朱珪的同名文章《鲍氏义田记》，其表述内容与陈大文的《鲍氏义田记》基本一致，也主要包括上述四大方面：此篇《鲍氏义田记》的撰写缘由、鲍氏义田的设立契机、鲍氏体源户义田设置的基本情况，对鲍启运父子义举的赞扬。而合卷本《义田记》收录的另一篇由洪梧撰写并书成的《鲍大夫甓斋先生义田记赞》一文，在记述鲍启运设置义田的相关情况之外，更是采用"赞颂"类文体——"赞"这一形式，集中笔力、浓墨重彩地盛赞了鲍启运设置义田的义举，赞扬鲍启运"君行莘莘，君志磷磷，昨间高义，动色荐绅"。值得一提的是，合卷本《义田记》收录的陈大文和朱珪撰写的两篇《鲍氏义田记》，还被鲍氏族人刻石立案保存下来，时至今日，这几方石碑仍被嵌在歙县棠樾鲍氏宗祠（男祠，敦本堂）墙壁中。② 这也恰好印证了合卷本《义田记》中朱珪的撰文所记"族人合词呈请立案，（朱珪）既嘉其义而许之，仍饬立石以垂永久"，果然不虚。

此外，棠樾鲍氏宗祠（敦本堂）保存至今的刻石中，还有五块石碑，内容分别为《公议敦本户规条》和《公议体源户规条》，它们是鲍氏宗族为加强对鲍启运捐设的敦本户与体源户义田管理而制定的相关管理规则，其中《公议敦本户规条》四十五则，《公议体源户规条》目前仅保留了十八则，内容涉及义田仓储管理、救济主体资格、田产租佃、祭祀费用等，十分详细而具体，③ 它们是鲍氏宗族实施义田管理的重要依据。

---

① 该篇文章《歙县金石志》中亦见收录。文后补注："甓斋于（嘉庆）七年八月又请诸城刘石庵相国墉再书一石，官衔录照。赐进士出身诰授光禄大夫经历讲官太子少保体仁阁大学士管理国子监诸城刘墉书。"刘墉自注："余为鲍甓斋书义田记，甓斋刻石拓寄，余自视笔意不减古人，甓斋之义气何让古人哉。请质南崖相国以为何如？东武刘墉。"（详见《歙县金石志》卷11《鲍氏义田记》，第247~248页）可知，鲍启运嘉庆七年曾请书法名家刘墉将朱珪的这篇《鲍氏义田记》重书，这也与陈大文文中"刘石庵相国书丹刻石"记载一致。
② 时至今日，歙县鲍氏宗祠内保存的《鲍氏义田记》石刻，包含了三种不同的书帖体式，分别为陈大文撰、梁同书所书《鲍氏义田记》以及由朱珪撰文，黄钺和刘墉分别书写的两种不同版式的《鲍氏义田记》。鲍雷：《棠樾鲍氏祠堂义田》，http：//www.10000xing.cn/x062/2008files/20100906144624312.html，最后访问日期：2018年5月21日。
③ 参见田涛等主编《徽州民间私约研究及徽州民间习惯调查》（下），法律出版社，2014，第176~182页。

三 合卷本《义田记》所展现的徽州社会风尚

1. 徽州宗族乐善好施、敦本睦族、慈孝传家的良好家风

合卷本《义田记》陈大文、朱珪的文章明确记载，鲍启运设置义田的重要原因之一是为了完成其父鲍宜瑗的夙愿，此点我们在其他材料中亦得到了佐证。道光《徽州府志》将鲍宜瑗收入《义行》类，其传文记云：

> 鲍宜瑗，字景玉，一字竹溪，棠樾人。幼具至性，族有辑孝子事为《世孝录》者，宜瑗六岁时，常手自书，乞人讲解。母汪多病，宜瑗入塾，得间辄归，依母不去。师以为怠学，后得其情，甚悯之。九岁居母丧，能哀毁，善事后母程。既长贾于外，岁必归省。及父逢仁老，遂不复出，与兄相处无间言。好行其德，时家无尺田，修理中大母竭、得公塘、上塘，修族祖宗岩寿孙慈孝坊及十四世祖灿孝子坊。里中有七星墩，筑自宋时，日就倾圮，形家谓一乡之隆替所系，宜瑗复修之。其他助丧葬，佽婚嫁，恤孤寡及周急济困诸举，力所能勉者辄行之，所不逮者举以训其子志道、启运而属望之。①

可见，鲍宜瑗幼年即有向善之心，奉母甚孝，且热心公益，为族人宗党周急济困，不遗余力；甚至在家无余资、自己为善力不从心的情况下，仍瞩望后辈，谆谆告诫其子鲍志道、鲍启运，寄望于他们能克承己志，成就善事。从中可见，乐善好施、敦本睦族、慈孝传家是鲍宜瑗家庭教育的重要内容。事实上，乐善好施、敦本睦族、慈孝传家也一直是棠樾鲍氏宗族文化的重要内涵之一。棠樾又名慈孝里，慈孝里之名即来源于鲍氏先祖鲍宗岩、鲍寿孙父子遇盗为保全对方，自愿争死之事。鲍氏后人对这一故事背后所传递的慈孝传家这一理念普遍认同且极力推崇。在棠樾鲍氏所修家谱中，鲍宗岩、鲍寿孙父子争死之事被置于家谱传记的开篇；家谱的编纂者还不厌其烦地将《宋史》和地方志中记录这一事迹的文字辑录保存下来，即为明证。② 明代，鲍氏宗族特别建成一座"御制慈孝"坊，以宣扬先人的"慈孝"善行；时至今日，这座牌坊仍耸立在棠樾村头，彰显着鲍氏

---

① 道光《徽州府志》卷12《义行》，清道光七年刊本。
② （清）鲍光纯纂修《棠樾鲍氏三族宗谱》卷5《新安先达传》，清乾隆二十五年刻本。

宗族以"慈孝"为荣的家族理念；而从鲍宜瑗的上述传记中，我们也可看到，鲍氏家族特别重视对子弟的慈孝等宗法思想教育，汇辑前贤慈孝事迹、推崇表彰族内孝子行为和推崇孝道便是其表现之一，如鲍宜瑗的传记中便提及鲍氏族人曾将本族的孝子事迹汇辑起来，纂成《世孝录》，流传族内；而从鲍宜瑗自身成长经历中我们不难看出，《世孝录》对鲍宜瑗的孝行的确产生了积极良好的正面影响。尤为难能可贵的是，鲍宜瑗尽管自己财力无多，无法将赈济族人的善念完全付诸行动，但其思想却深刻地影响了其子鲍志道、鲍启运，一旦时机成熟，这些善念便会自然地转化为行动。道光《徽州府志》鲍启运的传文记道：

> 鲍启运……以父生时好义而贫，于义举多未逮，有余资，不汲汲居积，辄遵父训先置义田。后渐业盐，家日起，田亦日增。歙山多田少，历十七年乃得千二百十亩有奇，归之宗祠，以七百余亩名体源，月给族之四穷，及废疾殁者并给之。以五百余亩名敦本，立春粜法，于岁二月粜贫族。其法以两田岁赋兵米计钱若干，按收杂升派钱数文，令粜者输以代偿，定于月之望前纳县，由是贫族得食贱谷，千亩历无逋赋。宗人嘉之，请官为立籍，禁侵削……他如置义冢助葬，赀育遗婴掩枯骨……类皆继父志所为者。①

鲍启运的传文中，再次强调了鲍宜瑗的乐善好施、敦本睦族观念对其不惜重金、捐置义田的直接影响。鲍启运的善举，在某种意义上，是"类皆继父志所为"的自然产物。就这样，棠樾鲍氏乐善好施、敦本睦族、慈孝传家这些价值理念在家族内部一代代地被传承乃至被付诸实践。由此，乐善好施、敦本睦族、慈孝传家这些价值理念渐渐地融入了鲍氏宗族的血液，成为该家族成员普遍信奉的价值观。家族成员争先向善，族人鲍志道、鲍漱芳、鲍均等人都曾捐出巨资襄助善举，②而明清徽州社会由此呈现出乐善好施、敦本睦族、慈孝传家等优良的社会风尚，鲍启运为族人捐置义田仅是其中一例。

2. 徽商"贾而好儒"、热衷结交名士达官的群体特征

明清时期，商人与达官名士之间的交往极为密切，双方互相攀结，相

---

① 道光《徽州府志》，清道光七年刊本。
② 民国《歙县志》卷9《义行》。

互利用，各展所长，各取所需。范金民教授曾深入分析了这一现象背后折射的双方利益动机："文士是舆论的重要制造者和传播媒介，毁誉之间，较一般民众具有更大的影响力。商人因其地位，风雅之外，也多攀附，有些商人本身雅有儒风，具有一定的文化素养，更亦与文士诗文酬唱；文人因商人多金，利之所在，故趋之若鹜。"① 可见，商人看中的是达官名士在传播上的强大影响力，而达官名士看中的则是商人的多金，这些重要的利益动机促进了商人和达官名士之间的频繁往来。明旭博士则强调，在传统的封建社会，客商的交易活动由于缺乏足够的正式制度和规则保障而存在着明显的人格化交易倾向。在此情势下，"贾而好儒"是徽商们致力于提高个人形象，从而节省人格化交易中交易成本的一种努力。热衷结交达官名士，构建四通八达的关系网络既可扬名，又可为商业贸易提供更多的商业信息和政治保护，对商业的运营无疑也是有利的。② 正是在上述多重利益动机的驱使下，徽商们"贾而好儒"、热衷结交名士达官的群体特征也就被淋漓尽致地展现出来——徽商们或先儒后贾，或先贾后儒，或亦贾亦儒、儒贾结合，热衷于结交达官名士，醉心于文化事业，读书吟诵，舞文弄墨，甚或挪斥巨资搜罗、收藏，乃至经营书法、绘画、古董等文化艺术品，与达官名士群体往来密切，"贾而好儒"已经成为明清徽商们的群体特征和鲜明特色，此点在合卷本《义田记》中亦有体现。

鲍家以营商致富后，鲍志道、鲍启运及鲍漱芳等人也秉承徽商们"贾而好儒"的传统，醉心文物，雅好收藏。棠樾鲍氏甚至以其丰富、高品位的文化艺术品收藏而为业界推崇。据黄崇惺《草心楼读画集》所记："休、歙名族乃程氏铜鼓斋、鲍氏安素轩、汪氏涵星斋、程氏寻乐草堂，皆百年巨室，多蓄宋元书籍、法帖、名墨、佳砚、奇香、珍药，与夫尊彝、圭璧、盆盎之属，每出一物，皆历来赏鉴家所津津称道者。"③ 从中可以看出，鲍氏的安素轩，在当时的收藏界已经占有极为重要的一席之地，成为业界公认的收藏名家。前文言及的鲍启运之侄鲍漱芳，更是嗜书成癖，尤爱墨宝，毕生搜集宋元古籍、法帖、绘画、墨砚等珍品，后不惜重资，请名家高手

---

① 范金民：《明清地域商人与江南文化》，《国计民生——明清社会经济研究》，福建人民出版社，2008，第679页。
② 明旭：《明代徽商"贾而好儒"现象的研究》，博士学位论文，浙江大学，2012，第105、133页。
③ 黄崇惺：《草心楼读画集》，见《美术丛书》第1集。转引自范金民《明清地域商人与江南文化》，《国计民生——明清社会经济研究》，福建人民出版社，2008，第661页。

精选唐宋以来书法墨迹珍品,汇刻成清代极为著名的《安素轩法帖》,在中国书法史上留下了浓墨重彩的一笔。而雅好收藏的家族氛围和艺术志趣必然让鲍启运等人得以与文化品位较高的达官名士们有了更多的共同话语,并为其间的密集交往提供了更多的契机;事实上,鲍氏家族与当时的达官名士纪昀、朱珪、伊秉绶、刘墉、翁方纲、邓石如、梁同书、袁枚、罗聘、钱泳、张问陶、王芑孙等人皆交往亲密,鲍氏宗族亦由此在当时的艺坛,乃至政、商两界都获得了巨大影响力。① 而合卷本《鲍氏义田记》则为我们管窥以鲍氏为代表的徽商群体以书画等艺术品为纽带,打通商界、政坛和艺坛,构建四通八达的人际关系网络提供了一个极佳的观察事例。

合卷本《义田记》中的作者及书者中的梁同书、黄钺、洪梧、吴锡麒,以及受鲍启运之邀、将朱珪的那篇《鲍氏义田记》重书的刘墉,或为书法名家,或为文化名流,或为著名的艺术评论家,皆是当时书苑、文坛赫赫有名的文人雅士,他们应邀为鲍启运撰文书碑,是明清徽商"贾而好儒"、与文人雅士或官员群体密集交往的体现之一。而应邀为鲍启运撰文的朱珪、陈大文,前者时署安徽巡抚,后者时任两江总督,为鲍启运撰文时他们都是徽州的行政长官。考虑到封建时代的很多文人名士本身就是官员或是官员的后备力量——如合卷本《鲍氏义田记》撰文或书碑者中的梁同书、黄钺、刘墉等人,既是闻名于世的文人雅士,也是执政一方的朝廷官员,如此一来,借助撰文或书碑合卷本《鲍氏义田记》这一看似无心的风雅之举,鲍氏家族轻松地以书画等艺术品为纽带,打通了商界、政坛和艺坛,构建或进一步巩固了四通八达的人际关系网络,从而可以更为便捷地了解朝廷的政策和各种经济信息,在注重人格化交易的传统商业模式下,举重若轻地为家族营商创造了更好的外部环境。

此外,鲍氏宗族通过礼请文化名流或地方政要为族人鲍启运的捐田义举撰文书碑,还可实现以下目的:其一,以宣扬族人鲍启运善举为契机,为鲍启运博取声誉,扩大名声,并进而提高鲍氏宗族的整体影响力,为家族的生存发展营造更好的环境。正因如此,撰文书碑者之文化名流或地方政要身份就无疑显得非常重要,名士达官这层身份外衣可以为鲍氏宣传目标的达成起到推波助澜、事半功倍之效,这无疑是合卷本《鲍氏义田记》撰文书碑者多为达官名士的重要原因之一;此外,由达官名士专门撰文书

---

① 《〈功甫帖〉辨伪新证》,《东方早报·艺术评论》2014年4月16日,第4~8版。

碑表彰族人善举,对培养族人的宗族认同感和自豪感也是十分有益的。鲍启运之季父鲍宜瑗曾在陈大文撰文、梁同书所书《鲍氏义田记》文后补注中不无自豪地记述道:

> 我祖尚书公传我八世,世守清贫,笃于为善。两侄体先人夙志,如建世孝祠,重兴书院,修桥平路,筑水土堨置族田,设义塚,均次第为之:大侄志道殁后,感荷君恩,崇祀乡贤;次侄启运得朱相国、陈尚书作记褒奖,又得刘相国、梁侍讲名书传世,诚余家幸事,耄耋之年亲见之,更为愉快。①

鲍启运之季父鲍宜瑗对鲍氏宗族"世守清贫、笃于为善"之族风,对族侄鲍志道、鲍启运后先相继、勇于为善之义举,特别是对达官名士书碑撰文表彰鲍氏兄弟义举等有着无以言表的自豪感。可见,礼请达官名士对族人义行撰文书碑很好地实现了增强宗族凝聚力、提高宗族影响力的重要目标。

其二,借宣扬、表彰鲍启运的捐助宗亲之善举,激励族内后来者,继续秉承乐善好施、敦本睦族的家族理念,所谓"得斯文斯书以表彰,传世千百载后,使见者油然向善,而则效之"②,所言即此。上文言及的鲍氏宗族曾将合卷本《义田记》收录的陈大文和朱珪撰写的两篇《鲍氏义田记》以及义田管理的相关规则刻石陈列于宗祠墙壁中,对族人乐善好施、敦本睦族行为大力表彰,其原因亦在此。从上述论述中,我们还可以看出,明清徽州社会的慈善活动已经形成了一套较为成熟且行之有效的完整体系:宗族通过加强宗法思想和慈善思想教育,在子弟心中播下了乐善好施、敦本睦族、慈孝传家等善念的种子,一旦时机成熟,这些善念就会被族人转化为具体的善行、善举;而这些善行、善举又会得到宗族积极的支持和回应——族人共同向官府"共请立案",请求对族人个人义举进行表彰即是其中一例。鲍氏宗族为加强对鲍启运捐置义田的管理,还制定了专门的管理条例——《公议敦本户规条》《公议体源户规条》,使得宗族慈善管理变得有章可循、有据可依,这无疑为宗族慈善行为的顺利实施和有效运转提供了极大的制度保障。此外,鲍氏宗族还礼请名家将撰文书碑,并将这些碑

---

① 《歙县金石志》卷11《鲍氏义田记》,第251~252页。
② 《歙县金石志》卷11《鲍氏义田记》,第251~252页。

文刻石陈列于祠堂之中，这无疑既奖劝了行善者，又激励了后来者；而从官府的立场来看，由族人捐资助族、扶贫济困既顺应了传统儒家和封建国家所推崇的任恤这一治国理念，又有利于社会秩序的稳定，故对此类行为，官府也是极力推崇并大力宣扬的——上文中身为地方官的朱珪、陈大文等人亲自撰文表彰鲍启运的善举便是官府积极介入并引导民间慈善行为的重要表现形式之一。在宗族、官府、族人的积极配合和共同努力下，明清徽州社会由此呈现出乐善好施、敦本睦族、慈孝传家等优良的社会风尚。而"贾而好儒"、热衷结交名士达官这一群体特征，无疑对徽商在注重人格化交易的传统商业模式下，成功地构建四通八达的人际关系网络，更为灵活便捷地获得朝廷政策和经济信息，更好地营造良好的经商环境等都起到了积极的促进作用。

（作者单位：合肥学院中文系）

·学术与文化·

论清中期官方对"重考据"学风的营造及其实质

王献松

内容提要 乾隆时期程朱理学渐受冷落，考据学代之而起，成为清代"显学"。这一清代学术的考据学转向，与官方对"重考据"学风的营造密不可分，其手段主要是借助对考据学家及其学术的褒奖，为学术界指明新的研究方向——考据学。而尤以编修《四库全书》前后对顾栋高、顾炎武、戴震的褒奖最具代表性，这在很大程度上鼓舞了当时及以后的学者，使之纷纷加入到考据学研究的行列之中。但官方通过编修《四库全书总目》来营造"重考据"学风，并非简单地为了规范清代学术的发展，其背后还蕴含着打压政治朋党、限制言论自由的政治意图。

关键词 清代学术 考据学 学术风气 《四库全书总目》

宋代以来，程朱理学创兴，并逐步借助科举考试成为官方主流意识形态，对社会稳定起到了积极作用。沿至明代中期，阳明心学继起，空谈心性，盛极一时，席卷思想界，至明亡清兴，有以明之覆灭归因于阳明心学之空谈者，故清初程朱理学一度复兴。但明末清初时期的学术主流仍是所谓"理学余绪"，以程朱理学、陆王心学之间的争论为主，并最终以程朱理学得到官方支持而胜出。但由于此时"崇实黜虚"学风的影响，考据学逐渐兴起，虽非学术主流，但也成为清初学术重要的一支。至乾隆中期，随着宋明理学与清廷统治政策之间出现龃龉，理学渐受冷落，清廷开始为学术寻找新的榜样，以打压对其统治存在潜在威胁的讲学活动，而考据学这一新兴且呈上升发展的学问进入清廷的视野，并代理学而起，成为学术主流。而这与清廷有意褒奖"实学"①之官方行为有关,其中考据学是其最为核心的部分。可以说,清廷通过一系列官方行为,营造了浓厚的"重考据"的学术氛围,促成了清代学术的考据学转向。②而清廷达到这一目的手段主要就是借助对考据学家及其学术的褒奖,为学术界指明新的研究方向——考据学。

本文主要从清代乾隆时期官方在编修《四库全书》前后对顾栋高、顾炎武、戴震三位具有代表性的考据学家的表彰与奖掖,来讨论清中期官方对"重考据"学风的营造,并在此基础上进一步探究这一官方行为背后的政治意图。

一 清廷对"重考据"学风的营造

(一)"发现"顾栋高

清廷对考据学的提倡,以官方主导修纂《四库全书》及编纂《四库全书总目》最具代表性。但在此之前,官方已开始提倡经义实学,而以对顾栋高的表彰最为明显。

顾栋高(1679~1759),字复初,一字震沧,江苏无锡人。康熙六十年(1721)进士,授内阁中书;雍正元年(1723),以奏对越次罢职,归里后以经书考据为事。乾隆十三年(1748),撰成《春秋大事表》五十卷。十五年,清高宗特诏内外大臣荐举经明行修之士。十六年,大臣所举凡四十余人,不称清高宗之意,故于闰五月辛巳(十六日)再谕群臣曰:

> 但观此番内外诸臣保举,尚未能深悉朕意。盖经术为根柢之学,原非徒以涉猎记诵为能。朕所望于此选者,务得经明行修、淹洽醇正之士,非徒占其工射策、广记问、文藻词章,充翰林才华之选而已,亦非欲授以政事,责其当官之效,如从前各保一人故事。此朕下诏本意也。在湛深经术之儒,原不必拘拘考试。……势不得不慎重考校以

---

① 这里的实学以对经书的考证研究为主,区别于以谈义理为主的程朱理学。
② 考据学历代皆有发展,然均未成为主流学术。清初虽有顾炎武、阎若璩等考据学家,但学术界仍以程朱理学家为多,至乾隆时期清廷才开始提倡考据学,尤其以修纂《四库全书》及编纂《四库全书总目》为标志,考据学得到官方正面肯定及表彰,才逐渐形成所谓"乾嘉考据学",进而成为最能代表清代学术的内容。

163

甄别之。……此所举内，果有笃学硕彦，为众所真知灼见如伏生之流者，即无庸调试，朕亦何妨降旨问难经义，或加恩授以官阶，示之奖励乎？著大学士九卿将现举人员，再行虚公核实，无拘人数，务取名实相孚者，确举以闻。如果众所共信，即可不必考试；若仍回护前举，及彼此瞻徇，则尤重负尚经学、求真才之意，独不畏天下读书人訾议与后世公评耶？①

清高宗所求人才，并非文士，亦非干吏，而是"经明行修、淹洽醇正之士""湛深经术之儒"。故清高宗于此次荐举之四十余人考核特严，最后仅得四人，而顾栋高即其中之一。闰五月壬辰（二十七日）上谕又曰：

保举经学之陈祖范、吴鼎、梁锡玙、顾栋高，既据大学士、九卿等公同复核，众论佥同，其平日研穷经义，必见之著述，朕将亲览之，以觇实学。在京者，即交送内阁进呈，其人著该部带领引见；在籍者，行文该督抚就取之，朕观其著述，另降谕旨。或愿赴部引见，或年老不能来京者听。②

但顾栋高此时已七十三岁，未能赴京，故清高宗又于八月丙申（初三日）谕曰："据王师折奏'保举经学之陈祖范、顾栋高，年力老迈，不能来京'等语。陈祖范、顾栋高，俱著给与国子监司业职衔，以为绩学之劝。所有著述留览。"③授予顾栋高国子监司业一职，以示褒奖。

乾隆二十二年，清高宗第二次南巡，顾栋高再蒙恩宠，《清史列传·儒林传·顾栋高传》载："二十二年，南巡，召见行在，加祭酒衔，赐御书'传经耆硕'四字。"④不但职衔由"司业"升为"祭酒"，还得清高宗亲笔御书，可谓极尽恩宠。

乾隆二十四年，顾栋高卒于家。但清高宗对顾栋高的恩典并没有因此结束。乾隆三十年六月，清高宗下诏重开国史馆，编修列传。九月戊子（十五日）就列传体例颁谕曰：

---

① 《高宗实录》，《清实录》第14册，中华书局，1986，第132页。
② 《高宗实录》，《清实录》第14册，中华书局，1986，第140页。
③ 《高宗实录》，《清实录》第14册，中华书局，1986，第202页。
④ 《清史列传》，王钟翰点校，中华书局，1987，第5476页。

> 列传体例，以人不以官。大臣中如有事功、学术足纪，及过迹、罪状之确可指据者，自当直书其事，以协公是公非。……且如儒林亦史传之所必及，果其经明学粹，虽韦布之士不遗，又岂可拘于品位？使近日如<u>顾栋高</u>辈，终于淹没无闻耶？举一以例其余。①

在此上谕中，清高宗特意提出要将顾栋高列入《儒林传》，顾栋高可以算是钦定的"儒者"了。乾隆三十七年正月庚子（初四日），清高宗命中外搜辑古今群书，其谕旨之中又提及顾栋高，曰：

> 朕稽古右文，聿资治理，几余典学，日有孜孜。……今内府藏书插架，不为不富，然古今来著作之手无虑数千百家，或逸在名山，未登柱史，正宜及时采集，汇送京师，以彰千古同文之盛。其令直省督抚、会同学政等，通饬所属，加意购访。……又如历代名人，洎本朝士林宿望，向有诗文专集；及近时沉潜经史，原本风雅，如<u>顾栋高</u>、陈祖范、任启运、沈德潜辈，亦各著成编，并非剿说、卮言可比，均应概行查明。②

郭伯恭《四库全书纂修考》将此谕旨视为"四库开馆之第一声"③，而其中顾栋高又被清高宗视为"沉潜经史，原本风雅"之人，要访求其书。

可以说，正是清高宗对顾栋高的"发现"，使他由一个赋闲居家的穷经之儒，一跃而为一代儒林之首。而改变这一切的，正是顾栋高埋首穷经，撰著《春秋大事表》等书之行为。可以说，清高宗对顾栋高的恩外褒奖，主要是因为对他能够专心经学，不尚空言，与官方倡导的"敦崇实学"相合。自此以后，更多的学者开始埋首经书之中，以"实学"相尚，而不以"空言"为高，清代学术日趋于"笃实"一途。清初以来，学者大多仍承宋明理学之余绪，至此而渐趋低谷，而考据实学持续上升，遂成乾嘉时期之显学。

（二）"标榜"顾炎武

乾隆三十八年，清高宗下诏开四库馆，纂修《四库全书》，随后又颁谕

---

① 《高宗实录》，《清实录》第18册，中华书局，1986，第192页。
② 《高宗实录》，《清实录》第20册，中华书局，1986，第4~5页。
③ 郭伯恭：《四库全书纂修考》，岳麓书社，2010，第6页。

编纂《四库全书总目》（以下简称《总目》），以评价两千多年来之学术，并进而为当下学术研究指明方向。而《总目》展现的最主要的评价标准就是"尊汉抑宋"，即在清代兴起的汉、宋之争中站在汉学一方，大力表彰汉学之功。"尊汉抑宋"这一原则是在"汉学笃实、宋学空虚"的认识下，对清高宗"敦崇实学"的发扬。

《总目》对考据学的提倡就是其"尊汉抑宋"的一大体现。而《总目》在对清代考据学的论述之中，又以对顾炎武的标榜最为突出。《总目》通过学术评价的方式，建构了顾炎武作为"清代考据学开山之祖"的学术地位。拙文《论〈四库全书总目〉对顾炎武学术史地位的建构》[①] 曾系统论述此问题，今掇其要点于下。

顾炎武（1613~1682），本名绛，后改名炎武，字宁人，号亭林，江苏昆山人。明亡后曾从事反清活动，后专心著述，著有《日知录》《音学五书》《天下郡国利病书》《肇域志》《亭林诗文集》等。顾炎武从事反清活动的这一经历，在乾隆时期已逐渐被淡化，因为清高宗为表彰忠义，对降清之明臣大加鞭挞，并为之于国史内立《贰臣传》，以示彰善瘅恶之意。而那些反清志士相对而言，逐渐得到宽容。《总目》在处理顾炎武及其著作时，采取的就是"重学术、轻政治"的态度。虽然当时官方将顾炎武《亭林诗文集》列入禁毁之列，并在某些学者心目中造成恐慌，但《总目》对顾炎武学术著作还是大力标榜的。《总目》对顾炎武的标榜主要体现在以下三个方面。

第一，《总目》收录顾炎武著作较多，且整体评价较高。《总目》收录顾炎武著作有十四部之多，依次是：《左传杜解补正》、《九经误字》、《音论》、《诗本音》、《易音》、《唐韵正》、《古音表》（以上五种又总为《音学五书》）、《韵补正》、《历代帝王宅京记》、《营平二州地名记》、《求古录》、《金石文字记》、《石经考》、《日知录》，并主要表扬其考据学成就。如《总目》认为《左传杜解补正》的考证"皆有根据，其他推求文义、研究训诂，亦多得左氏之意"，"炎武甚重杜《解》，而又能弥缝其阙失，可谓扫除门户，能持是非之平矣"[②]；《历代帝王宅京记》"征引详赅，考据亦颇

---

① 王献松：《论〈四库全书总目〉对顾炎武学术史地位的建构》，《人文论丛》2015 年第 2 辑，武汉大学出版社，2015，第 279~291 页。
② 永瑢等《四库全书总目》，《景印文渊阁四库全书》第 1 册，台湾商务印书馆，1983，第 583~584 页。

精审"①;《营平二州地名记》"于考证之学不为无补"②;《金石文字记》"证据今古,辨正讹误,较《集古》、《金石》二《录》实为精核"③。《总目》评价顾炎武《日知录》更是不吝赞美之词:"炎武学有本原,博赡而能通贯,每一事必详其始末,参以证佐,而后笔之于书。故引据浩繁,而牴牾者少。非如杨慎、焦竑诸人,偶然涉猎,得一义之异同,知其一而不知其二者。"④《总目》都是从考据学角度评价顾炎武的著作的,认为他能不涉门户之见,考证翔实精核,能订正前人谬误,发前人所未发,其成就已超越吴棫、杨慎、焦竑等人。

第二,《总目》进行学术评价时,将顾炎武作为其评价的"参照物"。如《总目》评价朱熹《周易本义》时,引用《日知录》卷1"朱子《周易本义》"条中关于程颐《易传》与朱熹《本义》分合过程的考证,称顾氏所辨"最为明晰"。⑤又如评价阎若璩学术时,称其"博极群书,又精于考证,百年以来,自顾炎武以外,罕能与之抗衡者";⑥又称其"记诵之博,考核之精,国初实罕其伦匹,虽以顾炎武之学有本原,《日知录》一书,亦颇经其驳正,则其他可勿论也"。⑦又《总目》中有记载其他学者引用顾炎武学说者,如朱鹤龄《诗经通义》"释音,明用陈第,国朝用顾炎武"。⑧此外,《总目》在对顾炎武考据学给予高度评价的同时,也对其考据失误给予驳正,践行考据学实践。

第三,《总目》构建了顾炎武"清代考据学开山之祖"的学术形象。《总目》主要从四个角度展开:首先是建构顾炎武"博学多识、考证精核"的整体形象。《总目》在所收顾炎武首部著作《左传杜解补正》之提要中开篇即称:"博极群书,精于考证,国初称学有根柢者,以炎武为最。"⑨这可以说是《总目》对顾炎武评价的纲领性表述。其他表述如称"顾炎武博极群书"⑩、

---

① 《四库全书总目》,《景印文渊阁四库全书》第2册,第483~484页。
② 《四库全书总目》,《景印文渊阁四库全书》第2册,第512页。
③ 《四库全书总目》,《景印文渊阁四库全书》第2册,第785页。
④ 《四库全书总目》,《景印文渊阁四库全书》第3册,第590页。
⑤ 《四库全书总目》,《景印文渊阁四库全书》第1册,第77页。
⑥ 《四库全书总目》,《景印文渊阁四库全书》第1册,第742页。
⑦ 《四库全书总目》,《景印文渊阁四库全书》第3册,第591~592页。
⑧ 《四库全书总目》,《景印文渊阁四库全书》第1册,第350页。
⑨ 《四库全书总目》,《景印文渊阁四库全书》第1册,第583页。
⑩ 《四库全书总目》,《景印文渊阁四库全书》第1册,第893页。

"顾炎武考证之学最为精核"①、"炎武本精考证之学"② 等，也凸显了顾炎武"博学多识、考证精核"的整体形象。除了这种对顾炎武的直接描述外，《总目》在列举清代考据学家时，也以顾炎武为首。如称"汉儒考证之学，遂散见杂家笔记之内，宋洪迈、王应麟诸人，明杨慎、焦竑诸人，国朝顾炎武、阎若璩诸人，其尤著者也"。③ 其次是建构顾炎武"清代古音学第一人"的形象。如《总目》称："百余年来言韵学者，虽愈阐愈密，或出于炎武所论之外，而发明古义，则陈第之后，炎武屹为正宗。"④ "古音之学，自宋吴棫而晦，自明陈第乃渐明，国朝顾炎武诸家，阐发其旨，久有定论。"⑤ 清代古音学在顾炎武之后，经过江永、戴震、段玉裁、王念孙、孔广森等人的研究，愈加精密，但清代古音学的基本格局，在顾炎武《音学五书》中已基本奠定。所以，《总目》认为在清代古音学中，"炎武屹为正宗"，即是肯定其"清代古音学第一人"的地位。再次是建构顾炎武"娴于地理"的形象。《总目》对顾炎武地理学成就的肯定，主要是因其有功于考据学。如《总目》称："炎武博极群书，足迹几遍天下，故最明于地理之学。"⑥ 又称："盖地理之学，炎武素所长也。"⑦ 又称："炎武娴于地理，所纂述多可依据，书虽残阙，要于考证之学不为无补焉。"⑧ 最后是建构顾炎武在金石学方面的地位。如《总目》称："今观其书，裒所见汉以来碑刻，以时代为次，每条下各缀以跋，其无跋者亦具其立石年月、撰书人姓名。证据今古，辨正讹误，较《集古》《金石》二《录》实为精核。……在近世著录金石家，其本末源流，灿然明白，终未能或之先也。"⑨ 顾炎武对金石学的研究主要侧重于将金石文献与传世的经世文献进行比勘考证，如据《石经》对《仪礼》脱文的校补，就得到《总目》的高度赞扬。这是清代考据学中非常重要的研究方法，《总目》自然会对顾炎武考据学地位有更高的评价。综合以上四个角度，我们可以非常清晰地看到，《总目》通过学术评价的方式，基本上建构了顾炎武作为"清代考据学开山之祖"的学术地位。后来

---

① 《四库全书总目》，《景印文渊阁四库全书》第 2 册，第 50 页。
② 《四库全书总目》，《景印文渊阁四库全书》第 3 册，第 730 页。
③ 《四库全书总目》，《景印文渊阁四库全书》第 1 册，第 680 页。
④ 《四库全书总目》，《景印文渊阁四库全书》第 1 册，第 883～884 页。
⑤ 《四库全书总目》，《景印文渊阁四库全书》第 1 册，第 941 页。
⑥ 《四库全书总目》，《景印文渊阁四库全书》第 2 册，第 606～607 页。
⑦ 《四库全书总目》，《景印文渊阁四库全书》第 2 册，第 483～484 页。
⑧ 《四库全书总目》，《景印文渊阁四库全书》第 2 册，第 512 页。
⑨ 《四库全书总目》，《景印文渊阁四库全书》第 2 册，第 785～786 页。

梁启超提出"论清学开山之祖，舍亭林没有第二个人"，①即可溯源于《总目》之评价。

《总目》建构顾炎武"清代考据学开山之祖"的学术地位，主要是为了证明：自清初以来，考据学就一直是清代学术的主流，这不仅符合清高宗提出的"敦崇实学"政策，也同时为《总目》在整体上"重考据"的评价标准提供历史依据。可以说，《总目》通过对顾炎武的"标榜"，确实营造出一副自清初以来考据学就一直欣欣向荣的图景，有引导学术风气之意。

（三）"奖掖"戴东原

清廷通过编修《四库全书》，不仅对清初考据学代表人物顾炎武进行大力褒扬，而且对当时的考据学者也多有奖掖，而其中尤以对戴震的奖掖最为著名。

戴震（1724~1777），字东原，又字慎修，徽州休宁人。他早年师从江永，于音韵、训诂、历算、地理等学，无不精通。然戴东原于科场颇为不顺，乾隆二十七年（1762）方中举人，时已年近四十，此后屡举进士而不第。

戴东原于乾隆二十年（1755），避仇入京师。段玉裁《戴东原先生年谱》载：

> 纪文达公《考工记图序》曰："乾隆乙亥夏，余初识戴君，奇其书。"盖先生是年讼其族子豪者侵占祖坟，族豪倚财，结交县令，令欲文致先生罪，乃脱身挟策入都，行李衣服无有也。寄旅于歙县会馆，饘粥或不继，而歌声出金石。是时纪太史（昀）、王太史（鸣盛）、钱太史（大昕）、王中翰（昶）、朱太史（筠）俱甲戌进士，以学问名一时。耳先生名，往访之，叩其学，听其言，观其书，莫不击节叹赏。于是声重京师，名公卿争相交焉。②

戴东原此时只是一名秀才，但已著有《筹算》《六书论》《考工记图注》《转语二十章》《尔雅文字考》《屈原赋注》《诗补传》等考据学著作。可见他之所以能以学问"名重京师"，凭借的正是他在考据学上的成就。故乾隆三十八年（1773）四库馆开馆时，戴东原得以被荐，充纂修官，入馆修书。

---

① 梁启超：《中国近三百年学术史》，商务印书馆，2011，第68页。
② 段玉裁：《戴东原先生年谱》，《戴震文集》，中华书局，1980，第221页。

《戴东原先生年谱》载：

> 上开四库馆，于文襄公以纪文达公、裘文达公之言，荐先生于上。上素知有戴震者，故以举人特召，旷典也。奉召充纂修官。①

当时四库馆纂修官，多以翰林学士充任。而戴东原能够以"举人"身份参与其中，实为"旷典"，于戴东原为莫大殊荣。当时以特召进入四库馆的还有邵晋涵、周永年、余集、杨昌霖四人，时人目之为"五征君"，其中余集为乾隆三十一年进士，邵晋涵、周永年为乾隆三十六年进士，杨昌霖与戴东原二人为举人。《清实录·高宗实录》乾隆三十八年闰三月庚午（十一日）载：

> 大学士刘统勋等奏："纂辑《四库全书》，卷帙浩博，必须斟酌综覈，方免罣漏参差。……又进士余集、邵晋涵、周永年，举人戴震、杨昌霖，于古书原委，俱能考订，应请旨调取来京，令其在分校上行走，更资集思广益之用。"从之。②

清戴璐《藤阴杂记》卷2亦载：

> 癸巳四库馆开，以翰林纂辑不敷，刘文正保进士邵晋涵、周永年，裘文达举进士余集、举人戴震，王文庄举举人杨昌霖，时称五征君。武康高文照未与斯选，寄五君云："丹綍旁求石室书，普天光气吐蟫鱼。洽闻端赖终军豹，薄技空惭黔地驴。亡去篇增安世策，载来学富惠施车。诸公衮衮蒲轮出，一夜多空风雨庐。屈指浮生几甲寅，孤身天地一微尘。魏收木榻经穿久，刘勰雕龙自鬻频。正派百川归学海，空山四壁有逋臣。大官厨味宁多美，珍重青藜照读人。"高少工诗，博学，仅以拔贡中甲午举人，乙未客死京寓。五君俱改入翰林。③

可见，戴东原能以举人身份充任四库馆纂修官，除系其个人殊荣外，也颇

---

① 段玉裁：《戴东原先生年谱》，《戴震文集》，中华书局，1980，第233页。
② 《高宗实录》，《清实录》第20册，中华书局，1986，第514页。
③ 戴璐：《藤阴杂记》，北京古籍出版社，1982，第18~19页。

为同时学者所艳羡。此时的戴东原虽然只是举人,但其考据学成就已得到学界公认。① 而官方的这一破格行为,也表明清廷对考据学的肯定态度。

戴东原于乾隆二十七年中举人后,先后参加二十八年、三十一年、三十四年、三十六年、三十七年、四十年六次会试,皆不第。而乾隆三十八年七月戊辰(十一日)上谕曰:

> 前据办理《四库全书》总裁奏,请将进士邵晋涵、周永年、余集,举人戴震、杨昌霖,调取来京,同司校勘。业经降旨允行,但念伊等现在尚无职任,自当予以登进之途,以示鼓励。著该总裁等,留心试看年余,如果行走勤勉,实于办书有益。其进士出身者,准其与壬辰科庶吉士一体散馆;举人则准其与下科新进士,一体殿试。候朕酌量降旨录用。②

故戴东原乾隆四十年虽会试不第,却得以与该科贡士一同参加殿试,并最终赐同进士出身,授翰林院庶吉士。

戴东原自中举之后,十几年来六次参加会试,皆不第,却能凭借其在考据学方面的成就,受到官方赏识,得以参与编修《四库全书》,并被恩赐进士,进而进入翰林院。其过程虽然艰辛,但也让那些埋头经史、醉心考据而又不擅长应试的学者看到了希望。可以说,清廷对戴东原这样一位著名的考据学家的"奖掖",不仅让底层士子看到了考据学的重要,也让已经有科举功名的官员认识到朝廷对考据学的重视。

可以说,清廷对顾栋高、顾炎武、戴东原三人的表彰,以营造官方"重考据"的学风,其意义非凡。这其中既有对顾炎武这样已故学者的"标榜",也有对戴东原这样健在学者的"奖掖",更有对生前、身后皆受恩宠的顾栋高的褒奖,极具代表性和示范性。这不仅使当时从事考据学的学者看到了希望、坚定了信心,从而更加专注于考据学研究;而且对年轻学者的学术兴趣也有引导作用,使他们也加入到考据学研究之中。可以说,顾栋高、顾炎武、戴东原三人在清中期的这一际遇,对当时及以后学者具有强烈的刺激,生前或身后亦能得此殊荣的期望成为鼓舞其从事考据学的一大内在动力。总之,清廷通过对三人的表彰以扭转学术风气的努力取得了

---

① 关于戴震的考据学成就,可参考徐道彬《戴震考据学研究》,安徽大学出版社,2007。
② 《高宗实录》,《清实录》第20册,中华书局,1986,第654页。

成功。"重考据"的学风日趋浓厚,越来越多的学者加入到考据学的研究行列,终身埋首故纸堆中,在一定程度上也消解了汉族士人在思想上对满族统治的潜在威胁。

二 清廷营造"重考据"学风的实质

清廷通过编修《四库全书》以及编纂《四库全书总目》,对学术界传达出"重考据"的学术指导方针,使更多的学者开始转向考据学研究。但清廷传达出的"重考据"这一信息,并非简单地为规范学术发展而作的倡议,而是在其背后有着深刻的政治意图。也就是说,《总目》的"重考据"只是其表面现象,并非其实质。《总目》"重考据"的主要意图,是通过对考据学的倡导,达到对以"讲学""空谈性理"为特征的程朱理学的抑制,进而批评并打压政治上的朋党,以及尽可能地限制士人的言论自由,使士人趋于考据学一途,而埋头于故纸堆之中,进而消解汉族士人在思想上对满族统治的威胁。

(一) 打压政治朋党

"朋党"问题一直是困扰皇权统治的一大政治问题,自专制皇权产生之日起,就如影随形地伴随着皇权政治。如汉末的党锢之争、唐代的牛李党争、宋代的元祐党争、明代的东林党争,是其中规模较大的朋党活动。朋党虽因皇权而产生,并寄生于皇权之中,但同时也在某种程度上对皇权统治构成挑战。

在清初政治之中,朋党之争也是一大政治问题。康熙时期就有所谓的"明珠、索额图之争""南北党之争""夺嫡之争"等党争,极大地挑战了清廷对皇权专制的加强。为此,清圣祖、清世宗、清高宗等都对"朋党"问题极为重视,清世宗甚至亲自上阵,作《朋党论》一文,为朋党者之诫。《清实录·世宗实录》雍正二年七月丁巳(十六日)载:

> 谕诸王、贝勒、公、满汉文武大臣官员等:朕即位后,于初御门听政日,即面谕诸王文武大臣,谆谆以朋党为戒。今一年以来,此风犹未尽除。圣祖仁皇帝亦时以朋党训诫廷臣,俱不能仰体圣心,每分别门户,彼此倾陷,分为两三党,各有私人,一时无知之流,不入于

此，即入于彼。……朕今御制《朋党论》一篇颁示，尔等须洗心涤虑，详玩熟体。……《御制朋党论》曰：朕惟天尊地卑，而君臣之分定。为人臣者，义当惟知有君。惟知有君，则其情固结不可解，而能与君同好恶。夫是之谓一德一心，而上下交。乃有心怀二三，不能与君同好恶，以至于上下之情暌，而尊卑之分逆，则皆朋党之习为之害也。……若朋党之徒，挟偏私以惑主听，而人君或误用之，则是以至公之心反成其为至私之事矣。……人臣乃敢溺私心，树朋党，各徇其好恶以为是非，至使人君惩偏听之生奸，谓反不如独见之公也。朋党之罪，可胜诛乎？我圣祖仁皇帝御极六十年，用人行政，迈越千古帝王。而大小臣僚未能尽矢公忠，往往要结朋党。圣祖戒饬再三，未能尽改。朕即位以来，屡加申饬，而此风尚存。彼不顾好恶之公，而徇其私昵，牢不可破。……于是乎其人亦不复自知其过恶，而愈以滋其怨上之心。是朝廷之赏罚黜陟不足为轻重，而转以党人之咨嗟叹惜为荣，以党人之指摘诋訾为辱，乱天下之公是公非，作好恶以阴挠人主予夺之柄。朋党之为害，一至是哉！……今之好为朋党者，不过冀其攀援扶植缓急可恃，而不知其无益也。徒自逆天悖义，以陷于诛绝之罪，亦甚可悯矣。朕愿满汉文武大小诸臣合为一心，共竭忠悃，与君同其好恶之公，恪遵大《易》、《论语》之明训，而尽去其朋比党援之积习，庶肃然有以凛尊卑之分，欢然有以洽上下之情。虞廷赓歌扬拜，明良喜起之休风，岂不再见于今日哉？①

如果说，清世宗《御制朋党论》还是从政治层面，就朋党而论朋党的话，那么，到乾隆时期，清高宗则是通过编纂《四库全书总目》，从学术角度进一步批判朋党的理论根源，形成"理学—讲学—门户—朋党"这样一种朋党的发生理论。

《总目》儒家类案语曰：

> 八儒、三墨，见于《荀子》；《非十二子》，亦见于《荀子》，是儒术构争之始矣。至宋而门户大判，雠隙相寻，学者各尊所闻，格斗而不休者，遂越四五百载。中间递兴递灭，不知凡几，其最著者，新安、

---

① 《世宗实录》，《清实录》第 7 册，中华书局，1985，第 355~359 页。

金溪两宗而已。明河东一派，沿朱之波；姚江一派，嘘陆之陷。其余千变万化，总出入于二者之间，脉络相传，一一可案。故王圻《续文献通考》，于儒家诸书，各以学派分之，以示区别。然儒者之患，莫大于门户。后人论定，在协其平。圻仍以门户限之，是率天下而斗也，于学问何有焉。今所存录，但以时代先后为序，不问其源出某某，要求其不失孔、孟之旨而已。各尊一继祢之小宗，而置大宗于不问，是恶识学问之本原哉！①

将宋明理学与门户之争联系起来，认为宋明理学的发展就是以理学、心学之间的门户之争的形式来体现的。而其对王圻《续文献通考》对儒家类著作分派著录形式的批评，也反映出《总目》认为理学、心学的门户之争也有"率天下而斗也，于学问何有焉"的意味，进而提示宋学有不识学问本原的缺陷，为《总目》"尊汉抑宋"提供理论基础。

《总目》儒家类序曰：

迨托克托等修《宋史》，以道学、儒林分为两传。而当时所谓道学者，又自分二派，笔舌交攻。自时厥后，天下惟朱、陆是争，门户别而朋党起，恩雠报复，蔓延者垂数百年。明之末叶，其祸遂及于宗社。惟好名好胜之私心不能自克，故相激而至是也。圣门设教之意，其果若是乎？②

将学术上的理学门户之争，与政治上的朋党之争联系起来，认为门户之争是明亡之根源，朋党之争只是门户之争在政治上的表现而已。《王学质疑》提要曰：

夫明之亡，亡于门户。门户始于朋党，朋党始于讲学。③

《集部总叙》也说：

---

① 《四库全书总目》，《景印文渊阁四库全书》第3册，第71~72页。
② 《四库全书总目》，《景印文渊阁四库全书》第3册，第2页。
③ 《四库全书总目》，《景印文渊阁四库全书》第3册，第133页。

> 大抵门户构争之见，莫甚于讲学。……讲学者聚党分朋，往往祸延宗社。……盖讲学者必辨是非，辨是非必及时政，其事与权势相连，故其患大。①

同样将门户之争视为明亡之根源。可以说，在《总目》看来，理学、讲学、门户、朋党四者是"四位一体"的。反对政治上的朋党之争，必然要以反对学术上的门户之争为前提，而要反对门户之争，就需要反对讲学这一理学的外在形式。

可以说，《总目》整体上的"重考据"，就是为了打压宋明理学，即当时"汉宋之争"中的"宋学"，而在其更深层次，也有对政治上"朋党"现象的打压。

（二）限制言论自由

如果说，清圣祖提倡程朱理学，还有借理学统一思想的意味的话，那么，到清高宗编修《四库全书》时，则更多地希望通过"敦崇实学"这一政策，以"重考据"为号召，限制理学言论之自由，使学者趋于考据之学，失去对理论思考的兴趣，进而逐渐消解一切反满思想对清廷统治的威胁。

在《总目》看来，言论自由同样与宋明理学以及门户、朋党之争关系密切，《史部总叙》曰：

> 盖宋、明人皆好议论，议论异则门户分，门户分则朋党立，朋党立则恩怨结。恩怨既结，得志则排挤于朝廷，不得志则以笔墨相报复。其中是非颠倒，颇亦荧听。②

宋明时期，理学家通过讲学阐述自己的思想、发表自己的观点，这本是学术自由、思想自由的一种体现。而这在《总目》看来，则是"宋、明人皆好议论"，进而这种思想言论的自由也成为门户、朋党之争的根源之一。此外，这种言论自由还会导致在价值评判上"是非颠倒"，影响到社会的整体价值观。所以，清廷试图通过《总目》对考据学的倡导和对义理学的打压，逐渐达到限制言论自由的目的。

---

① 《四库全书总目》，《景印文渊阁四库全书》第4册，第2页。
② 《四库全书总目》，《景印文渊阁四库全书》第2册，第2页。

乾隆时期，学者们逐渐失去对理论思考的兴趣，视天理性命之学为畏途，这从戴震死后，洪榜、朱筠对其学术评价的争论一事可以略见一斑。乾隆四十二年（1777），即戴震进入四库馆五年之后，因积劳成疾，又为庸医所误，致使英年早逝。戴震早年以考据学成就闻名京师，得以被荐进入四库馆，学者们也多从考据学方面肯定其成就。但戴震后期已经开始转向对义理的思考，并著有《原善》《绪言》《孟子字义疏证》等哲学著作。但当时其义理思想，除洪榜、段玉裁等少数人关注外，已不被大多数学者认可。如江藩《国朝汉学师承记·洪榜传》载：

> （洪榜）生平学问之道服膺戴氏，戴氏所作《孟子字义疏证》，当时读者不能通其义，惟榜以为功不在禹下。撰《东原氏行状》，载《与彭进士尺木书》，笥河师见之，曰："可不必载，戴氏可传者不在此。"榜乃上书辨论，今《行状》不载此书，乃东原子中立删之，非其意也。①

洪榜（1745-1780），字汝登，安徽歙县人，乾隆四十一年（1776）进士，为戴震弟子。洪榜在戴震卒后，为其作《行状》，其中载有戴震《与彭进士尺木书》一文，即今《戴东原集》卷8之《答彭进士允初书》。彭绍升（1740-1796），法名际清，字允初，号尺木，江苏长洲人。段玉裁《戴东原先生年谱》曰："彭君好释氏之学，长斋佛前，仅未削发耳，而好谈孔孟、程朱，以孔孟、程朱疏证释氏之言。其见于著述也，谓孔孟与佛无二道，谓程朱与陆王、释氏无异致。同时有罗孝廉有高、汪明经缙唱和其说。先生以所作《原善》、《孟子字义疏证》示之，彭君有书与先生，先生答此书：'以《六经》、孔孟之旨，还之《六经》、孔孟，以程朱之旨，还之程朱，以陆王、佛氏之旨，还之陆王、佛氏，俾陆王不得冒程朱，释氏不得冒孔孟。'其书几五千言。有此而《原善》、《孟子字义疏证》之说愈明矣。"② 可见戴震此文以辨别孔孟、程朱、陆王、佛氏四者义理之异同为主，有羽翼《原善》《孟子字义疏证》之用，是戴震义理学思想的重要文献。所以洪榜为表彰戴震义理学成就，将该文载于戴氏《行状》之中，以作为其核心思想。

---

① 江藩：《国朝汉学师承记》，中华书局，1983，第98页。
② 段玉裁：《戴东原先生年谱》，《戴震文集》，中华书局，1980，第240页。

但朱筠对洪榜这一行为则不赞同。朱筠（1729～1781），字竹君，号笥河，大兴人，乾隆十九年（1754）进士，为乾隆时期考据学领袖。他认为戴震学术得以流传后世，主要是在其考据学方面的著作，而非这些义理著作。所以，洪榜致书朱筠，将朱筠之反对意见概括为三个方面，并逐一反驳，以展现其表彰戴震义理学之深意。许苏民对洪氏反驳已有详尽分析，①今不赘述。笔者以下主要从洪榜归纳的朱筠三个方面的意见，来分析这一时期考据学家的普遍认识。江藩《国朝汉学师承记》中收录洪榜此信，今摘其前半部分如下：

> 洪榜顿首笥河先生阁下：前者具状戴先生行实，俾其遗孤中立稽首阁下之门，求志其墓石。顷承面谕，以状中所载《答彭进士书》可不必载，性与天道不可得闻，何图更于程、朱之外复有论说乎，戴氏所可传者不在此。榜闻命唯唯，惕于尊重，不敢有辞。退念阁下今为学者宗，非漫云尔者，其指大略有三：其一谓程朱大贤，立身制行卓绝，其所立说，不得复有异同，疑于缘隙奋笔加以酿嘲，夺彼与此。其一谓经生贵有家法，汉学自汉，宋学自宋，今既详度数，精训故，乃不可复涉及性命之旨，反述所短以掩所长。其一或谓儒生可勉而为，圣贤不可学而至，以彼矻矻稽古守残，谓是渊渊闻道知德，曾无溢美，必有过辞。盖阁下之旨出是三者，仰见阁下论学之严，制辞之慎。然恐阁下尚未尽察戴氏所以论述之心，与榜所以表章戴氏之意，使榜且得罪，不可以终无辞。②

洪榜在这封信开头归纳的朱筠思想的三个方面实际上是当时考据学派的共识。第一个方面即是说，程朱理学之学说作为国家的意识形态，是不容许有讨论的余地的，士人们只需要按照程朱理学既有的规定来身体力行即可，没有必要再空谈心性，提出自己的看法，阐释自己的思想。在考据学家看来，程朱理学已经成为必须恪守的"金科玉律"，而不再是可以被讨论的研究对象。而考据学家的这种对程朱理学的过分抬高，只会导致程朱理学被束之高阁，从而失去了理学的真精神。

第二个方面即是说，汉学、宋学有着严格的界限，从事汉学研究的考

---

① 参见许苏民《戴震与中国文化》，贵州人民出版社，2000，第234～237页。
② 江藩：《国朝汉学师承记》，中华书局，1983，第98～99页。

据学家,既然已经从事对度数、训故的研究,就不应该再探讨理学之中的"性命之旨",空劳心力。即使像戴震这样考据学成就极高的学者,探讨义理之学,也只是其学术之末流,如果在评价戴震学术成就时,重义理而轻考据,则有"以短掩长"之弊。考据学家对汉学、宋学的严格划分,并自以汉学自居的态度,导致其专注于考据训诂之一端,而逐渐失去了对义理思想进行探讨的学术兴趣;并且在其评价体系之中,考据学是高于义理学的。当然,考据学家的这一判断也是基于程朱理学已经穷尽"立身制行"之意蕴,其学说"不得复有异同"这一前提。

第三个方面即是说,对当时的士人而言,"圣贤"是遥不可及的,并非可以通过在学术上的努力就可以达到的,普通士人如果可以通过"稽古守残",努力从事考据之学,做一个合格的儒生,已经是非常优秀了。考据学家普遍放弃了"学为圣贤"的儒家理想,也放弃了"闻道知德"的学术追求,只是专注于圣人的经书之中,为之作注脚而已。如龚自珍述王引之之言曰:

> 吾之学,于百家未暇治,独治经。吾治经,于大道不敢承,独好小学。夫三代之语言与今之语言,如燕、越之相语也。吾治小学,吾为之舌人焉。其大归曰:用小学说经,用小学校经而已矣。[①]

高邮王氏父子为戴震后学,其考据学成就虽较戴氏更上一层楼,但其学术境界显然已不可与戴氏同日而语。其经学主要侧重于以小学研究经学,而于经书承载之"道"已失去研究兴趣。王引之作为乾嘉学派中第一流的考据学家,其学术视野尚且如此,其他考据学家之视野亦可想见。可以说,考据学家对理论探讨已经基本失去兴趣,且自甘堕落,并不以之为耻。

总之,《总目》通过对考据学的提倡,使考据学风靡一时,成为清代显学。司马朝军在谈到四库馆对清代考据学的影响时说:"乾隆三十八年四库开馆,……清廷宣称稽古右文,大力提倡考据之学,影响遍及全国,一度呈现'家家许郑,人人贾马'的盛况。"[②] 而当考据学成为清代主流学术之后,考据学家放弃了对义理思想的探讨,其在思想上对清廷统治的威胁基本消除,清廷也达到了其限制言论自由的目的。当然,考据学成为学术主

[①] 龚自珍:《龚自珍全集》,上海古籍出版社,1999,第148页。
[②] 司马朝军:《〈四库全书总目〉编纂考》,武汉大学出版社,2005,第738页。

流之后，学者之间的争论仍然存在，只是这种争论已经转向对古代的具体文字、名物、制度、地理考证是否准确的争论。而这种"纯学术"的争论已与言论自由无关，不能构成对清廷统治的挑战，自然也不会受到禁止。

（作者单位：安徽大学徽学研究中心）

戴震气一元论之宇宙论

高在旭

内容提要 戴震的宇宙论从将宇宙秩序看作人类伦理典范的想法出发，延续了中国哲学中宇宙论与人性论之间存在着某种联系的特性。虽如此，但戴震的"气一元论"由于强调的是"气"之"平衡性"与"理"之"非主宰性"，因而极力想要削弱宋明理学以来一直被强调而得到重视的"理"的势力；并以此为根据，大力解决作为王朝社会普遍现象的老百姓的社会不平等问题。从这一点上来看，戴震的"气一元论"之"宇宙论"具有非同寻常的意义。

关键词 戴震 气一元论 宇宙论

一 引言

戴震（1724~1777）身为清代中期一名颇有建树的考据学者，同时也成了代表他那个时代的伟大哲学家。他本人虽然极其重视考据学，但却与同时代的其他考据学者不同，他致力于通过训诂与考据，对经典进行精确无误的诠释，并以此来建立起属于他自己的独一无二的全新哲学思想。戴震曾言："治经先考字义，次通文理，志存闻道，必空所依傍。"[1] 这意味着对于戴震而言，对经典的考据及训诂，绝非研究学问的终极目标，而仅是试图建立当时社会所需的一些新思想的一种手段而已。

戴震学识广博，在天文学、数学、地理学、声韵学、训诂学及哲学等诸多方面均留下了众多的不朽之作。其中，与哲学有关的著作主要有《原

---

[1] 戴震：《戴东原先生全集》，大化书局，1978，第1100页。

善》《绪言》《孟子字义疏证》等。这些著作围绕的论题基本上都与"人性论"有关，而关于"宇宙论"，戴震并未进行过系统的论述。只是在《孟子字义疏证》卷中"天道"里，针对"宇宙论"做过一些简要的论述，基本上是在论述"人性"时，对"宇宙"略有涉及。

有鉴于此，本文旨在将散见于这些著作中的有关"宇宙论"的理论筛选出来，并对此进行系统地梳理，在此基础上，重点对其特性进行探究。戴震与众多的先贤哲学家一样，不是将宇宙秩序与人类行为秩序分离对立，而是将宇宙秩序看作人类行为的标榜。从这个角度上来说，对戴震的"宇宙论"进行研究，无异于在了解戴震整体哲学思想上走了个捷径。

"宇宙论"是对宇宙本体及其生成、变化进行的研究。古代中国人认为"上下四方曰宇，往古来今曰宙"，[①] 从广义上将宇宙一方面看作永远的时间与无限的空间，另一方面又看作分隔天与地界限的自然世界。换句话说，他们认为宇宙是异常活跃，不停运动着的，是不断衍生出生命的一个整体；从时间上来说，是一个没有开始没有终止的永恒变化的世界，从空间上来说；是一个囊括世间万物的无穷无尽的世界。不过，这实际上具体指的是自然界的实在与现象。这些有关宇宙的理论就是从对自然界的实在与现象所产生的疑惑和探求开始的。只不过是出于论述的方便，人们将有关人生命的部分称为"人生论"，将研究人类如何认识这一实在与现象或者说这一实在与现象是如何被人类所认识的部分称为"认识论"，对二者有意识地加以区分。对除此以外的和自然有关的所有说明部分则都归结为"宇宙论"。换句话说，自然界的根本性的实在可以说意味着正是"本体"，而现象则意味着"本体的生成及变化的状态"，可以用"本体论"及"变化论"来概括"宇宙论"的精髓部分。

戴震提出的"宇宙论"，自然也将在这一范围内进行考察。在本文中，为行文方便，分成两部分进行论述。第一部分将有关宇宙的本体称为"本体论"，第二部分将有关生成及变化的部分称为"生成·变化论"，来分别进行考察。本文的小结部分，重点在于阐述戴震"宇宙论"所蕴含的意义并找寻其问题所在。本文作为研究戴震整体思想的一种尝试，还仅是一个开始，文中论述不足或论述不到的地方，将在日后进行研究补充。

[①] 《庄子·庚桑楚》。

二 气一元论之本体论

戴震的哲学思想，一般来说，经历了三个阶段的发展，[1] 在他哲学思想的第三个阶段，他的众多理论被集中在了对"程朱学"[2] 的攻击上。因此，为便于理解，在探究戴震"本体论"之前，有必要对程朱的"理气论"进行粗略的考察。其中，对他来说，最大的攻击目标就是程朱的"理欲二元论"，程朱认为，所谓"理"是统括整个宇宙的终极根源或是主宰者，同时，也是"人性论"的根本所在。换句话说，对于"理"，和其生成或变化之义相比，其本体之义更强。因此，本文不仅要考察其有关"气"的理论，也会一并考察其有关"理"的理论。

（一）程朱之理气论

程朱将"主理"的"理气论"进行了继承及发扬。

程颐结合《易·系辞》中的"一阴一阳之谓道"与"形而上者谓之道，形而下者谓之器"，认为"阴阳"或者"器"作为形而下者，指的是"气"，而"道"是形而上者的"理"，是"阴阳"，也就是"气"的存在理由。[3] 因此，他认为世间万物都是依靠"理"与"气"而形成，每种事物之所以成为那种事物，是由"理"所决定的，而"气"是形成该物的元素。更进一步认为，"理"不仅存在于自然物中，也同样存在于各个事件中。由此可知，程颐的"宇宙论"实际上就是"理气二元论"。

对于"理"与"气"二者之间的关系，程颐的想法如何？他认为，"理"与"气"存在一种因果关系，二者不能分离而独自存在，"理"常存在于"气"之中。换句话说，"离了阴阳便无道，所以阴阳者是道也"。"气"常常因为"理"而得以存在。但是，对于"理"与"气"的先后关系，程颐并未做任何论述。这一问题，直到朱熹时才开始被论及。

可以说，朱熹在程颐的基础上，迈出了一大步，将主理的"理气论"

---

[1] 余英时：《论戴震与章学诚》，华世出版社，1980，第117页。
[2] 一般将从程颐开始发展到朱熹的"性理学"称为"程朱学"。为论述方便，下文均略为"程朱"。
[3] "离了阴阳便无道，所以阴阳者是道也。阴阳气也，气是形而下者，道是形而上者，形而上者是密也。"参见程伊川《二程全书》，台湾中华书局，1976，第16页。

进行完善并大一统。他结合周敦颐的"太极图说"及程颐的"理气二元论",创建了他自己的宇宙论。也就是说,他认为"理"为"太极","阴阳"之"气"是依"太极"而形成的,将"理气论"与"太极图说"进行了恰到好处的搭配与调和。"太极"一词,虽出自周敦颐,但实际上,周敦颐本人并未将"太极"说成过是"理"。

朱熹认为,宇宙依"理"与"气"而形成。他曾言:"天地之间,有理有气。理也者,形而上之道也,生物之本也;气也者,形而下之器也,生物之具也。是以人、物之声,必禀此理,然后有性;必禀此气,然后有形。"① 认为"理"是万物生成的原因,而"气"是万物形成的元素。"理"是终极根源,虽然是生成万物的原因,但"理"本身并不能化为万物,必须要通过"气"才能够生成万物。正因为如此,"气"是万物形成的材料,也才能够称为"元素"。通过这些,可以推断出,对于朱熹而言,所谓"理",意味着生成万物的主宰者及万物的形式两种。

另外,朱熹还说过:"极是道理之极至。总天地万物之理,便是太极。"② "太极之义,正谓理之极至耳。"③ "太极只是个一而无对者。"④ 这些都是"理气论"与"太极图说"结合的产物。对此,朱熹先将"理"说成是天下独一无二的,并称其为"太极",然后又言"理"是一切万物所禀受、所具备的。"太极"只有一个,是绝对的,是统括万物的"理",即"主宰者",同时,"理"分到各个不同的事物中,各物之"理"是在接受了"太极"之"理"后才具备的。由此可知,朱熹宇宙论中"理一分殊""万物一体"的思想正是起源于此。

朱熹对于"理"与"气"的关系又如何看待?他一方面接受程颐的观点,认为"理"常存于"气"之中,另一方面又主张"理"早于"气"而存在。因此,朱熹称:"所谓理与气,决是二物,但在物上看,则二物浑沦,不可分开各在一处,然不害二物之各为一物也。"⑤ "若在理上看,则虽未有物,而已有物之理,然亦但有其理而已,未尝实有是物也。"⑥ 也就是说,"理"与"气"虽不分开各自存在,其本就是两种存在,在宇宙里,在

---

① 朱熹:《朱子大全》卷58《答黄道夫书》。
② 黎靖德编《朱子语类》,中华书局,1986,第2375页。
③ 朱熹:《朱子大全》卷34《答程可久》。
④ 黎靖德编《朱子语类》,第2549页。
⑤ 朱熹:《朱子大全》卷46《答刘叔文》。
⑥ 朱熹:《朱子大全》卷46《答刘叔文》。

"气"存在以前,"理"已经先行存在。这意味着,"理"作为一种永远的存在,在任何事物存在之前,其物之理已经存在。这一现象不仅存在于自然物中,也同样存在于人事中。因此,他才言"未有这事,先有这理。如未有君臣,已有君臣之理;未有父子,已先有父子之理。"

综上所述,结合朱熹的主张来看,他的"宇宙论"实际上称为"理一元论"更为妥当。虽然他认为所有物都是依"理"与"气"而形成,但是,因为内存于物中的"理"是受了"太极"的"理",而"气"受到"理"的调控,因而不能称其为根本性的。总之,可以说作为"太极"之"理",使得万物所具的"理气"得以存在,从这个角度上来看,朱熹的宇宙论应该可以称为"理一元论"的宇宙论,或者应该更准确地称为"理一元论"的"理气二元论"。

(二) 戴震气一元论之本体论

上一部分主要对程朱的"理气论"进行了简略的考察。通过考察,可以将程朱的"宇宙论"用一句话,即"主理的宇宙论"来进行概括。

与此相对,戴震则将宇宙的实在及现象通过"气"来进行诠释。他认为,"气"为宇宙及万物的本体,"气"的运动为生成及变化,当生成及变化具备了秩序的时候,这种秩序便是"理"。因此,"气"成为戴震宇宙论的一个根本概念。戴震的这种宇宙论,从远的来看,是继承了张载的宇宙论;从近的来看,则继承了王夫之及颜元等人的哲学①。戴震曾言:"张子云:由太虚,有天之名。由气化,有道之名。合虚与气,有性之名。合性与知觉,有心之名。其所谓虚,六经孔孟无是言也。"② 又言:"张子又云,气有阴阳,推行有渐为化,合一不测为神。斯言也,盖得之矣。"③ 这两段话都是张载有关作为实体的"气"及"气"之变化的相关理论。对此,戴震除了"太虚"的概念以外,采取的是全盘接受的态度。由此可知,虽然戴震并不尊重张载,但在宇宙论这一观点上,还要数受到张载的影响最大。另外,戴震提出不同于张载的"变化论",即提出"生生"理论,这些将在后文进行论述。

---

① 戴震无论是在其治学方向上,还是在师友关系上,受到二人的影响都非常大。参见李石岑《中国哲学史话》,久久出版社,1982,第 387~406 页。
② 戴震:《孟子字义疏证》,《戴东原先生全集》,大化书局,1978,第 298 页。
③ 戴震:《孟子字义疏证》,《戴东原先生全集》,大化书局,1978,第 298 页。

对于"气",戴震是如何进行说明的?实际上,戴震对于"气"为何物,并未下过任何定义。只是,作为等同于"气"的概念,戴震使用"阴阳"、"五行"或者"阴阳五行"等用语,有时将"太极"也作为等同于"气"的概念而使用。由此看来,戴震是将程朱里作为"主宰者"概念的"理"也从其本体论中排除了出去。下面主要通过戴震所言的"阴阳"、"五行"及"太极"等概念来对"气"之含义做一具体分析。

1. 阴阳

"阴阳"这一概念,在中国文化这一大范围里,不仅在哲学方面,而且在社会及政治等方面都发挥出了极大的影响力。"阴阳"这一概念,在春秋时期以前就已经出现过,起初有着"'阴'指云可见但日不可见,'阳'为云开见日"之义,这是"阴阳"的本义。不过,从哲学史上来看,"阴阳"到了春秋时期,便具有了哲学上的意义,此时,已经将"阴阳"看作"气"了。自从"阴阳"具备"气"之义以后,"阴阳"已经作为一种物质,蕴含着宇宙论之义。从战国时期开始,"阴阳"已经开始被认为是万物的根源,这正是在将"气"之变化看作是"阴阳"观点的基础上进行的发展。这些思想源自《易·系辞》,将"阴阳"与"天道"合为一体,这与道德思想之间也存在一定的联系,这两方面可以说是"阴阳"概念最重大的进展。但是,在"阴阳"思想的发展史上,最值得一提的是进入宋代以后的发展,那时,学者们并未将"阴阳"笼统合并为一体,而是对"阴阳"的特性及二者间的相互关系进行了说明。[①]

宋明理学家们对于"阴阳"的特性及二者间的相互关系,虽然提出了几种理论,但在不同理论中存在的明显差异就是,将"阴阳"整体看作"一气",还是将"阴阳"分开各看作"一气",即"阴气"和"阳气"两种。最具代表性的例子就是,朱熹认为:"阴阳只是一气,阳之退便是阴之生,不是阳退了又别有个阴生。"[②] 明末的王夫之在《张子正蒙注》里称:"阴阳二气充满太虚,此外更无他物,亦无间隙,天之象,地之形,皆其所范围也。散入无形而适得气之体,聚为有形而不失气之常。"[③] 这两者正是将"阴阳"看作"一气"之两种现象的观点及将"阴阳"各自看作一

[①] 韦政通:《中国哲学辞典》,大林出版社,1983,第586页,参考了有关"阴阳"的部分并进行简要概括。
[②] 黎靖德编《朱子语类》,第1602页。
[③] 王船山:《张子正蒙注(太和篇)》,世界书局,1970,第10页。

"气"观点的最好例证。不过，戴震将"阴阳"间的交替运动看作"道"，即从"变化"的角度来看，"气"为变化的实体，这意味着"气"之变化正是"道"，他的这种思想可以说是回到了春秋时期的"阴阳"概念上。也就是说，"阴阳"作为"一气"中的两种性格，意味着"一气"。①

2. 五行

"五行"同"阴阳"思想一起，对中国文化影响颇深。王梦欧在《邹衍遗说考》里言："依先秦诸子的学统来看：阴阳五行是出于天官，……阴阳说和五行说，本来各有各的来历，而把二者融合而为一，这是邹衍的创造。"② 这就是说，"阴阳"及"五行"早在春秋战国时期就已经开始一起使用，实际上，从那以后，将"阴阳五行"放在一起使用的情形也不胜枚举。戴震也不例外，将这两者一起使用。对于"五行"，戴震也同样没有进行过多的阐释，只是引用《尚书·洪范》中的"五行说"称："《洪范》五行，一曰水，二曰火，三曰木，四曰金，五曰土，行亦道之通称。"③ 由此可知，水、火、木、金、土意味着"五气"。换句话说，"五行"也意味着"气"，各自的"气"具备各自的"阴阳"。称"五行"之"行"为"道"，意味着"行"就是"气"之运动及变化过程。不过，这对于坚持主张纯粹的孔孟立场，批判带有道教及佛教思想的宋儒大家的戴震来说，将"阴阳五行"的概念用作"气"之义，不管怎么说，都为日后他人批判留下了口实。

3. 太极

对于"太极"，戴震也同样赋予了"气"之义。也就是说，他反对程朱将"太极"看作"阴阳"之根源的观点，主张"太极"就是"阴阳"。《易·系辞上》中提到："是故，《易》有太极，是生两仪……两仪生四象（少阳、太阳、少阴、太阴），四象生八卦（乾、坤、震、离、巽、兑、坎、艮）。"④ 戴震在诠释这句话时称："孔子以太极指气化之阴阳，承上文'明于天之道'言之，即所云'一阴一阳之谓道'，以两仪、四象、八卦指

---

① 戴震：《原善上》，《戴东原先生全集》，大化书局，1978，第776页，"一阴一阳，盖言天地之化不已也"。戴震：《孟子字义疏证》，《戴东原先生全集》，大化书局，1978，第300页，"阴阳五行，道之实体也。血气心知，性之实体也"。
② 韦政通：《中国哲学辞典》，大林出版社，1983，第196页。
③ 戴震：《孟子字义疏证》，《戴东原先生全集》，大化书局，1978，第300页。
④ 《易·系辞上》。

《易》划。后世儒者以两仪为阴阳,而求太极于阴阳之所有生,岂孔子之言乎。"① 由此可知,戴震主张"太极"即为"阴阳"。事实上,历代的儒学家都将《易·系辞》中的这段话用"宇宙的生成及变化的顺序"来进行诠释,认为由"太极"而有"阴阳",由"阴阳"而有"四象"。汉代的儒学家们更是用"五行"替换"四象",周敦颐的"太极图"也认为,"太极"生"阴阳","阴阳"生"五行","五行"生成男女,男女生成万物。但与此不同,对于《易·系辞上》的这段话,戴震主张其所言并非是指宇宙的生成及变化,而是指画卦的顺序。②

综合以上戴震对于"阴阳""五行""太极"等的诠释,可以用他将"气"看作"形而上者"来做一概括。他反对程朱将"理"看成"形而上者",将"气"看成"形而下者",他认为"气"为"形而上者",这意味着程朱所言"形而下者"之"阴阳五行"便是"形而上者"。他称:"气化之于品物,则形而上下之分也。形乃品物之谓,非气化之谓。……一阴一阳,流行不已,夫是之为道而已。……形谓已成形质,形而上犹曰形以前,形而下犹曰形以后。阴阳之未成形质,是谓形而上者也,非形而下明矣。器言乎一成而不变,道言乎体物而不可遗。不徒阴阳非形而下,如五行水火木金土,有质可见,固形而下也,器也。其五行之气,人物咸禀受于此,则形而上者也。"③ 从这段话可以看出,戴震认为"阴阳五行"是"气",是"形而上者"。所谓"形而上",意指万物具备形体以前,而与之相对,所谓"形而下",则是指万物具备了形体之后,这与程朱的观点完全不同。总之,他反对程朱"主理"的"理气二元论",主张"气一元论"的本体论。

上述有关戴震"气一元论"的本体论可以通过《孟子字义疏证》卷首出现的一段话下一个结论,具体如下:"道犹行也,气化流行,生生不息,是故谓之道。易曰'一阴一阳之谓道'。洪范五行,一曰水,二曰火,三曰木,四曰金,五曰土。行亦道之通称。……举阴阳则赅五行,阴阳各具五行也。举五行即赅阴阳,五行各有阴阳也。……阴阳五行,道之实体也,血气心知,性之实体也。"④

---

① 戴震:《孟子字义疏证》,《戴东原先生全集》,大化书局,1978,第301页。
② 罗光:《中国哲学思想史(清代篇)》,学生书局,1981,第307页。
③ 戴震:《孟子字义疏证》,《戴东原先生全集》,大化书局,1978,第300页。
④ 戴震:《孟子字义疏证》,《戴东原先生全集》,大化书局,1978,第300页。

三 生成·变化论

在宇宙论中，继本体论之后，接下来理当论及宇宙的变化。中国的大多数哲学家都认为，变化为一种普遍事实，在变化中存在一定的法则。因此，可以说有关本体的生成、变化及二者之间规则的理论，自然而然地成为本体论之后应该着手进行研究的问题。对此，如果要借用戴震自己的用语来说的话，可以归结为"生生、气化及自然与必然"。换句话说，戴震对于万物之生成，用"生生"，对于变化，用"气化"，对于变化的有序规则，用"自然与必然"，来分别进行说明。

（一）生生——生成·变化之源泉

所谓"生生"，意味着宇宙万物永不停歇的生成、变化及发展。"生生"之所以成为一个具备哲学概念的用语，这源自《易·系辞上》中"生生之谓易"。在《易·系辞》中，"生生"作为宇宙论中生成之义而用，到了北宋二程之后，又在"生生"之义的基础上，添加了一层伦理之义，这种现象在程明道的思想中表现得更为突出。这对于戴震也同样适用，从这一点上来说，他的宇宙论是一门本质上以价值为中心的哲学。因此，可以说"生生"正是一个能够代表戴震宇宙论的概念，可以说是他哲学里的中心思想。不仅如此，"生生"理论还是戴震跨越张载宇宙论的界限，创建属于他自己的独创性的宇宙论之中心概念。也就是说，在本体论上，他虽然不接受"太虚"，可在"气"的概念上与张载并未有很大的分歧。但是，在"生成·变化"上，他建立并发展的却是与张载不同的理论。

张载称："太虚不能无气，气不能不聚而为万物，万物不能不散而为太虚。"[①] 主张用"气"之"聚散"来说明万物之生成及消散。与此不同，戴震不用"气"之"聚散"，而一味地只说"生生"。他曾言："《易》曰：天地之大德曰生，气化之于品物可以一言尽也，生生之谓欤。"[②] 所谓"生生"，虽意味着万物的生成、变化、发展，但与此同时，也意味着"气化"。这是因为，万物皆由"气"而生成，而"气"之变化正是"生生"。戴震

[①] 张载：《张载集》，里仁书局，1981，第7页。
[②] 戴震：《原善上》，《戴东原先生全集》，大化书局，1978，第776页。

又称："是故生生者，化之原，生生而条理者，化之流。"① 由此可见，戴震将"生生"作为变化的源泉，将在持续生成变化的同时又保持秩序井然称为变化的运动过程。正是这一生成变化，在秩序井然地持续着的就是"道"。

当然，程颐和朱熹也谈到以"气"为基础的"生产变化论"，但在他们的观点里，"气"终究是要受到"理"之主宰。② 因此，虽然"气"被认为是生成变化中的根本材质，但是，将其置于"理"之"主宰"下，从这一点上来看，这种宇宙论是与戴震截然不同的。另外，程朱将"理"设定在比"生命"或"宇宙"更高层次的价值体系里，为了找寻这个"理"，建立了和"动"相比更重视"静"的"修养论"。但是，戴震与此不同，他认同的是不受"理"规约的"气"之自我运动，并认为不停地运动着的是"气"的一种根本属性，这是因为和静止相比，他给动着的赋予了更大的价值，力争通过运动来体现对于生命的尊重。③ 他称："生者至动而条理也，息者，至静而用神也。"④ 戴震的这一"生成·变化论"，尤其是在事物的静止状态时仍认同其动，在这一点上，其观点已经得到了明确的确认。另外，在宇宙中，定好顺序，才产生了顺序，才有了和谐，戴震将此称为自然的秩序，即"天道"。但是，山井湧接受了侯外庐的话，认为戴震的宇宙论缺乏变化或发展的观念，只是单纯进行的一种自然的机械的循环过程而已。与此相对，方东美认为，宇宙并非单纯地机械的物质活动的场所，而是宇宙中所有生命一起生存的巨大场所。另外，也认同"生"本身的创造性，认为在宇宙中，不可能没有发展，而对这种思想进行最好诠释的当属戴震。⑤ 因此，他认为戴震所言的"生生"指的是生命孕育的永远的创造性，这是中国哲学家们在整个宇宙中，追求的那种对广泛的没有遗漏的创造性生命实现的一种概括表达。可以说，方东美的主张恰到好处地为戴震发展性的宇宙观作了代言。

（二）气化（道）——生成·变化之实际

戴震认为，"气化"为"阴阳五行"之运动及变化。就是说，"气"在

---

① 戴震：《原善上》，《戴东原先生全集》，大化书局，1978，第775页。
② 朱熹《答王子合》："气之所聚，理即在焉，然理终为主。"
③ 山井湧『気の思想』东京大学出版会、1978、475頁。
④ 戴震：《原善上》，《戴东原先生全集》，大化书局，1978，第776页。
⑤ Thome H. Fang, *The Chinese View of Life*, 联经出版事业股份有限公司，1980，第30页。

宇宙中不停地运动，不停地变化，这就是"气化"，而万物正是这一"气化"的结果，是诞生出的新的生命。① 因此，将"阴"向"阳"，"阳"向"阴"变化的过程称为"气化"，而这正是所谓的"道"。和"道"的这种变化的概念不同，程朱认为，"道"是从"阴"向"阳"，从"阳"向"阴"变化的原因或者是主宰变化的"主宰者"。程颐称，一阴一阳之谓道，道非阴阳也。所以一阴一阳，道也。对于他来说，正像"理"为一物之所以为此物的原因，而"道"为变化的原因。即所谓"道"，为宇宙变化中的终极原因或根源。从这一点上来看，"理"与"道"二者相通。反过来说，从本体论这一角度上来看，"理"是终极根源；从变化这一角度上来看，"道"则可以看作终极根源。② 朱熹有关"道"的概念，则比程颐更鲜明地强调与"理"之通用。他说："天地之间，有理有气。理也者，形而上之道也，生物之本也；气也者，形而下之器也，生物之具也。"③ 换句话说，"理"是生成万物之根本，此"理"即为"道"。对于朱熹来说，"道"同样为生成万物的形式或者主宰者之义。

　　与此不同，如上文所述，戴震对于"气化"之"源泉"，并非从"道"或"理"上，而是从"生生"上去寻找。换句话说，"生生"和"气化"并非是两个不相关的概念，而是同一概念，二者在互为原因的同时，也互为结果。即"生生"产生"气化"，"气化"的结果又促进"生生"的持续。这是因为，万物生成、变化、发展的全过程正是"气化"，而"气化"正是"道"。戴震称："凡有生，即不隔于天地之气化。阴阳五行之运而不已，天地之气化也，人物之生生本乎是。"④ 这意味着他的"生成·变化论"在"气化"中开始，在"气化"中结束。另外，戴震称"气化"为"阴阳"，言："一阴一阳流行不已，夫是之谓道而已。"⑤ 又言"道变化不已""道同行……"等，由此可知，所谓"道"，指的是运动变化。进一步来说，一次为"阴"，一次为"阳"，这在"一气"里，应看作"阴性"与"阳性"强度上的变化。这一变化正是"气"之变化，由此可知，"气"之变化正是"道"。因此，也称"道言乎体物而不可遗"。⑥ 戴震的这一"道"概

---

① Thome H. Fang, *The Chinese View of Life*, 第35页。
② 罗光：《儒家形上学》，学生书局，1991，第14页。
③ 朱熹：《朱子大全》卷58《答黄道夫书》。
④ 戴震：《孟子字义疏证》，《戴东原先生全集》，大化书局，1978，第304页。
⑤ 戴震：《孟子字义疏证》，《戴东原先生全集》，大化书局，1978，第300页。
⑥ 戴震：《孟子字义疏证》，《戴东原先生全集》，大化书局，1978，第304页。

念，原封不动地继承了张载的"道"概念，与程朱的"道"概念有着分明的不同。①

进一步来看，戴震将"道"分成"天道"与"人道"两部分进行说明。当然，"人道"从广义上来看是"天道"的一部分，但是细分开来，如果说"天道"是他的宇宙论，则"人道"意味着仿效天之运行的人类行为规范。② 由此可再次得知，戴震将宇宙秩序看作人类生活秩序的榜样。

（三）自然与必然——生成·变化之基准

戴震将"生生"与"气化"看作是变化之"源泉"与"实际"。那这种变化又是依据什么基准而发生？

一般来说，中国哲学家们将变化看作普遍的根本的事实，同时认为在变化上存在一定的法则。变化不会无序地发生，而是依据规定的法则持续进行。哲学家们将这种固定的变化规则称作"常"，"常"在变化之中，作为不变之义，其变化本身也可以说是一"常"。③ 这一变化规则，即"常"，是程朱学派特别重视的部分，他们认为，和"变化"相比，"常"是更为根本的。他们将这一"常"称为"理"，并认为这不仅是变化中的顺序，也是变化的原因、变化的根据，甚至带有"主宰"变化之义。不过，在张载一派中，反而认为"变化"是比"理"更根本的，"变化"是最终的、根本的，而"理"为其次。张载认为有"变化"而有"常"的观点，到了戴震这里，变得异常分明。④

对于变化的基准，戴震提出"自然"与"必然"两种，他称"必然"为"常"或"理"。对此，他称："自然者，天地之顺，必然者，天地之常。"⑤ "实体实事，罔非自然，而归于必然，天地、人物、事为之理得矣。"⑥ 所谓"自然"，意味着事物的本来样子或本来的状态，为天地之秩序所在；所谓"必然"，是指所有事物必然要成为此物的一种想当然的准则，他称这一"必然"正是作为变化基准的"常"，是"理"。因此，戴震言：

---

① 戴震：《孟子字义疏证》，《戴东原先生全集》，大化书局，1978，第 298 页。
② 戴震：《原善上》，《戴东原先生全集》，大化书局，1978，第 777 页。
③ 余雄：《中国哲学概论》，源成文化图书供应社，1977，第 120 页。
④ 余雄：《中国哲学概论》，源成文化图书供应社，1977，第 122 页。
⑤ 戴震：《原善上》，《戴东原先生全集》，大化书局，1978，第 777 页。
⑥ 戴震：《孟子字义疏证》，《戴东原先生全集》，大化书局，1978，第 295 页。

"知其自然，斯通乎天地之化，知其必然，斯通乎天地之德。"①"自然"是指万物为了生存所遵循的自然性，同时也是除人类之外的万物生成、变化、发展的本质，而"必然"则是只有人类才能够识别的万物的变化规则。而且，"必然"在区分自然的最完整状态的同时，也成为人类行为的准则。另外，他又称："夫人之异于物者，人能明于必然，百物之生各遂其自然也。"②将识别"必然"的能力看作万物与人类的不同。因此，人类在仿效"必然"这一宇宙变化法则时，也意味着人最像人。

不过，"必然"终究是从"自然"而来，本来并不是"必然"。这也意味着，在"自然"与"必然"之间，很难划出事实上的差异。这是因为如果说万物的本来样子或者本来状态被称为"自然"，则不失其自然性便可以说是"必然"或是"理"。这种不失去其自然性而保持万物本来样子的，正是变化中的基准。③和"必然"同义，戴震也提及"理"，但这是他从张载那里传承下来的概念。张载称："天地之气，虽聚散攻取百涂，然其为理也，顺而不妄。"④称"气"之聚散为万物生成与消灭的原因，而聚散之有秩序的方式则为"理"。戴震的"理"概念与张载的这一"理"概念并无不同。他称："张子见于必然之为理，故不徒曰神而曰'神而有常。'"⑤这样看来，对于程朱来说，"理"作为先验的存在，在成为万物存在理由的同时，也具备了"主宰者"之义。但对于戴震来说，"理"则意味着可以区分所有事物本来样子的最自然不过的自然性。因此，戴震言："理者，察之而机微必区，以别之名也，是故谓之条理。在物之质，曰肌理，曰腠理，曰文理。得其分则有条而不紊，谓之条理。"⑥"生生"为"气化"之根源，"有条理的"为"气化"之流向，是万物发展的规律，这阐明了事物发展相互关系的理由。又言："惟条理是以生生，条理苟失，则生生之道绝。"⑦总而言之，"理"不仅成为区分事物或改变事物为已定好的理想状态的变化之基准，万物正因为有"条理"，才得以持续有秩序的变化，才得以生成、变化、发展。

---

① 戴震：《原善上》，《戴东原先生全集》，大化书局，1978，第777页。
② 戴震：《孟子字义疏证》，《戴东原先生全集》，大化书局，1978，第297页。
③ 戴震：《孟子字义疏证》，《戴东原先生全集》，大化书局，1978，第299页。
④ 张载：《张载集》，里仁书局，1981，第7页。
⑤ 戴震：《孟子字义疏证》，《戴东原先生全集》，大化书局，1978，第298页。
⑥ 戴震：《孟子字义疏证》，《戴东原先生全集》，大化书局，1978，第288页。
⑦ 戴震：《孟子字义疏证》，《戴东原先生全集》，大化书局，1978，第317页。

因此，戴震反对程朱将"理"与"气"区分开来，将"理"赋予"主宰"之义，而是主张："六经孔孟之书不闻理气之辨，而后儒创言之，遂以阴阳属形而下，实失道之名义也。"[1] 也就是说，他主张"气一元论"而反对宋儒所谓的"理"。世间万物，都存在各自的"理"，因而"理"多得数不胜数，因为没有作为"主宰"的"理"，那作为统括万物的"太极"之"理"自然也不存在。因此，他仅仅凭借"生生"及"生生而条理"这一"气"之生成变化来诠释宇宙，也许是想尝试带动起被宋儒弄得暮气沉沉的人之欲望及感情，展现出积极的生命活动来。他的"气一元论"自然而然地成为"人性论"与"修养论"的理论根据。

四 小结

本文针对戴震的宇宙论，从"本体"及"生成变化"两个侧面对其进行了考察。对于中国的宇宙论，一般认为是从老子或《易传》开始的，但是，这些介绍过于简略，和初期希腊的宇宙论进行比较，存在很大的差异。

古代中国的这种宇宙论实际上是随着中国整个历史的发展而传承下来，不可否认戴震的宇宙论也受到了《易传》的影响。不过，他的宇宙论具有不同于以往宇宙论的特征，尽管并没有完全脱离宋明理学的框架，但是，他的宇宙论所具有的影响力显而易见有超越宋明时代的一面。虽然戴震本人对宇宙论并未另行整理过，但是，如果从他的宇宙论散见于堪称中国近代哲学中有代表性的理论之一的人性论中，并使得他的哲学得以发扬光大这一点上来看，不应该轻视放过。如果要对戴震宇宙论的意义做一简单概括的话，可以从以下两个方面进行整理。

第一，他的宇宙论在传承伦理思想这一点上，并没有完全脱离宋明理学的范畴，广义上继承了中国哲学的特征。也就是说，已将宇宙秩序看成人类伦理之典型，这一点意味着他的宇宙论蕴含追求道德世界的目标要素。

第二，这一问题虽然也是以宇宙论为根据的人性论中要提及的问题，但是，戴震主张"气一元论"，这削弱了"理"的势力。换句话说，从社会角度来看，为由于"气"之平衡性与"理"之"非主宰性"而能够主张人类社会平等提供了根据。实际上，这一点是他强力主张的地方，同时也是

---

[1] 戴震：《孟子字义疏证》，《戴东原先生全集》，大化书局，1978，第300页。

反对宋明理学的重大理由之一。说不定这一点会成为戴震哲学里最有意义的地方。此外，戴震宇宙论里所包含的问题及意义，当然不止这些，笔者将在后续论文中进行详细探讨。

（作者单位：韩国国立江原大学哲学系）

明清南京贡院研究*

孟义昭

内容提要 无论是建康府贡院，还是转运司贡院，二者与明清时期的南京贡院均无直接相承关系。学界流行的"江南贡院始建于宋乾道四年"之说，对江南贡院及其前身的历史渊源理解有误。南京贡院始建于明朝景泰年间，其后一直被沿用、增修。至清代，南京贡院规模之大、布局之巧，位居各省贡院之首。在清末民初南京贡院的处置问题上，江苏、安徽两省均有发言权。南京贡院产权归江苏、安徽两省共有的事实，使两省之间在如何处置贡院问题上展开了长期的利益角逐。苏皖两省之间的利益博弈，也使处置南京贡院的时间一再延迟，为贡院遗迹的保护赢得了相当长的缓冲期。

关键词 明清时期　南京　贡院　乡试

南京贡院位于南京城东南隅，创建于明代景泰年间，其后一直被沿用、增修，明远楼等部分贡院遗迹保存至今。明清两代，包括太平天国时期，在贡院内举办过多种科举考试，如文武乡试、南巡召试、太平天国科举考试等。可以说，南京贡院的历史就是一部明清科举史的缩影。对于明清南京贡院的研究，学界已取得一定成绩。[①] 但既有研究主要集中在清代南京贡

---

* 本文为安徽大学博士科研启动经费项目"明清南京科举研究"（J01003289）、教育部人文社会科学重点研究基地重大项目"近代徽州归户文书与报刊资料的整理与研究"（16JJD770002）阶段性成果。

① 对于明清南京贡院的研究，主要成果如下：刘海峰《江南贡院的命运》，《社会科学战线》2014年第6期；孟义昭《清代江南乡试分闱动议考论》，《史林》2017年第3期；刘希伟《科举废止后江南贡院处置过程钩沉》，《教育与考试》2014年第6期；吴光辉《近代日本知识分子视野下的江南贡院与科举评价》，刘海峰、李兵主编《科举学的提升与推进》，华中师范大学出版社，2015；刘赟俊《1873年江南贡院格局及其构成浅析》，硕士学位论文，南京大学，2015；王旭静《清末江南贡院明远楼浅析》，硕士学位论文，南京大学，2015。

院，对明代关注较少。部分成果对南京贡院的论述也不够准确，甚至出现沿袭旧说、以讹传讹的情况。本文利用档案、碑刻等相关史料，考察南京贡院的历史渊源、创立过程、规制与增修情况，分析清末民初安徽、江苏两省对江南贡院的处置过程，以期深化相关研究。

一 南京贡院的历史渊源

南宋设立的"建康府贡院"和"转运司贡院"，大致位于今天的秦淮河之北、淮清桥之西一带。

建康府贡院，位于青溪之南、秦淮之北，其地原为北宋名臣蔡居厚宅第旧址。乾道四年（1168），史正志创立建康府贡院于此。绍熙三年（1192），余端礼增修贡院，并扩大其规模。嘉定十六年（1223），余端礼之子余嵘对贡院进行修葺，"撤而新之"①。

另有转运司贡院，即江南东路转运使司贡院，也称锁试院②，位于青溪之西。在孟猷、胡槻等人的基础上，真德秀于嘉定九年（1216）创立贡院，三月兴工，七月讫事。李道传《初建贡院记》载其始末："嘉定八年，秘阁修撰建安真侯德秀为副使，至则曰：'是不可以不成！'于是相其阴阳，正位南乡，筑而增之。其崇五尺，背负钟山，前直长干，清溪环流，秦淮旁注，宽闲爽垲，不僻不嚣，于校文论士为宜。九年三月戊寅命工兴事，二十日而堂成，又十日而听事成。修廊绳直，表里相望，外而群执事之吏各有攸局。七月丁卯，工告讫事。"③

建康府贡院与转运司贡院分别为举行解试、漕试的场所，两处的应试者完全不同。据《梦粱录》载："三年一次，八月十五日放贡举应试，诸州郡县及各路运司并于此日放试。其本州贡院，止放本州诸县应举士人。运司，放一路寓居士人及有官文武举人并宗女夫等。"④可知，在建康府贡院举行的解试，其参加者为建康府所属士子。而转运司贡院则是在江南东路

---

① 景定《建康志》卷32《儒学志·贡士》，《金陵全书·甲编·方志类·府志》第3册，南京出版社，2010年影印本，第499~500页。
② 现存的南宋建康府城图中，转运司贡院多作"锁试院"。
③ 景定《建康志》卷32《儒学志·贡士》，《金陵全书·甲编·方志类·府志》第3册，第509~510页。
④ 吴自牧：《梦粱录》卷4《解闱》，《中国风土志丛刊》第46册，广陵书社，2003年影印本，第93~94页。

寓居的外地士人及有官文武举人、宗女之夫等参加漕试的场所。依据应试者的不同，漕试可具体分为不同的种类，如附试、锁厅试、别头试等。因此，相较于建康府贡院，转运司贡院的功能更加多样。

无论是建康府贡院，还是转运司贡院，二者与明清时期的南京贡院均无直接相承关系。学界素来有"江南贡院始建于宋乾道四年"之说，此说对江南贡院及其前身的历史渊源理解有误，但也并非空穴来风。万历《应天府志》在记录当时应天贡院的基本规制后，附载一说："宋乾道四年，知府史正志建贡院于建康，面秦淮，接青溪，疑即此地。"① 此说对应天贡院在城市区位中的历史渊源提出了看法，认为其地址可能即为宋代建康府贡院所在之地。这一说法大致符合历史事实，为后来"江南贡院始建于宋乾道四年"之说提供了某种模糊不清的史料依据。尽管基址地理位置相近，但从贡院建筑本身和举办科举历史来说，明清南京贡院与宋代建康府贡院并无任何关系。因此，不能将南京贡院的创建时间向前推至南宋乾道四年，否则在学理上无法说通。

二　南京贡院的创立

南京贡院始建于景泰年间，为全国最早修建的贡院之一。洪武三年（1370）开科取士之时，各地乡试贡院并未及时创立，各直省乡试多临时暂借省会城市中其他场地举行。如湖广布政司无专门乡试贡院，每逢大比均暂借城隍庙之地举行乡试。至正统年间，湖广始建贡院于凤山之阳，"因山为制，席舍联山冈，而公堂顾俯其下，位置殊弗称"。② 贡院草创，弊端甚多，其后虽多次修葺，但"仍陋袭简，率期至则役千夫、费千缗，权宜修饰，一毕事即如废墟"。③ 直至弘治十七年（1504）进行根本性的修建、改造后，其规制才基本上固定下来。再如陕西布政司旧无贡院，每逢大比之年暂借三皇庙举行乡试。直至景泰七年（1456）二月，陕西布政使许资奏请创建贡院，得到明廷允准。④

---

① 万历《应天府志》卷18《学校志》，《金陵全书·甲编·方志类·府志》第9册，南京出版社，2011年影印本，第528页。
② 林俊：《见素集》卷8《湖广贡院增修记》，《景印文渊阁四库全书》第1257册，台湾商务印书馆，1983年，第92～93页。
③ 林俊：《见素集》卷8《湖广贡院增修记》，《景印文渊阁四库全书》第1257册，第93页。
④ 《明英宗实录》卷263，景泰七年二月戊申，中研院历史语言研究所校印本，1962，第5610页。

明初南京并无乡试贡院，应天乡试皆暂借别地作为考场，且曾数易其地。洪武三年开科后，最初以北城演武场为考试场所，但"地甚缅也，而艰于建置"①，十分不便。永乐年间，移至应天府学文墀宫，"其饬也而防于明祀"②。因考虑到乡试期间科场供给问题，正统年间，应天乡试又临时暂借京卫武学讲堂作为考场。但是，京卫武学地方狭窄，应天乡试考生人数又多，故而每次考试皆须将其仪门、墙垣等处拆除，尽数搭盖临时席舍作为考舍。即使如此，号舍仍不敷用，又将内外厨房等处也搭盖席舍，才勉强进行乡试。每次需用芦席3万余领，竹木5000余根，还有大量的桌、凳等物。试毕之后，号舍皆要拆除，不仅其建筑材料如芦席、竹木等无处堆放，而且还要重新修筑补还仪门、墙垣等。而至下科乡试，无处堆放的建筑材料"俱各损坏"，又须重新置办。③应天乡试每科举行，本就耗费颇巨，尤以南京铺行负担为重。顾起元曾指出："铺行之役，不论军民，但买物则当行。大者如科举之供应与接王选妃之大礼，而各衙门所须之物，如光禄之供办、国学之祭祀、户部之草料，无不供役焉。"④他将科举供应列诸各项供役之首，可见其耗费之巨。但乡试临时考场的拆而又建、建成又拆，循环浪费，更成为南京城的负担。南京应天府"为天下贡举首，其制度亦必为四方所取法"⑤，而乡试考场的不固定，也难以与其地位相符。

　　景泰初年，南京耆夙王文等向上元、江宁两县呈请：应天府学以东有官房1所、前后房屋4座，原为前锦衣卫指挥同知纪纲抄没家产，现分别被怀来卫指挥陈斌家人陈通、忠勇伯家人侯清占据。两家房屋众多，人数较少，便将所占府学东空闲官房租赁与镇江等府农民，"掘坑盛粪，日渐损坏"⑥。因此，王文等人请将前项房屋改作应天府乡试贡院，以为官民两便。

　　景泰五年（1454），应天府尹马谅采纳王文等人意见，积极上疏朝廷，请求创立乡试贡院。马谅认为在京卫武学举办乡试弊端较多："景泰四年，本府开科乡试，臣备员提调。为因武学地窄，举人数多，只得拆毁门墙，搭盖席舍，因其稠密，语言相闻，难于关防。况且无处誊录，将各生俱于

---

① 吴节：《应天府贡院记》，南京中国科举博物馆藏明天顺元年碑刻。
② 吴节：《应天府贡院记》，南京中国科举博物馆藏明天顺元年碑刻。
③ 《奏奉旨意札付事理碑》，南京中国科举博物馆藏明天顺元年碑刻。
④ 顾起元：《客座赘语》卷2《铺行》，中华书局，1987，第66页。
⑤ 吴节：《应天府贡院记》，南京中国科举博物馆藏明天顺元年碑刻。
⑥ 《奏奉旨意札付事理碑》，南京中国科举博物馆藏明天顺元年碑刻。

斋房眷写。为是遮蔽黑暗，昼夜点灯抄录。值阴雨湿热，人多生病。"① 而秦淮之北、府学之东的官房十分宽便，极其适合创立贡院。他请求将前项官房改作应天乡试贡院，并道出其三条好处：第一，应天乡试可以顺利开展，考生、考官及执事人员各得其所；第二，易于关防，防止科场舞弊；第三，两县工料不致虚费，考场供给也可顺利实施。至于怀来卫指挥、忠勇伯两家因此而损失的房屋，马谅请求朝廷令南京守备大臣取勘别项空房量拨给其家人居住。

明廷同意马谅所奏，下令将上述官房改作乡试贡院，并命南京守备平江侯陈豫等会勘明白，"别拨大功坊等处品官房屋三所及官廊房二号与各官家人搬出居住"②。府学以东官房年久失修、朽烂倾颓，地基也俱系坑坎沟池、高下不平。马谅命上元、江宁两县雇募人夫工匠，措办砖瓦、木料，将地基填平，"拆旧换新，盖造至公堂、内帘眷录所、府县厅库等房"③，并筑起四围高墙 200 余丈，以备关防。其中，买料费用、雇匠工价银仅 2000 余两。

贡院建成后，以前乡试考场诸多弊端得以顺利解决。景泰七年八月，丙子科应天乡试移于新创贡院举行，"宽广严密，提调、供给等项，内外俱各得便"④。官军人等 5000 余员绝少似前生病者，此前考场病疫蔓延之事未再出现。乡试结束后，上元、江宁两县坊厢铺户所办桌、椅、床、凳、碗、碟等物尽数堆放闱中，封锁在内，以备下科乡试应用，再不动扰于民。

关于新创贡院的名称，并非学界流行的"江南贡院"之说。当时新创贡院即名曰"贡院"，或称南京贡院、应天贡院、应天府贡院。明朝灭亡，清廷占领南京后，下诏将南京（南直隶）改为江省、应天府改为江宁府，并设科取士，南京贡院随即改称江南贡院。

应天贡院创立后不久，一度面临空前的存亡危机。当时有势要官员见贡院规模宏大，地势宽阔，房屋数多，有意向朝廷奏讨作为私宅居住。时任应天府丞陈宜访知此事后，随即具本朝廷，奏请"查照原行事理，将前房永充贡院，庶使属民财力不至虚费，三年大比得有定所。非特一时执事

---

① 《奏奉旨意札付事理碑》，南京中国科举博物馆藏明天顺元年碑刻。
② 《奏奉旨意札付事理碑》，南京中国科举博物馆藏明天顺元年碑刻。
③ 《奏奉旨意札付事理碑》，南京中国科举博物馆藏明天顺元年碑刻。
④ 《奏奉旨意札付事理碑》，南京中国科举博物馆藏明天顺元年碑刻。

199

官员利便，抑且各府应试举人俱得利便"①。明廷认为贡院系礼部奏准创办，作为开科取士处所，恩准陈宜所奏。天顺元年，明廷最终决定：贡院永为开科取士之用，不许官豪势要之徒朦胧妄讨，惹罪不便！②当年十一月十五日，应天府尹王弼将此事始末及明廷决策勒石，立于贡院。

关于应天贡院创立的时间及经过，南京国子监祭酒吴节所撰《应天府贡院记》则持另一种说法：

> 景泰初，府尹马公谅将修述职之典于朝，乃进耆凤而咨之。咸曰："秦淮之阳，有地廓如，前武臣没入废宅也，鞠为氓隶之囿久矣！若葺而理之，可办也。"公曰："诺。"即具本以闻，诏礼部勘复如所言。公遂与府丞陈公宜首任经费，而寮寀之良亦各捐俸为助，乃鸠工市材，募力启土，尽撤其旧而新之。中为至公堂，监临侍御与知贡举官居之，左右夹室则封、检、对、誊之所也。后为内帘寝室，翰林正考主之。东西有厢，则同考师儒校雠之处也。堂之前面平而势整，甲乙相向，可为席三千有奇，所以待士也。由南而入，则重门萦纡，护之以棘，所以防搜检而严更仆也。与凡庖湢之房、饩廪之库，各有位次，而什物之需、几案之用，又皆因时而为之度置者也。工毕，适岁癸酉大比，戒期合成。均与畿甸之士奉试诏式，比撤棘而得人加多，乃相与列宴于新堂之上。时鹿鸣兴歌，笾豆有践，流观焕彩，文物交并，京闱科贡之盛，于斯为备矣！③

据吴节记文，景泰四年（1453）癸酉科应天乡试举行之时，贡院创立工程已经告竣。而前引应天府尹王弼所立《奏奉旨意札付事理碑》并未言明贡院创立时间。据王弼碑文载，时任应天府尹马谅在景泰五年上疏朝廷请求创立贡院，景泰七年应天乡试移于新创贡院举行，则贡院创立时间当在景泰五年至七年之间。相比之下，王弼碑文本末具备，条理清晰，所录各项来往公文、朝廷颁布旨意皆证据确凿，因此更加可信。

两通石碑皆为天顺元年所立，为何在关于贡院创立时间上各执一词？笔者认为，这与当时南京流行的科举风水说有关。自洪熙元年（1425）明

---

① 《奏奉旨意札付事理碑》，南京中国科举博物馆藏明天顺元年碑刻。
② 《奏奉旨意札付事理碑》，南京中国科举博物馆藏明天顺元年碑刻。
③ 吴节：《应天府贡院记》，南京中国科举博物馆藏明天顺元年碑刻。

廷宣布各直省乡试实行定额录取后，① 至天顺元年，期间历科应天乡试中式人数独以景泰四年癸酉科为多。景泰四年，参加应天乡试的士子达1900余人，中式举人205人。② 实际上，此后直至明朝灭亡，应天乡试中式人数皆未有超出此科者。因此，南京文人多将此科之盛与贡院创立联系起来。吴节碑文中"京闱科贡之盛，于斯为备"之言，正可印证这一点。后来，顾起元批评嘉靖初年都御史陈凤梧夷平应天府学明德堂后高阜建立尊经阁，认为此举破坏了南京的科举风水，其主要根据是："未建阁之前，府学乡试中者数多。景泰四年开科中式者二百人，而应天至二十九人，可谓极盛。自建阁后，递年渐减，隆庆以来稀若晨星矣！"③ 尽管顾起元所言景泰四年应天乡试中式人数不确，但其念念不忘者仍是此科之盛。

三　明代南京贡院的规制及增修

据吴节《应天府贡院记》，应天贡院创立之初的规制为："中为至公堂，监临侍御与知贡举官居之，左右夹室则封、检、对、誊之所也。后为内帘寝室，翰林正考主之。东西有厢，则同考师儒校雠之处也。堂之前面平而势整，甲乙相向，可为席三千有奇，所以待士也。由南而入，则重门萦纡，护之以棘，所以防搜检而严更仆也。与凡庖湢之房、饩廪之库，各有位次，而什物之需、几案之用，又皆因时而为之庋置者也。"④ 初创时期的规制与规模，尚能适应当时应天乡试的需要。但随着科举地位不断上升，应试者逐渐增加，应天贡院原有的规制与规模日渐难以符合考试需要，扩建、增修之举多次出现。

---

① 洪熙元年的乡试定额录取政策并未贯彻明朝始终，其后仍有反复。正统二年，顺天府通判曹铭奏言："洪武间兵（宾）兴贤能，不拘多寡，洪熙以来始立解额。今海宇熙恰，人材迭出，若依解额，恐有遗失。乞开科严选，不拘额数，庶贤材不遗，国家得人。"（《明英宗实录》卷31，正统二年六月乙亥，第618页）明廷采纳了曹铭的建议，宣布乡试录取不拘额数，于正统三年戊午科正式施行。而至正统五年，又宣布乡试定额录取，于正统六年辛酉科正式施行。景泰元年，明廷再次下令乡试录取不拘额数，景泰元年庚午科、景泰四年癸酉科皆按此执行。但景泰四年又制定各处乡试解额，于景泰七年丙子科正式实行乡试定额录取。
② 张朝瑞辑，许天叙增补《南国贤书》前编卷2，《金陵全书·乙编·史料类》第14册，南京出版社，2013年影印本，第131～145页。
③ 顾起元：《客座赘语》卷8《儒学》，第246页。
④ 吴节：《应天府贡院记》，南京中国科举博物馆藏明天顺元年碑刻。

弘治四年（1491）九月，巡按直隶监察御史王鉴之条陈南京科场之弊，认为其弊端易生的原因之一与贡院有关："贡院规模窄狭，四面皆居民楼房围绕，登高窥觇，乘暗投掷，巡绰难于关防，怀挟易于进入。况受卷、弥封等所，俱在至公堂上，内帘上（止）隔一板壁，声息相闻，举动便觉。"①因此，他建议对贡院进行增修，"贡院墙垣并受卷等所宜增高加棘，充广迁移，以杜弊源"②。明孝宗采纳了其建议，"命礼部知之"③。此后不久，应天贡院便进行了增修。

至迟在弘治七年（1494），应天贡院已建有明远楼。时任礼部尚书倪岳在题奏科举事宜时疏言："试院自天顺八年重修以来，累经建议盖造板舍，以防风火之虞，实为永便。今板舍四千间已完，但有一二处未曾添盖房屋，临期仍用芦席搭篷，昼夜加意防守，尚为未便。如场内望高楼三座，俱用芦席搭盖，埋脚不坚，有风之日，军士不敢在上，兼每楼合用军士二三十人，亦要供给，有费无益。合无行移工部，照依应天府并各布政司试院，于中止盖楼房一间，四角望高楼俱不必用，临时止用军士二三十人四面观看，最为省便。"④倪岳建议仿照应天贡院明远楼之制，对顺天贡院的建置进行改造，其题奏在弘治七年。因此，应天贡院当时早已建有明远楼，且为其他贡院所取法。

嘉靖十三年（1534），应天贡院进行了大规模的增修、扩建。主考官自北京抵达南京时，正值其落成。嘉靖十三年甲午科应天乡试副主考张治亲述其事："嘉靖甲午秋八月，维应天府乡试。臣以训、臣治受上命，往柄厥事……既至，适贡院落成，制宏而丽，森而有域。"⑤增修工程告竣后，贡院规模大为拓展。院内南北中轴线上坐落有内外门、明远楼、至公堂、衡鉴堂、飞虹桥、"憩息之堂"等重要建筑，形成了一楼、一桥、二门、三堂的基本规制。门外有坊，坊南为街，街南有池。此外，增修房屋70余间，号舍达到3700余间。⑥

---

① 《明孝宗实录》卷55，弘治四年九月甲申，中研院历史语言研究所校印本，1962，第1072页。
② 《明孝宗实录》卷55，弘治四年九月甲申，第1073页。
③ 《明孝宗实录》卷55，弘治四年九月甲申，第1073页。
④ 倪岳：《青溪漫稿》卷13《奏议》，《景印文渊阁四库全书》第1251册，台湾商务印书馆，1983年，第153页。
⑤ 张治：《〈应天府乡试录〉后序》，《嘉靖十三年应天乡试录》，《天一阁藏明代科举录选刊·乡试录》，宁波出版社，2010年影印本，第1页。
⑥ 参见《增修应天府乡试院记》，南京中国科举博物馆藏明嘉靖十三年碑刻。

隆庆元年（1567），在提督操江、南京都察院右佥都御史盛汝谦的主持下，应天贡院进行了增修。盛汝谦购置隙地，缭以土垣，"四通以巡警，外设公馆及群舍以备供馔，应天府领之"①。可见，他不仅增修了贡院建筑，扩大了贡院规模，还对贡院的运作机制多有谋划。更为重要的是，盛汝谦对贡院号舍进行了根本性改造。南京贡院号舍的建造材料原为芦苇，故称"席舍"。席舍不仅简陋易坏，而且存在着诸多安全隐患，尤以防火为难。盛汝谦捐俸对号舍进行修拓，将号舍的建筑材料彻底更换，皆以砖瓦砌成。②从此，砖瓦号舍一直得到沿用，这在当时各地贡院中也是较为领先的做法。

万历年间，应天贡院先后多次得到大规模的增修、扩建。

一次始于万历六年（1578），次年竣工。经过此次重修后，贡院堂室共330多间，号舍则达到5000余间。③

另一次则在万历二十九年（1601）。万历二十二年（1594），李廷机任应天乡试正主考官。目睹南京城的雄伟壮丽后，他认为应天贡院稍显简陋，难以与南闱的重要地位相称。万历二十六年（1598），李廷机升任南京吏部右侍郎，开始与南京其他官员筹划增修贡院之事。万历二十八年（1600），庚子科应天乡试举行。南京官绅正式将新修贡院提上议事日程，并做了大量准备工作。次年二月，新修工程正式开展，九月告竣。贡院前东西槔楔内濒临秦淮河的地方皆加置扶栏，增加了安全性和美观度。贡院后部之地得到扩充，解决了"与阛阓仅隔一垣"④的问题。号舍、库房不仅新增了不少，而且低洼者也被垫高加固，"易湿为燥，增少为多"⑤。至于明远楼，原本"孤高善圮"，则以砖改建，"绸缪巩固，省频修之费"。⑥除此之外，弥封所、誊录所等房屋也得到不同程度的修葺更新。

此外，还有一次增修在万历四十三年（1615）。当年八月，乙卯科应天乡试即将举行。为了使乡试能够顺利开展，应天府动用大量人力、物力对贡院进行增修。⑦这次增修工程共新建号舍200间，主持者为应天府尹黄承元。⑧

---

① 万历《应天府志》卷18《学校志》，《金陵全书·甲编·方志类·府志》第9册，第528页。
② 参见乾隆《江南通志》卷146《人物志·宦绩》，《中国地方志集成·省志辑·江南》第5册，凤凰出版社，2011年影印本，第738页。
③ 参见《应天府重修贡院碑记》，南京中国科举博物馆藏明万历八年碑刻。
④ 《应天府修改贡院碑记》，南京中国科举博物馆藏明万历年间碑刻。
⑤ 《应天府修改贡院碑记》，南京中国科举博物馆藏明万历年间碑刻。
⑥ 《应天府修改贡院碑记》，南京中国科举博物馆藏明万历年间碑刻。
⑦ 沈德符：《万历野获编》卷16，中华书局，1959，第425页。
⑧ 甘熙：《白下琐言》卷4，南京出版社，2007，第72页。

在历次增修中，应天贡院逐渐形成基本规制。万历《应天府志》详细记载了其建筑布局："贡院在秦淮上，府学之东，地广十余亩。中有楼，曰明远，堂曰至公，左右为监试、提调院，列以誊录、对读、供给诸所，前空处即东、西文场地，号若干间。堂之后又堂七间，三间为会堂，左右各二间，为考官燕居，两序则五经同考官室。堂后大池，架梁于上。池北之堂，曰飞虹，左右掖皆有屋。"① 这一规制形成后较为稳定，直至清代仍被沿用。②

四 清代江南贡院的历史

明清鼎革，清代仍开科取士，在南京举行江南乡试。随着政局的变化和行政区划的改变，应天贡院也相应地改称江南贡院。

清代江南贡院，经历了多次增修、扩建，规模较大的在康熙、雍正、道光、同治时期。

康熙二十九年（1690），两江总督傅拉塔增修江南贡院。康熙五十二年（1713），江苏巡抚张伯行再次大规模增修贡院。经过这两次增修，江南贡院号舍已达13000间。③

雍正元年（1723），江苏巡抚吴存礼革职，两江总督查弼纳兼署江苏巡抚，监临乡闱，深觉号舍残破，立意增修。乡试之后，查弼纳"即捐俸市

---

① 万历《应天府志》卷18《学校志》，《金陵全书·甲编·方志类·府志》第9册，第527~528页。
② 陈开虞主修的康熙《江宁府志》也详载当时贡院的建筑布局："贡院在秦淮上，县学之北，地广十余亩。中有楼，曰明远，堂曰至公，左右为监试、提调院，列以誊录、对读、供给诸所，前空处即东、西文场地，号若干间。堂之后又堂七间，三间为会堂，左右各二间，为考官燕居，两序则五经同考官室。堂后大池，架梁于上。池北之堂，曰飞虹，左右掖皆有屋。"[康熙《江宁府志》（陈开虞本）卷11《学校志》，《金陵全书·甲编·方志类·府志》第12册，南京出版社，2011年影印本，第160页] 可见，其所载仅"县学之北"四字与万历《应天府志》的"府学之东"不同，不免有抄袭后者之嫌。但是，两志并未完全相同，陈开虞本康熙《江宁府志》对万历《应天府志》中贡院与学校的相对位置有所更改，应该是对当时贡院规模扩大后二者相对位置变化的反映。因此，明代南京贡院的基本规制在当时并未有根本性的变化。
③ 李兰所撰《增修贡院碑记》载："江宁贡院四徙而得今所。天顺初，号舍三千。万历中，增至八千。康熙庚午总督傅公、癸巳巡抚仪封张公，递增至万有三千。"（南京市文化广电新闻出版局编著《南京历代碑刻集成》，上海书画出版社，2011，第222页）据《履园丛话》，时任两江总督噶礼也有增修江南贡院号舍事迹："康熙末年，总督噶礼由晋抚升任两江，办事勤敏，喜著声威。尝以南闱号舍逼窄，请旨增建，即今平江府各字号是也。"见钱泳《履园丛话》卷1《旧闻》，中华书局，1979，第23页。

附院民居地数百余间，增号舍四千余楹。并撤旧舍之窄陋者，扩而新之。通得新旧号舍万七千楹有奇，皆完固整好、高明爽垲"①。经过查弼纳的增修，贡院号舍增至17000余间。查弼纳对江南贡院的其他建筑，包括至公、衡鉴两堂、左右经房及各所屋舍，也都一一加以更新。

道光十年（1830）、十一年（1831），对江南贡院进行了大规模的翻修，贡院号舍皆易新砖，牌坊大字悉行更易。② 道光十五年（1835），乙未恩科江南乡试即将举办，江南贡院再次修葺一新，新盖了内帘房屋。③ 道光二十四年（1844）江南乡试后，为了缓解近年来贡院水患问题，两江总督璧昌、江苏学政张芾决定对贡院进行修治。次年，修治工程开始，将被淹号舍6100余间拆卸，筑土增高，重新建造，"每号甬口加葺门墙，题明字号，以便稽查。并添开子沟，以利水道，棘垣周围增高二尺"④。《江宁重修贡院记》载："又以两江应试者多，号舍常不足。临时添设席号，地多下湿，号棚狭隘，士多苦之，抑且火患可惧。于是收买东南隅民房基地，添建号舍五百间，并将通场之九千余间一律修治完固。余如龙门点名处、誊录所、瞭望楼以及内外牌楼俱重修完好。又将大门以外街道加高五寸，墁以青石。又修院东之利涉桥，以便士子之往来也。"⑤

同治三年（1864），清军克复南京。江南贡院并未受到严重损坏，保存基本完好。两江总督曾国藩"使汉阳洪观察汝奎修之，增号舍若干"⑥。在曾国藩的主持下，对江南贡院进行了修葺和扩建。中国国家博物馆馆藏文物中，有一件《同治三年重修江南贡院号舍全图》，木版刻印，纵47.5厘米，横23.2厘米。该图右上角录有一段绘图者所作文字，翔实地记载了此次重修贡院的过程。

> 甲子夏克复金陵，兵燹后城中房舍半毁，惟贡院幸存，规模具在，而屋宇坏损。爰奉太子太保两江阁督部堂一等侯曾奏启冬闱，以应甲子新元恩纶盛典，并同太子少保浙江巡抚部院一等伯曾檄委布政司衔记名按察使司黄，总理重修。因其旧而新之，举其废而兴之，不数月

---

① 《增修贡院碑记》，《南京历代碑刻集成》，第222页。
② 甘熙：《白下琐言》卷6，第114~115页。
③ 林则徐：《乙未日记》，《林则徐全集》第9册，海峡文艺出版社，2002，第4426页。
④ 《江宁重修贡院记》，《南京历代碑刻集成》，第282页。
⑤ 《南京历代碑刻集成》，第282页。
⑥ 《重修江南贡院记》，《南京历代碑刻集成》，第291页。

工竣，较向制尤精整而完固也。大江南北，士集如云，文运重开，何其幸欤！余得睹旧图，号舍堂庑，界画井然，因参考新旧而重绘之，愿与诸君共鉴焉。①

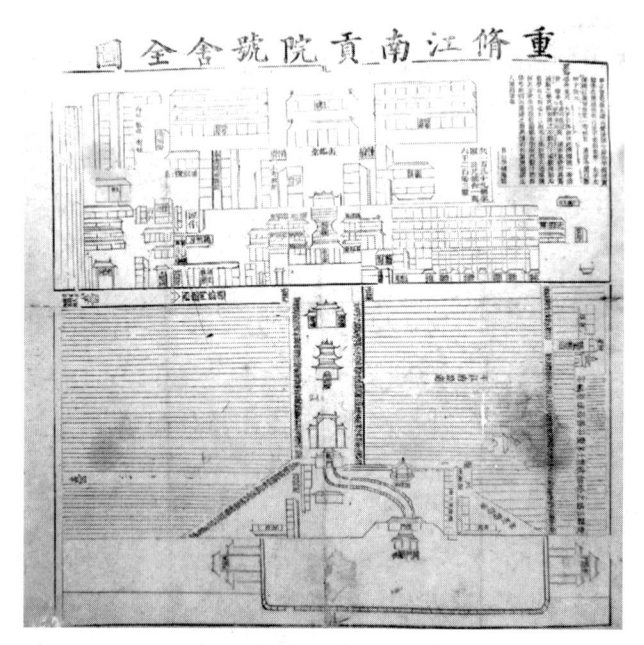

图1 同治三年（1864）重修江南贡院号舍全图

同治四年（1865），曾国藩赴山东督师进剿捻军，江苏巡抚李鸿章权署两江总督。由于战后江南考生迅速增加，江南贡院原有号舍不敷使用。次年，李鸿章重修、扩建贡院，增添号舍、厕房、官房等。李鸿章本人所撰《重修江南贡院记》载："五年，余权总督，乃更廓而大之。相院旁地垣而合之，东自平江府，西自西总门，凡增二千八百十二间、厕房八十一所、官房四区，合旧号都为万八千九百奇。"② 此次增修，使江南贡院的规模迅速扩大，仅号舍就达18900余间。

同治十二年（1873），署理两江总督张树声再次主持增修江南贡院，此次增修工程使贡院又增添号舍2000间。至此，江南贡院共有号筒295字，

---

① 《同治三年重修江南贡院号舍全图》，中国国家博物馆编《中国国家博物馆馆藏文物研究丛书·明清档案卷·清代》，上海古籍出版社，2007，第332页。
② 《南京历代碑刻集成》，第291页。

号舍达20646间，居各省贡院之冠。①

值得注意的是，这两次大规模增修工程彻底改变了江南贡院长期以来的形制格局。从同治十二年所绘《江南贡院全图》中，可以清晰地看出，当时江南贡院平面格局略呈梯形，与之前正方形的形制完全不同。该图采用较为先进的绘图法绘制，② 十分精准地反映了江南贡院的平面布局。

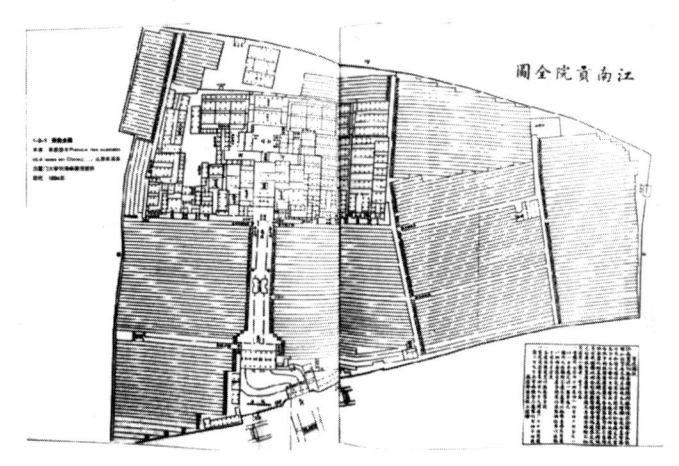

图2　同治十二年（1873）绘《江南贡院全图》

---

① 光绪《续纂江宁府志》卷5《学校》，《金陵全书·甲编·方志类·府志》第22册，南京出版社，2011年影印本，第188页。按：关于当时江南贡院号舍总数，一说为20644间，如同治十二年所绘《江南贡院全图》即持此说。在同治十三年所修《上江两县志》中，两说并存。此后负责分修同治《上江两县志》的8位人员中，有7位参加了光绪《续纂江宁府志》的纂修。其中，汪士铎担任总纂，刘寿曾、方培容、秦际唐、甘元焕、陈作霖任分纂，张铸任总采访。此外，参加光绪《续纂江宁府志》纂修的人员中，还有不少都参与过同治《上江两县志》的纂修工作。在光绪《续纂江宁府志》中，总纂汪士铎等人摒弃了"20644间说"，认定江南贡院号舍总数为20646间。

② 该图所附"贡院图说"载："江南贡院向无善图，坊间刊板条理不分，观者未能了如指掌，是未得其法故也。夫绘图必先布算，布算必先知积，求积必先定形，求形必先知各处丈尺。贡院全址略似梯田，东西广，南北狭，兼以四面围墙及各路中钝锐诸角层累叠出，非用象限、勾股、三角诸法参量比例，其角不明，又非截积布算，其积不得，故另布截积图，以明全形积数，角、积皆得。而后准丈尺长短广狭，布置房屋、号舍、道路、天井，条分缕晰，不相紊淆，庶令观者一览了然焉。一、绘图用全形四十四万四千四百四十四分之一，以一分半为丈，以一厘半为尺。一、图内凡系墙脚不通之处界以粗线，台阶、天井界以细线，每进房屋分间界以黑点，栅柱界以连点，方使眉目清楚。一、各道路俱从宽，以与号筒分别。一、贡院通计房屋四百九十九间，披厂七十四间，号筒二百九十五字，共号舍二万零六百四十四间。"见《江南贡院全图》，杨学为、乔丽娟、李兵编著《科举图录》，岳麓书社，2013，第102~103页。按：由该图"贡院图说"中所述绘图时"岁在癸酉"，可知该图绘制年份应为同治十二年，即1873年，而非《科举图录》一书所说1894年。

光绪二十四年（1898），法国传教士方殿华（Louis Gaillard）绘制的《江宁府城图》①，高70厘米，宽52厘米，是现存最早的南京坐标地图。在这幅南京地图中，江南贡院的形状一览无余。可见，当时江南贡院规模的宏大。

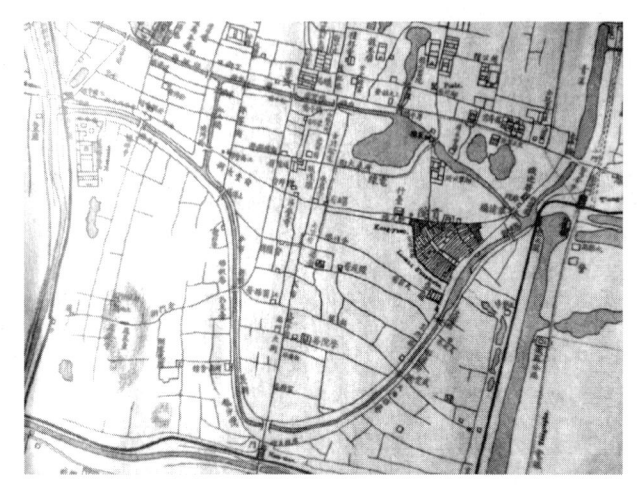

图3　光绪二十四年（1898）法国传教士方殿华绘制的《江宁府城图》

除官府及官员个人外，士绅也是增修、扩建贡院行为的重要群体。道光初年，因贡院"旧制号舍库狭，土地不甃，小雨辄沮洳泥滑"②，江苏、安徽两省士绅合募重建，焕然一新。民国年间，南京居民曾从楼梯脚下之石中发现一块清代墓志，送交南京古物保存所收藏。墓志记载，墓主人姓李，为曾任南康知府的李师韩之子，其兄李冀曾捐资修葺江南贡院号舍，墓主人又捐出白银1万两用作贡院修葺资费。③由于墓志残缺，墓主人名字未详。李氏兄弟捐修贡院的时间也未有明确记载，但根据墓志内容可以推断大约在嘉、道时期。

从兴修江南贡院的主要力量来看，既有官府力量，也有民间力量。官府力量中，有两江总督、江苏巡抚、江苏学政等职。至于民间力量，以江苏、安徽两省士绅为主。兴修江南贡院的款项，既有官府公项银两、官员所捐俸禄，也有士绅所募钱款。正是官民力量的共同运作，保证了江南贡

---

① 方殿华：《江宁府城图》，南京出版社，2012年。
② 光绪《续纂江宁府志》卷5《学校》，《金陵全书·甲编·方志类·府志》第22册，第187页。
③ 杨复明编《南京古物保存所古物说明书》，《地方金石志汇编》第37册，国家图书馆出版社，2011年影印本，第189页。

院正常、有效地运行。

江南贡院是以明远楼为中心，由至公堂、戒慎堂、衡鉴堂、飞虹桥、号舍、各门、各房屋、围墙等所组成的建筑群。贡院四隅各有岗楼，"植立大旗，束而不放，有变则放以警众而求外救援"[①]。岗楼之间，有两道高墙连接，高墙之间留有通道，环绕贡院。两道围墙顶端，遍铺荆棘作为戒备，故贡院又名"棘闱"。江南贡院规模之大、布局之精巧，位居各省贡院之首。

五 清末民初苏皖两省对江南贡院的处置过程

早在光绪十三年（1887），太常寺卿徐致祥奏请江南分闱乡试之时，就曾有过对江南贡院进行处置的设想："至江宁贡院，本系两省公共之地，现议分闱，则原设贡院专归江苏，将来安徽兴建试院各项经费应由江苏酌量筹款津贴若干，以昭平允。"[②] 而在科举正式停废之际，社会上不断出现处置江南贡院的各种动议。科举制度被正式废除后，江南贡院遭受了致命打击，失去了原有的存在意义。江南贡院占地较广，又处于当时南京城内最为繁华之所，不断被各方势力觊觎，改作他用只是时间问题。

光绪三十三年（1907），在两江总督端方的主持下，决定将江南贡院改辟为市场。如何处置江南贡院，成为当时影响国内外舆情的重大事件。日本外务省在北京所办的汉文报纸《顺天时报》对此报道：

> 自科举废后，南京贡院为督练公所辎重队所驻扎，砖石木料失去颇多。兹江督特札督练公所，略谓：现拟创设南洋大学，建筑之费殊属不赀。贡院地基宏敞，拟辟之为市场，以其赁金充作学堂经费，所有砖石木料，以之改建学堂。既借以联商情，复可以裨学务。此项变通贡院办法，概交江宁商会经理。惟现查有辎重队驻扎其间，应饬速行移出，以便兴办。除分行外，合行札饬，札到该所，即便遵照。务于正月十五以前，全行腾出，勿稍延误。
>
> 再，贡院自经该队驻扎后，失去物料甚多，几至莫所究诘。现经商

---

① 商衍鎏：《清代科举考试述录》，生活·读书·新知三联书店，1958，第55页。
② 《太常寺卿徐致祥奏为江南乡试请分闱办理事》，光绪十三年八月二十一日，中国第一历史档案馆藏军机处录副奏折，档案号：03-7191-032。

会查明现存各物确数，倘再有丝毫短少，即由该队官长著赔，毋违。①

当时端方筹划创设南洋大学，经费不足，准备以贡院砖石木料改建学堂，以贡院改辟市场之租金充作学堂经费。设想确定后，端方采取强有力的措施，命令督练公所辎重队限期移出贡院，由南京商会查明贡院现存各物确数，并令其负责经理贡院改辟市场事宜。

当年年底，总督端方通电，宣布江南贡院改为市场，并派唐治尧总理其事务。② 可以说，在江南贡院改辟市场的过程中，端方是极为关键的人物。

南京贡院虽位于南京，但自其创立之日起便是南直隶全境范围内士子的乡试考场，产权归南直隶所有。明清鼎革，南直隶改为江南省，后又进一步分为江苏、安徽两省，南京贡院产权自当归苏皖两省共有。江南虽然分省，但其乡试模式却沿袭明制，即江苏、安徽两省仍在南京共同举行乡试，③ 贡院仍是两省乡试考场，进一步证明了其产权归两省所有。此外，在南京贡院的历次修葺、扩建工程中，江苏、安徽两省官绅均有参与，共襄盛举，继续巩固了两省对其共有产权的事实。因此，在清末民初江南贡院的处置问题上，江苏、安徽两省均有发言权，而当面对现实利益问题时，两省之间也存在着争议和争斗。

1914年，江苏、安徽两省士民请求进一步处置江南贡院，江苏省长齐耀琳、安徽省长韩国钧予以应允，并就此事咨询省议会，得到了广泛的支持。两省分别推选代表，赴南京商讨处置方案。

两省之间争议颇多，不断进行明争暗斗，会商不止一次。《大公报》曾刊载其第2次会议方案：

> 南京贡院改辟市场，经苏皖两省派员在省公署会同商议如何解决。兹悉日前开第二次会议，办法大致已议有端倪。查南京贡院重建于前清乾隆二十一年，由苏、皖、赣三省会筹经费建筑。自洪杨兵燹后，赣省另筑贡院，南京贡院经江督曾国藩大加开拓，规模较前尤巨，以作苏、皖两省乡试之用。所需经费照中式"苏六皖四"名额摊派。此次两省士绅会议，闻以此论为张本，闻已决定苏六皖四，不再争执。

---

① 《金陵贡院改辟市场之计画》，《顺天时报》光绪三十三年正月十八日（1907年3月2日）。
② 《电告江南贡院改为市场》，《大公报》光绪三十三年十二月十二日（1908年1月15日）。
③ 孟义昭：《清代江南乡试分闱动议考论》，《史林》2017年第3期。

至其改辟方法、手续极繁，必先绘明图式，若者为公共场ardens，若者为市场，若者为大道通衢，始为进行标准，不至参差紊乱。昨已议定，纵筑马路三条，横筑六条，经费约需一万元，先由苏省筹垫，其余如何开辟、如何建筑之种种，须俟图式绘成时再行会商办理。大约公家财政维艰，无此建筑之力量。所有全院地皮，拟分别上、中、下三则，定价招人承租，听其自造房屋，原有之砖瓦木料，亦一律估价召变。两省定各设办事处一所，以便经理一切事宜，将来支出、收入各项数目，均照四六均摊，以昭公允。此皆第二次会商议定之大略情形也。①

两省第2次正式会议所制定方案，为其后江南贡院的处置奠定了基础。1917年，《江南贡院处分法》出炉，凡10条，作为处置江南贡院的章程。次年，处分事务所成立，专门实施具体事宜，"规厥制，划巨道，剖其中，而留明远楼及衡鉴堂为方式，存遗迹以示方来。别存号舍若干间，以明前代试场之遗轨。余则辟市肆，利群商"。② 1919年，两省又任命专员解决售卖江南贡院遗产问题，"分售既罄，获银币九万八千二百有奇，苏六皖四，悉入公家"③。

至于留存的江南贡院遗迹，两省共同享有处置权力。后来，江苏省又出巨资，买断了安徽省对于江南贡院遗迹的最后处置权，江南贡院尽归江苏所有。

南京贡院产权归江苏、安徽两省共有的事实，使两省之间在如何处置贡院问题上展开了长期的利益角逐。苏皖两省之间的利益博弈，也使处置江南贡院的时间一再延迟，为贡院遗迹的保护赢得了相当长的缓冲期。在当时其他多数贡院相继改辟、拆毁时，处置江南贡院的时间不断延后，并最终保存了明远楼、衡鉴堂、飞虹桥及部分号舍。可以说，正是南京贡院产权的特殊属性，部分保全了贡院自身，在南京城内留下了保存至今的科举遗迹。

(作者单位：安徽大学徽学研究中心)

---

① 《贡院改辟市场之办法》，《大公报》1917年3月8日。按：该报所载"南京贡院重建于前清乾隆二十一年，由苏、皖、赣三省会筹经费建筑。自洪杨兵燹后，赣省另筑贡院"，此说未经考据史料而报道，明显有误。
② 《金陵贡院遗迹碑》，《南京历代碑刻集成》，第333页。
③ 《金陵贡院遗迹碑》，《南京历代碑刻集成》，第333页。

·文书与文献·

明代契尾所引官文书的结构、流程与标点[*]

申 斌

内容提要 元代和明弘治以前的契尾比较简单,但弘治、正德以降,契尾开始引用律法公文,并且随着时间推移,契尾所引官文书的结构愈益复杂,给标点造成困难。本文在吸收已有研究成果的基础上,结合元末、明代、清初等多条资料,通过四个例子,剖析明代契尾所引官文书的用语、结构与承转关系,说明标点的依据,希望有助于契约文书标点整理的规范化。

关键词 明代 契尾 官文书

引 言

从周绍泉先生[①]对契尾的开创性研究以来,学界对契尾的相关探讨已经相当深入,[②]但在契尾标点上,却未尽一致。元代和明弘治以前的契尾比较简单,但弘治、正德以降,契尾开始引用律法公文,并且随着时间推移,契尾所引官文书的结构愈益复杂,给标点造成困难。官文书标点,不但需

---

[*] 本文为中央高校基本科研业务费专项资金资助项目(11240 - 31610102)阶段性成果。
[①] 正文中对诸位师长、学者只在第一次出现名字时使用敬称,再次出现则省略敬称,特此说明。
[②] 相关成果甚多,早期具有开创性、代表性的研究如周绍泉《田宅交易中的契尾试探》(《中国史研究》1987 年第 1 期)、朱文通《清代直隶"契尾"略析》(《中国史研究》1987 年第 1 期)、卞利《清代江西的契尾初探》(《江西师范大学学报》1988 年第 1 期)、陈高华《元代土地典卖的过程和文契》(《中国史研究》1988 年第 4 期)、徐达《土地典卖税契制度考略》(《平准学刊》第 4 辑上册,光明日报出版社,1989)。

要搞懂公文交代词和格式以明白文书装叙结构,① 还需要弄清楚文书结构所展现出来的公文承转流程。可以说,对文书结构和流程的不同理解是导致诸家标点差异的主要原因。

关于元代、清代官文书已经有较多研究,甚至还出版了教材、工具书,这对解读明代官文书有巨大帮助。② 目前对明代官文书的既有研究多集中于文书制度,③ 针对文书结构及流程的专门研究甚少,谷井俊仁先生对南京兵部车驾司文书种类和处理程序的探讨,对我们理解六部内部文书有极大帮助;④ 李福君先生则探讨了皇帝的文书行政。⑤ 近年万明先生主持"明代诏令文书研究",⑥ 阿风先生从古文书学角度探析徽州文书,⑦ 提升了我们对明代官文书的认识。本文在吸收上述研究成果的基础上,结合《吏学指南》《吏文辑览》《新刻问刑行移体式》《福惠全书》等元末、明代、清初资料,

---

① 所谓装叙法行文,即层层嵌套引用上级、下级、平级来文叙述情况,具体参见裴燕生主编《历史文书》,中国人民大学出版社,2009,第235~246页。这种公文作法在宋代已经出现,参见许同莘《公牍学史》,档案出版社,1989,第99~101、128~129页。
② 关于历史上官文书的通论性研究,具有开创性的成果有徐望之《公牍通论》(商务印书馆,1931)、许同莘《公牍学史》(商务印书馆,1947)。关于元代公文承转关系的研究,有田中谦二『元典章文書の研究』(初刊于《东洋史研究》23卷4号,后修订收入《田中谦二著作集》第2卷,汲古书院,2000)、植松正「元典章文書分析法」(『13、14世紀東アジア史料通信』第2号、2004)、舩田善之「モンゴル帝国東部における 文書行政システム」(博士学位论文,早稻田大学文学研究科,2006年4月)、舩田善之「『霊厳寺執照碑』碑陽所刻文書を通してみた元代文書行政の一断面」(『アジア・アフリカ言語文化研究』第70号、2005、81~105頁)。关于元代公文特殊用语的研究如刘晓《元代公文起首语初探》(《文史》2007年第3辑)。关于清代文书档案制度、格式、用语的研究甚多,仅以教材和工具书为例,就有:殷钟麒《清代文书工作述要(初稿)》(中央档案馆明清部,1963年油印,中国人民大学档案系文书学教研室1983年删去文例后再次刻写油印);张我德、杨若荷《清代文书》(中国人民大学档案系文书学教研室1983年油印本);四川大学历史系档案学教研室《清代公文选编》(1984年油印本);刘文杰《历史文书用语辞典(明、清、民国部分)》(四川人民出版社,1988);雷荣广、姚乐野《清代文书纲要》(四川大学出版社,1990);杨若荷《怎样阅读清代文书》(《北京档案》1995年第2、3、4期);张我德、杨若荷、裴燕生《清代文书》(中国人民大学出版社,1996);裴燕生《历史文书》(中国人民大学出版社,2003)。
③ 谷井俊仁:《改票考》,《史林》第73卷第5号,1990,第1~39页;樱井俊郎「明代题奏本制度の成立とその变容」『東洋史研究』第51卷第2号、1992、1~29頁;王剑《明代密疏研究》,中国社会科学出版社,2005。
④ 谷井俊仁「『明南京車駕司職掌』の研究」『富山大学人文学部紀要』、第19号、1993、27~64頁。
⑤ 李福君:《明代皇帝文书研究》,南开大学出版社,2015。
⑥ 万明:《明初政治新探:以诏令为中心》,《明史研究论丛》第9辑,第1~30页。
⑦ 阿风:《明清徽州诉讼文书研究》,上海古籍出版社,2016。

通过四个例子，剖析明代契尾所引官文书的用语、结构与承转关系，说明标点的依据，希望有助于契约文书标点整理的规范化。

一　契尾引用《大明律》例

弘治、正德以及嘉靖初年的契尾比较简单，只是引用《大明律》条文。以中国社会科学院历史研究所所藏《正德三年黟县契尾》为例，① 周绍泉标点如下：

直隶徽州府黟县，检会到《大明律》内一款："凡典卖田宅不税契者，笞五十，仍追田宅价钱一半入官。"钦此钦遵外，今据本县四都二图孙逵状告，正德元年十二月内，用前价四十五两，买到本县四都二图军人王雄等户内经理霜字三百五十七号地二亩，土名坐落古筑村心，四至明白，赴县印契，除将买主卖主查审明白，取各供词在卷及验照例折纳银钞收讫外，所有契尾须至出给者。②

徐达先生引用同一文书，标点作："……直隶徽州府黟县检会到大明律内一款，凡典卖田宅不税契者笞五十，仍追田宅价钱一半入官。钦此钦遵。外，今据本县……"③ 汪庆元先生曾引用安徽省博物馆藏《弘治十二年休宁县胡清买山契尾》和《正德七年徽州府税课司契尾》，与此处契尾在"今据"之前的部分语句基本一致，只是"徽州府黟县"被分别替换为"徽州府休宁县税课局"和"徽州府税课司"。他标点为："……徽州府税课司检会到《大明律》内一款：凡典卖田宅不税契者，笞五十，仍追田宅价钱一半入官。钦此，钦遵外，今据本县……"④ 万明引用的《嘉靖六年休宁县空白税契凭证》⑤，也有相同词句，标点作："……检会到《大明律》内一款：凡典卖田宅不税契者，笞五十，仍追田宅价钱一半入官。钦此。钦遵外，

---

① 《徽州千年契约文书·宋元明编》卷1，花山文艺出版社，1992，第319页。
② 周绍泉：《田宅交易中的契尾试探》，《中国史研究》1987年第1期，第103页。
③ 徐达：《土地典卖税契制度考略》，《平准学刊》第4辑上册，光明日报出版社，1989，第496页。
④ 汪庆元：《从徽州文书看明代税契制度的演变》，安徽省徽学学会编《徽学丛刊》第1辑，2003，第172页。
⑤ 《徽州千年契约文书·宋元明编》卷2，第40页。

今据本县……"①

"检会"是检索、查阅的意思。② 周绍泉在文书引用《大明律》时采取加引号的方式标点是正确的，但由于官文书中层层引用，常会出现引号不够用的情况；有时由于省略等原因，直接引用与间接引用很难区分，是否加引号无从判断。所以为了方便和统一，以不加引号为宜。

"钦此"是引用皇帝谕旨的引结词。钦是对皇帝的敬语，此指代前面皇帝的话。"钦此"不是皇帝谕旨的内容，而是其他人转述皇帝书面或口头谕旨时用以表示"引用结束"意思的文书交代词。因此，"钦此"之后应当用句号。《大明律》为洪武帝钦颁，故引用之后也用了"钦此"表示结束。"钦遵"的主语是黟县官府，意思是恭敬地遵循前引《大明律》条款规定；"外"在这里起到承接上文（"钦遵"）和提示下文（"今据本县四都二图孙逵状告"）的连接作用，所以"钦遵"与"外"之间不需点断，"外"后面应用逗号。

二 府契尾并列引用多份公文例

中国社科院历史所藏《天启元年五月二十四日徽州府契尾》是契尾并列引用多份公文的典型例子。周绍泉首次录文引用该契尾，标点如下：

> 直隶徽州府为查理税契以厘夙弊事，照奉部文，改用府印契尾。自万历四十八年正月为始，如无府印契尾者不许过割推收。奉此。随经申详抚院批开部议，税契改用府尾，正谓亲临易核，且便于请发耳。仰府查照通行，各属不许参差。如有势豪抗违、里书勒掯阻挠新法者，拿究。此缴，奉此。再照《大明律》一款：一典买田地山塘堰宅，不税契者笞五十，仍追产价一半入官。奉此，拟合行县税契推收。为此，仰县官吏即照颁发鸳鸯契尾，如式刊刻印刷，并编定字号、文簿，送府钤印，发县推收。示谕买产人民知悉，赍契赴县请给契尾。大纸给付买主，粘契收照。小纸同簿申府类报。每价一两，上纳税银三分，

---

① 万明：《明代税票探微——以所见徽州文书为中心》，《明史研究论丛》第 10 辑，故宫出版社，2012，第 8 页。
② 《元典章》《通制条格》中均有用例，参见《通制条格校注》，方龄贵校注，中华书局，2001，第 30 页。

215

总类解府,转解户部济边。人户印契,务要一契一尾,毋许二三张粘连一尾。如有契印而无尾者,即系漏税,查出随追半价入官。若以县尾而无府尾者,不得朦胧推收,致减国课。如违,册里书算等役,一并依律以漏税治罪,决不轻贷。须至契尾者。①

徐达引用了同一契尾,而标点作:

直隶徽州府为查理税契以厘凤弊事照奉部文改用府印契尾。自万历四十八年正月为始,如无府印契尾者不许过割推收,奉此随经申详抚院批开,部议税契改用府尾,正谓亲临易核且便于请发耳,仰府查照通行各属不许参差。如有势豪抗违,里书勒掯,阻挠新法者,拿究。此缴奉此再照。大明律例一款,一典买田地山塘堰宅不税契者笞五十,仍追产价一半入官。奉此,拟合行县税契推收。为此仰县官吏,即照颁发鸳鸯契尾,如式刊刻印刷,并编定字号文簿,送府钤印,发县推收。示谕买产人民知悉。赍契赴县,请给契尾。大纸给付买主粘契收照,小纸同簿申府类报。每价一两上纳税银三分,总类解府转解户部济边。人户印契,务要一契一尾,毋许二、三张粘连一尾。如有契印而无尾者,即系漏税,查出随追半价入官。若以县尾而无府尾者,不得朦胧推收,致减国课。如违,册里书算等役一并依律以漏税治罪,决不轻贷。须至契尾者。②

汪庆元引用安徽省博物馆藏《天启元年歙县鲍尚麟卖田赤契》粘连的徽州府契尾,与此处历史所藏契尾文字完全相同。其标点为:

直隶徽州府为查理税契以厘凤弊事。照奉部文改用府印契尾。自万历四十八年正月为始,如无府印契尾者不许过割推收。奉此。随经申详抚院批开部议,税契改用府尾,正谓亲临易核,且便于请发耳。仰府查照通行,各属不许参差。如有势豪抗违、里书勒掯阻挠新法者,拿究。……仰县官吏即照颁发鸳鸯契尾,如式刊刻印刷,并编定字号、

---

① 周绍泉:《田宅交易中的契尾试探》,《中国史研究》1987年第1期,第104~105页。
② 徐达:《土地典卖税契制度考略》,《平准学刊》第4辑上册,光明日报出版社,1989,第516页。

明代契尾所引官文书的结构、流程与标点

文簿，送府钤印，发县推收。示谕买产人民知悉：赍契赴县请给契尾，大纸给付买主粘契收照，小纸同簿申府类报。每价一两，上纳税银三分，总类解府，转解户部济边。人户印契，务要一契一尾，毋许二三张粘连一尾。如有契印而无尾者，即系漏税，查出随追半价入官。若以县尾而无府尾者，不得朦胧推收，致减国课。如违，册里书算等役，一并依律以漏税治罪，决不轻贷。须至契尾者。①

构成该契尾主体的公文是"直隶徽州府为查理税契以厘奸弊事"，"为某某事"为固定的公文起首语，用以提示公文内容，故其后应用句号。这份公文可以分为四部分，先引用了一份部文、一份巡抚批文和一条《大明律》规定，最后是徽州府的命令。

第一部分是"照奉部文改用府印契尾，自万历四十八年正月为始，如无府印契尾者不许过割推收"。"照"的意思是徽州府"查照"，"奉部文"是徽州府奉到"部文"，而"改用府印契尾，自万历四十八年正月为始，如无府印契尾者不许过割推收"则是部文的内容。

第二部分是"奉此，随经申详抚院，批开：部议税契改用府尾，正谓亲临易核，且便于请发耳。仰府查照通行各属，不许参差。如有势豪抗违、里书勒掯、阻挠新法者，拿究。此缴"。"随经申详抚院"是说徽州府奉到部文后"申详抚院"，即用申文（或详文）向巡抚请示执行意见。关于"申详"，按照《行移体式》规定，"申"是上行公文，"在外各府申都指挥使司、布政使司"，②其署押用"申状式"。明末清初，申文发生分化。③康熙初年成书的《福惠全书》卷4总结称"申上之文有二：一曰详文、一曰验文"，详文指的是需要上级衙门批复的请示性质公文。"批"是说巡抚对徽州府的这一申详公文进行批示，"开"是开列的意思，"开"的主要内容就是后面从"部议"到"此缴"之间的文字，所以"批开"后面根据情况可以用冒号，也可以不加标点。巡抚批示内容包括两部分，首先是复述"部议"，即"税契改用府尾，正谓亲临易核，且便于请发耳"。接着是巡抚对

---

① 汪庆元：《从徽州文书看明代税契制度的演变》，安徽省徽学学会编《徽学丛刊》第1辑，2003，第177页。
② 《洪武礼制·行移体式》，《皇明制书》，社会科学文献出版社，2013，第330页。
③ 如万历九年四月《义州卫指挥使为境外哨探被房夜役事》（东北档案馆藏明档甲19）中即有"伏乞照详施行"的套语，《满族历史档案资料选辑》，中国科学院民族研究所辽宁少数民族社会历史调查组，1963，第54页。

217

徽州府的指示，即"仰府查照通行各属，不许参差。如有势豪抗违、里书勒掯、阻挠新法者，拿究。""此缴"是巡抚批复的结尾词。《吏文辑览》"拘缴"条解释说"缴者，上司有行下之事，下司奉行事，毕后回报上司之谓也。"① 而"此缴"是"言送此而销缴"②，"销缴"的意思是"勾销回缴也"③。明崇祯刊《初仕录》"考销缴"记载："故上司一应紧急公文牌票，俱要严限日期，及时销缴。于每日佥押毕时，取原立牌票文簿对查，要见何日奉到某角公文及何吏承行、何人勾摄，迟违不结者痛责之。"④ 据此可知"缴"不但有"回报"的意思，还包括将所接到上司的下行文书送回的意思。张伟仁在《清代法制研究》中认为"缴"是"清代上司对下属申详所作批语的结尾词"；⑤ 杨若荷认为清代凭证性牌文、票文等下行公文需要限日缴回，故有"限若干日缴"的词语。⑥ 综上，此缴的意思是要求下属根据"批"中指示行事，完成后再行回报或者将批示文稿缴回，故其后应该用句号。

第三部分是"再照《大明律》一款：一典买田地山塘堰宅不税契者，笞五十，仍追产价一半入官。"前文已经分析，不再赘述。

第四部分是从"奉此，拟合行县，税契推收。为此，仰县官吏……"直到结尾"决不轻贷"。"拟合行县，税契推收"是徽州府根据前引部文、巡抚批复和《大明律》条款做出的决定。意思是应当行文给徽州府属县，命其"税契推收"，中间以点断为宜。"为此，仰县官吏……"即为实施这一政策，徽州府"仰县官吏"即向属县官吏下达了如下命令，从"即照颁发鸳鸯契尾"到"决不轻贷"均是命令内容。

关于"奉此""为此"前后的标点，略微再做说明。《新刻问刑行移体式》卷2（北京大学图书馆藏《官常政要》崇祯刻本）列有所谓文书行移用到的"九此"，即钦此、奉此、准此、得此、敬此、为此、蒙此、承此、据此，其中"此"均指代前面的引文或者所叙述的情况。除了"钦此"只表示"皇帝的话结束"这一意思外，奉此、得此、敬此、蒙此、承此五个

---

① 前間恭作遺稿、末松保和編『訓讀吏文（附）吏文輯覽』、極東書院、1962、338頁。
② 『訓讀吏文（附）吏文輯覽』377頁。
③ 『訓讀吏文（附）吏文輯覽』350頁。
④ 吴尊：《初仕录》，《官常政要》，北京大学图书馆藏明崇祯金陵唐氏刻本（典藏号 NC/1745/3911），第14b~15a页。
⑤ 张伟仁辑著《清代法制研究》第2册，中研院史语所，1983，第226页。
⑥ 杨若荷：《清代下行文的标朱制度》，《档案学通讯》1990年第6期，第48~49页。

词均既表示"前面引文（一般均为上级官府的下行文）结束"，又提示本级官府收到公文这一文书交转关系。准此、为此、据此这三个词均既表示"前面引文（一般为下级官府上行文或平级官府来文）结束或情况叙述结束"，又提示后面本级官府因之而采取某项行政措施。因此，除了"钦此"之后只能用句号外，"奉此、得此、敬此、蒙此、承此"之后，根据上下文情况，可以用句号，也可以用逗号；而"准此、为此、据此"后面一般用逗号。就此契尾标点而言，"奉此，随经申详抚院""奉此，再照《大明律》一款""奉此，拟合行县税契推收"三处的"奉此"后面均以用逗号为宜，分别表示徽州府接到部文、巡抚批复和遵循《大明律》。而"为此，仰县官吏"中"此"指代前文"拟合行县，税契推收"的决定，前后相承，用逗号是恰当的。

综上，该契尾似可标点为：

直隶徽州府为查理税契以厘夙弊事。照奉部文改用府印契尾，自万历四十八年正月为始，如无府印契尾者不许过割推收。奉此，随经申详抚院，批开：部议税契改用府尾，正谓亲临易核，且便于请发耳。仰府查照通行各属，不许参差。如有势豪抗违、里书勒掯、阻挠新法者，拿究。此缴。奉此，再照《大明律》一款：一典买田地山塘堰宅不税契者，笞五十，仍追产价一半入官。奉此，拟合行县，税契推收。为此，仰县官吏即照颁发鸳鸯契尾，如式刊刻印刷，并编定字号、文簿，送府钤印，发县推收。示谕买产人民知悉，赍契赴县，请给契尾。大纸给付买主，粘契收照。小纸同簿申府类报。每价一两，上纳税银三分，总类解府，转解户部济边。人户印契，务要一契一尾，毋许二三张粘连一尾。如有契印而无尾者，即系漏税，查出随追半价入官。若以县尾而无府尾者，不得朦胧推收，致减国课。如违，册里书算等役，一并依律以漏税治罪，决不轻贷。须至契尾者。

三　县契尾嵌套引用地方衙门公文例

上面分析了府契尾，接着以《嘉靖四十一年绩溪张弘立号纸》[①] 为例，

---

① 《徽州千年契约文书·宋元明编》卷2，第319页。

分析一下县契尾中引用府帖文，进而嵌套引用巡抚札付、其他县申文等地方衙门公文的情况。

汪庆元首先引用该文书，标点作：

直隶徽州府绩溪县为税契□□□《大明律》内一款：凡典卖田宅不税契者，笞五十，仍追田宅价钱一半入官。不过割者，一亩至五亩笞四十，每五亩加一等罪，止杖一百，其田入官。钦此，钦遵外，卷查嘉靖四十年三月初七日奉府帖：为钱粮不敷，预为计处以俾国计事。抄奉钦差巡抚都御史方札付，准户部咨前事，奉此案候在□□□帖开，为申明税契以杜欺罔、以实国课事。据黟县申详前事，备仰本□官□□□帖文事理，即使刊刷契尾，责差该吏赍送赴府发看，令人民照价纳税，其银数照依三十一年大造黄册征取。如契虽曾有印，查无契银贮库登簿者，俱不许过割；责令补纳银两，给予契尾，从新印发，务要严查。如有未纳税银在官，里书算手私自过割者，从重坐赃论罪；买主田产照律入官，仍问罪发落。等因。奉此，拟合就行刊刷契尾，置立文簿，□成字号，送印发县。如遇□□□奉帖牌内事理，查照叁拾壹年旧规，每银壹两，令出税银贰分，一契止粘连一尾，仍用县印钤盖给付买主收执，候造册时里书验明方许过割。如有故违，依律究治。①

万明也引用过同一文书，并且补正了汪庆元释文，其标点如下：

直隶徽州府绩溪县为税契事。《大明律》内一款：凡典卖田宅不税契者，笞五十，仍追田宅价钱一半入官。不过割者，一亩至五亩笞四十，每五亩加一等罪，止杖一百，其田入官。钦此。钦遵外，卷查嘉靖四十年三月初七日奉府帖：为钱粮不敷，预为计处以俾国计事。抄奉钦差巡抚都御史方札付，准户部咨前事，奉此案候在卷□，又奉帖开为申明税契以杜欺罔、以实国课事。据黟县申详前事，备仰本县官吏照该帖文事理，即使刊刷契尾，责差该吏赍送赴府发看，令人民照价纳税，其银数照依三十一年大造黄册征取。如契虽曾有印，查无契银贮库登簿者，俱不许过割，责令补纳银两，给予契尾，从新印发，

---

① 汪庆元：《从徽州文书看明代税契制度的演变》，安徽省徽学学会编《徽学丛刊》第 1 辑，2003，第 174 页。

务要严查。如有未纳税银在官,里书、算手私自过割者,从重坐赃论罪。买主田产照律入官,仍问罪发落。等因。奉此,拟合就行刊刷契尾,置立文簿,编成字号,送印发县。如遇人民报税,遵奉帖牌内事理,查照三十一年旧规,每银一两,令出税银二分,一契止粘连一尾,仍用县印钤盖,给付买主收执,候造册时里书验明,方许过割。如有故违,依律究治。①

我们先来整理一下该号纸所载公文的结构。"直隶徽州府绩溪县为税契事"这一公文,一共引用了三份材料:《大明律》、嘉靖四十年三月初七日徽州府发给绩溪县"帖文"和另一份未标明时间的徽州府发给绩溪县"帖文"。《大明律》引文标点前文已经讨论,此处只分析对帖文的两处引用。

第一份是"嘉靖四十年三月初七日奉府帖"。"卷查"是叙述有案卷可查事情的开头语,"嘉靖四十年三月初七日奉府帖"前用"卷查",说明此帖文是以前奉到的来文,已经存档,通过查阅案卷检出再次引用的。府帖的内容是"为钱粮不敷,预为计处以俾国计事",徽州府给绩溪县发帖文的缘起是由于徽州府奉到了钦差巡抚都御史方的"札付",而"抄奉"一词就说明府帖内容主体是转录了"札付"。"前事"指的是上文提到的事情、情况。"准户部咨前事"中"前事"指代的就是"为钱粮不敷,预为计处以俾国计事","准"是引叙同级衙门公文的用语。这说明巡抚收到了户部的一份咨文,内容是"为钱粮不敷,预为计处以俾国计事"。现在按照时间顺序重新整理下,"嘉靖四十年三月初七日府帖"背后的文书流程是:户部发给钦差巡抚都御史方"咨文"(咨文内容是"为钱粮不敷,预为计处以俾国计事"),钦差巡抚都御史方根据户部咨文发给徽州府"札付"(内容是抄录户部咨文),嘉靖四十年三月初七日徽州府发给绩溪县"帖文"(内容是抄录札付,即咨文),绩溪县接到徽州府帖文后存档("奉此,案候在卷□")。而现在检阅档案又翻查出了这份公文("卷查嘉靖四十年三月初七日奉府帖")。

第二份公文是"又奉帖",因为该句与"卷查嘉靖四十年三月初七日奉府帖"并列,故省略了"府"字,其完整表述应是"(绩溪县)奉(府)帖"。绩溪县接到徽州府的帖文,而"为申明税契以杜欺罔、以实国课事"是帖文内开列的内容,完整的表述应该是"(绩溪县)奉(府)帖,(帖)

---

① 万明:《明代税票探微——以所见徽州文书为中心》,《明史研究论丛》第10辑,故宫出版社,2012,第6页。

开为申明税契以杜欺罔、以实国课事"。在这种情况下，官文书中常会承前省略"开"前面的"帖"字。所以在标点时，"奉府帖"与"开为……事"中间可以加逗号，也可以不加，都有道理。但为更好地揭示文书层次和承转关系，似以加逗号为宜。① "据黟县申详前事"说明徽州府这份"帖文"是依据黟县的申详作成的，申详内容即"为申明税契以杜欺罔、以实国课事"。而徽州府该帖文具体命令内容是从"备仰本县官吏"到"仍问罪发落"之间的文字。"等因"是引用其他机构来文（此处即府的帖文）的引结词，相当于今天的句号和后引号，不是所引公文的内容，所以"等因"前后都应该用句号。照时间顺序整理，就是黟县给徽州府"申详"（内容是"为申明税契以杜欺罔、以实国课事"），据此徽州府发给绩溪县（实际应是所有属县）一份"帖文"（内容是转录黟县的"申详"）。而这份帖文也是促使绩溪县去检阅《大明律》以及嘉靖四十年三月初七日帖文，并且发布"直隶徽州府绩溪县为税契事"公文的缘起。

绩溪县根据上面律条和帖文拟写的命令则是最后从"拟合就行刊刷契尾"到"依律究治"之间的内容。

四 契尾多层装叙公文例

上述第三例中已经可以看到嵌套引用的基本形式，不过还相对简单，并且主要是以地方衙门公文的嵌套为主。中国社科院历史所藏《嘉靖三十一年六月十六日祁门县十一都一图三甲吴巴山买契契尾》更为复杂，不但并列引用了徽州府的两份帖文，而且帖文中还多层嵌套引用中央衙门的相关文书，涉及在京六部、部属清吏司、六科之间的文书往来，颇值得分析。

徐达《土地典卖税契制度考略》一文的注释33首先引用了该契尾，标点如下：

直隶徽州府祁门县为陈愚见筹边饷以少裨安攘大计事，奉本府帖文，奉户部札付前事，该本部题，广西清吏司案呈，奉本部送于户科抄出，兵科给事中黄元白题前事内开，嘉靖三十年分例该大造黄册，

---

① 栾成显先生《明代土地买卖推收过割制度之演变》（《中国经济史研究》1997年第4期）标点《天启五年休宁程良辅买田契尾》时，对"奉户部颁行辽饷册，开从（当为坐——引者注）派徽州府递年税契银壹万两"一句的标点即是遵循了该原则。

各部政司俱行有例，凡买田地过割之人，有定每田地一亩纳税银三分。查照州县大小，分别上中下三等，严造税银清册一本，明白开具，随黄册同解赴司，以凭查兑等因，行县遵行间，续奉府帖准直隶太平府关，奉钦差巡抚都察院右佥都御史彭批据本府知府姚、应天府通判张，会议呈前事，内开休宁、婺源。祁门、黟县、绩溪俱为上等，各该买业人户该纳税银每价银一两，纳税银三分贮库，仍造清册同银年终解府类解户部等因奉此，除遵行外，今据祁门县十一都一图三甲吴巴山原用价银九两五钱，买受本都吴奇勋土名水磨后庄前堀丘契一纸，赴县投税，照例征收税银共 贮库类解外，今给祁字 号契尾一纸，粘附本契照证，以杜隐射奸弊，须至出给者。

该契尾的主体是祁门县的公文"为陈愚见筹边饷以少裨安攘大计事"，其中可以分为三部分。第一、二部分分别是对徽州府前后两份帖文（"奉本府帖文"和"续奉府帖"）的引用，第三部分是祁门县出给契尾的公文（即"奉此，除遵行外，今据……"之后的部分）。

装叙法行文表现在文书结构上就是时间越晚的公文越早被提到，因此解读时需要借助交代词，自后向前一步步倒推文书流程，待完全梳理清楚承转关系后再按照时间顺序重新排列，并且推断补充出那些被省略掉的文书处理步骤。比如，在装叙公文中，由于先出现的文字是时间上相对晚的公文内容，所以后文出现"前事""为前事""同前事"等字眼就说明时间上较晚的公文所处理的事务其实是接手时间上更早的公文。

先看第一份帖文。祁门县"奉本府帖文"即接到徽州府的帖文，徽州府"奉户部札付前事"即接到户部的札付，札付的内容是"前事"，即上文提到的"为陈愚见筹边饷以少裨安攘大计事"。而户部的札付又是根据户部的一份题本做成的，接下来从"该本部题"到"以凭查兑"之间的文字便是转引题本的内容。根据李福君的研究，皇帝针对臣工的题奏本章做出批示，一类批示就是将本章交付相关部院衙门，命其拟定处理意见回复。这一类经过皇帝批示的题奏本章下发到六科，由六科抄写副本送给有关部院衙门。[①] 根据谷井俊仁的研究，六部内部的文书流程大致如下：六部接到六科抄送的本章后，六部堂官根据事务责任归属，将该本章交付相关清吏司，

---

① 李福君：《明代皇帝文书研究》，第 103~110、172~173、179~189 页。

命其拟定处理意见,清吏司拟出意见后,以"案呈"的文书形式向本部堂官报告,六部堂官依据清吏司的案呈,撰写题本,向皇帝回复。① 据此,我们来解读"该本部题,广西清吏司案呈,奉本部送,于户科抄出兵科给事中黄元白题前事"这一段话,户部给皇帝上题本,题本是根据户部广西清吏司给户部堂官的案呈做成的,而广西清吏司之所以要写"案呈",是由于该司奉到了户部送来的一份题本,这份题本是户科抄出来给户部的,而这份题本原来的上疏者是兵科给事中黄元白。按照时间顺序重新梳理,在中央层面,整个文书承转关系应该是:兵科给事中黄元白给皇帝上题本("前事"="为陈愚见筹边饷以少裨安攘大计事")→皇帝批示(转引时表述此步骤的词句被省略了,但根据"抄出"这一结果可以推测批示内容应为"令该部议处"之类)→户科将奉旨批红的题本抄录副本交给户部("抄出")→户部发给户部下属的广西清吏司,命其讨论拟出处理意见("奉本部送")→广西清吏司将拟处理意见以"案呈"的公文上报户部堂官("广西清吏司案呈")→户部根据广西清吏司案呈做成题本进呈给皇帝("该本部题")→皇帝批(转引时被省略,但根据户部给徽州府札付这一结果推测,应类似于"准"之类)。"内开:嘉靖三十年分例该大造黄册……以凭查兑"是户部根据广西清吏司案呈做成的题本内容,不是黄元白题本内容。至此,户部的题本、户部给徽州府的札付、徽州府给祁门县的帖文均引用结束,所以此处的"等因"可以理解为兼具上述三份公文引结词的作用。至此,我们可以知道祁门县"为陈愚见筹边饷以少裨安攘大计事"的公文内容其实来自户部给徽州府札付("前事"),而札付内容又来自户部题本,户部题本又是针对兵科给事中黄元白题本("前事")的处理意见。

　　第二份帖文的装叙结构相对简单,与前举第三例类似。按照时间顺序整理,整个文书承转关系为:太平府知府姚②、应天府通判张会议后上"呈"给钦差巡抚都察院右佥都御史彭→巡抚针对"呈"做出"批"→太平府给徽州府"关"→徽州府据"关"给祁门县帖文。"关"即《洪武礼制》所

---

① 谷井俊仁「『明南京車駕司職掌』の研究」『富山大学人文学部紀要』第 19 号、1993。
② "本府知府姚"中的本府指的是最接近的"准直隶太平府关"中所言"太平府",而不是更前面一句"续奉府帖"所言"徽州府"。这从职官姓氏也可以得到证明。该文书所言时段为嘉靖三十年至三十一年之间,根据祝銮纂修《重修太平志》(嘉靖十年刻本,实际职官志记载截至万历三十五年)卷3,嘉靖三十年至三十二年间太平府知府为姚汝舟,而据汪尚宁纂《徽州府志》(嘉靖四十五年刻本)卷4,嘉靖二十九年至嘉靖三十二年之间徽州府知府为李天宠。

言"平关",是"三品以下、凡品级相同衙门相通之文"。[①]

综上,该契尾似可标点为:

直隶徽州府祁门县为陈愚见筹边饷以少裨安攘大计事。奉本府帖文,奉户部札付前事,该本部题,广西清吏司案呈,奉本部送,于户科抄出兵科给事中黄元白题前事。内开:嘉靖三十年分例该大造黄册,各部政司俱行有例,凡买田地过割之人,有定每田地一亩纳税银三分。查照州县大小,分别上中下三等,严造税银清册一本,明白开具,随黄册同解赴司,以凭查兑。等因。行县。遵行间,续奉府帖,准直隶太平府关,奉钦差巡抚都察院右佥都御史彭批,据本府知府姚、应天府通判张会议呈前事,内开:休宁、婺源、祁门、黟县、绩溪俱为上等,各该买业人户该纳税银每价银一两,纳税银三分贮库,仍造清册,同银年终解府,类解户部。等因。奉此,除遵行外,今据祁门县十一都一图三甲吴巴山原用价银九两五钱,买受本都吴奇勋土名水磨后庄前堀丘契一纸,赴县投税,照例征收税银共 贮库类解外,今给祁字 号契尾一纸,粘附本契照证,以杜隐射奸弊,须至出给者。

结　语

近年来,以徽州文书为代表,大量契约文书被收集、整理、出版。嵌套引用装叙体官文书的契约文书类型不在少数,契尾即是其中典型。对其标点时应当充分借鉴历史档案的既有研究成果,熟悉《会典》中的官文书制度规定,参照明清时期官箴书、幕友手册中的文书写作指南,又要考虑到契尾等契约文书在引用官文书时截取省略的特点。而且,熟悉官文书的用语、结构,还可以帮助我们运用文书制度知识,来辨识部分模糊不清的文字,拟补出部分残缺文字,并且在无法看到原件、只能利用录文的情况下纠正录文某些谬误。若学界能就契约文书中常见类型的官文书结构、术语的标点形成一套共识,应有助于促进契约文书整理的规范化。

(作者单位:北京大学历史系)

[①] 『訓讀吏文(附)吏文輯覽』223頁。

《黄山图经》纂辑再考

刘 猛

内容提要 《黄山图经》的影响较为深远。自宋至明,《黄山图经》的纂辑活动一直未曾中断。文献中所记载的图经纂辑活动,以北宋景祐年间僧行明等人为始,此后宋、明各朝屡有增辑与刊刻。本文以《黄山图经》为主要着眼点,探讨历代《黄山图经》的纂辑时间、修志人员等内容。

关键词 《黄山图经》 纂辑 版本

黄山,为古今名山胜迹,世界文化与自然双重遗产,以其美丽的自然景观和丰富的文化遗产被世人所称道。黄山的开发,自宋代以前已渐次展开。明代万历年间,普门和尚在黄山建造寺院,广传教化。明代歙县人潘之恒等广邀天下文人游历黄山,为黄山的开发提供了十分重要的机遇。民国时期,许世英等人对黄山进行较大规模的开发与宣传,使其名气日增,逐渐成为具有海内外影响力的名山胜迹。[①] 明人徐霞客在登临黄山后,对其盛景颇为赞赏,称曰:"薄海内外无如徽之黄山,登黄山天下无山,观止矣。"[②]

一

为了记录黄山的美景与题咏诗文等,至少自北宋景祐年间始,历代黄山志书的纂辑活动一直未曾中断。

---

① 周绍明:《一座中国山岳的创成——黄山:中国艺术里的政治与富裕》,米盖拉、朱万曙主编《徽州:书业与地域文化》,中华书局,2010,第659~693页。邱才桢:《黄山图:17世纪下半叶山水画中的黄山形象与观念》,文化艺术出版社,2013。
② 闵麟嗣等撰《黄山志定本》卷2《人物志》,《丛书集成续编》第60册,上海书店,1994,第232页。

为了全面了解历代黄山志书的纂辑情况，清人许楚较早地对历代《黄山图经》刊刻活动和黄山志书纂辑等内容，进行了较为系统的梳理。① 虽然根据目前的文献来看，许氏的梳理工作尚有一定的缺陷，但其成果却为后世历代《黄山图经》等课题的研究提供了一定的参考和借鉴。后世的诸多学者，如吴稚晖、刘道胜、蒲霞等，在研究历代《黄山图经》的源流、存佚、版本等课题之时，均以许氏梳理的成果为主要参照物。② 除历代《黄山图经》的整理、研究之外，李一氓、刘尚恒、欧阳发、张秉伦、刘道胜、蒲霞、张勇、蒋志琴、邱才桢、周海燕等学者，在论及黄山的历史、诗歌、艺术、旅游等课题之时，对黄山史志书籍有所涉及，尤其是对黄山志书的版本、存佚、影响等较为关注。③

揆诸学界对黄山志书的梳理，许多成果尚不深入。例如，有关《黄山图经》的纂辑情形，许楚在《黄山历代图经考》一文中均以"刻"为准。但是，这里所说的"刻"，其意义到底如何，是完全按照旧本翻刻，还是对旧本有所取舍，重新纂辑后再行刊刻，许氏文中均未明了。今人张勇等人对历代《黄山图经》的版本作了梳理，但其文中依然存在许多不足之处。④

正因如此，笔者希望在利用现存文献的基础上，对黄山志书的纂辑、版本等情况进行部分探讨，祈请方家指正！

---

① 许楚：《青岩集》卷12《黄山历代图经考》，《四库未收书辑刊》第五辑第27册，北京出版社，2000，第120页。
② 吴稚晖：《吴稚晖全集》卷11《日记、书信、笔记三》，九州出版社，2013，第521~523页；刘道胜：《徽州方志研究》，黄山书社，2010，第164~168页；蒲霞：《〈永乐大典〉徽州方志研究》，安徽大学出版社，2013，第50~51页。
③ 相关研究成果有：吴稚晖《吴稚晖全集》卷11《日记、书信、笔记三》，九州出版社，2013，第521~523页；李一氓《一氓题跋》，生活·读书·新知三联书店，1981，第252~257页；刘尚恒《浅谈闵纂〈黄山志定本〉》，《安徽史志通讯》1986年第3期；欧阳发等《黄山史话》，中国文史出版社，1989，第79~92页；刘尚恒《潘之恒〈黄海〉之存佚》，《文献》2003年第4期；吴昭谦《明珍本〈黄海〉精要》，《图书馆工作》2003年第3期；蒋志琴《〈黄山图经〉对"黄山画派"画僧雪庄绘画的影响》，《画刊》2005年第11期；蒋志琴《〈黄山图经〉对雪庄绘画的影响》，硕士学位论文，南京师范大学，2005；张秉伦、胡化凯《徽州科技》，安徽人民出版社，2005，第115~117页；刘道胜《徽州方志研究》，黄山书社，2010，第164~168页；蒲霞《〈永乐大典〉徽州方志研究》，安徽大学出版社，2013；邱才桢《黄山图：17世纪下半叶山水画中的黄山形象与观念》，文化艺术出版社，2013；周海燕《明清时期徽州旅游导览书籍初论》，《齐齐哈尔大学学报》（哲学社会科学版）2016年第6期，第1~4页；等等。
④ 关于《黄山图经》版本的研究，参见张勇、潘忠丽《〈黄山图经〉的版本研究》，《中国地方志》2007年第10期，第57~62页。

二

黄山志书的纂辑活动较为频繁。根据目前所掌握的文献，最迟在北宋时期即有《黄山图经》纂辑活动的开展。

清人许楚对《黄山图经》的刊刻活动做了较为详细的考证。许楚在详细阅读历代《黄山图经》的相关文献后，方才"尽识英华"，并由此认为"《图经》之见自景祐，不自景祐始也，前此荒邈无稽"。① 根据许楚的仔细考证，《黄山图经》等的刊刻活动多达八次之多，可谓十分频繁。现根据笔者所掌握的文献资料，对许氏所记载的《黄山图经》等纂辑、刊刻活动，进行简要的梳理。

第一，《景祐黄山图经》。根据目前的文献，纂辑《黄山图经》有时间可考者为北宋景祐年间（1034－1037）。例如，清代僧人弘眉认为，"《黄山志》始编于汤院行明、惠然二大德，有郡守李君为之序，时宋景祐年间也"。②

《景祐黄山图经》由祥符寺主僧行明等人主持纂辑。僧行明对此次《黄山图经》的纂辑活动着力尤多。文献记载："行明，祥符寺主僧，志存文献。景祐间刻《黄山图经》并唐宋名贤题咏，山史肇兴，（行）明为功首。"③

在《黄山图经》完成后，僧行明立即敦请通守李錞撰写了序言，"李錞，景祐间为新安通守，撰《黄山图经题咏序》，应僧行明请也"。④ 李錞则详细地记载了僧行明等请求其撰写序言的全过程，"予于景祐初，祗奉明命通守兹郡，始披州图，则粗见其梗概，及阅山记，乃尽识其英华。漱石枕流，慨未遑于永托；驰神运思，窃自乐于冥搜。会是山大中祥符院僧行明、惠然见访，袖出唐贤及近代诸公诗示予，求为之序"。李錞随即应之，并曰："诗之缘情，观之各见其志。序以本事，述之宜摭其实"，故而，李氏"考旧牒，聊缀菲文，用列众篇之首。庶几慕古君子知是山之奇挺，诚灵仙之所游化也"。⑤

---

① 许楚：《青岩集》卷12《黄山历代图经考》，《四库未收书辑刊》第五辑第27册，第120页。
② 弘眉：《黄山志自序》，《黄山志》卷首，《中华山水志丛刊·山志卷》第15册，线装书局，2004，第253页。
③ 闵麟嗣等撰《黄山志定本》卷2《人物志》，《丛书集成续编》第60册，第237页。
④ 闵麟嗣等撰《黄山志定本》卷2《人物志》，《丛书集成续编》第60册，第220页。
⑤ 李錞：《黄山图经序》，闵麟嗣等撰《黄山志定本》卷3《艺文志》，《丛书集成续编》第60册，第279页。

第二，《元符黄山图经》。方勉《〈黄山题咏〉序》记载，"昔祥符寺僧文太尝汇旧著《黄山图经》，并唐宋群贤所赋诗什板，行于世久矣"。① 此次由僧文太主持纂辑的即为《元符黄山图经》。②

北宋元丰甲子年（1084），僧文太主持祥符寺，对寺庙进行及时的修葺与整理，"寺宇为之改观"。③ 除此之外，为了记录黄山的风景与古今题咏等，僧文太还主持纂辑了《黄山图经》，在县尉周君的大力支持下得以最终完成，"得雁荡周君力与维持，捃摭胜概，遂成《图经》，传于后世。当知物各有时，而事各有所待也"。④ 在闵麟嗣纂辑的《黄山志定本》一书中，也记载了僧文太的相关事迹，曰："文太，修葺祥符寺。元符庚辰与歙尉雁荡周君镂《图经》行世，文太盖翼行明而起者。"⑤ 宋人汪师孟所撰《汤泉灵验记》一文记载："（元符）三年，予与二、三友人游山，因以其事审之于（文）太，（文）太为予言之甚详。……明年，（文）太将镂《图经》及古今诗行于世，予适往见之。（文）太谓予曰汤池之灵，君知审矣，能为记以信于后乎。予诺之而未暇也，既归乃书以遗之，附诸锓板之末"。⑥

在《元符黄山图经》的刊刻过程中，歙县尉雁荡周君起到了很大的作用。例如，明人程孟便认为《黄山图经》"重刻于元符庚辰县尉雁荡周君"。⑦ 张介在《〈黄山图经〉序》一文中，则详细记载了县尉周君支持刊刻《黄山图经》的缘起与过程："元符三年（1100），雁荡周君来尉歙邑，因按验至山，遍赏诸景，于祥符寺得《图经》及古今贤哲题咏以观，乃叹曰：有如是之奇而不闻于世者，何也。是非文字失传之过欤，亦居山者有罪焉，遂镂《图经》及诗板行于世。"⑧ 正因如此，明人毕懋康对周君刊刻

---

① 方勉：《黄山题咏序》，闵麟嗣等撰《黄山志定本》卷3《艺文志》，《丛书集成续编》第60册，第281页。
② 罗琴：《〈全宋文〉补〈宋朝方志考〉例证》，《历史地理》第31辑，上海人民出版社，2015，第284~285页。
③ 焦源：《黄山图经跋》，闵麟嗣等撰《黄山志定本》卷5《艺文志》，《丛书集成续编》第60册，第402页。
④ 焦源：《黄山图经跋》，《黄山志定本》卷5《艺文志》，《丛书集成续编》第60册，第402页。
⑤ 闵麟嗣等撰《黄山志定本》卷2《人物志》，《丛书集成续编》第60册，第237~238页。
⑥ 汪师孟：《汤泉灵验记》，闵麟嗣等撰《黄山志定本》卷3《艺文志》，《丛书集成续编》第60册，第303页。
⑦ 程孟：《黄山图经跋》，闵麟嗣等撰《黄山志定本》卷5《艺文志》，《丛书集成续编》第60册，第402页。
⑧ 张介：《黄山图经序》，闵麟嗣等撰《黄山志定本》卷3《艺文志》，《丛书集成续编》第60册，第279页。

《黄山图经》的行为大加赞赏，认为"周尉镌《图经诗咏》，而其山始名。前此未闻，则不托于文字之故也"。①

第三，《绍兴黄山图经》。绍兴二十四年（1154）冬，胡彦国被任命为徽州知州，并于绍兴二十五年二月十日到任。② 胡彦国到任之前，因仰慕"黄山三十六峰，奇伟冠天下"，有意到彼处一游。然而，胡氏莅任之后，却发现黄山距离郡城窎远，不能朝去暮回，"怅恨若有所失"。绍兴二十六年，胡氏在其撰写的《黄山重刻图经跋》中对这种情况做了详细的说明："新安之黄山三十六峰，奇伟冠天下。绍兴甲戌季冬，彦国自行在所被召，命守是郡，意忻然谓将获一游，以偿素愿。逮到官，乃闻城之距山实两驿，不可朝去而暮回，故守臣未尝得往，怅恨若有所失"。③

为了弥补这一明显的缺憾，胡彦国到任之后，遂于"治郡之暇，念《黄山图经》毁于睦寇，得旧本于士人楚贽家，遂命镌板公使库，仍按山胜绘图，以示好事"。④ 在绍兴二十六年胡氏为《黄山图经》所写的跋语中，也同样记载了此事，曰："又闻前人尝言，此山《图经》所载甚详，曩因睦寇之祸，焚毁不存，广行搜访旧本于士人楚贽家，遂命镂版于公使库，仍按山胜概绘于黄山堂壁，⑤ 以示好事者"。⑥ 胡彦国根据搜访到的楚贽家藏旧本《黄山图经》，命镌版于公使库，由此才有了《绍兴黄山图经》的问世与流传。也正是因为胡彦国对《黄山图经》的搜访与刊刻，才使得旧图经不至湮没无存，故而后世评价道："无论胡公，即楚贽亦不朽矣，山何负于人哉。"⑦

尚有一个问题需要提及：胡彦国主持刊刻《黄山图经》时，访求旧本于楚贽家，其依据的底本当是此次访求的《黄山图经》旧刻本。但是，旧

---

① 毕懋康：《黄海序》，闵麟嗣等撰《黄山志定本》卷3《艺文志》，《丛书集成续编》第60册，第283页。
② 赵不悔修，罗愿撰《淳熙新安志》卷9《叙牧守》，光绪十四年（1888）刻本，第三十三叶上，安徽师范大学图书馆藏。
③ 胡彦国：《黄山重刻图经跋》，闵麟嗣等撰《黄山志定本》卷5《艺文志》，《丛书集成续编》第60册，第401页。
④ 闵麟嗣等撰《黄山志定本》卷2《人物志》，《丛书集成续编》第60册，第220页。
⑤ 嘉靖《徽州府志》记载，"黄山堂，在府治后。自唐以来旧有黄山楼，北望天都诸峰，后为堂。国朝宣德间重修令废"［嘉靖《徽州府志》卷21《宫室》，嘉靖四十五年（1566）刻本，第四叶上，复旦大学图书馆藏］。
⑥ 胡彦国：《黄山重刻图经跋》，闵麟嗣等撰《黄山志定本》卷5《艺文志》，《丛书集成续编》第60册，第401~402页。
⑦ 闵麟嗣等撰《黄山志定本》卷2《人物志》，《丛书集成续编》第60册，第220页。

刻本为《景祐黄山图经》，或是《元符黄山图经》，抑或是别有所本，目前尚未发现确切的文献记载。因无法得知其底本如何，故暂将其单列于此，以待来者。①

第四，《嘉定黄山图经》。南宋宁宗嘉定元年（1208），太平县人张介在《〈黄山图经〉序》中，对此次《黄山图经》的纂辑活动作了详细的说明："予居宣之太平县，去祥符精舍无两牛鸣地，因同同志访谒求汤泉澡涤之胜。焦君东之居山之麓，适与偕行，寓宿于寺。主山一老出示旧本《图经》，历年滋久，其间脱板甚多。"为此，《黄山图经》需要进行及时的纂辑与更新，故而"更复此集，非好事者不可"。此时与张介等人一同"寓宿于寺"的焦源，世居黄山之麓，不仅对黄山的具体情况十分熟悉，对《黄山图经》的纂辑活动也同样十分关注，"慨然有志于斯，遂命工增以山图，续以近世诸公诗词，并附于前后"。②

由此可见，《嘉定黄山图经》纂辑活动虽由祥符寺僧所发起，在整个纂辑的过程中，焦源所起到的作用最为关键。焦源，字东之，世居于黄山之麓。文献记载，因焦源感慨《黄山图经》"自元丰至嘉泰凡两甲子，几于灭没，乃于嘉定戊辰搜采名贤题咏，图摹旧迹，缀成一书，命工刻印，以广其传"。③焦氏在嘉定元年的《〈黄山图经〉跋》中也记载："惜乎元丰甲子至嘉泰末凡两甲子，以往古来今，《图经》记载脱废朽腐，泯灭实多，良可慨念。予于是搜采名贤题咏，图摹旧迹，缀成一集，命工镂板，以广其传。庶几士君子讲论谈笑之余，开卷览之，亦足以舒情而爽思也"。④

焦源对旧本《黄山图经》不是简单地抄录，而是在广泛搜集了最新名贤题咏的基础上，重新"图摹旧迹"，最终完成了《嘉定黄山图经》的纂辑任务。可以说对保存黄山文献做出了极大的贡献，为时人所推崇。例如，黄之望在《〈黄山图经〉序》中，即对其评价道："每一披览吟讽，颇契余性所嗜。三十六峰森然如见，不觉心目行舒，骨轻欲举，矧涉其趾而升其巅耶。……余无繇见黄山之真面目，披图玩句，亦足以发余爱山之怀。"⑤

---

① 张勇等人根据序言的语气，推断胡彦国所依据的底本当为雁荡周君重刻本（张勇、潘忠丽：《〈黄山图经〉的版本研究》，《中国地方志》2007年第10期，第58页）。然而，笔者目前尚未找到证明张勇等人论点的确切文献记载，待考。
② 闵麟嗣等撰《黄山志定本》卷3《艺文志》，《丛书集成续编》第60册，第279页。
③ 闵麟嗣等撰《黄山志定本》卷2《人物志》，《丛书集成续编》第60册，第221页。
④ 闵麟嗣等撰《黄山志定本》卷5《艺文志》，《丛书集成续编》第60册，第402页。
⑤ 闵麟嗣等撰《黄山志定本》卷3《艺文志》，《丛书集成续编》第60册，第280页。

张介在评价焦源再次开启《黄山图经》的纂辑工作时说："斯图一新,不惟使前之英辞杰作不致湮泯无闻,亦使天下后世之人知此山之景,而名公巨儒接踵来游,高僧隐士比屋争居于山之间者,实焦君东之之力也。"① 由此可见焦源对保存黄山文献所做的贡献。

第五,无名氏《黄山图经》。《黄山图经》虽经多次纂辑与刊刻,但是大多数均散佚无存,只有这部无名氏《黄山图经》为目前仅存之本。

无名氏《黄山图经》的宋刻原本,为香沙道人方望子得于虞山藏书家之手。方望子对其版本特征和具体内容作了详细的介绍:

> 《黄山图经》一卷,图三层四篇,上列三十六峰,中岩洞僧舍,下写寺祠村落。经三十六则,详著峰峦高大,形势事迹,水源流归宿一篇。其文简古明晰,无冗累,诚异人杰作。尾署祥符祠刊版,废久。审图所载,如新兴寺、万石市、五福堂、蓝岩寺、新林寺、花山寺、黄济祠、折足桥,皆列下方,而祥符称祠,何也?且山麓汤口未载,岂程氏縣元及明始来迁居,著作于前,未及之尔。余采药虞山,得此于藏书家,实宋镂本。上有姑苏吴岫家珍印记,世所希有。②

方望子所得的这部宋刻本,原为姑苏吴岫所珍藏。根据方氏判断,这部《黄山图经》为祥符祠刊印,当为宋刻本无疑。然而可惜的是,无名氏《黄山图经》的宋刻本后世散佚无存。

民国初年,罗振玉得无名氏《黄山图经》的旧抄本于日本。③ 罗振玉对该钞本作了细致的考证,曰:"《黄山图经》一卷,旧钞本,题宋无名氏撰,后有香沙道人方望子及方成培跋"。其中"首叶'宋无名氏著'一行,殆是移录时写官所增,刊本必无是也。元人所撰山志,传世亦甚可珍,何必漫定为宋人耶"。并进一步说"今观其叙述简明,洵为佳制。"④ 正因如此,罗振玉此后在整理、影印《吉石庵丛书》之时,遂将旧抄本《黄山图经》,并配以雪庄所绘之山图,收入该丛书之中。罗振玉对增入雪庄绘图一事作了

---

① 张介:《黄山图经序》,闵麟嗣等撰《黄山志定本》卷3《艺文志》,《丛书集成续编》第60册,第279~280页。
② 方望子:《黄山图经书后》,无名氏《黄山图经》卷末,《丛书集成续编》第60册,第109页。
③ 江皞:《黄山图经序》,无名氏《黄山图经》卷首,《丛书集成续编》第219册,新文丰出版公司,1989,第582页。
④ 罗振玉:《黄山图经跋》,无名氏《黄山图经》卷末,《丛书集成续编》第60册,第111页。

说明："此书原有图，今佚。吾友富冈君·藏雪庄上人图，刊本亦罕流传，因与此书并印之。"① 无名氏《黄山图经》遂借此得以广泛传播。例如，民国时期太平县人苏宗仁在编辑、出版《黄山丛刊》时，便将罗氏影印之《黄山图经》收录其中。②

民国二十四年（1935），《安徽丛书》中亦收录有无名氏《黄山图经》的传抄本一种，该抄本原为怀宁人程演生所收藏。程演生通过"比得上虞罗氏吉石庵本校之，无异文"。③ 歙县人江暐记载，在《安徽丛书》影印之时，便将程演生所藏传抄本增入清人汪晋谷所绘《黄山全图》，"缀为一册，堪称珠联璧合矣。予读之且欣且慰，亟付影印，以广其传"，④ 为今《安徽丛书》收录之本。

需要说明的是，无名氏《黄山图经》虽为目前仅存之本，但其纂辑时所依据之底本依然成谜。《黄山史话》的作者认为"目前流传下来的《黄山图经》残本，即焦源所刻"。⑤ 然而，揆诸相关史料，尚未见到对此较为确切的记载。现存《黄山图经》与上文中所述诸本之间的关系，依然不甚明了，故笔者暂将无名氏《黄山图经》单列于此，以备参考。

除此之外，在历代的书目中尚著录有其他的《黄山图经》流传。例如，汪师孟撰《黄山图经》。⑥ 在《宋史》卷204《艺文志》、道光《歙县志》卷9《艺文志》、光绪《安徽通志》卷339《艺文志》、民国《歙县志》卷15《艺文志》等诸多的历史文献中，均著录有宋人汪师孟所著《黄山图经》

---

① 罗振玉：《黄山图经跋》，无名氏《黄山图经》卷末，《丛书集成续编》第60册，第111页。
② 苏宗仁：《黄山丛刊跋》，《黄山丛刊》卷末，民国二十六年（1937）排印本，国家图书馆"数字方志"数据库。
③ 程演生：《黄山图经跋》，无名氏《黄山图经》卷末，《丛书集成续编》第219册，第600页。
④ 江暐：《黄山图经序》，无名氏《黄山图经》卷首，《丛书集成续编》第219册，第582页。
⑤ 欧阳发等编著《黄山史话》，中国文史出版社，1989，第80页。
⑥ 张勇等人根据歙县人江暐所撰《黄山图经序》的记载，认为《宋史》中所记载的汪师孟《黄山图经》即为无名氏《黄山图经》，汪师孟仅为其收藏者；并认为《宋史》出现这样的错误，实为修史者考订不严所致（张勇、潘忠丽：《〈黄山图经〉的版本研究》，《中国地方志》2007年第10期，第57页）。然而，张文所引文献中，即节录有江暐《黄山图经序》，文曰："《宋史》著录汪师孟，即斯帙。"然而，根据《安徽丛书》收录《黄山图经》卷首所载江暐序文可知，其原文当为："兹考方勉序云，智僧文太尝汇著《黄山图经》，板行于世，及《宋史》著录汪师《图经》，暨斯帙无名氏著，是《图经》之刻又得其三矣。"（江暐：《黄山图经序》，无名氏《黄山图经》卷首，《丛书集成续编》第219册，第581页）由此可见，张文中不仅文字有误，而且征引文献并不完整。割裂原文较为严重，理解有误。

一卷。① 对此，民国《安徽通志稿》即对此作了详细的考证："《黄山图经》一卷，宋汪师孟撰。师孟，歙人，道光志列入附录。《宋史·艺文志》作张思孟，而清金荣笺注《渔洋精华录》则称汪师孟，与前志同，惜未见其书，姑识异通以俟考"。② 由此可见，由于文献无征，汪氏所撰《黄山图经》的纂辑时间等情况尚难考证。

根据无名氏《黄山图经》及后世辑录的序跋等文献，《黄山图经》均是按照"旧本""旧著"等纂、刻而成。"旧本""旧著"所代指是具体的哪一部《黄山图经》，因文献无征，尚难给出非常明确的判断。且至少根据笔者目前所掌握的资料来看，尚无法明确判断上述四部《黄山图经》是否具有前后相承的关系。当然，由此也不可以否认各部《黄山图经》之间存在前后相承关系的可能性。各部《黄山图经》之间的关系，尚待最直接证据的发掘。

三

明代，对于黄山志书的整理、辑录与增刻等活动同样颇为频繁。根据清人许楚的仔细考证，《黄山图经》先后经有八次刊刻，明代即达四次之多。刘道胜、蒲霞等学者均持有相同的观点，认为《黄山图经》在明代有多次纂辑活动，并最终刊刻。③

根据笔者目前所掌握的相关文献材料来看：第一，在明代《黄山图经》的诸多刻本中，是否均依据宋代所刊刻的《黄山图经》为其主要底本，目

---

① 《宋史》卷204《艺文志》，中华书局，1977，第5158页；道光《歙县志》卷9《艺文志》，道光八年（1828）刻本，第二叶下；光绪《安徽通志》卷339《艺文志》，光绪四年刻本，第一叶上；民国《歙县志》卷15《艺文志》，民国二十六年（1937）铅印本，第三叶上。

② 民国《安徽通志稿·艺文考》卷15《史部·地理类》，《中国方志丛书》第629号，成文出版社有限公司，1985年，第9921页。建中靖国元年（1101）汪师孟所撰《汤泉灵验记》记载："（文）太将镂图经及古今诗行于世，予适往见之。（文）太谓予曰汤池之灵，君知审矣，能为记，以信于后乎。予诺之而未暇也，既归乃书以遗之，附诸锓板之末。"（汪师孟：《汤泉灵验记》，闵麟嗣等撰《黄山志定本》卷3《艺文志》，《丛书集成续编》第60册，第303页）由此可见，汪氏曾得见僧文太所纂辑之《元符黄山图经》，并将其所撰之《汤泉灵验记》收入其中。由此，后人是否将《元符黄山图经》误解为汪师孟所撰，待考。

③ 刘道胜：《徽州方志研究》，第164～168页；蒲霞：《〈永乐大典〉徽州方志研究》，第50～51页。

前尚无明确的文字依据；第二，明代《黄山图经》刻本的题名和内容等，与宋代《黄山图经》不尽相同。故而，本节将专门对明代《黄山图经》的纂辑、刊刻等活动，进行详细的考释。

明初《黄山图经题咏》。① 根据相关文献，《黄山图经题咏》为歙县吴华祖所纂辑。② 吴华祖，歙县人，"著书乐道，续集《黄山题咏》，洪舜民为绘图。洪武时其孙汇始寿梨枣，序系唐仲实所作"。③ 江暐记载，"洪武元年戊申，郡人吴华祖续集《题咏》，洪舜民复绘为图，唐桂芳序"。④

洪武四年（1371），唐桂芳在撰写的《〈黄山图经诗集〉序》⑤ 中，详细记载了吴氏祖孙搜集文献和刊刻《黄山图经题咏》的过程。根据记载，吴华祖"劬书乐善，雅志优闲，集八岩、十二洞、二十四溪，峰如源皆三十六，各有名，名各有实，缀以为经，洪君舜民绘而为图，士大夫把玩亦可概见矣，益袭李太白、贾岛以后人诗而曰《题咏》前、续集"。至明初之时，其孙吴汇"橐是集以邀予叙"。唐桂芳在通阅是书后，有所感叹："予犹忆童卯时，获乡先生吴公古梅、鲍公鲁斋二三公《游黄山记》。丧乱之秋，精神衰耗，其三人予失之矣。当时海宇宁谧，人物丰阜，而诸公旷放，有韩退之登华山之雅趣，干糇肉脯，每至悬崖峭壁，必长绳牵挽，而进幞被，几月不肯去天都峰。"⑥

---

① 许楚等皆认为此次所纂辑名为《黄山图经》，然而，在唐桂芳序言、江暐序言和《黄山志定本》卷2《吴华祖传》等文献中，皆有"题咏"二字，且《黄海》纪迹三之十二亦作《黄山图经题咏》，故本文认为当以《黄山图经题咏》为当。
② 根据《黄山志定本》卷2《人物志上》，吴华祖与吴龙翰为同时代人。吴龙翰"咸淳间，同鲍鲁斋、宋足庵游黄山"，由此可知，吴华祖与吴龙翰当生活于此时（闵麟嗣等撰《黄山志定本》卷2《人物志》，《丛书集成续编》第60册，第221页）。
③ 闵麟嗣等撰《黄山志定本》卷2《人物志》，《丛书集成续编》第60册，第221页。张勇等人认为，洪武元年的刻本，是依据吴华祖搜集到的绍兴二十六年胡彦国刻本，由其孙刊刻印行之本。同时，张文还认为罗振玉提及的宋刻本无名氏《黄山图经》即为吴汇所刻之本，且罗振玉发现的旧抄本内容所依据的即是吴华祖之本（张勇、潘忠丽：《〈黄山图经〉的版本研究》，《中国地方志》2007年第10期，第59页）。然而，笔者目前并未找到张文论点的确切文献记载，且张文中在述及罗振玉发现之旧抄本等内容时，均未见有相关的文献证实，待考。
④ 江暐：《黄山图经序》，无名氏《黄山图经》卷首，《丛书集成续编》第219册，第581页。
⑤ 唐桂芳：《黄山图经诗集序》，闵麟嗣等撰《黄山志定本》卷3《艺文志》，《丛书集成续编》第60册，第280~281页。该文末有"洪武纪元辛亥冬"字样。
⑥ 程敏政编《唐氏三先生集》卷18《白云文稿·黄山图经诗集序》，《北京图书馆古籍珍本丛刊》第115册，书目文献出版社，1988，第648页。

天顺《黄山图经题咏》。① 天顺六年（1462），祥符寺主僧全宁因感于《黄山图经》旧版漫漶，敦请程孟、鲍宁等共同"订定《黄山图经题咏》，自附诗若干首，并后序一首梓行"。② 清代僧人弘眉对此记载道："明天顺壬午岁，僧会全宁领僧录司檄，来主祥符寺，念板久漫漶，属歙之程、鲍二公编次入梓，载诸峰图经、高人题咏，凡前后两卷，仅百纸耳。"③

方勉在《〈黄山题咏〉序》中，记载了僧全宁积极倡导纂辑的过程，"昔祥符寺僧文太尝汇旧著《黄山图经》，并唐宋群贤所赋诗什板，行于世久矣。今住持其寺僧曰全宁，栖身城西之景德寺，总其纲者，以师戒行精专，机锋慧敏，故俾住持师于禅定之余，遂以旧存《黄山题咏》，质之邑儒鲍君庭（廷）谧、程君文实，汰其芜而存其佳者，厘为前后二集，锐意锓梓，以永其传，且属予妻兄汪士进走书请叙"。④ 由此可见，僧全宁在此次纂辑活动中实有首倡之功。

程孟在整个纂辑过程中着力最多，发挥了重要的作用，后世屡有提及。《黄山志定本》谓："程孟，字文实，号澹斋，歙人，少司徒午槐公佐五世祖。高隐读书，以著述自任。天顺六年订定《黄山图经题咏》，自附诗若干首，并后序一首梓行"。⑤ 程孟在天顺六年的《〈黄山图经〉跋》中说道，僧全宁"领僧录司檄来主于兹。慨念寺宇荒颓，发猛省心，于正统十一年辟榛鼎创，山川为之生色"。在这种情况下，考诸文献，"复谓《图经》不可以失传，乃干予同谧斋鲍先生参校而重刊之，用垂不朽"。程孟等人由此认为"物不自美，必因人而后彰。兹山之形，虽瑰奇诡异，有足以耸动观

---

① 许楚等皆认为此次所纂辑名为《黄山图经》，然而，方勉有《〈黄山题咏〉序》和《黄山志定本》卷2《程孟传》等文献皆有"题咏"二字，程孟《黄山图经跋》中亦有"以平昔所闻与近代题咏并为增入"之语，且《黄海》纪迹三之十二亦作《黄山图经题咏》，故本文认为当以《黄山图经题咏》为当。根据周芜编著的《徽派版画史论集》（安徽人民出版社，1984，第53页、附图1页），天顺六年（1462）程孟刻本今存北京大学图书馆。
② 闵麟嗣等撰《黄山志定本》卷2《人物志》，《丛书集成续编》第60册，第223页。根据张勇等人的看法，程孟根据家传嘉定元年（1208）焦源的刻本为底本，参校吴氏刻本，重新刻版（张勇、潘忠丽：《〈黄山图经〉的版本研究》，《中国地方志》2007年第10期，第59页）。然而，张文中却并未交代其文献来源，不知何据。笔者目前亦未找到确切的文献记载，待考。
③ 弘眉：《黄山志自序》，《黄山志》卷首，《中华山水志丛刊·山志卷》第15册，第253页。
④ 闵麟嗣等撰《黄山志定本》卷3《艺文志》，《丛书集成续编》第60册，第281页。关于程孟、鲍宁二人的生平事迹，请参见章毅《理学、士绅和宗族：宋明时期徽州的文化与社会》，浙江大学出版社，2017，第262~263页。
⑤ 闵麟嗣等撰《黄山志定本》卷2《人物志》，《丛书集成续编》第60册，第222~223页。

瞻，苟不得闻人达士为之品题，以攄幽发粹，则亦湮郁芜没而已，安能久显于世乎！是图一新，则山又若增而益高，水若辟而益广，虽不获著之通典，亦庶乎其不落寞矣。异时或由题咏而有以取重于世，岂不因人而彰欤"。故而，为完成此次纂辑任务，开始广泛搜集文献，并充分利用了"家藏旧本校之。吴板率多脱略，编次不伦"，最终"乃以平昔所闻与近代题咏，并为增入，分类编次"。由此可见，程孟等人的纂辑活动并不是对旧本的简单重刻，而是在旧本的基础上有所增删和编次。①

清人许楚《黄山历代图经考》记载，黄山文献的整理、刊刻等活动在明代万历九年（1581）、十年前后分两次开展："七刻于丰城李侯邦和，为万历九年辛巳，续有乡先达潘石泉、唐心庵嘉靖间倡和诗，学博田公艺蘅碑记；次年壬午又八刻于歙山人程天锡合白岳诗，有午槐程司徒及家族祖昉阳公佐，并天锡三序"。② 由此可见，万历间的两次纂辑活动，对原有旧本的内容均有所增益。但是，囿于目前文献的缺失，尚未发现更多的相关记载，故将其暂单列于此，以待后来者。

此外，根据相关文献的著录，明人都穆曾撰有《黄山图经》。③ 例如，在明人顾璘与陈鲁南的书信中，提及都穆（都玄敬）所著《黄山图经》一种。④ 王士禛《香祖笔记》卷7、康熙《江西通志》卷138等文献中，均对顾氏之文做了不同程度的转引。⑤ 然而，这里需要说明的是，同样囿于文献无征，其纂辑时间、纂辑过程以及刊刻时间等情况已难考证。

自宋景祐年间始，《黄山图经》历代皆有纂辑与刊刻活动，形成了不同

---

① 程孟：《〈黄山图经〉跋》，闵麟嗣等撰《黄山志定本》卷5《艺文志》，《丛书集成续编》第60册，第402~403页。
② 许楚：《青岩集》卷12《黄山历代图经考》，《四库未收书辑刊》第5辑第27册，第120页。根据张勇等人的看法，万历间刻本均以程孟刻本为底本，且程天锡本又以李邦和本为底本（张勇、潘忠丽：《〈黄山图经〉的版本研究》，《中国地方志》2007年第10期，第59页）。然而，笔者检索了无名氏《黄山图经》、《黄山志》、《黄山志定本》等相关文献，均未见其底本来源的明确文字，待考。
③ 过廷训：《本朝分省人物考》卷22《南直隶苏州府》："都穆，字玄敬，吴县人。……正德中举进士，拜工部主事"（《续修四库全书》第533册，上海古籍出版社，2002，第452页）。
④ 顾璘：《息园存稿文》卷9《复陈鲁南》，《景印文渊阁四库全书》第1263册，台湾商务印书馆，1986，第597页；顾起元：《客座赘语》卷8《修志》，中华书局，1987，第259页。
⑤ 王士禛：《香祖笔记》卷7，康熙四十四年（1705）刻本，第十七叶下，日本国立公文书馆藏；钟炌：《补修袁州府志序》，康熙《江西通志》卷138《艺文志》，雍正十年（1732）增刻本，第三十一叶上，美国哈佛燕京图书馆藏。上述两种文献中的"都玄敬"均因避康熙帝讳，改为"都元敬"。

的形制与文本特征。宋明时期《黄山图经》纂辑活动有较为明显的变化，即参与纂辑人员的转变。在宋代《黄山图经》的纂辑活动中，僧人或住持纂辑，或给予支持，踊跃发起，诸如黄山祥符寺行明、文太等对此时《黄山图经》的纂辑活动产生了重大的影响。当然，两宋之时，徽州本地的官员、文人等在《黄山图经》的纂辑活动中同样发挥了一定的作用。在明代《黄山图经》的纂辑活动中，黄山本地僧人的参与程度明显降低，徽州的当地士绅逐步参与进来，其所发挥的作用得以逐步加强，成为这一时期纂辑活动最为重要的特色之一。

（作者单位：安徽大学徽学研究中心）

徽州碑刻辑录

邵宝振

歙西灵山水口"奉县宪示禁"碑

简介

灵山村位于徽州区呈坎镇东南，村落隐于灵金山、丰山之间的山谷之中。东汉建村，古称灵岩、灵阳，唐代因佛教兴盛而改名灵山。古村现有人口900余人，其中方姓约占90%。灵山水口有灵阳桥、雷祖庙、五福亭、翰苑坊等建筑。一条长约3华里的小溪蜿蜒而上，民居沿溪流而建，错落有致。村落灵动、古雅，环境优美。

"奉县宪示禁"碑现镶嵌于水口五福亭右侧的墙壁上，碑高126厘米、宽62厘米，石质黟县青，文字楷书、宋体，阴刻，清嘉庆三年（1798）所立。现碑刻文字清晰，保存完好。碑文内容为禁止在祖坟地"开凿石宕""盗砍荫木"等不法行为。

碑文

奉县宪示禁

特授江南徽州府歙县正堂加五级记录十次李　为恳恩给禁保祖杜害事：

据候选布政司理问方近颐、生员方鸣等抱呈，胡福具禀前事，祠称，职等住居二十二都一图灵山地方，合族户丁数百余人，上有灵金山来龙发脉，下有黄榜山水口关栏，中间安葬有祖茔，于上均蓄有松山荫木，前明迄今，世守无异。前被匪徒于灵金山来龙肆开石宕，业经鸣保方量成封禁。今闻各该处复有匪徒谋伐荫木，欲勾引支匪魁行盗砍，丁命攸关，不得不为先事之防。为此，仰恳宪恩赏示严禁，庶奸徒知儆，存殁均安，甘棠讴思,永戴不朽,望光上禀等情。据此,除祠批示外,合行出示晓谕。为此,仰该处居民及方姓合族人等知悉:嗣后毋许在于该处暨方姓各祖坟开凿石宕,以及勾引支丁盗砍荫木。如敢故违,即指名赴县呈禀,以凭拿究。该族众及捕保人等如敢挟同徇隐,一经告发,定行并究。各宜凛遵毋违!特示。

嘉庆三年五月　　日示　　右仰知悉
　　　　　　　　告　示

歙县太平桥修建收支账目碑刻二通

简介

太平桥位于歙县城西练江之上,亦称河西桥,是古时歙西及休、黟、婺、祁等地前往杭州方向的重要陆路通道。宋端平元年(1234),郡守刘炳创浮桥,元末毁于兵燹,明初建木桥,弘治间(1488-1505)知府何歆改为石桥。清康熙五十六年(1717)郎中程建重建,乾隆九年(1744)中书程大瑛重修,道光、光绪年间亦有修葺。现存联拱石桥型式完成于清代,全长279.8米,宽6.9米,高9.5米,上部为等截面实腹式半圆拱,16孔,横联拱券,孔径12.4~16米不等。桥墩为厚墩,并砌有缓冲护墩的分水尖。桥面和拱桥采用沉含砾凝灰岩,其余部位采用红砂岩。我国石桥拱券多为奇数,太平桥纵列16孔,壮观奇特,为华东地区最长的古代石拱桥。桥心旧有碑亭,祀观音,民国时通公路毁去。

现存二碑原立于太平桥南端、太白楼前,2014年5月,其中光绪十一年(1885)所立的那块被车辆撞断,裂成几块,故县文物局将撞断的这块移入新安碑园内的左侧碑廊内,另一块移入河西公园内。光绪十一年所立碑刻高149厘米、宽77厘米、厚10厘米,文字楷书、阴刻,石质为黟县青。光绪二十三年(1897)所立碑刻高145厘米,宽68厘米,厚10厘米,石质为黟县青,文字楷书、阴刻。两碑刻内容为光绪年间先后两次整修太平桥的收支账目。

碑文

重修河西太平桥收支总账开列于后

歙邑

程尊行堂,捐英洋壹伯员;柯务本堂,捐英洋壹伯员;傅永泰,捐英洋伍拾员；胡立德堂，捐英洋贰拾员；杨绍承堂，捐英洋拾员。

休邑

朱存心堂，捐英洋壹伯员。

婺邑

许存心堂，捐本洋伍拾员；孙明德堂，捐英洋伍拾员；潘和乐堂，捐本洋贰拾员；洪承义堂，捐英洋贰拾员；孙树经堂，捐英洋拾员。

祁邑

谢树德堂，捐英洋拾员。

黟邑

胡思诚堂，捐本洋贰拾员；胡敦睦堂，捐本洋壹伯员；范务本堂，捐本洋壹伯员；邵椿桂堂，捐本洋壹伯员；汪务本堂，捐本洋伍拾员；孙滋本堂，捐英洋伍拾伍员；李惠保堂，捐本洋肆伯伍拾员。

绩邑

葛海门，捐英洋拾元。

收本洋换英洋申水叁拾柒员玖钱柒分肆厘。

以上共收英洋壹仟肆伯伍拾柒员玖钱柒分肆厘。

支英洋壹伯员零零玖钱式分壹厘	木料匠工；
支英洋壹伯捌拾陆员捌钱陆分陆厘	各项石料；
支英洋肆伯伍拾陆员捌钱零肆厘	石匠并衬工；
支英洋贰伯捌拾员壹钱式分陆厘	水手并衬工；
支英洋柒拾玖员肆钱肆分肆厘	桥亭砖瓦工；
支英洋玖拾玖员肆钱柒分捌厘	白炭石灰；
支英洋贰伯员零伍钱贰分	生熟铁器；
支英洋捌员肆钱壹分玖厘	神灯并匠灯油；
支英洋壹伯零肆员柒钱叁分肆厘	装石船力；
支英洋贰拾肆员零伍钱玖分捌厘	零星家伙；
支英洋肆拾伍员叁钱捌分柒厘	各匠神福；
支英洋贰拾壹员叁钱玖分壹厘	香烛锡箔；
支英洋拾肆员式钱捌分陆厘	零星杂用；
支英洋拾伍员	勒碑；

以上共支英洋壹仟肆伯伍拾柒员玖钱柒分肆厘。

光绪拾壹年岁次乙酉　古黟胡茂南　胡仲岩　经手　立

重修河西太平桥收支总账开列于后

歙邑

邵椿桂堂，捐英洋壹伯员；汪仁瑞堂，捐英洋拾肆员；汪衍庆堂，捐英洋壹伯员。

休邑

李敦义堂，捐英洋壹伯员；余体仁堂，捐鹰洋拾员；孙滋本堂，捐英洋陆拾伍员。

婺邑

范敦和堂，捐英洋五拾员；许存心堂，捐鹰洋叁拾员；汪务本堂，捐英洋叁拾员。

祁邑

江积安堂，捐英洋叁拾员；谢务本堂，捐鹰洋拾员；李思保堂，捐英洋五百员。

黟邑

胡敦睦堂，捐英洋壹伯元。

绩邑

葛海门，捐鹰洋拾元整。

以上共收鹰洋壹仟壹伯肆拾玖员。

支英洋壹伯元多多五钱肆分弍厘　　　木料木工梧皮等；
支英洋壹伯肆拾叁元壹钱玖分玖厘　　各项石料；
支英洋叁伯五拾叁元陆钱五分叁厘　　石工并衬工；
支英洋贰伯柒拾柒元三钱贰分柒厘　　水工并衬工；
支英洋捌拾柒元肆钱五分柒厘　　　　石灰黄泥白灰；
支英洋伍拾元多玖钱叁分捌厘　　　　神福并匠两工伙食；
支英洋柒拾肆元贰钱玖分壹厘　　　　零星家伙并杂支；
支英洋贰拾柒元捌钱贰分玖厘　　　　香烛锡箔并放焰口；
支英洋拾玖元柒钱陆分肆厘　　　　　装石料木料船牌力；
支英洋拾肆员正　　　　　　　　　　勒石；
以上共支英洋壹仟壹伯肆拾玖员。

光绪廿叁年岁次丁酉　古黟胡仲岩　胡茂南　孙俊卿经手　立

歙南鸿飞村冯氏户籍诉讼碑

简介

歙南鸿飞村现属霞坑镇管辖。鸿飞，原名吴辉，先有宋、杨、方、项四姓居住，后冯姓入住，传说明嘉靖年间吴辉方氏出贵妃，改吴辉为鸿飞；又传说歙州刺史冯繁（字"子华"，子"定"）到吴辉视察，见鸿雁飞起，死后作为牛眠地，子孙庐墓而居，名曰鸿飞。鸿飞村现有人口1400余人，以冯姓为主。旧有冯氏宗祠、太子庙、八角亭、青山寺等古建筑。

鸿飞冯氏户籍诉讼碑，高207厘米，宽96厘米，厚13.5厘米，石质黟县青，楷书、阴刻。碑体左下角有一块小残缺，其他基本完好，碑为乾隆三十九年（1774）所立。此碑原立于冯氏宗祠，现存放于鸿飞小学（冯氏宗祠旧址）内。鸿飞冯氏有里门（冯定次子延韶后裔，居鸿飞）、外门（冯定长子延普后裔，由绩溪迁居鸿飞）之分，明、清时期，里、外门之间因塘冲墓山争斗之事甚多，以致引发外门改里门民籍为军籍等诉讼案件，本碑内容即为户籍诉讼案件相关文书的辑录。

碑文

歙县三十四都一图民籍儒学生冯挺，民人冯时来、冯云寿、冯祖贵、冯三美、冯光连、冯连喜、冯大德、冯虎等为军籍蠹屡害，业经藩宪批结，犹恐年远，案卷朽烂，是以于乾隆三十九年七月初八以叩赐立碑，刊明详照，永杜祸害。事具控徽州府正堂加五级记录六次大老爷张宪台下，蒙批："冯祥瑞等是民非军，业经奉藩宪批结，府、县、卫均有案据，亦可毋庸远虑。如欲立碑垂信，尔自于家祠办□□□□，将县、卫两宪□□府宪详看，藩宪批详，并卫宪具报发落等情，勒之于石，以垂不朽。"

谨录乾隆三十八年八月二十一日蒙歙县正堂加三级记录三次李、新安卫正堂加三级纪录三次赵太老爷会审："看得冯祥瑞、冯时来等控冯国化、冯灶应等将伊民籍载入军册一案，缘冯瑞祥等起祖子华生定公，定生子延普、延韶。延普迁绩溪县白沙街，隔十代孙方生孟祥，孟祥五代迁于绩邑药库，其裔孙文熹复迁绩邑东门干。其延韶历居歙南鸿飞地方，余冯国化、冯灶应等同姓不宗，军民有别。顺治十五年并康熙元年，国化之祖冯文昌因争山界起衅，控冯祥瑞之族祖冯汝广为军户，历经院、道、府、厅审明，同姓不宗，军民有别，给有印照。乾隆二十七年，冯国化因值新造，控冯挺、冯发喜、冯在□等为军户，前卫李备审详，奉前府宪批'军民各别'在案。乾隆三十二年，复奉编审，前县张令开册差册，始据冯祥瑞等赴宪呈控，张令批'令赴卫禀理'。而冯灶应亦以伊祖孟祥，祥瑞之祖冯卯串名合运具禀，经前卫朱备查审，历系军民各籍，因编审册报在先，审明在后，移县开除。"卑职芳杞当即移卫查明详办，卑卫大伸录案，详情藩宪在案。今奉饬令，卑职等会审，遵即差唤两造，晰心细鞫前情。

查延普迁居绩邑白沙街，其裔职孙辰一、文熹复迁绩邑药库，再迁绩邑东门干，现有冯愿登等可证。则国化所称是延普支裔，复迁歙南鸿飞之说，既不知何祖复迁，已非确鉴。其所呈坟碑竖立荒郊，尤易私制，亦难以作为确据。又称冯祥瑞祖冯卯，冯国化、冯灶应祖祥瑞系属兄弟，串名冯卯、梦祥。及查祥瑞所呈族谱，梦祥兄弟四人均无冯卯之名，且梦祥生殁均在宋代，而金丁造运起自前明，相隔数百年，自无将宋朝久故之人串名之理。冯祥瑞所称冯国化、冯灶应家前明冯卯、梦祥，不过偶同梦祥二字，难任牵扯，似属可信。至所呈元末至正二十五年摽祀合同，若果有此据，冯汝广等到于顺治、康熙等年叠次诉讼，岂不呈出作据？且查合同内冯宗系宋朝淳熙元年所生之人，相隔元末至正年间，已隔百余载，其冯继祖一名，谱载殁于至正二十二年，焉有故后于至正二十五年复立合同之处又抄粘万历十五年合同？冯愿登等现系梦祥一派，若有此据，自明迄今，岂不告其当差？且查合同内称梦祥葬'周'字五百三十四号，及查族谱内刊载：一鹗，葬'周'字五百三十四号。并非梦祥葬处，均非确据。

查冯祥瑞现所呈顺治、康熙年间《金泰抄看》，虽无案卷可稽，然所呈执照印信凿凿，实为民籍。冯国化、冯灶应从前在卫控造虽有不合，但前卫朱备查审，业已具有遵依，其造入军册，又系已故冯国聘所造，且现在系奉藩宪批审，方始具呈，与翻造有间，应请免议。其从前冯国聘所开冯祥瑞、冯三美、冯三富、冯时来、冯灶儿、冯世女、冯大顺、冯老虎、冯庆儿、冯有福、冯泰林、冯庆寿、冯大德、冯细德、冯云寿、冯祖贵、冯百亨名目，应请现于清查案内，声请删除。至前册所造之冯光连、冯连喜委系军丁，另有其人，已于现在清查册内将冯光连的名冯武辰，冯连喜的名冯世叶造入，合并声明，是否允协，理合录供，连衔会详，仰祈宪台核转。

蒙徽州府正堂加五级记录六次张大老爷核："看得新安卫丁冯灶应等诬

指冯祥瑞等为军一案，缘冯祥瑞等始祖子华公居歙县鸿飞地方，子华生子名定，定生子延谱、延昭，延谱迁绩溪白沙街，隔十代生梦祥，祥五代孙迁绩邑药库地方，后其子孙又迁东门干地方。冯祥瑞等之祖延韶一支，世居歙县，与军丁冯灶应等同姓不宗。顺治十五年并康熙元年，冯国化之祖冯文昌控冯祥瑞之族祖冯汝广等为军户，历经审虚，给有印照。乾隆二十七年，冯国化又控冯挺等为军户，经前府王守饬卫录案，核明冯挺等是民非军，批结各在案。乾隆三十二年，奉文编审，冯国化堂兄冯国聘复潜将冯祥瑞等十七名列入军册造报，彼时冯祥瑞等未经知觉。乾隆三十六年，复奉编审，歙县前张令开册差查，冯祥瑞始知，即赴县具控。张令批令赴卫禀理。冯灶应亦以伊祖'梦祥、冯祥瑞之祖冯卯串名合连，是以丁名冯卯、梦祥'等语赴卫具控，经前卫朱备查明，冯祥瑞等历系民籍，冯灶应等已具遵依因编审，册报在先，审明在后，移县开除。文内忽称'不但同宗，坟碑有据，现居同里，西北毗连，何尝非一本宗支乎？'等语，经歙县移卫查明详办，朱备旋即调任卸事，经接任赵备录案具详，奉宪台驳饬确审，遵即转歙县李令，会同该卫确查讯详去后，兹据该县、卫等审拟详报前来：'卑职伏查冯祥瑞等是民非军之处，自顺治、康熙并乾隆二十七年叠经审明，给有印照。冯国化以伊家系延普支裔，与冯祥瑞等同宗，不特并无谱据为凭，且经该县等查明延普之子孙迁居绩邑，现有本支冯愿登等到案讯明可证，其虚一也。又据称冯祥瑞之祖冯卯与伊家梦祥系属兄弟串名冯卯、梦祥等语，查谱梦祥兄弟四人均无冯卯之名，且梦祥生殁均在宋朝，而金丁造运起自前明，岂有宋朝之人而于明季串名之理，其虚二也。至所呈元末至正二十五年标祀合同内冯宗、冯胜祖、冯继祖三名，冯祥瑞家谱内虽有名，但冯宗系宋朝淳熙元年所生之人，相隔元末至正年间百有余载；其冯继祖一名，谱载殁于至正二十二年，焉有至至正二十五年复立合同之理？其冯胜祖一名，据冯国化等指为冯灶应之祖，而谱内冯胜祖无传焉，得复有子孙？且无论远年，私据不足为凭！若果有此合同，何以从前屡次讦讼均不呈出？其虚三也。至于合同内称梦祥葬'周'字五百三十四号，而谱内系载一鹗葬'周'字五百三十四号，亦不相符。种种情节，皆系冯国化等捏出支饰，毫无确据。所有乾隆三十二年编审册内冯国聘所造冯祥瑞、冯三美、冯三富、冯时来、冯灶儿、冯世友、冯大顺、冯老虎、冯庆儿、冯有福、冯泰林、冯庆寿、冯大德、冯细德、冯云寿、冯祖贵、冯百亨十七名应请于清查案内删除，俟奉到宪批，即移知委员查办。至冯光连、冯连喜二名实系卫籍另有其人，不过适与民籍之冯光连、连喜，各姓相同。现在清查案内已将冯连喜的名冯世叶，冯光连的名冯武辰造入，应毋庸议。

冯国聘诬民为军，于经审册内捏造冯祥瑞等名目，已经身故，应毋庸议。冯灶应、冯国化从前在卫混告，于该卫查审后，虽已具有遵依不敢复控，但奉宪饬查之后，该犯等仍复混指扳累，究属不合，未便宽议，请照不应重律，各杖八十折、责三十板。余属无干，概行省释。是否允协，理合核议。将谱照各据及乾隆三十七年原卷，一并详请宪台鉴核示遵。"

乾隆三十九年正月十八日，奉到安徽布政使司杨大老爷批详："既据讯明，冯祥瑞等十七名是民非军如详，分别折责发落，并饬该卫于清查册内删除造报可也。此缴。谱、照碑摹、合同、府卷发还。"

新安卫正堂加三级记录三次赵太老爷，于乾隆三十九年四月二十日详称："卑卫随即凛遵宪批抄看事理，将冯祥瑞十七名于清查册内删除造报，冯灶应、冯国化照拟提案各责三十板。缘奉前因，理合具文呈报宪台鉴核。"

署新安卫印务、池州封千总杨太老爷，于乾隆三十九年七月初一日详称："卑职复提查讯，前卫日期系于四月十八日将冯灶应、冯国化各责三十板，理合具文，申覆宪台鉴核。"

时皇清乾隆三十九年十二月　日，三十四都一图六、九、十甲民籍合族遵批建立。

歙县云岚山汪王祠碑刻二通

简介

云岚山，俗呼"云郎山"，在县北七里。唐贞观二十三年（649）三月，汪华卒于长安，灵柩于永徽三年（652）由家人运回故里，次年十月，营葬于云岚山下。墓前建有墓祠，规模宏大，毁于"文革"时期。

现云岚山汪王祠旧址处，尚存碑刻二通，一为"奉部示禁"碑，该碑高168厘米、宽82厘米，清同治八年（1869）十二月初五日所立；一为"部文"碑，该碑高168厘米、宽81厘米，光绪二十年（1894）十月所立。两碑均为青石，楷书、宋体、阴刻。保存完好，文字清晰。两碑内容均为保护汪氏祖墓、祠堂（云岚山、唐金山、灵山院、乌聊山、吴清山、崇福寺等处）不受侵害。

碑文

奉部示禁

钦赐蓝翎五品衔代理徽州府歙县事、尽先补用县正堂加六级纪录十二次汪　为遵札出示严禁事。奉府宪梅札、奉分巡道宪李札开、奉两江总督部堂马札开，同治八年十一月初二日准户部咨江南司案呈，据翰林院编修汪鸣銮等呈称：

职等籍隶安徽省徽州府，远祖唐封越国公讳华，生当隋末，保障六州，归土唐室，历朝以"捍患御灾，迭膺褒封"八字王爵，赐庙额"忠烈"，歙县地方祠墓五处，税亩免征，我朝悉仍其旧，崇报尤隆，岁命有司三祭，登诸祀典。乾隆五年、道光二十七年，叠经工部题奉谕旨咨行安抚，取具地方官防护祠墓无误，结册报部存案。咸丰七年安抚，以神威显应，奏请加封，钦奉恩旨，加封"襄安"封号，钦此。国恩昭垂，至优至渥。伏查康熙五十九年，职姓官京师，支裔环吁户部咨行安抚，饬禁强豪侵占在案，乃因兵燹以来，碑碣不无残阙，豪猾渐生觊觎，本年三月间，至有府胥杨良玉在于吴清山墓侧，创设油榨，震伤地脉，职族等历控各宪，旋蒙饬令押迁，给示永禁。惟后患宜防其复萌，而旧章当思乎恪守，为此援案公吁俯准查照成案，行文两江督宪、安徽抚宪，转饬本地方官再行加禁。毋许军民人等在祠墓五处违例侵扰，庶几封茔巩固，神宇奠安，并将祠墓免征税钞单，康熙、乾隆、嘉庆、道光年间旧案刊本取具，同乡官印结黏列呈递前来，相应行文两江总督、安徽巡抚，转饬地方官遵照历届部中成案，严禁军民人等毋许侵扰云岚山等五处汪姓祠墓免征基地，如敢恃强故违，即行按例究治，以安神灵而惩豪猾可也等因。到本部堂准此查此案，前据编修汪鸣銮等来辕具禀请禁，即经批令该道饬县押令杨良玉将榨坊即日迁徙，并由道再行出示严禁。旋据该道申覆，杨良玉榨物业已遵饬迁移，并将原禀呈缴。嗣据杨良玉来辕具呈，又经批道饬县押令即速迁移，不准延宕，如敢故违，即提案从严究惩，各在案准咨前因，合再札行该道，即便转饬遵照办理，仍报明抚部院查考等因。奉此，当查此案，前据汪姓支丁汪绅等呈请示禁，当经给示禁止，旋据该姓支丁禀呈督宪批饬，押令杨良玉将榨坊迁徙，并奉加示严禁，均经申覆督宪，亦在案。嗣据署歙县宗令申复，饬差押令杨良玉将榨物迁移去后，又据杨良玉禀以榨物遵饬迁移尽净，现剩空房，具呈切结申报前来，又经申覆督宪，亦在案。兹奉前因，除报明抚宪查考外，合亟札饬，札到该府，立即转饬歙县遵照历届大部成案，严禁军民人等毋许侵占云岚山等五处汪姓祠墓免征基地，如敢故违，即行按例究治。仍饬将府胥杨良玉榨坊对象是否迁移尽净，据实禀复，毋任再延等因，又奉署按察使司王札、奉署抚部院英札、开准户部咨，同前由，各到府，奉此合并札饬，札到该县立即遵照部行宪札示禁办理，毋违，切切，特札等因。下县奉此查此案，前据编修汪绅等控，奉督宪、抚宪批发，臬宪、道宪钞示札府饬县，严禁军民人等不准再在云岚山等处侵扰等因，前县未及遵办卸事，兹奉前因，合并遵札出示严禁。为此，示仰该处军民人等知悉：自示之后，毋许再在云岚山、灵山院、乌聊山、吴清山、崇福寺五处地方汪姓祠堂一带免征基地侵占扰害，以妥神灵。倘有不法之徒恃强违抗，许汪姓支丁及捕保人等立即指名禀县，以凭提案究治，决不稍宽。其各凛遵毋违，特示！

同治八年十二月初五日　示　　　右　仰　知　悉
禁　示　　　　　　　　　　　仰勒石云岚山王墓祠

部　文

户部为咨行事

江南司案呈，据内阁中书汪声玲、五品衔吏部主事汪述祖、礼部主事汪嘉棠、刑部主事汪时琛、光禄寺署正汪宝恕、国子监学正学录汪馨、花翎三品衔候选道汪廷佐、拣选知县汪奎呈称：

窃职等籍隶安徽省徽州府，缘四十四祖讳华，唐封越国公，历朝均加封号，免征祠墓，乾隆五年、道光二十七年两经工部题，奉谕旨咨行安抚，取具地方官防护祠墓，结册报部。康熙五十九年、同治八年，职姓官京师支裔叠吁户部申禁，均蒙允准施行在案。惟尚有职姓四十世祖讳叔举，刘宋授军司马、四十三世祖讳僧莹，陈封戴国公，两墓葬绩溪县唐金山，墓前有明敕建越国公庙，赐额"忠烈"；四十四世祖讳铁佛，唐封开国公，四十五世祖讳爽，唐封崇和衍烈公，讳俊，唐封崇福衍庆公，三墓葬绩溪县登源；三十八世祖讳统，晋授宁远将军，三十七世祖讳恭，晋授除冠将军，两墓葬歙县向杲；三十二世祖讳轸，汉授弭冠将军，三十一世祖讳文和，汉授龙骧将军，两墓葬浙江省淳安县都督山、邵石山，自经兵燹，职姓守墓族裔凋零，豪猾觊觎，落其肘腋。光绪十八年二月，遂有绩溪县人程王杰、王邦海、王观根等在于唐金山职祖墓左侵占盗葬，职族控蒙各宪押令起棺归业，窃恐谋占之贪心未已，图维于后患方殷，为此联名援案，环吁俯准查照成案。咨行两江闽浙督宪、安徽浙江抚宪，转饬各地方官剀切申明示禁，毋许军民人等，在于职祖各处墓庙基地之内侵扰，庶几封茔，由兹保护神宇，得以奠安等情。取具同乡官印结黏联呈递前来，相因行文两江总督、安徽巡抚，转饬该地方官查照本部历届成案，出示办理，并咨行闽浙总督、浙江巡抚转饬该县，查明汪姓墓庙，一体遵办可也。相因咨会，为此合咨贵部堂、贵部院，请烦查照施行，须至咨者。

　　光绪二十年十月　　　日
　　　　　　　　右　　咨
　　两江总督部堂　　安徽巡抚部院
　　闽浙总督部堂　　浙江巡抚部院

歙县渔梁坝祠碑刻二通

简介

渔梁坝位于歙县城南练江之中，始建于唐。宋嘉定十四年，郡守宋济聚石立栅。绍定二年（1229），推官赵希蓳筑八层石坝。明弘治十三年（1500），知府张桢葺之，增为九层，高丈余。现存石质结构重力溢流坝为明清时期所筑，渔梁街上建有奉祀宋以降修坝有功人士神主的崇报祠。昔时，渔梁坝是徽州重要的水陆码头之一，徽商在这里登船前往杭州、苏州、扬州等地，因各种原因客死他乡而无力归乡之柩，由诚善局予以资助。

现存二"告示"碑原镶嵌于崇报祠外侧南面墙上，现立于崇报祠天井的东侧。一为"徽州府告示碑"，高138厘米，宽68.5厘米，厚9厘米，同治元年（1862）立，石质黟县青，文字楷书、阴刻，保存完好；一为"奉宪禁碑"，高147厘米，宽69厘米，厚8厘米，光绪元年（1875）立，石质黟县青，文字楷书、阴刻。该碑石质较差，碑体部分风化，有少数文字已无法辨认。两碑内容为规范码头秩序，约定船力运费、禁止河埠土夫"勒索阻扰"。

碑文

特授江南徽州府正堂加十级记录十次　何　为晓谕严禁事。案准江南苏州府正堂李移开，据诚善局茶叶董事、国子监典簿衔、吴县附贡生江玉成，同知衔汪枝、叶荫青，从九品郑正昌，职员方光谦，同知衔浙江候补知县吴承绪，酱园业董事、运同衔候选府同知潘雷，五品衔分发补用从九品叶得钊，职员程尚敏、汪锡骏等禀称：

诚善局向办资助徽郡六邑不论何业旅榇盘费，以及浙江、福建、江西茶业无力归乡之柩，一体给费，始于道光十年，附在积功堂举办，继于道光十六年，另立公局，历久循行弗替。自遭庚申之变，局房被毁，经费无着，以致无力之家旅榇难归。今茶叶酱园业倡议，均愿捐资兴复，仍于积功堂中附办诚善局事，棺柩扛抬下船，仍用积功堂土夫。特恐各处脚夫勒索阻扰，即盘柩到徽，恐该处河埠土夫难免需索，环求备移，一体示晓。并许各柩亲属自行起水，扛抬更为便益。循案联名禀乞，给示晓谕，凡扛抬棺柩悉用积功堂土夫，不许各处阻扰，并移徽州府转饬六邑，循照前章示禁通晓等情，并呈规条到府。

据此，查该董事公议集资，仍于积功堂内附办诚善局事，资助旅榇盘柩归乡，事属义举，深堪嘉尚！除给示晓谕外，合抄规条移会等因，业经前府转饬各县，照章晓谕示禁在案。本府查核规条，该商绅等公议捐资帮助旅榇盘费，俾尸魂得归故乡，实属善举可嘉。特恐各处河埠土夫借端勒索阻扰，不可不防其渐，合行查案，出示严禁。为此，示仰合属各处河埠土夫人等知悉：儿等如遇前项回徽棺柩，无论下河上岸，悉听该亲属自行雇夫扛抬，给与工资，不得额外勒索分文。倘有不法之徒勒索阻扰，一经访闻或被告发，立即拿案，从严究办，绝不宽宥！各宜凛遵毋违，特示。

右　仰　知　悉

同治元年十二月　　　　日　给

告　示　　　　　　仰

奉　宪　禁　碑

钦加同知衔特授江南徽州府歙县正堂加十级记录十次　陈　为给示严禁以垂久远事。据同知衔浙江候补县杨□樾，浙江即补县程开运，候选教谕、举人江恒，举人江学晋，职员胡广、吴葆承、洪立仁、章震南、汪振玉，廪生程典，生员许长熙，监生胡椿、江容等抱呈高升禀称：

缘浙江杭州府钱邑江干，向有新安惟善堂公所，系六邑士商捐资创造，为停寄旅榇之柩。兵燹后重照旧章办理，其所停之柩，有子孙愿领者，听其自领回籍；无子孙者□□于义地埋葬；有子孙而无力领回者，堂中备资助送回徽，运至六邑义厝处交卸。惟绩溪义厝向在临溪地方，须由渔梁埠头过坝抬柩及□□船拖籧等费，从前公价，议有章程，曾经恭请前宪给示勒碑在案，因遭兵燹，碑石无存。□在职等与渔梁船行并附近埠夫议定公价：徽柩自浦口至梁发小船运进，每柩给钱贰佰文；自渔梁过坝并运籧至临溪，每柩给钱仨佰肆拾捌文，伊等皆愿肩承□□□说。但恐积久成弃，不无节外生枝，借端需索等事，致令运柩者多费□□。为此，公叩恩□□赏，给示严禁，俾勒诸石，以垂永久，泽及枯骨，沾仁土禀等情到县，据此批示外，合行给示严禁。为此，示仰附近埠夫、抬夫、籧夫人等知悉：该绅等所禀，洵为善举！尔等亦当各矢天良，自示之后，遵照定规，毋许节外生枝。倘有借端需索情事，许该绅士指名赴县具禀，以凭提案宪惩，断不姑宽！各宜凛遵毋违，特示。

右　仰　知　悉
光绪元年三月初七日　　　　示
告　　示　　　仰渔梁地方勒石永禁

歙西珠光里碑刻二通

简介

珠光里自然村现属徽州区西溪南镇竦塘行政村，西南与休宁县万安镇接壤，北靠金竺山。古时村边有一塌，名珠光塌，因塌名村。村民以胡姓为主，现有人口50余人，说话口音近休宁。水口有合抱大樟树，路边建有观音亭（又名"永福亭"，现存），楼上文昌阁，供奉诸位香火尊神。

观音亭修建碑，现镶嵌于珠光里观音亭西侧内墙上。该碑高110厘米，宽41厘米，石质黟县青。文字楷书、阴刻，清光绪二十八年（1902）立，碑刻文字清晰，保存完好。碑刻内容为重修观音亭的原因、经过以及捐款人姓名、数额、支出账目等。

珠光里胡氏家庙、道路修建碑，现藏歙县档案馆。该碑高101厘米、宽57.5厘米、厚约6厘米，石质黟县青。文字楷书、阴刻，清宣统二年（1910）立，碑刻文字清晰，保存完好。碑刻内容为重修家庙、道路的原因、经过以及捐款人姓名、数额、支出账目等。

碑文

珠光里观音亭修建碑

尝闻徽境大村巨族，关乎山环水抱，地脉气长。我村珠光里由金竺山来龙发脉，接连村首东山培下，水分南北，结成一丘一壑之区，局虽狭窄，基藏气聚。惜乎水口空阔，与休接壤，未便栽培，致合族酌商集议，于乾隆卅二年文钢、世淮二公倡首捐资，在于水口大路边建造观音亭，楼上文昌阁，供奉诸位香火尊神，上下俱用挑角，悬挂铃铎。工成匪细，有光于里，以聚合村之财。自正事告竣，我族支裔似觉渐次顺适，不忆咸丰末年，西匪鼠徽，郡城失陷，四乡遭害难堪。兵燹后，又遭歉年，人鲜半饱，壮者挈眷往外逃匿俱多，致村中各事罕人经理。不料水口亭连遭风雹损坏难堪，在家者均是务农负薪之辈，自顾不及，何能举手？而外贸支丁旋里扫墓之时，视此情形，急于修理，奈工程浩大，俱未敢经手，因循于今，倒塌难堪。旧秋，埧公旋里，视水口亭狼狈情形，心中骇然，即邀在家支丁，并托木工察视可能修葺。据木工云修理莫如重建，其中旧料内有三分之二均已蚁蛀，若不换新料，即如免强敷衍，不久又要损坏，反累于后。埧清夜思之，凡遇众事不能顾一时之光鲜，总宜悠久，是以合族酌商，决意照式重建，概换新料。埧先量力踊跃输捐，再其信往外关照，众支丁各人踊跃乐从。择日兴工，现已照原式告竣，所有收支银钱俱已登簿，存于公处，使后裔知前人经办一番劳苦，惟愿将来遇有众事，各支丁众志城成，我等有厚望焉云尔。

今将捐洋收支芳名开列于左：

胡当时捐洋式元正；胡来发捐洋拾元正；胡柏枝捐洋拾五元正；胡进宝捐洋式元正；胡转宝捐洋式元正；胡世埧捐洋式百元正；胡金海捐洋乙元五角；胡溧之捐洋七元正；胡达初捐洋乙元正；胡继佩捐洋式元正；胡继修捐洋卅五元正；胡继亿捐洋乙元正；胡继信捐洋拾元正；胡继伏捐洋拾四元正；胡有福捐洋式元正；胡拔初捐洋乙元正；胡有顺捐洋乙元正；胡有沛捐洋四拾元正；胡周泽捐洋拾元正；胡周晃捐洋五元正；胡世埧另捐圆工洋式百五十八元三角三分。

共收各捐洋六百乙十九元八角三分。

胡继佩出中脊大鳌鱼乙对。

木匠支洋乙百廿二元五角三分；木料支洋乙百七十元零四角；铁匠支洋廿八元六角；砖匠支洋六十五元；砖瓦并力支洋五十六元；石灰并力支洋拾九元；石板、石脚支洋十七元乙角；粗工支洋四拾四元；漆匠支洋三拾三元六角；铜丝、烟煤支洋五元；亭顶并力支洋七元乙角；火酒支洋乙元；择吉支洋乙元；单线、篾索支洋三元式角；桐油支洋四元；铁钟支洋式元；石匠支洋廿七元三角；零支洋十三元正。共支洋六百乙十九元八角三分。

龙飞光绪二十八年岁次壬寅仲夏之月谷旦，珠光里合村重建。

司事胡当时、胡来发、胡柏枝、胡继佩、胡周泽、胡继信敬立。

珠光里胡氏家庙、道路修建碑

盖闻厅事之遗制，即预祠堂之基础，古称家庙是也，用以事神明奉祖先而序昭穆焉。我村之众厅由来已久，虽结构非工而形势自得，山抱水环，左右咸宜。独对面之峰，门当丙照，故亭内向悬真武神像以镇之，象取"既济"，额名"永清"，以冀永沐天麻而合境清泰也。然限于地之湫隘，堂庑仅得间半，祖宗座位犹虚，祭祀徒瞻，如在先世，虽欲推广孝思，忙乎事，终不果。迨咸丰季年，遭粤寇之扰，墙垣榱栋多为毁。承平后，里人稍补葺之，迄今垂五十年，历经风雨催戕，岌岌乎，又见甍倾梁折之势矣。乙酉春，世埁携眷扫墓返里，目睹神怆，不得不早定改良之方针，勉力吾人之义务，愿宗族支丁尝为贸易远游，筹款亟难会集，其家居农业者，更属寒寥寒素，爰谋诸二三父老，窃拟捐资发起，愿同志合群赞成。幸荷族人量力输将，踊跃从事，乃决议将厅折去，前廊接取甬道咫尺，改为两进，前进仍供上帝神轴，后进安设列祖神主，左檻之旁添置厨房数椽，俾族中婚丧祭礼事宜，均得相需便用，众皆许可。于是庀材采料，涓吉鸠工，时际盛暑，躬亲监视，阅半载而告竣，未始非借神明祖宗之灵感，有以佑启于世埁者乎！又念厅前大路本为休歙通界，乡人耕樵往来，咸由是道，亦以年久失修，崎岖偏陂，不堪履蹈，心殊蹴然。盍并组织成功，洵为地方公益，因自力措经费，筑堤填石，补其缺陷，计长百有三十丈，北踰永福桥前，南抵岩坑井上。庶几一劳永逸，周行平坦，康庄气象，焕然一新，与畴芳重建之水口亭后先相映。客有过而赞之者曰：休哉，胡氏聚族于斯也，诚可谓玉润珠光里，仁为美者矣，将见人文蔚起，蒸蒸焉方兴未艾。特恐族微德薄，何足以当虚誉之隆，普望后来贤裔振作自强，匡余不逮，扩充而光大之，期克副斯人善颂之意也。夫谨将乐助诸君芳名并支收总目胪列于左，勒石树碑，略志梗概而垂久远焉，是为记。

当时助洋两元；柏枝助洋拾元；来发助洋拾元；世埁助洋四百元；渫之助洋两元；善久助洋两元；进宝助洋两元；转宝助洋两元；业南助洋弍拾元；集南助洋叁元；继信助洋弍拾元；继源助洋叁元；达初助洋弍元；丰年助洋五元；咸泰助洋五元；开泰助洋吉元；松年助洋叁元；开贤助洋吉元；益成助洋叁元；德元助洋吉元；宝森助洋吉元；有福助洋吉元；世

埠包全助洋四百八拾陆元叁角正。

世埠另修大路乐捐洋式佰叁拾元零九角。

支木料包工洋式百八十七元四角；支砖瓦洋五十一元一角八分；支砖匠工洋壹百零二元五角式分；支石板脚洋五十三元一角九分；支石匠工洋一百八十五元五角九分；支锡匠工洋式元；支铁匠洋拾九元五角；支雕漆匠洋五十七元；支各匠神福粗工零用洋式百念六元九角式分。共支洋九百八十五元叁角。

大清宣统式年岁次庚戌季夏月合村重建

歙北沙溪"申明乡约以敦风化"告示碑

简介

沙溪位于歙县城北三公里，处白沙河、富资水交汇处，称"双溪"，后以溪中砂细晶莹易名"沙溪"。现隶属富堨镇徐村行政村，人口300余人。唐高宗显庆二年（657），凌安任歙州判，卒于官，子孙庐墓迁居于此，繁衍成族。宋以后有方、王、吴、汪等姓迁入，凌氏为村族主干。村中曾有水月镜庵、观音庙、临清楼、掇秧亭等古建筑，现存吕仙宫、铸铁古井等。

唐僖宗时（873-888），沙溪与徐村、冯塘、清流、方家那五村结社曰皇富大社。《沙溪集略》卷1载："皇富古社在冯塘冲口。十世祖荣禄公贡仙方于朝，唐僖宗赐以金帛，公不自私，请地立社，为春祈秋报之所。上嘉其义，从之，因号曰皇富，彰君赐也。与五村共之。"《沙溪集略》卷7收录了凌友彤（士超）撰写的《皇富社记略》一文，有较详细的描述。

"申明乡约以敦分化"告示碑，高162厘米，宽80厘米，厚约9厘米，石质红麻石，约明嘉靖五年（1526）六月立。文字楷书、阴刻，四周刻有卷草纹。1985年文物调查资料载，碑首刻有"拾都六图皇富大社"字样，该碑先后被村民用做桥面、水埠头的洗衣石，2012年修筑河堤时，抬出水埠头，现存放在吕仙宫东侧河堤边，碑头约40厘米剥落，碑体风化比较严重，部分文字已无法识读，括号中文字依据相关碑刻文字填补，仅作参考。碑刻内容为乡村祭祀、举办社学、社仓、纳税等基层管理事项。

碑文

直隶徽州府歙县　魏申明乡约，以敦分化事。抄蒙□□□□□（钦差总理粮）储兼巡抚应天等府，地方都察院右都御史陈　案验备，仰本县遵照□□□□□□（洪武礼制，每里）建立里社坛场一社，就查本处淫祠、寺观毁改为之，不必劳民伤财。仍行令各该当年里长自□□□□□□（嘉靖五年为始）起，每遇春秋贰社出办猪羊祭品、像式、书写祭文，率领一里人户致祭五土五谷之神，务□□□□□□（在诚敬丰洁，用庋）祈报。祭毕就行会饮，并读抑强扶弱之词，成礼而退。仍于本里内推选有齿德者一人□□□□（为约正，有德）行者二人副之，照依乡约事宜，置立簿籍二扇，或善或恶者，各书一籍，每月朔一会，务在劝□□□□□□（善惩恶，兴礼恤）患，以厚风俗。乡社既定，然后立社学、设教读，以训童蒙；逮社仓、积粟谷以备凶荒，而古人□□□□□□（教养之良法美意）率于此乎寓焉。果能行之，则雨赐时若，五谷丰登而赋税自充，礼让与行，风俗淳美，而□□□□□□（词讼自简。何待）于催科？何劳于听断？而水旱盗鼠等何足虑乎？此敦本尚实之政，良有司自当加意举□□□□□□□（行，不劳催督，各将领过）乡约本数，建立过里□□□□□（社处所，选过）约正副姓名，备造文册，各另径自申报，以凭□□□□（查考。其举之）有迟速，行之有闻约，而有司之贤否□□□□□（于此见焉。定行）分别劝惩，绝不虚于等因。奉此，除遵奉□□□□（外，今将案）验内事理，刻石立于本社，永为遵守施行！

　　□□□□□□□　日　　□石碑　里长□□

歙南瞻淇村汪氏宗祠碑刻二通

简介

　　瞻淇村位于歙县城东10.5公里处，现属北岸镇管辖。唐代章姓迁居，名村曰章岐。有章氏二女虎口救母，致乡、里、村皆以孝女命名。宋代，罗、郑、汪诸姓先后迁入，汪姓居孝女之南，后成为村之望族，遂依《诗经》"瞻彼淇奥，绿竹猗猗"句，定村名为瞻淇，现人口约2400余人。明清时期，建有汪氏总祠继述祠及敬义堂、敦叙堂、敦睦堂、敦和堂、嘉会堂、余庆堂、四维堂、四友堂等八座支祠，现仅存敦睦堂、敦和堂两座。另存有明清古建筑四十余幢，如天心堂、九世同居堂、兰芬堂、京兆第、资政第（汪菜故居）、汪蕃宅等，是徽州历史悠久、文化底蕴深厚的古村落之一。

汪氏《祖训十条》《祠规十条》二碑原立于总祠继述祠内，继述祠毁后，移入敦睦堂内，现镶嵌在敦睦堂享堂两侧的墙上。《祖训十条》碑刻，高161厘米，宽60厘米，石质黟县青，文字隶书、阴刻，保存完好。《祠规十条》碑刻，高166厘米，宽60厘米，石质黟县青，文字隶书、阴刻，碑体中部部分剥落。两碑外侧有一圈10厘米左右的青砖边框。文字内容为清同治八年（1882）合族重订，石碑于光绪二十八年（1902）仲春刊刻。碑刻内容为汪氏族人的日常行为规范及家祠管理等。

碑文

祖训十条

一、孝弟宜讲明也。凡我族众有不爱其亲、不敬其长者，族房尊长宜时加训饬，以杜忤逆之渐。有不悛者，集同族开祠斥逐，永远不得入祠。

一、污俗宜革除也。乡俗之坏莫大于淫风，乡里之害莫甚于作贼、聚赌，不肖子弟游手好闲蹈此习者，除送官严究外，邀族房长开祠逐出，虽身后不准入祠。

一、族簿宜修整也。族中人丁繁衍，支派易于混淆，有非我族内而妄以伯叔兄弟呼者，亟宜会集斯文，共襄此举。

一、婚姻宜慎择也。族中许聘之家，须于是日到祠内下书一封。其有门户不相匹配，玷辱家声，即行逐出，不许入祠。书仪定为二则，彩轿一千文，青轿五百文。隐瞒不举者，查出倍罚。

一、司年宜公忠也。凡十甲轮当，其帐目同上下次头面算，余则封交下首，以备歉岁补偿。至弃伐坟山，更当会议。

一、祠产宜慎守也。凡遇荒歉之岁，祠租该让若干，须会众公议。每年收清后，尤须会议，时价粜出。每当私匿，违者议罚。其小买交易，凭大买业主居中。

一、轻生宜杜绝也。乡里恶俗有子挟其父、妇挟其姑，以及寻仇作命者，往往抛一死以害人。此后如有犯者，男主不入宗祠，女主不入支祠。若夫殉义、妇殉节者，不在此例。

一、祠宇宜洁净也。头门封锁，无事不得擅开。如纵放杂人混扰以及堆放什物，定当议罚。

一、簿籍宜永守也。祠内归户签簿，残失日久，今新立签簿，定其租额，存祠轮交，庶免产业侵占，而钱粮宜得肃清。

一、衣冠宜整齐也。凡与祭燕饮，俱要冠丁各穿公服入祠。若衣冠不整以及未出动者，与祭燕饮一体议可。

祠规十条

一、收租凡司年者，须邀上、下首眼同经收，以杜影射。如有水冲沙涨之处须核减者，亦邀上、下首看明，方准批簿，违者倍罚。完毕后将所收各租实数登簿，如有拖欠，司年者赔补。

一、各山树木或有风吹雪压自倒者，亦须邀上、下首十排共同估价，以备修祠之用，不得私自开销。

一、春秋两祭等用司年者，须邀下次头眼同照时价结算，不得浮开。

一、出拼柴薪定规三年，式拼毋许首事擅便，每拼银壹两，准坐酒，食银壹钱，此外毋许乱用。

一、宗祠大门必须封锁，钥匙归司事收贮，毋许鸡犬猪畜入祠污秽，如违重罚。

一、神主窗门平时均须封锁，春秋二祭再开。其进主必逢祭期，登簿同上，毋得私自混入，致乱昭穆。

一、春秋二祭，凡与祭者各送胙肉壹斤，恩拔副岁优五贡各送胙肉贰斤，科甲及出仕者，各送胙肉三斤，均准散胙。

一、平坑到坑标祀，须邀同十排四柱上下次头十六人，人齐到□，如有中途而返者，一经查实，公同逐出，永远毋许入祠。

一、族长系按辈分年齿轮当，应以公正为主，如有身为族长而所行不端，以及得贿徇庇情事，即开祠集众斥退，另换公正之人接充族长，以维风化，而正人心。

一、凡支丁有不遵祖训服习外教者，公同逐出，永远毋许入祠。

大清同治八年岁次己巳仲春月谷旦合族重立，光绪二十八年岁次壬寅年仲春月勒石

歙县桂林洪氏祖茔碑刻二通

简介

桂林村位于歙县城东8公里，扬之河下游西岸，此段河面古称牛渡溪。桂林古称金竹垣，先有胡、叶二姓居住。南宋绍兴六年（1136）洪氏自歙

南叶村迁入，后成村之主姓，引韩愈"出宰山水县，读书松桂林"诗句，改村名金竹垣为桂林。现有人口2000余人。主要历史人文建筑有龙渡桥（乾隆二十九年建成），桥东端有观音阁、西端有举觞亭；东阳街口有关帝庙；村内村周有荷花桥、汉公桥；洪氏统宗祠附建有万年戏台、社屋，祠西有三元井、陶园；村南有磻飞馆；牌坊六座。今仅存龙渡桥。

洪纲为桂林洪氏一世祖，纲三代单传，传至五世文演、文焕、文瑞，分为孟、仲、季三门，分别为门祖，三门后裔各有分支。明万历九年（1581）至十五年（1587），建统宗祠本仁堂，三门派之后各建有支祠、支堂。其中：孟门有孟门支祠继序堂，四分支祠景福堂，五分支祠敦本堂，六分支祠永锡堂；仲门有三分支祠爱敬堂（原名五致堂）、四分支祠萃涣堂；季门有广成堂、永源堂、内承恩堂、外承恩堂。轮祚排行字"立业忠贞大，传家孝友隆，千枝咸一本，奕世衍其文"，自桂林二十四世始共用，1923年衍至"家"字。

歙县桂林洪氏"宪示禁碑"与"祖茔税亩碑"现存桂林中心小学内（原洪氏统宗祠）。"宪示禁碑"碑体下部约50厘米残缺，现存大部，高123厘米至143厘米，宽70厘米，厚9厘米，石质黟县青，清乾隆三十年（1765）立。文字楷书、阴刻，现存部分文字清晰，括号内残缺部分文字根据民国《桂林洪氏宗谱》卷4补齐。碑文内容为保护洪氏祖茔、禁止盗卖盗砍荫木。"祖茔税亩碑"高175厘米，宽71厘米，厚9厘米，石质黟县青，清乾隆三十年（1765）立。现碑体完好，文字楷书、阴刻。碑文内容为一至四世祖祖茔地的税亩、字号等。

碑文

宪示禁碑

特授江南徽州府正堂加五级纪录十次李、特授歙县正堂加六级纪录十二次记功二次　王，为恭谢仁恩、恳给禁碑、以奠先茔而杜□□□（后患事）。

□□□□□□□□□□□□□（据七都五、八图奉宸苑卿洪徵治）、正定府守备洪复强、吏部观政进士洪锡暲、举贡职监生员洪寿万、洪士熙、洪如璋等，□□□□□□□□□□□□□（族长洪乾六，司祠乡耆洪天玉、洪公远）、洪斌甫、洪槃士、洪实颖、监生洪铉禄、洪肇炳、洪伊来、洪震柏、洪亮彩，候选知府洪肇桐、□□□□□□□□□□□□□

（洪谓如、洪南洲，贡生洪淑亮，生员洪复）、洪柏报呈，洪发具禀前来，词称："宪典常昭，立章程于一定，先灵永赖，固封植于千秋。职□□□□□□□□□□□□（族桂林迁由宋季，始传四世皆一脉之）单承，继发多人，启三门而森列。建祠奠主创自先朝，裕后发祥，延于奕代，故上世四传之□□□□□□□□□□□（祖茔，即今日合祀之封茔，税业载自）本祠，国课输于百世，昭垂永久，侵损无虞。缘阖族三世祖茔卜宅马鞍岭上，乔柯千尺，当□□□□□□□□□□□（年之祖泽常存，巨荫成林，此日之）孙枝永庇。讵料斧斤时入，恨坟佃之贪谋，□□（划削）几空，痛族孽之肆害。仰蒙宪天斧断，业于旧□□□□□□□□（夏痛惩，顾厘奸剔弊，泄族忿者在）支裔之当行，而彻底搜根继前徽者，须后嗣之猛力。爰是越崇山而勤揣度，踰峻岭以厉稽查，□□□□□□□□□□（共矢奔驰，不辞寒暑，始知负佃）之险恶，非徒盗荫为灾，并谋坟土之丰壤，竟至夺业欺主，幸荷宪天明察，高悬冰鉴，显得真情，□□□□□□□□□（遂使阖族蒙庥，俯顾行营重归）旧厂。顾远地之窀穸，业已清查，而近所之坟茔，尤当永保，合刊税亩于碑石，永留奕叶规型，复□□□□□□□□□（勒禁示于宗祠，不蚀河山风雨）。为此，环扣宪辕，恩准给示，显揭科条，庶同姓支丁钻坚莫隙，即附居宵小占据无由，受涵濡于西□□□□□□□□□（伯，深仁先人戴德遍讴，吟于）东郊广陌，举族沾恩。剖曲陈情，望光上禀。"等因，为此，示仰该绅族支丁以及坟旁附近诸民人等□□□□□□□□（知悉：如有不法地棍，勾通洪）姓支丁谋买盗卖盗砍荫木者，许该绅司祠等指名呈报，以凭立拿重究，断不轻贷。各宜凛遵□□□□（毋违！特示）。

大清乾隆三十年岁在乙酉十二月　　　日示

祖茔税亩

一世祖纲公，字仲常，孺人黄、吕、程氏，合葬驲鱼塘。坤山艮向。癸未、癸丑分金。

四世祖显公，字仲文，附葬墓左。午山子向。丙午、丙子分金。

"月"字一千二百六十五号，山税三分四厘四毫，土名驲鱼塘塝上盈子山；

一千二百六十六号，山税六分五厘六毫六丝，土名盈子山；

一千三百九十一号，山税三分七厘五毛，土名血水坑；

一千三百九十二号，山税六分九毛四丝，土名驲鱼塘上；

一千三百九十三号，山税一分四厘六丝三忽，土名驲鱼塘塍头；

一千三百九十八号，山税三分四厘三毫八丝，土名盈子山；

一千四百二十八号，山税三分八厘四毛四丝，土名晒日培；

一千六百十三号，田税五分八厘九丝，土名亭子上；

一千六百十五号，塘税一分九厘六毫五丝，土名同；

一千六百九十一、二、三、四、五、六、七、八号，田税一亩四厘，土名同。

二世祖振公，以序称十五公，字思贤，孺人程、吕、胡氏，合葬本里金竹垣口，丑山未向，己丑、己未分金。

"调"字四十四号，地税三厘四毛，土名十五公坟；

"腾"字一千一百八号，地税三厘四毛，土名同；

一千一百九号，地税八厘九丝，土名中宅坦。

三世祖贵公，字季良，孺人叶、罗、胡氏，合葬黄塔岭，乾山巽向，内立酉山卯向，乙酉、乙卯分金。

"忠"字二千九百二十四号，地税三分二厘，土名倪家坟前；

二千九百三十一号，田税一分九厘七毫，土名余大坞；

　　　同　号，地税三分八厘一毛，土名同；

二千九百三十三号，地税二分一厘九毛，土名余家坞；

二千九百三十五号，地税二分五厘，土名同；

二千九百三十六号，地税一分八厘九毫，土名同；

二千九百三十七号，地税五分四厘五毛，土名余家坞口；

二千九百三十八号，田税三分二毫，土名同；

　　　同　号，地税一分八厘六毛，土名同；

二千九百三十九号，地税二分九厘六毛，土名同；

二千九百四十一号，地税二分九厘二毛，土名凌家村口；

二千九百四十七号，田税二分二厘九毛二丝，土名章家山下；

二千九百四十八号，地税二分二厘五毛，土名马鞍岭下；

二千九百五十三号，地税二分二厘四毛，土名凌家坟前；

　　　同　号，山税三分五厘，土名同；

二千九百五十六号，地税二分二厘六毛，土名凌家村；
二千九百五十七号，地税一分六厘五毛，土名同；
二千九百五十八号，地税五分二厘三毛，土名同；
二千九百六十号，地税三分五厘一毫，土名马鞍岭下；
二千九百六十一号，地税三分四厘二毛，土名同；
二千九百六十七号，地税一分九厘五毫，土名同；
二千九百六十八号，地税七厘，土名同；
二千九百七十四号，地税五厘七毛，土名同；
二千九百七十八号，田税一分二毛，土名百步岭；
三千三号，田税三分一厘五毫，土名杨树坞；
三千九十六号，山税一亩四分九厘，土名章家后；
三千九十七号，山税三亩，土名马鞍岭；
三千九十八号，山税七分五厘，土名苦竹坦；
三千一百一号，山税一亩五厘，土名住后；
三千一百四号，山税二亩八分五厘，土名横培；
三千一百十九号，山税九分，土名明经山；
三千一百二十九号，山税六分，土名凌家门前；
三千一百三十四号，山税二分二厘五毫，土名倪家坟前。

四世祖妣孺人江氏，葬汪公山狮子形，壬山丙向加子午。
"调"字八百二十一号，地税一分八厘三丝，土名木枣坞；
　　同　号，山税二厘二毛三丝，土名同；
八百二十四号，地税九分九厘七毛，土名同；
　　同　号，山税一亩一分一厘四毛二丝，土名同；
八百四十二号，田税一亩一厘，土名汪公山；
八百四十三号，地税三分二厘八毛，土名四婆坟山；
　　同　号，山税五亩二分五厘六毛三丝，土名同；
八百四十四号，塘税四分九厘二毫二丝，土名汪公山塘；
八百四十五号，田税一亩二分一厘五毛五丝，土名汪公山；
八百四十六号，地税一分四厘三毫，土名同；
　　同　号，塘税八分六厘六丝三忽，土名汪公山塘；
八百四十七号，田税六分九厘五毛四丝，土名汪公山；

八百四十八号，山税二亩七厘六毫五丝，土名汪公朝山；

八百四十九号，田税七分七厘八毛，土名汪公山；

　　　同　号，地税三厘五毫七丝，土名同；

八百五十号，田税一亩六分四厘，土名同；

八百八十六号，山税五亩三分一毛，土名同；

八百九十四号，田税四分三厘一毫五丝，土名汪公山下；

八百九十六号，田税二亩四分六厘二毫二丝，土名同；

八百九十七号，田税四厘六毫七丝，土名同；

"吕"字二千二百二十七号，地税二分二厘七毫，土名王呈塘；

　　　同　号，山税三厘，土名同；

以上税亩俱经誊簿请篆，存贮祠匣。

大清乾隆三十年岁在乙酉嘉平月立春前三日谷旦敬立。

歙县雄村文社碑刻二通

简介

雄村处渐江下游，距县城7.5公里，是第六批中国历史文化名村。雄村为梅、夏、洪、李、石诸姓先居，洪氏一世祖细五，约宋代迁入，元时人丁兴旺，以姓名村曰洪村。明洪武十三年（1380），曹关一随舅父迁入，成化时衍成大族，遂以《曹全碑》"枝分叶布，所在为雄"句，改洪村为雄村。后有朱、帅、吴、王、张、许诸姓陆续迁入，与曹、李、洪氏同村居住，今曹氏尚有1000余人。

雄村因曹氏宦显而扬名徽州，明清两代有曹祥、曹深、曹楼、曹学诗、曹文埴（传胪）、曹坦、曹城、曹振镛、曹恩浇考中进士，考中文武举人20名，贡生15名。有"一门三进士"（曹观、曹观之子曹祯、曹观之曾孙曹楼）、"四世四经魁"（三世曹观、四世曹祯、五世曹深、六世曹楼）、"同朝三学政"（乾隆朝曹文埴、曹城、曹振镛）、"父子两尚书"（曹文埴为户部尚书，曹振镛历户、工、吏部尚书）等。许承尧赞曰："吾乡昔宦达，首数雄村曹"。

雄村曹氏官宦显达是与其重视教育分不开的，现存的竹山书院是乾隆年间建成的。清初，曹氏为盐商，至曹堇饴时，已成豪富。曹堇饴临终嘱二子干屏、青于竹溪建文阁，创书院，修社祠，筑园庭。儿遵父命，于乾隆二十年（1755）始建，二十四年（1759）建成。竹山书院系雄村曹氏族人讲学之所，并具有教化之责。清季名人沈德潜、袁枚、金榜、邓石如等曾来此讲学。书院占地2000平方米，分讲堂和园林两部分。讲堂为四合院，有堂、斋、廊等建筑。园林位于讲堂之北，主要建筑有清旷轩、文昌阁、百花头上楼、眺帆轩等。

雄村文社基地捐输碑与《文会条约》碑现镶嵌于竹山书院大厅两侧的墙上，两碑大小相同，长68厘米，宽38厘米。石质黟县青，文字楷书、阴刻，清晰可辨。文社基地捐输碑刊载了捐输人的姓名、田亩数额。《文会条约》碑刊载了文会管理的12条规定。两碑虽未标注时间，但从内容上看应为乾隆年间书院建成之后所立。

碑文

输助文社基地列后：

会内本存陆分壹厘肆毫伍丝柒忽；

宗礼公捐输陆厘柒毫玖丝柒忽；

南峰公捐输壹分捌厘壹毫贰丝伍忽；

应周公捐输贰毫伍丝伍微；

文注公捐输贰厘玖毫；

仰斋公捐输壹分壹厘叁毫贰丝捌忽贰微；

惟夏公捐输陆厘贰毫；

韶石公捐输柒厘叁毫陆丝陆忽柒微；

东阳公捐输柒厘叁毫陆丝陆忽柒微；

乐野公捐输贰分柒厘捌毫；

新阳公捐输柒厘叁毫陆丝陆忽柒微；

汝梁公捐输伍厘；

连玉公捐输叁厘；

丽鼎公捐输叁分；

武卿公捐输贰厘贰毫伍丝；

在野公捐输贰厘贰毫伍丝；

尔立公捐输柒厘柒毫伍丝；

进之公捐输贰厘贰毫伍丝；

仲扶公捐输壹厘壹毫贰丝陆忽；

彝友公捐输壹分壹厘玖毫；

如山公捐输肆厘玖毫陆丝陆忽陆微；

堇饴公捐输捌亩捌分捌厘陆毫捌忽肆微；

伯章公捐输陆厘叁毫伍丝；

斗瞻捐输陆厘叁毫伍丝；

澹菴公捐输壹分伍厘玖毫；

艾圃捐输叁分捌厘；

震亭捐输叁厘叁毫。

以上共税拾壹亩捌分伍厘玖毫伍丝捌忽捌微，字号土名另载。

文会条约

一、振兴文教，给公项以供会文者，岁二次，期以春秋。其有解私橐以作兴者，不拘时日，咸集院中。

一、整齐风俗，文会为风教转移地，凡乡邻有事集议，务期和衷察理，一秉于公。

一、司账总理出入，所任綦重，岁举殷实至诚者主之，毋推诿规避。

一、司年岁二人，以齿为序，轮次而下，慎勿惮劳。

一、公匣银两不得发领，不准典当房屋，其交业听行召租者，不在此例。

一、诸凡器皿什物，概不得借用，徇情擅取者有重罚；守仆知而不言，从重议处。

一、书院为会文集议公所，永不租借为馆地。

一、燕会嘉宾与庆吊事，咸可暂借此间；客柩带归，亦可租停启吊，租银以日壹两为率，不得久延。如遇会内有公事时期，则租借均不准。

一、文社、行宫、书院、园亭、石栏、路坦，概不许堆垛、晒打物件。违者，即行撤毁，断不姑徇。

一、基地上下一带，概不许纵放生畜、晒眼、栽藤、戕害花木。违者，即以所获生畜赏拿获人；晒眼、栽藤即行毁去，仍议重罚。逞强不服者，呈官处治，不稍见假。

一、各处屋宇稍有沛漏损坏，即动公项修葺，不可忽略。责在司年。

一、看守仆人月给公食壹两，须勤谨照应，伺候、洒扫、浇灌，惰则责逐。

以上各条，另有刻本详载明晰，务期永远遵守，勿替初心。

歙县岑山渡首安堂禁碑

简介

岑山渡东连雄村，南面渐江。三山环抱，七座山峰相连的"七朵芙蓉尖"山脉蜿蜒而来，在村北分作东西两支，东支为御史山（又名豸山），西支为蛇形山。渐江中岑山兀立，环广六十亩，古木修篁，旧有星岩寺。昔时村前设渡埠，遂名岑山渡。北宋末年，曹姓先居，后有王、汪、张、程诸姓陆续迁入。元至正年间，程姓成为村中主姓，清代建有程氏宗祠显承堂。岑山渡现有人口600余人。

过去，岑山渡是渐江上的重要码头之一，这里是连接歙西及黄山的交通要道。民国20年（1931），歙县旅沪同乡会在上、下水南两处，置地建筑殡舍，一在深渡满坦，为首安堂第一殡舍；一在雄村乡岑山渡瑶湾，为首安堂第二殡舍，每座殡舍占地约400平方米（均系瓦房）。办理从上海至歙县的浮柩运输、停放及寄厝掩埋等事项。歙县县政府为歙县旅沪同会在岑山渡所设殡舍、公墓等公益事业所立的禁碑，现存岑山渡一农民家中，被当作洗衣板使用。该碑高125厘米，宽55厘米，厚6厘米，石质黟县青。文字楷书、阴刻。该碑中间断裂，石质较差，表面风化较严重，碑体下部少数字已无法识读。碑文内容为创设殡舍的原因、经过、地块以及禁止侵扰残害等。

碑文

歙县县政府布告　　第　　号

为给示严禁事。据歙县旅沪同乡公民程霖生、曹味蘅、许伯龙、曹叔琴、吴青筠、方志成呈称：窃□吾歙旅沪同乡日增，前曾于会馆傍创设殡舍，□遇同乡在外□故，一时无力搬柩回归，暂时停厝。祗以山河阻隔，搬运维难，阅年即久，愈积愈多。虽经同乡集款在沪购地，作为同乡公墓，刻因市政建设，有饬迁之必要。爰是开会集议，佥以同乡埴骨与其□于异地，不若运回故里，交亲属领归安葬，得正□坵□□，他乡之儿徒为□□。之□业由公民捐集巨资，推举方君晓之等，于里拟在上、下水南两处，双置此地建筑殡舍。一在岑山渡地方，置有"念"字一千一百十九、二十、廿三等号，地税四亩零五厘八毫，土名瑶湾；又"诗"字七百零六号，山税三分七厘，土名朴木坞，建造首安堂第二殡舍并购山地作为公墓。现已告成，并雇工看管，以备将旅沪同乡存棺陆续搬运回籍。有亲属者，交亲属领归；久停不领者，交首安堂经理，代为埋葬，标祀即于访。殡舍及公墓附近蓄养森林，借资屏障。诚恐附近无知村民、小儿，有放牛践踏残害森林情事，唯有□请环恳鉴准，俯赐给示严禁，以免残害，以维善举等情前来。查该公民等□□巨资建筑殡舍，并置公墓，厝葬棺柩，洵属善举。除批示应如所请外，合行布告严禁，仰该地保长居民人等共同遵照。凡该公民等所建殡舍及公墓附近，蓄养森林，以为保御，不准放牛践踏，残害侵扰。倘有故违，即有不顾公益，本政府定必□□以绳，绝不□□！切切此布。

中华民国贰拾年拾月拾六日

县长缪定保

（作者单位：歙县党史地志办）

·理论与综述·

徽州诉讼研究二十年回顾与展望[*]

郑小春

内容提要 20年来学界对于徽州诉讼的研究主要集中在法律文化、司法制度、地方社会、诉讼资料四个方面，其中有关司法制度以及利用诉讼文书开展地方社会的研究比较突出。徽州诉讼研究尚存在很多亟待拓展的空间，具有广阔的学术研究前景。

关键词 徽州诉讼 法律文化 司法制度 地方社会 诉讼资料

地处皖、浙、赣三省交界地，下辖六个县的徽州府，是明清时代中国境内民风"健讼"的典型地域之一。20世纪80年代，数十万件徽州文书档案的发现催生了一门新兴的学科——徽学。徽州文书以其数量大、价值高，被誉为20世纪继殷墟甲骨、秦汉简帛、敦煌文书、大内档案之后，中国历史文化上的第五大发现。[①] 徽州文书的种类十分丰富，其中就包括了大量的、具有"坐标"价值的诉讼文书。[②] 这些诉讼文书，系徽州文书遗存的重要组成部分，以之为史料基础的法律史研究——徽州诉讼研究，则构成了徽学研究的一个重要领域。

徽州诉讼研究是徽学乃至中国法制史研究领域的一项重要内容。20世纪90年代以来，中外学者对该领域研究给予了相当的关注，先后发表了一系列较为深入的研究成果。总观20多年来徽州诉讼研究成果，不难发现其研究重点主要集中在法律文化、司法制度、地方社会和诉讼资料四个方面。

---

[*] 本文为教育部人文社会科学重点研究基地重大项目"政治变动与明清徽州乡村社会的日常生活"（15JJDZONGHE001）阶段性成果。
[①] 王钰欣、周绍泉主编《徽州千年契约文书》第1卷，花山文艺出版社，1991，"前言"。
[②] 周绍泉：《徽州文书与徽学》，《历史研究》2000年第1期。

一 法律文化研究

法律文化方面的研究，是徽州诉讼专题研究最早的一个切入点，其重点主要集中在徽州"健讼"民俗和村规民约两个方面。

明清时期，各地"健讼"之风盛行，成为传统法律文化研究的一个重要内容。而徽州自古以来尚气好讼，无疑是"健讼"民俗研究的一个典型区域。这方面的研究，卞利用力最深。1993 年，他发表了《明中叶以来徽州争诉和民俗健讼问题探论》一文，是为徽州民俗健讼乃至徽州诉讼研究之滥觞。该文从明中叶以来民间争讼与民间健讼的探讨以及争讼处理程序的剖析入手，着重分析和论述了徽州健讼的性质、原因以及争讼的主要内容及其实质，指出：民间争讼与民间健讼风气在明清时期的徽州极为盛行，这种健讼民俗给明清时期的徽州社会带来了重要影响。① 《明清徽州民俗健讼初探》在前文研究基础上，对徽州的民俗健讼风习做了进一步探讨。② 之后，《明代徽州的诉讼：兼析明代诉讼观念的变化》又通过对徽州民俗健讼的研究，提出了在明代中期徽州诉讼观念逐渐发生变革的观点。③ 为进一步研究明清徽州地方社会实态，尝试探索民俗健讼深层社会根源，又发表了《明代徽州的地痞无赖与徽州社会》一文。④ 此外，他还对明清徽商的法制观念作了深入研究，认为徽商的成功在很大程度上是与其遵守封建法制依法经营有关。⑤ 2000 年，发表《明代徽州的民事纠纷与民事诉讼》一文，全面、系统地分析了明代徽州的民事纠纷与诉讼中"健讼"观念的成因，并根据《歙纪》中 87 例民事纠纷与诉讼案件，结合其他有关民事诉讼资料，对明代徽州民事纠纷与诉讼的主要内容进行了分类和剖析，并对明清民间调解与官府判决机制在徽州的实践进行了论述。⑥ 2004 年，又从明清民事法律规范的调整与农村基层社会稳定的视角，再次对上述相关问题进行

---

① 卞利：《明中叶以来徽州争诉和民俗健讼问题探论》，《明史研究》第 3 辑，黄山书社，1993。
② 卞利：《明清徽州民俗健讼初探》，《江淮论坛》1993 年第 5 期。
③ 卞利：《明代徽州的诉讼：兼析明代诉讼观念的变化》，《光明日报》1997 年 5 月 13 日。
④ 卞利：《明代徽州的地痞无赖与徽州社会》，《安徽大学学报（哲学社会科学版）》1996 年第 5 期。
⑤ 卞利：《论明清时期徽商的法制观念》，中国史学会编《世纪之交的中国史学——青年学者论坛》，中国社会科学出版社，1999。
⑥ 卞利：《明代徽州的民事纠纷与民事诉讼》，《历史研究》2000 年第 1 期。

了论述和深化。① 同年,安徽大学出版社出版了他多年来潜心研究的专著——《明清徽州社会研究》。该书涉及明清徽州社会诸多层面,在第五编"明清徽州的法制与社会"里,重点研究了明代徽州的民事纠纷与民事诉讼、明清徽州健讼的表现形式、讼师的作用以及乡规民约等。在第六编"明清徽州的社会问题"里,重点研究了明清徽州的地痞无赖、赌博活动以及棚民等问题对徽州社会的影响,挖掘了健讼的深层社会根源,对明清徽州法律文化进行了总结。关于徽州"健讼"风气,有人提出了不同认识。胡萍、方任飞在对嘉庆十七年祁门县发生的一起陈姓与方姓祖墓诉讼案进行个案考察的基础上,认为徽州人"健讼"是文明的体现,是对中原世家祖先文明的传承。② 关于讼师与"健讼"的关系,周海撰文认为,对讼师的种种"偏见",在明清时期的徽州地区表现得尤为明显。要做到相对公正评价,就要跳出"非恶即善"的二元评价模式,从"大环境"与"小个人"的视角来重新解读明清时期徽州地区对讼师的种种"偏见"。③

从大类来分,徽州村规民约包含了大量的合约类文书,而合约类文书往往又包括了大量的反映乡民诉讼活动的文书,如诉讼合约、讼费合约、甘罚文约、息讼合同、和息合同、应役文书、投主文书,等等,此类合约显然是徽州诉讼研究的重要史料来源之一。关于徽州村规民约的整体研究,卞利在相关学术期刊上发表了系列研究成果,④ 这些成果集中体现在他的博士论文《明清徽州的村规民约研究》⑤ 之中。该文从徽州村规与民约两个方面入手,全面梳理和系统探讨了包括徽州在内的明清时期村规民约的主要类型、具体内容、基本特点和主要功能,并从国家法与村规民约互动的角

---

① 该成果被收入"中青年法学文库"于2008年正式出版,参见卞利《国家与社会的冲突和整合——论明清民事法律规范的调整与农村基层社会的稳定》,中国政法大学出版社,2008。

② 胡萍、方任飞:《嘉庆十七年:祁门县"毁碑混占"案始末》,《黄山日报》2006年7月1日。

③ 周海:《再议明清时期徽州地区对讼师的"偏见":大环境与小个人的互动和博弈》,《大庆师范学院学报》2014年第5期。

④ 参见卞利《明清时期徽州的乡约简论》,《安徽大学学报(哲学社会科学版)》2002年第6期;《明清时期徽州森林保护碑刻初探》,《中国农史》2003年第2期;《明清徽州乡(村)规民约论纲》,《中国农史》2004年第4期;《明清徽州村规民约和国家法之间的冲突与整合》,《华中师范大学学报(人文社会科学版)》2006年第1期;《明清徽州经济活动中的乡例举隅》,《安徽大学学报(哲学社会科学版)》2007年第1期;《明清时期徽州的宗族公约研究》,《中国农史》2009年第3期。

⑤ 卞利:《明清徽州的村规民约研究》,博士学位论文,南京大学,2005。

度，剖析了二者之间的关系。研究的诸多观点和思路，对徽州诉讼研究，以及揭示明清时期国家与社会的关系，具有相当重要的借鉴和启发意义。春杨以徽州私约为中心，对清代民间调解内在的规则与秩序及其作用等进行了考察，指出除国家制定法外，儒家伦理道德和情理、家法族规、乡规民约、习惯、风俗等均发挥着重要的作用。清代乡土社会的民间纠纷调解呈现在我们面前的是国家法与乡土社会规则之间一种既相冲突又相融合的矛盾统一的和谐秩序。① 他还依据徽州契约和州县官员办案手记等资料，分析了田土找赎习俗和纠纷形成的原因，以及明清朝廷、地方官员及民间百姓针对找赎习俗的不同态度及州县官员解决找赎纠纷的依据和方式。② 田涛则对徽州调解类契约的程序和形式进行了分析，指出了民间调解契约对公权力救济手段的依赖，以及在民间习惯中的地位。③ 童旭、丁亚兰对清代徽州禁约合同进行了考察，认为禁约产生和运行是需要外部保证的，这种外部保证就是国家法或官方的支持。据此，禁约合同才能发挥基层社会调和权利纠纷的作用。④ 陈云朝、童旭以48件徽州禁约文书为中心，也对清代徽州禁约合同进行了考察，认为禁约合同适用领域广泛，内容上更多地体现为禁止、惩罚等强制性规范。对违禁行为进行私力救济或"呈官究治"，保证了禁约合同效力的实施，作为国家法的必要补充和延伸，禁约合同在基层社会秩序的构建中扮演了十分重要的角色。⑤ 郑小春以民间合约为切入点，对祁门康氏宗族处理纷争的实态进行了个案考察，并指出：民间合约是宗族惯用而有效的解纷方式；在传统乡村治理中，宗族发挥着多方位的自我调控功能，是国家扶持和利用的主要社会力量，并与国家一道形成了"协调共治"的景象。⑥ 他又以徽州人对山林、鱼塘和坟地等对象的封禁和犯禁为线索，对该类纷争解决的各个阶段出现的合约进行了介绍和分析，认为：民间合约是清代徽州人处理纷争时惯用而有效的方式，在乡村治理中占据着独特位置；在国家法控制架构内，民间合约是协助封建国家权力

---

① 春杨：《清代民间纠纷调解的规则与秩序——以徽州私约为中心的解读》，《山东大学学报（哲学社会科学版）》2008年第2期。
② 春杨：《明清时期田土买卖中的找价回赎纠纷及其解决》，《法学研究》2011年第3期。
③ 田涛：《徽州地区民间纠纷调解契约初步研究》，《法治论丛》2009年第1期。
④ 童旭、丁亚兰：《论清代徽州禁约合同——兼议与禁约告示、禁约碑之区别》，《西南政法大学学报》2013年第5期。
⑤ 陈云朝、童旭：《论清代徽州禁约合同——以俞藏48件徽州禁约文书为中心》，《安徽师范大学学报（人文社会科学版）》2014年第4期。
⑥ 郑小春：《明清徽州宗族与乡村治理：以祁门康氏为中心》，《中国农史》2008年第3期。

和法律有效治理乡村社会的一种重要形式。①

二 司法制度研究

利用新发现的徽州诉讼资料来考察徽州地方司法制度乃至明清两朝的基层司法制度和实践，则是徽州诉讼研究中的一个重点内容。

周绍泉利用争产贴文、状文、拘票、信牌等诉讼文书原件，探讨了里长、老人等在地方裁判体制中地位的变化，特别是明末在地方拘审中里老人地位的沦丧，并指出：在地方裁判中用法、用礼、用情虽有不同，但包括和息讼案在内，都是"揆理准情，缘情定法"，既无独立于法律之外的另一个体系和原则，亦不存在所谓的"第三领域"。②

卞利在《明中叶以来徽州争诉和民俗健讼问题探论》和《明清徽州民俗健讼初探》二文中指出：徽州民俗健讼表现在土地山场、风水坟地、塘堨水利、婚姻继承以及主佃、主仆等各个方面的争讼。处理争讼的程序，一般是先由宗族，再由"文会"，如再不能决，则讼于官，而官府的判决也基本上以"文会"的处理意见为依据，同时由于健讼之风的驱使，明清时期的徽州人逐步在实践中树立和增强了契约观念。此外，他还先后发文，运用徽州事例对明清时期典当和借贷、婚姻立法、民事诉讼立法等的调整与乡村社会稳定之关系进行了深入探讨。③

韩秀桃发表相关文章对徽州地方司法制度及实践进行了研究，④ 其成果

---

① 郑小春：《清代徽州的民间合约与乡村治理》，《安徽大学学报（哲学社会科学版）》2009年第1期。
② 周绍泉：《明清徽州诉讼案卷与明代地方裁判（梗概）》，明史国际学术讨论会会议论文，长春，1997年。
③ 参见卞利《明清典当和借贷法律规范的调整与乡村社会的稳定》，《中国农史》2005年第4期；《明清时期婚姻立法的调整与基层社会的稳定》，《安徽大学学报（哲学社会科学版）》2005年第6期；《明清时期民事诉讼立法的调整与农村基层社会的稳定》，《江海学刊》2006年第1期。
④ 参见韩秀桃《〈教民榜文〉所见明初基层里老人理讼制度》，《法学研究》2000年第3期；《清代例的制定与实施——雍正五年"开豁世仆"谕旨在徽州、宁国实施情况的个案分析》，《法制与社会发展》2000年第4期；《〈不平鸣稿〉所见明末徽州的民间纠纷及其解决》，《中国文化研究》2004年第3期；《明清徽州民间坟山纠纷的初步分析》，《法律文化研究》2008年；《"民从私约"与民事纠纷解决——对明代徽州38件契约文书的分析》，《中西法律传统》2009年。

集中体现在 2004 年出版的《明清徽州的民间纠纷及其解决》[①]中，该书着重讨论了"中国传统礼法文化的基本精神""明初基层社会的解纷机制""明代徽州的民间纠纷及其解决""清前期徽州的民间纠纷与基层社会""清代例的制定与徽州基层社会""明清徽州坟葬纠纷的初步分析"等八个方面的内容。有关里老人理讼制度、民间契约的样式特征、明代基层司法的一般程式、清代徽州基层司法、明清徽州坟葬纠纷以及诉讼与徽州地方社会等，该书都有相当深入的涉及，并提出了自己的看法。刘道胜《明清徽州的民间调处及其演变——以文书资料为中心的考察》一文认为，在明清时期的徽州，地方纠纷和诉讼多于民间范畴内得以调处，民间调处的途径灵活多样，里甲、里老、乡约、保甲等基层组织，宗族、文会等社会团体，以及中人等民间群体，均发挥着重要作用。[②] 俞江以新出徽州投状文书为线索，对清代"细事"类案件的投鸣与乡里调处情况进行了解析，认为明代的"状投"和里老人断决均为法定诉讼程序，而新出徽州清代投状文书显示，清代投状已从告状格式中独立出来，说明投状已不具有法律文书的效力，"细事"类案件的解决重心已上移到了县衙。[③]

郑小春对新发现的徽州讼费账单进行了细致考察，认为账单真实地印证了清代基层司法中名目繁多的陋规，陋规的索取者主要来自书吏和衙役，其存在及泛滥的原因比较复杂，给清代基层司法和地方民情造成了恶劣影响。清统治者借助于陋规以对百姓起诉权进行控制的理念是错误的，其意图不可能实现。[④] 在此基础上进一步发文认为，徽州讼费账单所见之陋规，主要是围绕着清代相关基层司法制度而设，暴露了基层司法运作过程中诸多的潜规则，也再现了基层司法运作的实态。陋规存在的主要原因有专制制度中诸多弊端的影响、满足书吏衙役办公和生计所需、司法体制和监督制约机制存在欠缺等。[⑤] 他还根据清代徽州的官府存档卷宗以及民间保存的诉讼文书，对清朝官代书的做状范围、分工、方式、戳记、收费

[①] 韩秀桃：《明清徽州的民间纠纷及其解决》，安徽大学出版社，2004。
[②] 刘道胜：《明清徽州的民间调处及其演变——以文书资料为中心的考察》，《安徽师范大学学报（人文社会科学版）》2008 年第 4 期。
[③] 俞江：《论清代"细事"类案件的投鸣与乡里调处——以新出徽州投状文书为线索》，《法学》2013 年第 6 期。
[④] 郑小春：《清代陋规及其对基层司法和地方民情的影响——从徽州讼费帐单谈起》，《安徽史学》2009 年第 2 期。
[⑤] 郑小春：《从徽州讼费账单看清基层司法的陋规与潜规则》，《法商研究》2010 年第 2 期。

等做状情况与实际形象等进行了有益考察。[1] 他对案卷《状词和批示汇钞》记录的雍正五年休宁苏氏诉讼案的缘起和互控过程进行了考察,并在对本案调处和息以及审判过程中县学参与办案、佐贰衙门审理词讼、知府上诉不受等突出现象加以探讨的基础上,指出:在清代,调处和息的受制因素很多,基层司法审判制度与审判实践一定程度上相背离,审官的理讼素养对最终判决结果具有重要影响。[2] 他还对明初里老人理讼制度进行了考察,认为里老人理讼制度是明代司法制度的一大特色,其理讼程序近似地方官府民事案件审理程序。朱元璋设立里老人理讼制度的目的在于加强对乡里社会秩序的控制,实现"以良民治民"的政治目标。里老人理讼制度具有广泛的社会基础,一度在排解乡里纠纷中发挥过重要作用。[3] 他还利用三件清代徽州判词文书正本,详细考察了清代判词文书制作的原始格式和要求,进而对学界否定清代州县在讼案审结后制作判词的学术观点进行了辨正。[4]

阿风根据徽州诉讼文书以及《茗洲吴氏家记》记载的共 108 起诉讼纷争,详细考述了明代民事诉讼的展开以及上诉和越诉等程序,并对明初的老人以及知县、府、两院等机构的理讼地位及作用等进行了分析。[5] 他还对明代徽州人的诉讼书证观念进行了探讨,认为从现存明代徽州诉讼文书来看,当时无论是官方的户口与土地册籍、府县志书、执照、诉讼卷宗等公籍,还是契约、合同、族谱等私籍,都可能作为书证而提交到法庭。明代的徽州人重视保存文书、族谱、碑铭等公私文凭,与这些文凭可以成为诉讼书证有着密切的关系。[6] 丁国锋着重探讨了司法官在审判中所形成的思维特点,认为明清徽州司法官的思维特点主要表现为:凸显了循情调处的审案方式,赋予了乡规民约的法律效力和教化之功,注重对健讼之风的合理平抑,倾向于重私权而轻公权四个方面,并认为在徽州健讼之风驱使下,司法官逐渐在审判实践中形成自身独特的思维特点,而追求个案实质的公

---

[1] 郑小春:《清朝代书制度与基层司法》,《史学月刊》2010 年第 6 期。
[2] 郑小春:《清代的基层司法审判实践:苏氏诉讼案所见》,《清史研究》2012 年第 2 期。
[3] 郑小春:《明初徽州里老人理讼制度刍议》,《厦门大学法律评论》2013 年第 1 期。
[4] 郑小春:《徽州诉讼文书所见清代县衙门判词的制作——兼评清代州县不单独制作判词》,《社会科学》2013 年第 10 期。
[5] 阿风:《明代民事诉讼程序的再考察——以徽州诉讼文书为中心》,"明朝在中国史上的地位"国际学术研讨会会议论文,福建厦门,2010 年。
[6] 阿风:《公籍与私籍:明代徽州人的诉讼书证观念》,《徽学》第 8 卷,黄山书社,2013。

平和正义则是其形成的根本原因。① 刘猛则依据判牍案例对明清时期徽州的拐骗案件进行了考察，认为拐骗案件中出现了拐骗者血缘化、不重视被拐妇人的出路、对拐骗者处罚不严厉等现象。② 郭学勤、周致元对明清徽州由自杀引起的纠纷进行了考察，认为其原因主要是户婚、田土、钱债等经济因素。在解决自杀纠纷的司法审判过程中，官府的原则是：依法判决，徇情调处，经济上照顾穷人，借机宣扬道德教化，严惩奴婢，严惩招惹是非。明清时期徽州自杀纠纷，不仅体现了徽州社会中的民俗风貌，也反映出传统社会中法律制度及其基层法律执行中的一些固有特征。③ 王丽君以程瞳为例对士绅阶层在徽州民间纠纷解决中的作用进行了探讨，认为士绅一方面做好自我表率作用，另一方面积极运用道德的力量来调解矛盾，并发挥了重要作用。④

国外学者对于徽州地方司法制度及实践的研究投入较多，其中尤以日本学者中岛乐章最为典型。1995 年，中岛乐章根据徽州文书资料，对里甲制度在地方纷争解决中的作用进行了论述；⑤ 利用《茗洲吴氏家记》所见的一系列诉讼文书，分析了明代审判程序的一般特点，指出了其与清代诉讼程序的不同之处，并着重分析了明代中期在讼案的验勘、调查、调解、拘唤等过程中，老人和里长所起的关键性的作用；⑥ 根据明代宣德年间的两份"供状"及其他相关文书，详细地分析了发生于明朝初年"谢、李互控案"的原因、过程及诉讼处理程序，指出该文书所反映的诉讼程序与明太祖所定"府官不许入州衙，州官不许入县衙，县官不许下乡村"的诉讼处理制度是相符合的，并且老人和里长不仅调解里内纠纷，征收各户税粮，而且在诉讼、行政处理程序中，起到一种基层组织的作用。⑦《明代后期徽州乡

---

① 丁国锋：《论明清时期徽州地区司法官的思维特点及其影响》，《南京大学法律评论》2010 年第 2 期。
② 刘猛：《明清徽州判牍案例研究——以拐骗妇人案件为例》，《重庆科技学院学报（社会科学版）》2012 年第 4 期。
③ 郭学勤、周致元：《明清徽州的自杀纠纷及法律解决》，《历史档案》2014 年第 1 期。
④ 王丽君：《士绅阶层在徽州民间纠纷中的作用——以程瞳为中心》，《哈尔滨学院学报》2013 年第 10 期。
⑤ 中岛乐章「明代前半期、里甲制下の紛争処理——徽州文書を資料として—」『東洋学報』1995。
⑥ 中岛乐章：《从〈茗洲吴氏家记〉看明代的诉讼处理程序》，《'95 国际徽学学术讨论会论文集》，安徽大学出版社，1997。
⑦ 中岛乐章：《明前期徽州的民事诉讼个案研究》，国际徽学研讨会会议论文，黄山，1998 年。

村社会的纷争处理》一文，讨论了徽州乡村的纷争处理和与官方的正式判决之间的关系。他依据大量与诉讼有关的文书，分析了明代后期乡村社会纷争的处理类型以及纷争处理的诸形态，认为：16世纪以后，以里甲制为基础的乡村纷争处理体制慢慢变得不稳定，虽然里甲体系通过同地方重要的宗法集团相结合，继续在乡村纷争处理体制中发挥重要作用，但其他各种势力，诸如乡约和保甲，开始参与乡村的纷争处理，族人、姻亲和有声望的中间人的调解作用也在不断上升。[1] 2002年，中岛乐章的专著《明代乡村の纠纷と秩序——徽州文书を史料として》出版，该书运用翔实的徽州文书资料，对明代基层司法审判的运行实态以及相关的诉讼制度进行了动态的研究。该书共分八章，从徽州文书的研究入手，对宋元、明初的徽州乡村社会与老人制的成立、明代前半期里甲制下的纷争处理、明代中期的老人制与地方官的裁判、纷争与宗族结合的展开、明代后期徽州乡村的纷争处理、明末徽州的佃仆制与纷争等进行了研究。[2] 该书是作者多年研究成果的集成，[3] 其中不乏新的突破和创见，是运用明代徽州诉讼文书进行研究的一部重要著作。

2003年，日本学者熊远报出版专著《清代徽州地域社会史研究》，该书第二部用了两个章节内容，以清代婺源县发生的两起纠纷为中心，分别对乡村秩序和中人、宗族、乡约（文会）保甲、官府在诉讼解决中的作用以及风水与诉讼的关系、徽州诉讼文书的遗存形式和公文送达等进行了论述和介绍。[4] 此外，夫马进发表《试论明末徽州府的丝绢分担纷争》[5]《讼师秘本〈珥笔肯綮〉所见的讼师实象》[6] 二文，前文从《丝绢全书》入手，对发生在万历五年徽州府的丝绢分担纠纷进行了详细的考证，并探讨了当时的社会经济状况与诉讼制度；后文则通过明末徽州讼师秘本《珥笔肯綮》所载的作者评语及主张，对讼师的实际所作所为及其实际形象进行了探讨。

---

[1] 中岛乐章：《明代后期徽州乡村社会的纷争处理》，《史学杂志》第107编第9号，1998年9月。
[2] 中岛乐章『明代乡村の纠纷と秩序——徽州文书を史料として』汲古书院、2002。
[3] 中岛乐章：《围绕明代徽州一宗族的纠纷与同族统合》，《江淮论坛》2000年第2、3期。
[4] 熊远报『清代徽州地域社会史研究——境界、集团、ネツトトワーヶと社会秩序一』汲古书院、2003。
[5] 夫马进：《试论明末徽州府的丝绢分担纷争》，《中国史研究》2000年第2期。
[6] 夫马进：《讼师秘本〈珥笔肯綮〉所见的讼师实象》，参见邱澎生、陈熙远编《明清法律运作中的权力与文化》，联经出版公司，2009。

2003年，韩国高丽大学金仙憓完成博士论文《明代徽州之诉讼与乡村组织研究》。① 论文共分四章，分别对徽州的"健讼"背景、明前期法制与乡村裁判、明中期诉讼处理及其变化以及明后期地方衙门和乡村组织在诉讼中的作用和互动等，进行了较为细致的考察和研究。同时，论文还以诉讼个案为中心，对明代的里老人理讼制度的发展变化进行了梳理。2005年他又发表《从祁门县"谢氏诉讼"看明代中期徽州的诉讼处理和里老》一文，探讨了明中期里老作用的持续与变化。② 权仁溶《从祁门县"谢氏纷争"看明末徽州的土地丈量与里甲制》一文，以徽州祁门县谢氏《万历状稿供招》为线索，在梳理纷争的过程中，对明末徽州的土地丈量与里甲制之间的关系进行了研究。③

需要指出的是，以上有一些研究成果的涉及面较广，除了基层司法制度和实践之外，对法律文化及地方社会的研究往往也是其中的重要内容。

三 地方社会研究

一件诉讼文书或者一起诉讼案例，其中皆蕴含着丰富的特定历史时期的社会生活信息，故而从诉讼的视角来考察明清时期的徽州地方社会实态，始终是徽学研究的一个关注焦点。

周绍泉《清康熙休宁"胡一案"中的农村社会和农民》一文，根据《徽州千年契约文书》中收录的16件诉讼文书，在详细分析诉讼过程的基础上，结合其他文书资料，探讨了明末清初的徽州农村社会和农民问题。这也是他对其所提倡的对徽州社会作综合实态研究的有益尝试。④ 他还从诉讼文书入手，结合相关资料，对祁门县一桩讼案中涉及的三个家庭的内部结构及其相互关系进行了深入的分析，生动地勾勒出三个家庭的概貌，促进了社会史、家庭人口史等方面的研究。⑤ 此外，他还通过对徽州文书中

---

① 金仙憓：《明代徽州之诉讼与乡村组织研究》，博士学位论文，韩国高丽大学，2003。
② 金仙憓：《从祁门县"谢氏诉讼"看明代中期徽州的诉讼处理和里老》，《上海师范大学学报（哲学社会科学版）》2005年第4期。
③ 权仁溶：《从祁门县"谢氏纷争"看明末徽州的土地丈量与里甲制》，《历史研究》2000年第1期。
④ 周绍泉：《清康熙休宁"胡一案"中的农村社会和农民》，《'95国际徽学学术讨论会论文集》。
⑤ 周绍泉：《透过明初徽州一桩讼案窥探三个家庭的内部结构及其相互关系》，《徽学》2000年卷，安徽大学出版社，2001。

保存下来的元明时代的一些退契及相关文书的研究，发现这些退还土地文书的背后常常隐藏着诉讼纷争，而在处理这些土地纷争时，元代的社长和明代的里长、老人发挥着惊人相似的作用。① 陈柯云利用徽州诉讼案卷《乾隆三十年休宁汪、胡互控案》，研究了清雍正五年开豁世仆谕旨在徽州的实施情况。② 此外，他还在《明清徽州宗族对乡村统治的加强》一文中提出：明中叶后，随着宗族权势的日益加强，某些宗族组织逐渐控制了乡村的司法裁判，形成了"家法大于国法"的局面；徽州宗族大都规定，当族内发生纠纷争执时，由宗族族长、房长等主持审判，成为解决的必须程序。③

阿风则以诉讼案卷《歙县呈坎罗氏杨干院归结始末》为中心，结合同一时期徽州府发生的其他同类事件，探讨了明代中期徽州地方社会宗教的发展情况与宗族发展的新趋势。④ 此外，他还对诉讼案卷《不平鸣稿》及其内容进行了翔实的考证和介绍。⑤ 吴媛媛以案卷《歙地少请通浙米案呈稿》和《祁米案牍》记录的两起纠纷为例，探讨了徽州士绅和商人群体在晚清徽州地方事务中的作用以及官绅商之间的关系。⑥ 2005 年，范金民通过对案卷《嘉庆朝我徽郡在六安创建会馆兴讼底稿》的考察，研究了徽商与客籍地社会各阶层之间的矛盾冲突及其经营的不易。⑦ 此外，他还对由于销盐区域、销盐定额以及行销方式等因素，导致徽州盐商内部形成的种种利益纠纷与诉讼进行了研究，指出：由于管理运盐销盐的机构，在地方官府之外更有盐运司和纲盐局等利益关注点不一，使得销盐诉讼较之民事诉讼甚至商业诉讼要复杂得多。⑧ 胡中生则以一起晚清徽州宗族内部纷争为中心，探讨了宗族在处理族内纷争中的作用和影响，并分析了晚清时期在民事纠纷

---

① 周绍泉：《退契与元明的乡村裁判》，《中国史研究》2002 年第 2 期。
② 陈柯云：《雍正五年开豁世仆谕旨在徽州的实施——以〈乾隆三十年休宁汪、胡互控案〉为中心》，《清史论丛》，辽宁古籍出版社，1996。
③ 陈柯云：《明清徽州宗族对乡村统治的加强》，《中国史研究》1995 年第 3 期。
④ 阿风：《从〈杨干院归结始末〉看明代徽州佛教与宗族之关系——明清徽州地方社会僧俗关系考察一》，《徽学》2000 年卷，安徽大学出版社，2001。
⑤ 阿风：《明代后期徽州诉讼案卷集〈不平鸣稿〉探析》，《明史研究论丛》第 9 辑，紫禁城出版社，2011。
⑥ 吴媛媛：《从粮食事件看晚清徽州绅商的社会作用——以"歙地少请通浙米案呈稿"和"祁米案牍"为例》，《安徽史学》2004 年第 6 期。
⑦ 范金民：《清代徽商与经营地民众的纠纷——六安徽州会馆案》，《安徽大学学报（哲学社会科学版）》2005 年第 5 期。
⑧ 范金民：《清代徽州盐商的销盐纠纷与诉讼》，《中国社会经济史研究》2006 年第 2 期。

与诉讼中宗族、地方社会与官方的互动关系。① 卜永坚以《新安程氏家乘》等谱牒资料为主，探讨了徽州程氏家族因方氏冒认程氏先祖程元谭墓地而引发的一桩重大纠纷，细致地展示了徽州宗族的文化建构过程。② 张萍以清康熙三十二年发生的一起诉讼个案为中心，对清代民间社会秩序进行了相关解读。③ 王振忠新著《明清以来徽州村落社会史研究》，运用《钦定三府世仆案卷》文书，对清嘉庆年间婺源县葛、胡二姓与余姓诉讼案进行了介绍和分析，进而把围绕雍正开豁谕旨所展开的大小姓之纷争，放置于清代前期徽州地域社会变迁之背景中给予了深入讨论。④ 黄忠鑫则以《跳梁记事》为中心，对清代歙县廿五都飞地的札源吴氏与木瓜坦洪氏之间以主仆纠纷为名义的长期对抗进行了考察，展示了徽州边缘村落的大小姓纠纷状况。⑤ 冯剑辉以嘉靖祁门主仆互控案为中心，对明代徽州"义男"进行了新探，认为嘉靖年间徽州祁门县主仆互控案文书显示，义男也是佃仆，尽管主仆双方经济地位发生变化，主仆关系受到冲击，但官方的判决依然维护主仆关系，徽州的佃仆制之所以长期延续，与国家权力的维护、宗族势力的强大密不可分。⑥ 王亚军所著《明清徽商的诉讼研究》，将徽商置于"重农抑商"和"无讼"的传统法律文化下，以法学的研究方法对明清时期徽商的各类诉讼活动进行审视，分析了徽商在缺乏国家法律制度的有效保护下，主动依附封建政治势力，锻造出徽商"好讼"性格，却带来不可避免的弊害，最终走向衰败的悲剧性命运。⑦

张佩国依据清光绪十八年绩溪县司马墓盗葬案发表了两篇文章，《风水与坟业的历史民族志——清代光绪十八年绩溪司马墓"盗葬案"探析》认为，明清时期徽州人的风水观念极其浓厚，官方对风水观念的正统性表达

---

① 胡中生：《凭族理说与全族谊：宗族内部民事纠纷的解决之道——以清光绪年间黟县宏村汪氏店屋互控案为例》，《济南大学学报（社会科学版）》2005年第6期。
② 卜永坚：《明清徽州程元谭墓地的纠纷：以〈新安程氏家乘〉为中心》，《徽学》第5卷，安徽大学出版社，2008年。
③ 张萍：《清代徽州民间社会秩序初探——以清康熙三十二年一佃仆纠纷为例》，《淮南师范学院学报》2008年第1期。
④ 王振忠：《明清以来徽州村落社会史研究——以新发现的民间珍稀文献为中心》，上海人民出版社，2011，第109~137页。
⑤ 黄忠鑫：《清代徽州边缘村落的大小姓纠纷——以〈跳梁记事〉为中心》，《徽学》第8卷，安徽大学出版社，2013。
⑥ 冯剑辉：《明代徽州"义男"新探——以嘉靖祁门主仆互控案为中心》，《安徽大学学报（哲学社会科学版）》2014年第6期。
⑦ 王亚军：《明清徽商的诉讼研究》，安徽大学出版社，2013。

与官绅的实践也相背离。在清代光绪十八年发生的绩溪县登原司马墓盗葬案中，风水和坟业纠缠在一起，形成整体的历史实践。而以往关于风水的象征论和坟山的法律社会史研究，都无法对此做出合理的解释。①《祖先与神明之间——清代绩溪司马墓"盗砍案"的历史民族志》认为，在清代道光年间，围绕着徽州绩溪县登源汪公庙庙产和司马墓坟业的讼争，整体性地呈现了地域崇拜、宗族认同、绅权治理、祭祀礼仪、司法实践、风水观念、地权纠纷等要素的多维度历史实践。②

郑小春分别根据延续了三百九十多年有关新安汪氏祠墓的纠纷与诉讼，对徽州祠墓纠纷与诉讼的实质等进行了初步探讨。认为汪氏在祠墓纠纷解决中采取的应对措施说明：自明迄清，徽州宗族组织在自身统治削弱之时，适时把握与外族纷争的契机，运用宗族内部联合以及主动与官方联手等形式，推动着自身的统治不断地强化。③他又依据案卷《状词和批示汇钞》，对雍正五年休宁苏氏诉讼案进行了考察，认为该案暴露了该族内部两大房之间难以调和的矛盾，为我们提供了一个有关徽州宗族内部矛盾与分化的典型案例。苏氏诉讼案与一些类似案例说明：明清时期，徽州宗族的发展实际上呈现出多样性特点，即在总体上不断趋于强化和扩大的同时，有一部分却在日益走向分化、衰落甚至是瓦解。④他还以徽州为例对里老人在明代乡里纷争解决中的作用等进行了考察，认为明统治者授予里老人解纷职能，缘于其深厚的历史渊源和社会基础，目的在于加强对乡里社会的控制，实现乡里"自治"的政治目标。里老人对官府办案的多方协助，意味着封建国家权力和法律借之向乡里社会伸展，国家对乡里社会的控制逐渐加强。实践中，里老人对缓解官府办案压力、维护乡里社会稳定一度起到了相当大的作用。⑤

这方面的国外研究，日本学者中岛乐章《明末徽州的佃仆制和纷争》一文，着重讨论明末徽州地区的佃仆制，分析主仆纷争及其所引发的诉讼

---

① 张佩国：《风水与坟业的历史民族志——清代光绪十八年绩溪司马墓"盗葬案"探析》，《西南民族大学学报（人文社会科学版）》2011年第3期。
② 张佩国：《祖先与神明之间——清代绩溪司马墓"盗砍案"的历史民族志》，《中国社会科学》2011年第2期。
③ 郑小春：《汪氏祠墓纠纷所见明清徽州宗族统治的强化》，《安徽大学学报（哲学社会科学版）》2007年第4期。
④ 郑小春：《从清初苏氏诉讼案看徽州宗族内部的矛盾与分化》，《史学月刊》2009年第3期。
⑤ 郑小春：《里老人与明代乡里纷争的解决：以徽州为中心》，《中国农史》2009年第4期。

问题，并根据收集的徽州文书中52个案例，分析了主仆纷争的解决方式。①对于清代的徽州地方社会，熊远报利用乾隆朝婺源县案卷《控毁婺坝卷帙》，研究了清代地域纷争中的社会结构形态，认为该案卷反映了在围绕着婺源县西关水坝的建立过程中，在城绅商和在乡绅商、船民之间的矛盾以及各县知县、知府之间互相牵制的多重关系。②此外，韩国学者朴元熇围绕真应庙祀产之争，对实际发生于歙县柳山方氏与吴氏、潘氏之间，从弘治至万历长达百余年间，围绕祀产所有权的诉讼进行了研究，认为：这种宗族间的纠纷反映了随着商品经济的发展、生存竞争的日益激化，而里甲制弛缓、调停纠纷功能减弱的明代中叶以后乡村社会失衡的状况。③

四 诉讼资料研究

对于徽州诉讼资料的爬梳和研究是徽州诉讼研究中的一项基础工作，其对象主要包括对徽州诉讼文书和诉讼文献两个方面的研究。

对于徽州诉讼文书的研究，周绍泉用力颇多。1997年在长春召开的明史国际学术讨论会上，他发表了《明清徽州诉讼案卷与明代地方裁判（梗概）》一文，对明清徽州诉讼案卷的特点进行了较为系统的概述，并在探讨里长、老人等在地方裁判体制中地位变化之时，利用了争产贴文、状文、拘票、信牌等多种明代徽州诉讼文书原件进行分析。《徽州文书与徽学》一文，把明清徽州诉讼案卷和台湾淡新档案、江苏太湖厅档案、四川巴县档案、安徽南陵档案、顺天宝坻档案以及明代辽东残档中的诉讼资料进行了对比，认为：明清徽州诉讼文书具有很强的连续性，延续时间长、内容如此丰富的诉讼资料对我们了解明清两代基层司法制度的变化及其运行的实态，其价值不言而喻，甚至它还起到了"坐标"的作用。④

关于徽州诉讼文献资料的研究，卞利于1997年发表专文，对具有重要研究价值的历史文献《歙纪》进行了全面介绍。在对《歙纪》中有关徽州地方诉讼的内容及其法学研究价值给予高度评价的同时，指出：《歙纪》卷

---

① 中岛乐章:《明末徽州的佃仆制和纷争》,《东洋史研究》第58卷第3号（明清档案特集），1999年12月。
② 熊远报:《清代徽州地方地域纷争中的社会结构形态——以乾隆时期婺源县西关坝诉讼案为中心》,《东洋学报》第81卷第1号，1999年6月。
③ 朴元熇:《从柳山方氏看明代徽州宗族组织的扩大》,《历史研究》1997年第1期。
④ 周绍泉:《徽州文书与徽学》,《历史研究》2000年第1期。

9《纪谳语》中大量的各类民刑判语，在一定程度上为明清时期徽州"好讼"和"健讼"以及各级官府"讼案山积"的社会现象提供了注脚，从而为我们了解和研究明清时期徽州的法律文化提供了最为翔实的史料。① 他又于《明清徽州社会研究》第七编"徽州文书与文献资料研究"中，对明清徽州法律文书、文献及其学术价值进行了研究，并从法律社会史着眼，对明清徽州法律文书进行了有价值的分类。《明清徽州地方性行政法规文书初探》一文，对明清时期徽州府及所属各县地方官府为行使行政治理权、开展地方各项工作与活动而制定与颁行的包括告示、禁令等在内的各类行政法规类文书进行了介绍，并分析了这些文书的特点、固定格式和处理程序，认为在实施过程中，普发性地方行政法规的执行更多地依赖于百姓的自觉，效果一般都不理想；专门性的法规由于针对的范围较小，执行的效果相对较为理想。②

阿风从两个角度对徽州诉讼文书进行了分类：一是根据徽州诉讼文书的保存形态与史料来源将徽州诉讼文书分为官府文书、民间文书及介于两者之间的抄招帖文，并分别讨论了各类形态文书的形成与保存过程；二是根据明清时代的诉讼制度，对于诉讼过程中形成的各种文书类型进行归类，同时对比明清两代诉讼文书的异同，分析了明清两代地方裁判制度的变化。③ 郑小春先后发表文章，在把徽州诉讼文书与其他地方诉讼档案进行对比的基础上，认为徽州诉讼档案具有连续性、多样性、民间性、典型性、真实性、丰富性等显著特点，具有很高的法律史学研究价值。④ 他又对徽州诉讼文书中的"札"、"剳"、"牌票"、"牒"以及"帖"等多种下行文书的格式进行了考察，同时对这些下行文书的运用场合和作用等也给以简单分析，认为各种官府间的下行文书，为我们展现了明清两朝上下官府间在办案中行文往来、批复审转的一般实态，以及上下官府之间在行政和司法上的相互关系等。⑤ 此外，他还对徽州案卷文书进行了分类考察，认为徽州案卷文书主要包括官府存档卷宗和民间留传案卷两种，并分别对官府存档卷

---

① 卞利：《傅岩〈歙纪〉及其文献价值》，《文献》1997年第4期。
② 卞利：《明清徽州地方性行政法规文书初探》，《安徽大学学报（哲学社会科学版）》2009年第4期。
③ 阿风：《明清徽州诉讼文书的分类》，《徽学》第5卷，安徽大学出版社，2008。
④ 郑小春：《明清徽州诉讼文书的遗存及其特点》，《巢湖学院学报》2007年第1期。
⑤ 郑小春：《明清官府下行文书述略：以徽州诉讼文书为例》，《巢湖学院学报》2008年第1期。

宗的判断、遗存及存式，以及民间留传的抄招案卷、抄白卷宗、讼词稿、家刻案卷、家谱收录案卷、绅商人等刊刻案卷进行了介绍，且分析了案卷文书的研究价值。①张萍通过解读留存于徽州地区的家族谱牒与契约文书，将其中的民间诉讼案例进行了分档考察。②此外，王振忠等学者发表的考察徽州文书的文章，也多有涉及诉讼文书的介绍，不一一列举。

这方面的国外研究成果，主要见于日本高桥芳郎发表的《明代徽州府休宁县の一争诉——〈著存文卷集〉の介绍一》③一文。中岛乐章专著《明代乡村の纠纷と秩序——徽州文书を史料として》在进行诉讼制度研究的同时，对徽州诉讼文书也进行了相关归类和介绍。

五　有待拓展的空间

在国内外学者共同努力下，20多年来徽州诉讼研究取得了较为丰硕的成果。其中，尤以地方社会与司法制度的研究最为突出。然而，徽州诉讼研究也存在一些不足和亟待拓展的空间。概括而言，主要表现在以下几个方面：

一是关于徽州诉讼的整体性研究。尽管20多年来有关徽州诉讼研究是取得了一系列成果，但这些研究多为零散的、非系统性的，这是目前徽州诉讼研究的一大缺憾。其实，总观徽州诉讼资料即可发现，其内容绝大多数属于民事诉讼内容，涉及刑事诉讼和行政诉讼者并不多。因此，若想对徽州诉讼展开整体性研究，民事诉讼研究无疑是最好的切入点。此外，根据明清两朝法律规定，对于府县一级基层官府的涉案范围而言，民事诉讼无疑是其最为主要的范围。因此，要对徽州诉讼展开整体性研究，最重要的还是要加强对民事诉讼的系统研究。

二是对徽州诉讼资料进行全面系统的整理和研究。学界前期研究主要集中在运用诉讼文书资料对徽州基层司法制度、法律文化以及地方社会等进行研究。而对于形式多样、内涵丰富的诉讼文书资料本身的探讨却少有

---

① 郑小春：《明清徽州案卷文书的种类与学术价值》，《淮北煤炭师范学院学报》（哲学社会科学版）2010年第3期。
② 张萍：《从明清徽州谱牒与文书看当时社会的民间纠纷与诉讼》，《怀化学院学报》2007年第11期。
③ 高桥芳郎「明代徽州府休宁县の一争诉——〈著存文卷集〉の介绍一」『北海道大学学部纪要』1998。

涉及,这无疑是一大缺憾。其实,对诉讼文书资料进行系统整理和考察,是法史研究的一项基础工程,一系列的基层司法制度等重大问题蕴含在其中,诸如各种官府司法文书的制作、格式、执行、保存以及具体的基层司法运作等。有关于此,台湾淡新档案、四川巴县档案、四川南部县档案等的系统整理与研究,已经提供了非常好的先例。比较而言,徽州诉讼文书资料具有已知的其他地方诉讼档案难以比拟的独特研究价值,因此,对徽州诉讼文书资料展开系统整理和研究已经显得尤为迫切,其学术意义重大。

三是对明清两朝基层司法制度开展系统研究。目前研究主要集中于明代中前期,如对里老人理讼制度的研究等,而对明清两朝徽州基层司法制度变迁的系统研究就非常缺乏,尤其是清代基层司法制度的研究。而对于基层司法制度中的状式制度、代书制度、陋规制度、挂号制度、牌票制度、拘传制度等,则基本鲜有人问津。徽州诉讼资料主要是明清时期流传下来的,此外还有不少是民国时期的。寓目所见,徽州诉讼资料绵延450多年而未中断,延续时间如此之长、内容如此之丰且具有"坐标"价值的珍贵资料,显然对考察明清两朝基层司法制度的变化及其运行的实态等具有重要价值,研究前景难以估量。

四是对基层组织参与诉讼情况进行研究。有关明代徽州里老人理讼制度的研究相对比较突出,但对于里甲组织(包括里老)、乡约、保甲、总甲等基层组织在基层司法实践中扮演的角色,则较少受人关注。其实,这些组织在基层司法中扮演着重要的办案人角色,明清两朝有着清晰的演化脉络。这对于系统、深入研究这些基层组织在地方社会治理中的作用具有重要意义,理应作为今后研究的一个重要着力点。

五是对社会组织参与诉讼情况进行研究。明清时期,宗族是徽州最主要的社会组织,此外还有会社等社会组织。这些社会组织与地方诉讼有无关系呢?通过对诉讼文书资料的解读,我们发现宗族等社会组织其实与诉讼关系密切,在基层司法以及地方社会治理中发挥了重要作用。就诉讼中宗族的研究而言,目前学术界主要聚焦于社会史方面,很少将其与基层司法联系起来,这对徽州宗族研究来说显然是不够全面的。

六是对各种诉讼参与人开展研究。例如诉讼当事人、各种审官、各类办案人、调处人以及讼师与歇家等,这些人物是如何参与诉讼的?各自在诉讼中扮演何种角色?发挥哪些作用?应作怎样评价?对于这些重要问题的考察,是对当时地方诉讼作综合实态研究的基础,显然不能排除在徽州诉讼研究的视野之外。

　　此外，对徽州诉讼新资料的挖掘和利用力度有待加强；其他学科理论与研究方法的借鉴和运用，需要进一步探索；地域性基层司法的比较研究以及由下而上开展对明清基层司法制度的研究也有待进一步深入。

　　总之，徽州诉讼研究有待拓展的领域有很多，这充分显示了徽州诉讼研究具有广阔的学术前景。前期系列研究成果已经为徽州诉讼的深入研究奠定了坚实的基础，相信在学界共同努力下，徽州诉讼研究一定会取得更大的成就。

（作者单位：巢湖学院马克思主义学院）

Contents

Clan and Society

Huizhou Society in the Eyes of a Yixian Official in Late Qing
　　　　　　　　　　　　　　　　　　　　　　　WANG Zhenzhong / 1
The Construction and Shaping of Historical Image of Ancestor　MA Yonghu / 35
Population Migration between Huizhou and Anqing in Ming,
　　Qing, and the Republic of China and Its Influences　LIANG Zhuying / 49
A Textual Research on Wang Kegong Governed Huizhou During
　　the Yuan And Ming Dynasties　　　　　　　　　　　WANG Hao / 64
An Analysis on the Financing of Local Public Education in Huizhou at the
　　End of Qing Dynasty and the Republic of China　　LIU Fangzheng / 75

Huizhou Merchants and Economy

The Development of Huizhou Merchants Guild Hall from Qing to the
　　Republic of China　　　　　　　　ZHANG Xiaopo, LIU Manman / 87
The Environment, Space, Business: Taking Qi Men County Before
　　Ming as Example　　　　　　　　　　　　　　DONG Qiankun / 118
The Geographical Composition and Social Activities of Wuyuan
　　Merchants in Guangdong during the Qing Dynasty　HUANG Zhongxin / 134
The Record of Baos Land: A True Portray of Huizhou Merchants
　　Society in the Qing Dynasty　　　　　　　　　　WANG Changyi / 150

Academic and Culture

On the Construction and Essence of Government's Attention to the
    Study Style of Textual Research   WANG Xiansong / 162
Daizhen's Word view of Monism of Qi   GAO Zaixu / 180
A Study on Nanjing Examination Hall in Ming and Qing Dynasties
                                       MENG Yizhao / 195

Historical Documents

The Structure, Process and Punctuation of Official Documents
    in the Ming Dynasty   SHEN Bin / 212
A Re-Textual Research on Compiling *The Book of Pictures*
    About Mount Huang   LIU Meng / 226
The Epitaph Inscription Records of Huizhou   SHAO Baozhen / 239

Theory and Summary

Review and Prospect of Huizhou Litigation Researches
    in the Past 20 Years   ZHENG Xiaochun / 267

稿　约

《徽学》创刊于 2000 年，是由教育部人文社科重点研究基地——安徽大学徽学研究中心主办的综合性学术集刊，主要刊发海内外高水平徽学研究成果。从第十辑开始，由社会科学文献出版社出版，每年增加为两辑。为提升刊物的学术水准，扩大学术影响力，期待得到您的支持和赐稿。

本刊已加入中国学术期刊（光盘版）全文数据库，并允许其以数字化方式在中国知网发行传播，作者的著作权使用费与稿酬由本刊支付，作者向本刊提交论文即视为同意我刊上述声明。

一、本刊注重徽学研究的原创性成果，讲求学术性、理论性、前沿性，开设"文献与文书""宗族与社会""徽商与经济""学术与文化""理论与综述""比较及其他"等专栏。凡立论新颖、视角独特、不落陈窠、数据可靠的文章都极为欢迎。

二、本刊持开放式编辑方针，作者不问出处，名学硕儒、在读研究生的来稿只要有学术建树，都优先刊发。来稿不拘形制，专题论文、探索争鸣、书评综述、文献整理等均所欢迎，不限字数，全以质量为准。

三、本刊倡导优良的学术风气，作者所投文章须为独立完成的作品，注重学术规范，充分尊重他人知识产权，无任何违法、违纪和违反学术道德的内容。不得一稿两投或多投，文责自负。

四、来稿除正文外，请附上：

（一）作者简介：姓名、所在单位、职称、学位、研究方向、邮编、联系电话、电子邮箱；

（二）中英文摘要：字（词）数控制在 150~200 字；

（三）中英文关键词：限制在 3~5 个；

（四）文章的英文译名。

（五）注释：一律采取脚注形式，每页单独编号，自为起止，具体参见《社会科学文献出版社学术著作出版规范》第 17~25 页，下载地址：http：//

www.ssap.com.cn/pic/upload/files/pdf/f63493193437835322395883.pdf。

为方便编辑印刷,来稿一律采用电子文本,请径寄本刊编辑部电子邮箱:huixuebjb@126.com。

来稿一经刊用,即付给稿酬,并寄赠样刊二册,优稿优酬。未用稿件,一律不退,三个月之内未接到用稿通知,可自行处理。本刊对稿件有删改加工权,作者如果不事先特别声明,则视同默认。

需要订阅本刊的读者和单位,请与《徽学》编辑部联系。联系方式:电子邮箱 hxyjzx2018@163.com。

本刊地址:安徽省合肥市肥西路3号安徽大学徽学研究中心

邮编:230039;电话:0551-65108428

《徽学》编辑部

图书在版编目(CIP)数据

徽学. 第十辑 / 周晓光主编. -- 北京：社会科学文献出版社，2018.6
 ISBN 978-7-5201-2900-8

Ⅰ.①徽… Ⅱ.①周… Ⅲ.①文化史-徽州地区-文集 Ⅳ.①K295.42-53

中国版本图书馆 CIP 数据核字 (2018) 第 126164 号

徽学（第十辑）

主　　编 / 周晓光

出 版 人 / 谢寿光
项目统筹 / 李期耀
责任编辑 / 李期耀　赵　晨

出　　版 / 社会科学文献出版社·近代史编辑室 (010) 59367256
　　　　　 地址：北京市北三环中路甲29号院华龙大厦　邮编：100029
　　　　　 网址：www.ssap.com.cn

发　　行 / 市场营销中心 (010) 59367081　59367018
印　　装 / 三河市龙林印务有限公司

规　　格 / 开　本：787mm × 1092mm　1/16
　　　　　 印　张：18.5　字　数：312 千字
版　　次 / 2018 年 6 月第 1 版　2018 年 6 月第 1 次印刷
书　　号 / ISBN 978-7-5201-2900-8
定　　价 / 89.00 元

本书如有印装质量问题，请与读者服务中心 (010-59367028) 联系

版权所有 翻印必究